此防伪页系专门制造

※此防伪页内有多层次固定水印，透光看水印清晰，水印凹凸立体感明显。

※此防伪页上有开天窗安全线，安全线在可见光下改变角度可变色，线上印有"自学考试"激光字。

发现盗版　请即举报

※全国"扫黄打非"工作领导小组办公室
　　举报热线：010-65212870
※教育部考试中心
　　举报电话及传真：010-61957687
　　举报短信号：13911597580
　　举报QQ号：3022464619
　　举报网址：http://zkjc.neea.edu.cn

全国高等教育自学考试指定教材
教育管理专业（独立本科段）

教育管理心理学
Jiaoyu Guanli Xinlixue

（含：教育管理心理学自学考试大纲）

（2018年版）

全国高等教育自学考试指导委员会　组编

主　编　郭瞻予
副主编　张　艳
参　编　张慧杰　杨　硕
　　　　蒋春洋

高等教育出版社·北京

图书在版编目（CIP）数据

教育管理心理学 / 郭瞻予主编；全国高等教育自学考试指导委员会组编. --北京：高等教育出版社，2018.4

ISBN 978-7-04-049598-0

Ⅰ.①教⋯ Ⅱ.①郭⋯ ②全⋯ Ⅲ.①教育管理学-管理心理学-高等教育-自学考试-教材 Ⅳ.①G40-058

中国版本图书馆 CIP 数据核字（2018）第 068078 号

| 策划编辑 雷旭波 | 责任编辑 雷旭波 | 版式设计 范晓红 | 责任校对 张薇 |

出 版 高等教育出版社	咨询电话 400-810-0598
社 址 北京市西城区德外大街4号	网 址 http://www.hep.edu.cn
邮政编码 100120	http://www.hep.com.cn
印 刷 北京市鑫霸印务有限公司	
开 本 787mm×1092mm 1/16	版 次 2018年5月第1版
印 张 21	印 次 2019年4月第2次印刷
字 数 500千字	定 价 44.00元

官方淘宝店 网址 http://shop136348527.taobao.com
本书如有缺页、倒页、脱页等质量问题，请到所购图书销售部门联系调换
版权所有 侵权必究

组编前言

21世纪是一个变幻莫测的世纪，是一个催人奋进的时代。科学技术飞速发展，知识更替日新月异。希望、困惑、机遇、挑战，随时随地都有可能出现在每一个社会成员的生活之中。抓住机遇，寻求发展，迎接挑战，适应变化的制胜法宝就是学习——依靠自己学习、终身学习。

作为中国高等教育组成部分的自学考试，其职责就是在高等教育这个水平上倡导自学，鼓励自学，帮助自学，推动自学，为每一个自学者铺就成才之路。组织编写供读者学习的教材是履行这个职责的重要环节。毫无疑问，这种教材应当适合自学，应当有利于学习者掌握和了解新知识、新信息，有利于学习者增强创新意识、培养实践能力、形成自学能力，也有利于学习者学以致用，解决实际工作中所遇到的问题。具有如此特点的书，我们虽然沿用了"教材"这个概念，但它与那种仅供教师讲、学生听，教师不讲、学生不懂，以"教"为中心的教科书相比，已经在内容安排、编写体例、行文风格等方面都大不相同了。希望读者对此有所了解，以便从一开始就树立起依靠自己学习的坚定信念，不断探索适合自己的学习方法，充分利用自己已有的知识基础和实际工作经验，最大限度地发挥自己的潜能，达到学习的目标。

欢迎读者提出意见和建议。

祝每一位读者自学成功。

全国高等教育自学考试指导委员会
2017年1月

目 录

教育管理心理学自学考试大纲

出版前言 …………………………………… 2
Ⅰ 课程性质与课程目标 ……………………… 3
Ⅱ 考核目标 …………………………………… 5
Ⅲ 课程内容与考核要求 ……………………… 6
 第一章 教育管理心理学的研究对象、
    任务和方法 ……………………… 6
 第二章 教育管理心理学产生的理论
    基础 ……………………………… 7
 第三章 教育工作者的社会认知与
    管理 ……………………………… 9
 第四章 教育工作者的工作动机与
    激励 ……………………………… 11
 第五章 教育工作者的心理健康与
    职业倦怠 ………………………… 12
 第六章 教育管理中的群体心理理论
    基础 ……………………………… 14
 第七章 教育组织中的人际关系 ………… 16
 第八章 教育组织中的领导者 …………… 17
 第九章 教育组织中的领导决策 ………… 19
 第十章 教育组织的结构及其特征 ……… 21
 第十一章 教育组织的变革和发展 ……… 23
Ⅳ 关于大纲的说明与考核实施
 要求 ………………………………………… 25
附录 题型举例 ……………………………… 28
后记 …………………………………………… 29

教育管理心理学

编者的话 ……………………………………… 32
第一章 教育管理心理学的研究对象、
   任务和方法 ………………………… 34
 第一节 教育管理心理学的研究对象
    和内容 …………………………… 35
 第二节 教育管理心理学的研究任务
    和意义 …………………………… 39
 第三节 教育管理心理学的研究
    方法 ……………………………… 43
第二章 教育管理心理学产生的理论
   基础 ………………………………… 53
 第一节 教育管理心理学的学科
    基础 ……………………………… 54
 第二节 教育管理心理学的人性观 …… 68
第三章 教育工作者的社会认知与
   管理 ………………………………… 81
 第一节 教育工作者的归因与管理 …… 82
 第二节 教育工作者的自我效能感与
    管理 ……………………………… 93
 第三节 教育工作者的主观幸福感与
    管理 ……………………………… 101
 第四节 教育工作者的挫折与管理 …… 107
第四章 教育工作者的工作动机与
   激励 ………………………………… 115
 第一节 教育工作者的需要与管理 …… 116
 第二节 教育工作者的动机与管理 …… 122
 第三节 教育工作者工作积极性的
    激励 ……………………………… 129

第五章　教育工作者的心理健康与职业倦怠 …… 138
第一节　教育工作者的心理健康 …… 139
第二节　教育工作者的职业倦怠 …… 152

第六章　教育管理中的群体心理理论基础 …… 160
第一节　教育群体的内涵及其特点 …… 160
第二节　群体心理的动力学理论 …… 164
第三节　教育群体心理理论在教育管理中的应用 …… 176

第七章　教育组织中的人际关系 …… 187
第一节　教育组织中的人际关系及影响因素 …… 187
第二节　教育组织中的人际关系管理 …… 197

第八章　教育组织中的领导者 …… 215
第一节　教育领导的角色和职责 …… 216
第二节　教育领导理论 …… 228
第三节　教育领导影响力 …… 239

第九章　教育组织中的领导决策 …… 246
第一节　教育领导决策的性质、类型与任务 …… 247
第二节　教育领导决策理论 …… 255
第三节　影响教育领导决策的因素 …… 262
第四节　教育领导集体决策 …… 269

第十章　教育组织的结构及其特征 …… 282
第一节　教育组织结构的概念和特征 …… 283
第二节　教育组织文化 …… 290
第三节　教育组织的氛围 …… 300

第十一章　教育组织的变革和发展 …… 309
第一节　教育组织变革的内涵与背景 …… 309
第二节　教育组织变革的模式与流程 …… 312
第三节　教育组织变革的有效管理 …… 315

参考文献 …… 323
后记 …… 327

全国高等教育自学考试
教育管理专业(独立本科段)

教育管理心理学自学考试大纲

全国高等教育自学考试指导委员会　制定

出版前言

为了适应社会主义现代化建设事业的需要,鼓励自学成才,我国在20世纪80年代初建立了高等教育自学考试制度。高等教育自学考试是个人自学、社会助学和国家考试相结合的一种高等教育形式。应考者通过规定的专业课程考试并经思想品德鉴定达到毕业要求的,可获得毕业证书;国家承认学历并按照规定享有与普通高等学校毕业生同等的有关待遇。经过30多年的发展,高等教育自学考试为国家培养造就了大批专门人才。

课程自学考试大纲是国家规范自学者学习范围、要求和考试标准的文件。它是按照专业考试计划的要求,具体指导个人自学、社会助学、国家考试、编写教材、编写自学辅导书的依据。

随着经济社会的快速发展,新的法律法规不断出台,科技成果不断涌现,原大纲中有些内容过时、知识陈旧。为更新教育观念,深化教学内容、教学方式、考试制度、质量评价制度改革,使自学考试能更好地为提高人才培养的质量服务,各专业委员会按照专业考试计划的要求,对原课程自学考试大纲组织了修订或重编。

修订后的大纲,在层次上,本科参照一般普通高校本科水平,专科参照一般普通高校专科或高职院校的水平;在内容上,力图反映学科的发展变化,增补了自然科学和社会科学近年来研究的成果,对明显陈旧的内容进行了删减。

全国高等教育自学考试指导委员会教育类专业委员会组织制定了《教育管理心理学自学考试大纲》,经教育部批准,现颁发施行。各地教育部门、考试机构应认真贯彻执行。

全国高等教育自学考试指导委员会
2018年1月

Ⅰ 课程性质与课程目标

一、课程性质和特点

"教育管理心理学"课程是全国高等教育自学考试教育管理专业(独立本科段)考生必考的专业课程。本课程是教育管理专业(独立本科段)的专业课程之一,它是以马克思主义为指导思想,借鉴和吸收国内外管理心理学的研究成果,研究和探讨改革开放以来我国新形势下教育管理心理学的规律和方法,是管理心理学的分支学科。

作为研究教育管理活动中人的心理现象及其规律的科学,教育管理心理学是管理心理学"家族"中最年轻的一员,是由教育学、管理学和心理学交叉而形成的一门学科。它是研究教育管理,特别是学校活动中个体和群体的行为规律及其潜在的心理机制,并用科学的方法改进教育管理工作,从而提高教育管理效率和效益的一门科学。

教育是人类社会特有的一种现象,是人类社会固有的培养人的一种社会活动。它是根据一定的社会要求,对受教育者所进行的一种有目的、有计划、有组织的社会实践活动,其目的是为社会培养所需要的合格人才。作为一种有目的、有计划、有组织的社会实践活动,教育是一个十分复杂的体系,受制于很多因素,而管理则是教育取得成效至关重要的因素。

在学校的管理工作中,无论是教育管理者还是被管理者,都要遵循教育工作中的心理活动规律。教育管理者在管理目标的确定、管理措施的制定使用、人才选拔、人事关系处理、人力资源开发等管理活动中,要研究学校管理系统中人的心理活动规律,都要"以人为本",只有这样才可能实现有效的管理。被管理者接受管理本身也是一个复杂的心理活动过程。领导管理意图、正确处理各种关系、做好本职工作也要遵循一定的心理活动规律。同时,一切教育工作者都具有既是被管理者又是管理者的双重特点。要想做好本职工作,也必须领会管理意图,正确处理各种关系,以提高自身的工作效率,这一切也要遵循一定的心理活动规律。因此,教育管理活动中人们相互作用情况下产生的心理现象的规律性就必然成为教育管理心理学的研究对象和具体内容。因此,教育管理心理学的研究对象就可以确定为研究教育管理活动中人的心理现象及其规律,研究教育系统中人们彼此相互作用情况下所产生的心理现象的规律性。

"教育管理心理学"课程是一门具有很强的理论性和实践性的课程,具有运用理论分析和研究实际问题的特点。学习这门课程必须具备一定的教育学、管理学、心理学和管理心理学等基础知识。同时,学习这门课程还应在理解中把握内容。

二、课程目标

设置"教育管理心理学"课程的目标在于使自考生理解和掌握教育管理心理学研究的

对象、内容及教育心理学研究的任务和意义,初步掌握教育管理心理学的研究方法;使自考生了解教育管理心理学形成的学科基础和理论基础,理解我国古代思想家的人性观、西方管理心理学的人性观及马克思主义的人性观,使考生建立符合我国国情的科学人性观和管理思想。教育管理心理学的研究内容包括研究教育管理系统中个体的心理现象及规律、教育管理系统中群体的心理现象及规律、教育管理系统中领导的心理现象和规律以及教育管理系统中教育组织的心理现象和规律,等等。通过本课程的学习,考生能比较系统地获得教育管理心理学的基本概念、基本知识、基本理论,领会和理解教育管理过程中人的心理规律,学会并掌握教育管理心理学的基本技能和方法,从而具有初步运用心理学规律分析与解决教育管理中实际问题的能力。

三、与相关课程的联系与区别

随着现代教育的发展,心理学已经成为一个学科门类众多的体系,教育管理心理学是心理学体系中管理心理学"家族"最年轻的一员,是由教育学、管理学和心理学交叉而形成的一门学科。因此,教育管理心理学与教育学、管理学、教育管理学、心理学、管理心理学等学科有着密切的联系,要学好教育管理心理学,必须要具备上述相关学科的知识。同时,教育管理心理学也与上述学科相区别,它所阐明的基本原理和所揭示的心理规律,对进一步理解教育学、心理学和管理学等相关学科具有指导作用和意义。每个教育管理专业(独立本科段)的自考考生不论学习教育管理专业的任何课程,都必须学好教育管理心理学。

四、课程的重点

"教育管理心理学"课程由十一章的内容构成:第一、二章,是总论部分,主要阐述了教育管理心理学的研究对象、任务和方法及教育管理心理学产生的理论基础。第三至第五章,主要从教育者的社会认知与管理、教育工作者的工作动机与激励、教育工作者的心理健康与职业倦怠等方面阐述了教育管理中的个体心理现象及规律问题,旨在说明在教育管理工作中要依据个体的心理活动规律,调动与激发个体的积极性以提高教育管理效率。第六、第七章,主要是从教育管理中的群体心理理论基础、教育管理中的人际关系两个方面阐述了教育管理中的群体心理现象及规律,旨在说明教育管理中要依据群体动力学的理论与群体心理活动规律,做好教育群体的管理工作。第八、第九章,主要是从教育组织中的领导者、教育组织中的领导决策两个方面阐述了教育组织中领导者的心理活动及规律,旨在说明教育组织中领导者的角色、职责、影响力及领导决策在教育管理中的作用,明确领导影响力和领导决策的影响因素及提高领导影响力和领导决策水平的方法。第十、第十一章,主要阐述了教育组织的结构及特征、教育组织的变革和发展,旨在说明教育组织文化的层次和特点,塑造教育组织文化和教育组织公共形象及教育组织社会心理环境的方法;论述了教育组织变革的背景、教育组织发展的特点、基础及教育组织变革的阻力、克服阻力的对策,等等,旨在说明教育组织的结构和教育组织内外部的社会心理环境、教育组织的变革和发展在教育管理中的作用。

该课程的重点在于:教育管理心理学研究的对象、内容;我国古代思想家的人性观、西方管理心理学的人性观、马克思主义的人性观及在教育管理工作中的运用;教育管理系统中个体的心理现象及规律、群体的心理现象及规律、领导的心理现象和规律、教育组织心理现象和规律以及在教育管理中的应用。

Ⅱ 考核目标

"教育管理心理学"课程自学考试大纲在考核目标中,按照识记、领会、应用三个层次规定其应达到的能力层次要求。三个能力层次要求是递进等级关系。各能力层次的含义是:

1. 识记(Ⅰ):要求考生能掌握课本中有关的名词、概念、知识的含义,并能正确认识和表达。

2. 领会(Ⅱ):要求考生在识记的基础上,能全面把握本课程的基本概念、基本原理、基本方法,能掌握有关概念、原理、方法的区别与联系。

3. 应用(Ⅲ):要求考生在领会的基础上,能运用本课程中的基本概念、基本原理、基本方法去分析和解决有关的理论和实际问题。

Ⅲ 课程内容与考核要求

第一章 教育管理心理学的研究对象、任务和方法

一、学习目的与要求

通过本章的学习，使考生理解教育管理心理学是教育学、管理学和心理学三大学科交叉而形成的一个心理学分支学科，理解教育工作者、教育领导和教育组织的含义。把握教育管理心理学研究的对象、研究内容范畴及教育管理心理学的任务，理解教育管理心理学的理论意义和实践意义。掌握几种常用研究方法及其在教育管理学研究实践中的应用。

二、课程内容

第一节 教育管理心理学的研究对象和内容

（一）教育管理心理学的研究对象

（二）教育管理心理学的研究内容

第二节 教育管理心理学的研究任务和意义

（一）教育管理心理学的研究任务

1. 教育管理心理学研究的基本任务

2. 教育管理心理学研究的具体任务

（二）教育管理心理学的研究意义

1. 理论意义

2. 实践意义

第三节 教育管理心理学的研究方法

（一）观察法

（二）实验法

（三）调查法

（四）测验法

（五）个案研究法

（六）行动研究法

三、考核知识点与考核要求

（一）教育管理心理学的研究对象和内容

1. 识记：教育、管理、教育管理、教育管理心理学的含义。
2. 领会：(1) 教育管理心理学研究的对象；(2) 教育管理心理学研究的对象内容。
(二) 教育管理心理学的研究任务和意义
1. 识记：教育管理心理学研究的基本任务。
2. 领会：(1) 教育管理心理学研究的具体任务；(2) 教育管理心理学研究的理论意义与实践意义。
(三) 教育管理心理学的研究方法
1. 识记：(1) 观察法的含义、分类；(2) 实验法的含义、分类；(3) 调查法的含义、分类；(4) 测验法的含义、信度的概念、效度的概念；(5) 个案研究法的含义、分类；(6) 行动研究法的含义。
2. 领会：(1) 观察法的含义及使用观察法应注意的问题；(2) 实验法的优越性；(3) 问卷调查法的特点；(4) 测验法的特点；(5) 个案研究法的特点；(6) 行动研究法的特点。
3. 应用：使用各种研究方法时应注意的问题。

四、本章重点、难点

教育管理心理学研究的对象和内容。教育管理心理学研究的具体任务。教育管理心理学研究的理论意义与实践意义。各种常用研究方法的特点。使用各种研究方法时应注意的问题。

第二章 教育管理心理学产生的理论基础

一、学习目的与要求

通过本章的学习，使自考生了解教育管理心理学产生的理论基础，明确教育管理心理学与教育学、管理学和心理学学科之间的内在联系；理解我国和西方在不同历史时期出现的人性管理思想是教育管理心理学的核心和出发点；理解马克思主义对人性及对人的本性与人的本质的基本观点；掌握我国古代和西方人性管理思想与措施，并在教育管理工作中能够得到有效的运用。

二、课程内容

第一节 教育管理心理学的学科基础

(一) 教育管理心理学的教育科学基础
1. 教育的本质
2. 教育学的产生与发展
3. 教育学与教育管理心理学
(二) 教育管理心理学的管理科学基础
1. 管理的本质
2. 管理科学的产生与发展
3. 教育管理学与教育管理心理学

（三）教育管理心理学的心理科学基础

1. 心理的本质

2. 心理科学的产生与发展

3. 心理学与教育管理心理学

第二节　教育管理心理学的人性观

（一）我国古代人性观思想

1. 性善论

2. 性恶论

（二）西方的人性假设理论

1. "经济人"假设

2. "社会人"假设

3. "自我实现人"假设

4. "复杂人"假设

5. "文化人"假设

（三）马克思主义的人性观思想

1. 人的本质

2. 马克思关于教育的启示

三、考核知识点与考核要求

（一）教育管理心理学的学科基础

1. 识记：(1) 教育（广义、狭义）的含义；(2) 管理的含义、霍桑实验；(3) 心理的含义。

2. 领会：(1) 教育的本质，教育科学的产生和发展；(2) 管理的本质，管理科学的产生与发展；(3) 心理的本质，心理科学的产生与发展。

3. 应用：(1) 简述教育管理心理学与教育学的关系；(2) 简述教育管理心理学与管理学的关系；(3) 简述教育管理心理学与心理学的关系。

（二）教育管理心理学的人性观

1. 我国古代人性观思想

(1) 识记：① 人性、人性假设的含义；② 性善论的代表人物及其主要观点；③ 性恶论的代表人物及其主要观点。

(2) 领会：① 人性假设理论在教育管理心理学中的理论与实践意义；② 性善论与性恶论的管理措施；③ 性善论与性恶论两种观点的比较。

(3) 应用：性善论与性恶论两种观点对今天教育管理工作的启示。

2. 西方的人性假设理论

(1) 识记："经济人"假设、"社会人"假设、"自我实现人"假设、"复杂人"假设、"文化人"假设的含义。

(2) 领会：与"经济人"假设、"社会人"假设、"自我实现人"假设、"复杂人"假设、"文化人"假设相对应的理论与管理方式。

(3) 应用：对"经济人"假设、"社会人"假设、"自我实现人"假设、"复杂人"假设、"文化人"假设的评价。

3. 马克思主义的人性观思想
（1）识记：人的三种属性（自然属性、社会属性、意识属性）的含义。
（2）领会：人的自然属性、社会属性和意识属性三者之间的关系。
（3）应用：马克思主义人性假设思想对于教育管理工作的启示。

四、本章重点、难点

教育的本质及教育科学的产生和发展。管理的本质及管理科学的产生与发展。心理的本质及心理科学的产生与发展。教育管理心理学与教育学的关系。教育管理心理学与管理学的关系。教育管理心理学与心理学的关系。"性善论"和"性恶论"的主要观点对今天教育管理的启发。西方五种人性假设理论及与之相应的管理方式。对西方人性假设理论的评价。马克思主义关于人的三种属性及三者之间关系的论述。马克思主义的人性假设思想对研究教育管理工作的启示。

第三章 教育工作者的社会认知与管理

一、学习目的与要求

本章是从教育工作者的社会认知角度进行教育管理上的探索，具体包括教育工作者的归因与管理、自我效能感与管理、主观幸福感与管理、挫折与管理四个方面的问题，旨在使自考生了解归因、自我效能感、主观幸福感及挫折的一般概念，理解归因、自我效能感、主观幸福感及挫折的相关理论及影响因素，掌握归因、自我效能感、主观幸福感及挫折等相关理论在教育管理中的应用，以提高自考生运用理论解决实际问题的能力。

二、课程内容

第一节 教育工作者的归因与管理
（一）归因的概念
（二）归因理论
（三）归因的影响因素
（四）归因理论在教育管理中的应用

第二节 教育工作者的自我效能感与管理
（一）自我效能感的一般概念
（二）教师自我效能感
（三）自我效能感的作用
（四）教育管理中教师自我效能感的培养

第三节 教育工作者的主观幸福感与管理
（一）主观幸福感的一般概念
（二）教育工作者主观幸福感的影响因素
（三）教育工作者幸福感的提升方法

第四节 教育工作者的挫折与管理

（一）挫折的概念

（二）挫折产生的原因及表现

1. 挫折产生的原因

2. 挫折后的表现

（三）教育工作者挫折容忍力的影响因素

（四）教育工作者面对挫折的解决方法

1. 提高认识，正确对待挫折

2. 增强个体对挫折的容忍力

3. 改善组织内部的人际关系

4. 采取宽容的态度

5. 消除引起挫折的情境

6. 精神宣泄法

三、考核知识点与考核要求

（一）教育工作者的归因与管理

1. 识记：归因的概念。

2. 领会：（1）海德朴素归因理论、成就归因理论、三度归因理论、相应推论理论及控制源理论的主要内容；（2）归因的影响因素；（3）归因对教育工作者的影响；（4）教育工作者常见的归因偏差。

3. 应用：引导教育工作者积极归因的方式。

（二）教育工作者的自我效能感与管理

1. 识记：（1）自我效能感的概念；（2）影响自我效能感形成的因素。

2. 领会：（1）教师自我效能感、教师一般教育效能感、教师教学效能感的概念；（2）教师自我效能感的影响因素；（3）自我效能感的作用。

3. 应用：教育管理中教师自我效能感的培养。

（三）教育工作者的主观幸福感与管理

1. 识记：（1）主观幸福感的概念；（2）幸福感的分类标准；（3）主观幸福感的来源。

2. 领会：教育工作者主观幸福感的影响因素。

3. 应用：教育工作者幸福感的提升方法。

（四）教育工作者的挫折与管理

1. 识记：（1）挫折、攻击、逃避、固执、退行、妥协、挫折容忍力的概念；（2）挫折后的表现。

2. 领会：（1）挫折产生的原因及表现；（2）教育工作者挫折容忍力的影响因素。

3. 应用：教育工作者挫折的解决方法。

四、本章重点、难点

五种归因理论的主要观点。归因的影响因素。归因对教育工作者的影响。教育工作者常见的归因偏差。引导教育工作者积极归因的方法。教师自我效能感、教师一般教育效能感、教师教学效能感的概念。自我效能感的作用。影响自我效能感形成的因素。教师自我效能感的影响因素。教育管理中教师自我效能感的培养。教育工作者主观幸福感的影响因素。教育工作者幸福感的提升方法。挫折产生的原因。教育工作者挫折容忍力的影响因素。教育工作者挫折的解决方法。

第四章 教育工作者的工作动机与激励

一、学习目的与要求

本章从教育工作者的需要、动机、激励几方面进行教育管理上的探索,旨在使考生了解需要、动机及激励的一般概念,理解影响需要产生的因素、教育工作者需要的特点及激励理论的主要内容,掌握满足教育工作者需要、动机激发及激励的方法和途径,以便在教育管理工作中能够灵活运用。

二、课程内容

第一节 教育工作者的需要与管理

（一）需要的一般概念

1. 需要的含义
2. 需要的特点
3. 需要的种类
4. 影响需要产生的因素

（二）需要理论

1. 马克思的需要理论
2. 莫瑞的需要理论
3. 马斯洛的需要层次理论

（三）满足教育工作者需要的方法

1. 了解教育工作者需要的特点
2. 满足教育工作者的需要

第二节 教育工作者的动机与管理

（一）动机的一般概念

1. 动机的含义
2. 动机的种类
3. 动机的特征
4. 动机的功能
5. 需要转化为动机的条件

（二）动机的理论

1. 本能理论
2. 驱力理论
3. 唤醒理论
4. 诱因理论

5. 动机的认知理论

（三）教育管理中的动机激发

第三节 教育工作者工作积极性的激励

（一）激励的概念

（二）激励的理论

1. 内容型激励理论

2. 过程型激励理论

3. 行为改造型激励理论

（三）教育管理中的激励

1. 教育管理中的激励原则

2. 教育管理中激励的主要方法

三、考核知识点与考核要求

（一）教育工作者的需要与管理

1. 识记：需要的概念、需要的特点、需要的种类、影响需要产生的因素。

2. 领会：马克思的需要理论、莫瑞的需要理论、马斯洛的需要层次理论的主要内容。

3. 应用：满足教育工作者需要的方法。

（二）教育工作者的动机与管理

1. 识记：动机的概念、动机的种类、动机的特征、动机的功能、需要转化为动机的条件。

2. 领会：动机理论、本能理论、驱力理论、唤醒理论、诱因理论、动机的认知理论（期待价值理论、归因理论、自我效能理论）的主要内容。

3. 应用：教育管理中动机激发的方法。

（三）教育工作者工作积极性的激励

1. 识记：激励的概念。

2. 领会：（1）内容型激励理论（需要层次理论、双因素理论、成就动机理论）、过程型激励理论（期望理论、公平理论、目标设置理论）、行为改造型激励理论（强化理论、挫折理论）的主要内容；（2）教育管理中的激励原则。

3. 应用：教育管理中激励的方法。

四、本章重点、难点

各种需要理论的主要内容。满足教育工作者需要的方法。各种动机理论的主要内容。教育管理中动机激发的方法。各种激励理论的主要内容。教育管理中的激励原则。教育管理中激励的方法。

第五章 教育工作者的心理健康与职业倦怠

一、学习目的与要求

通过本章的学习，使自考生了解心理健康的概念、标准、常见心理问题的种类；职业倦怠的概念、教师职业倦怠的概念;理解教育工作者心理健康的标准、影响教育工作者心理健康的因素、教育工作者心理健康状况不良的主要表现;理解教育工作者心理健康的作用;理解教育工作者职业倦怠的影响因素;掌握教育工作者心理健康的培养及缓解教育工作者职业倦怠的策略。

二、课程内容

第一节 教育工作者的心理健康

（一）心理健康的一般概念

1. 心理健康的定义
2. 心理健康的标准
3. 教育工作者心理健康的标准
4. 常见心理问题的种类

（二）教育工作者心理健康的影响因素

（三）教育工作者心理健康的意义

（四）教育工作者心理健康状况不良的表现

（五）教育工作者心理健康的培养

第二节 教育工作者的职业倦怠

（一）职业倦怠以及教师职业倦怠概念的界定

1. 职业倦怠
2. 教师职业倦怠

（二）教育工作者职业倦怠的症状

1. 躯体症状
2. 心理症状
3. 行为症状

（三）教育工作者职业倦怠的影响因素

1. 教育工作者的个人原因
2. 学校原因
3. 社会原因

（四）教育工作者职业倦怠的缓解策略

1. 教育工作者个人层面
2. 学校层面
3. 社会层面

三、考核知识点与考核要求

（一）教育工作者的心理健康

1. 识记:心理健康的定义、心理健康的标准。
2. 领会:(1)教育工作者心理健康的标准,常见心理问题的种类;(2)教育工作者心理健康的影响因素;(3)教育工作者心理健康的意义;(4)教育工作者心理健康状况不良的主要表现。

3. 应用:教育工作者心理健康的培养。

(二)教育工作者的职业倦怠

1. 识记:职业倦怠。

2. 领会:(1)教师职业倦怠的概念,教师职业倦怠的症状;(2)教育工作者职业倦怠的影响因素。

3. 应用:教育工作者职业倦怠的缓解策略。

四、本章重点、难点

教育工作者心理健康的标准及常见心理问题的种类。教育工作者心理健康的影响因素。教育工作者心理健康的意义。教育工作者心理健康状况不良的主要表现。教育工作者心理健康的培养。教师职业倦怠概念及主要症状。教育工作者职业倦怠的影响因素。教育工作者职业倦怠的缓解策略。

第六章 教育管理中的群体心理理论基础

一、学习目的与要求

教育群体是教育组织与教育成员之间协调活动的集合体,是教育管理活动的主导者和参与者,决定着教育管理实施的有效性。通过本章的学习,使考生了解教育群体的特点、分类和功能;理解群体心理动力学理论和群体个性心理效应以及正式教育群体和非正式教育群体的心理特点、功能;掌握正式教育群体和非正式教育群体管理方法。

二、课程内容

第一节 教育群体的内涵及其特点

(一)教育群体的特点

(二)教育群体的分类

(三)教育群体的功能

第二节 群体心理的动力学理论

(一)群体动力的一般概念

1. 群体动力学的发展历程

2. 群体动力学的基本观点

(二)群体动力的影响因素

1. 群体规范

2. 群体压力

3. 群体凝聚力

4. 群体舆论

5. 群体士气

(三)群体的个体心理效应

1. 认同

2. 模仿
3. 暗示
4. 从众
5. 服从

第三节 教育群体心理理论在教育管理中的应用

（一）正式教育群体心理与管理
1. 正式教育群体的心理特点
2. 正式教育群体的功能
3. 正式教育群体的管理

（二）非正式教育群体心理与管理
1. 非正式教育群体形成的基础
2. 非正式教育群体的心理特点
3. 非正式教育群体的功能
4. 非正式教育群体的管理方法

三、考核知识点与考核要求

（一）教育群体的内涵及其特点
1. 识记：群体、教育群体的分类。
2. 领会：教育群体的概念、教育群体的特点、教育群体的功能。

（二）群体的动力学理论
1. 识记：（1）群体动力、教育群体动力的概念；（2）教育群体动力学的概念；（3）群体动力学的发展历程。
2. 领会：（1）勒温生活空间理论的基本观点；（2）费斯汀格"社会比较"理论的基本观点；（3）沙赫特情绪理论的基本观点；（4）群体动力学的三层含义。

（三）群体动力的影响因素
1. 识记：（1）群体规范的概念、群体规范的形成；（2）群体压力的含义、群体压力的形成；（3）群体凝聚力的概念；（4）群体舆论的概念、群体舆论的形成；（5）士气、群体士气的概念。
2. 领会：（1）群体规范的作用；（2）群体压力的作用；（3）群体凝聚力的作用、群体凝集力的影响因素；（4）群体舆论的作用；（5）群体士气的作用、群体士气的影响因素。

（四）群体的个体心理效应
1. 识记：（1）认同的概念；（2）模仿的概念、模仿的种类；（3）暗示的概念、暗示的种类；（4）从众的概念、从众的表现形式；（5）服从的概念。
2. 领会：（1）认同与教育管理的关系；（2）模仿与教育管理的关系；（3）暗示与教育管理的关系；（4）从众与教育管理的关系（从众的积极作用与消极作用）；（5）服从与教育管理的关系。

（五）教育群体心理理论在教育管理中的应用
1. 识记：（1）正式群体的概念、教学群体的概念、服务群体的概念、参与群体的概念、管理群体的概念；（2）正式群体的心理特点；（3）非正式群体的概念。

2. 领会:(1)正式群体的功能;(2)正式群体的心理特点;(3)非正式群体形成的基础;(4)非正式群体的心理特点;(5)非正式群体的功能。

3. 应用:(1)正式群体的管理;(2)非正式群体的管理。

四、本章重点、难点

群体的功能。群体动力学的基本理论观点。群体动力的影响因素与教育管理之间的关系。群体的个体心理效应与教育管理的关系。正式群体与教育管理工作的关系。非正式群体与教育管理工作的关系。

第七章 教育组织中的人际关系

一、学习目的与要求

教育组织中的人际关系是教育活动中所有参与者之间的心理关系的体现,人际关系是否融洽、和谐直接影响到教育管理的有效性和全局性,对教育绩效的影响作用也是不容忽视的。通过本章的学习,要求考生了解教育组织中人际关系的概念、分类和特点,理解教育组织中人际关系的影响因素,掌握教育组织中合作、竞争和冲突的管理对策和方法。旨在使考生能正确地认识和处理各种人际关系,提高人际交往能力,从而更好地解决教育管理中人际关系的实际问题。

二、课程内容

第一节 教育组织中的人际关系及影响因素

（一）教育组织中人际关系的含义

1. 教育组织中人际关系的类型
2. 教育组织中人际关系的特点
3. 教育组织中人际关系的功能

（二）教育组织中人际关系的影响因素

1. 主观因素
2. 客观因素

（三）教育组织中人际关系的管理原则和方法

1. 教育组织中人际关系的管理原则
2. 教育组织中人际关系的管理方法

第二节 教育组织中的人际关系管理

（一）教育组织中的竞争与管理

1. 教育组织中竞争的基本特征
2. 教育组织中竞争的意义和作用
3. 教育组织中竞争的主要影响因素
4. 教育组织中竞争的管理

（二）教育组织中的冲突与管理

1. 冲突形成的过程
2. 教育组织中冲突的主要影响因素
3. 教育组织中冲突的管理

(三)教育组织中的合作与管理
1. 教育组织中合作的基本特征
2. 教育组织中合作的意义和作用
3. 教育组织中合作的主要影响因素
4. 教育组织中合作的管理

三、考核知识点与考核要求

(一)教育组织中的人际关系及影响因素

1. 识记:(1)教育组织中人际关系的概念;(2)教育组织中人际关系的类型。
2. 领会:(1)教育组织中人际关系的特点;(2)教育组织中人际关系的功能;(3)教育组织中人际关系的影响因素;(4)教育组织中人际关系管理的原则。

(二)教育组织中的人际关系管理

1. 识记:(1)群体竞争的概念、教育组织中竞争的基本特征;(2)冲突的概念、教育组织冲突的概念;(3)组织合作的概念、教育组织合作的概念、教育组织合作的基本特征。
2. 领会:(1)教育组织中竞争的意义和作用、教育组织中竞争的主要影响因素;(2)冲突形成的过程、教育组织中冲突的主要影响因素;(3)教育组织中合作的意义与作用、教育组织中合作的主要影响因素。
3. 应用:(1)教育组织中竞争的管理;(2)教育组织中冲突的管理;(3)教育组织中合作的管理。

四、本章重点、难点

教育组织中的人际关系的特点、功能、影响因素及人际关系管理的原则。教育组织中竞争的意义和作用、教育组织中竞争的主要影响因素及竞争管理。教育组织中冲突的影响因素及冲突的管理。教育组织中合作的意义与作用、教育组织中合作的主要影响因素及合作的管理。

第八章 教育组织中的领导者

一、学习目的与要求

领导行为的科学化是实现教育管理目标的决定性因素,因此,领导心理是教育管理心理学中比较核心的问题。通过本章的学习,使考生了解领导和领导者的含义,领导和领导者、领导(者)和管理(者)的区别;了解教育领导和教育领导者的含义,理解教育领导者的特点和教育领导的职责,掌握教育领导者的基本角色、校长的角色和教育领导者的心理品质;理解领导特质理论、领导作风理论、领导权变理论等国外经典传统有效性理论,掌握国外当代领导有效性理论和教育领导理论;了解教育领导影响力的内涵,掌握教育领导影响力结构并运用教育领导影响力的提升策略。

二、课程内容

第一节 教育领导的角色和职责

(一) 领导者和教育领导者

1. 领导者和领导
2. 教育领导者和教育领导

(二) 教育组织中领导者的角色

1. 教育领导者的角色
2. 校长的角色

(三) 教育组织中领导者的职责

(四) 教育领导者的心理品质

1. 道德品质
2. 智力品质
3. 性格品质
4. 能力品质

第二节 教育领导理论

(一) 国外领导理论

1. 经典的传统领导有效性理论
2. 当代领导有效性理论

(二) 教育领导理论

1. 非理性领导模式
2. 文化和符号理论
3. 成就需要理论

第三节 教育领导影响力

(一) 教育领导影响力的内涵

(二) 教育领导影响力的构成

1. 权力性影响力
2. 非权力性影响力

(三) 提高教育领导者影响力的方法

三、考核知识点与考核要求

(一) 教育领导的角色和职责

1. 识记:(1)领导者和教育领导者的概念;(2)角色的概念;(3)教育领导者的职责。
2. 领会:(1)教育领导的特点;(2)教育领导者的角色、校长的角色;(3)教育组织中领导者的职责;(4)教育领导者的心理品质。

(二) 教育领导理论

1. 识记:(1)国外领导理论:经典的传统领导有效性理论的含义、领导特质理论的含义、领导作风理论的含义、领导行为理论的含义;(2)当代领导有效性理论的含义;(3)教育领导理论的含义。

2. 领会:(1)领导特质理论的主要内容,勒温领导风格理论的主要内容,俄亥俄学派领导"二元"理论、管理方格图理论的主要内容,费德勒的领导权变模型理论、领导生命周期理论的主要内容;(2)归因理论、魅力型领导理论、交易型与变革型领导理论、伦理型领导理论、服务型领导理论的主要内容;(3)非理性领导模式、文化和符号理论、成就需要理论的主要内容。

3. 应用:(1)佩特森等人关于理性模式与非理性模式对组织分析的主要差别;(2)文化和符号理论提高领导者品质的10P模式的主要内容。

(三)教育领导影响力

1. 识记:教育领导影响力的内涵。

2. 领会:(1)教育领导者的影响力的构成因素;(2)权力性影响力的特点;(3)非权力性影响力的特点。

3. 应用:提高教育领导者的影响力的方法。

四、本章重点、难点

教育领导的概念及教育领导的特点。教育领导者的角色、校长的角色。教育组织中领导者的职责。教育领导者的心理品质。领导特质理论的主要内容。勒温领导风格理论的主要内容。俄亥俄学派领导"二元"理论、管理方格图理论的主要内容。费德勒的领导权变模型理论、领导生命周期理论的主要内容。归因理论、魅力型领导理论、交易型与变革型领导理论、伦理型领导理论、服务型领导理论的主要内容。教育领导理论的主要内容。

第九章 教育组织中的领导决策

一、学习目的与要求

教育决策贯穿于整个教育管理过程的始终,特别对教育政策制定者的学校领导者来说,一个正确决策的制定往往是教育目标实现的开始。通过本章的学习,使考生了解教育组织中决策、教育决策、教育领导决策心理的内涵,掌握教育领导决策的原则、类型和任务;了解教育领导决策的相关理论,理解并运用决策树、矩阵相关等理论选择最优方案;了解一些教育领导决策的心理因素和误区,掌握教育领导决策和群体决策心理效应;了解教育领导集体、教育领导集体决策的内涵,掌握教育领导集体有效促进的管理措施。

二、课程内容

第一节 教育领导决策的性质、类型与任务

(一)教育领导决策的概念

1. 教育领导决策的含义

2. 我国教育领导决策的背景

3. 教育领导科学决策应遵循的原则

(二)教育领导决策的类型

（三）教育领导决策的任务

（四）中小学的校长负责制

第二节 教育领导决策理论

（一）标准化决策理论

1. 决策树

2. 矩阵汇总

3. 期望效用模型

（二）描述性决策理论

1. 有限理性决策假设的心理学解读

2. 决策问题四分图

3. 前景理论

4. 齐当别模型

第三节 影响教育领导决策的因素

（一）教育领导者的心理因素

（二）教育领导决策程序的心理要求

（三）教育领导决策的心理误区

第四节 教育领导集体决策

（一）教育领导集体决策的概念

1. 教育领导集体

2. 教育领导集体决策

3. 教育领导集体决策规则

4. 教育领导集体决策技术

（二）教育领导集体决策的心理学意义

（三）教育领导集体决策的心理误区

1. 群体参与式决策的心理误区

2. 教育领导集体决策的心理误区

（四）教育领导集体决策的有效促进

1. 有效的教育领导集体决策的特征

2. 教育领导集体决策的促进

三、考核知识点与考核要求

（一）教育领导决策的性质、类型与任务

1. 识记：(1) 教育领导决策的概念、我国教育领导决策的背景；(2) 教育领导决策的类型。

2. 领会：(1) 教育领导决策的任务；(2) 教育领导科学决策应遵循的原则；(3) 中小学的校长负责制。

（二）教育领导决策理论

1. 识记：(1) 标准化决策理论、决策树、矩阵汇总、期望效用模型的含义；(2) 描述性决策理论、有限理性决策假设、决策问题四分图、前景理论、齐当别模型的含义。

2. 领会:(1)决策树的组成成分、决策树法的步骤;(2)有限理性决策假设的基本观点;(3)迈尔的决策问题四分图的内容;(4)前景理论的主要内容。

3. 应用:结合实际运用决策树、矩阵相关等理论选择最优方案。

(三)影响教育领导决策的因素

领会:(1)影响教育领导者决策的心理因素;(2)影响教育领导决策程序的心理要求;(3)教育领导者决策的心理误区。

(四)教育领导集体决策

1. 识记:(1)教育领导集体决策、教育集体领导、头脑风暴法、名义群体技术、德尔菲技术的概念;(2)群体参与式、群体盲思、从众效应、乐队效应、黄灯效应、坏情感效应、群体偏移效应的概念。

2. 领会:(1)教育领导集体决策规则,教育领导集体决策技术;(2)教育领导集体决策的心理学意义;(3)教育领导集体决策的心理误区;(4)有效的教育领导集体决策的特征。

3. 应用:教育领导集体决策的促进方法。

四、本章重点、难点

教育领导决策的任务。教育领导决策应遵循的原则。中小学的校长负责制。决策树的组成成分、决策树法的步骤。有限理性决策假设的基本观点。迈尔的决策问题四分图的内容。前景理论的主要内容。决策树、矩阵相关等理论在实际中的应用。影响教育领导者决策的心理因素。影响教育领导决策程序的心理要求。教育领导者决策的心理误区。教育领导集体决策规则。教育领导集体决策技术。教育领导集体决策的心理学意义。教育领导集体决策的心理误区。有效的教育领导集体决策特征。教育领导集体决策的促进方法。

第十章　教育组织的结构及其特征

一、学习目的与要求

教育组织的结构影响着教育组织的工作效果和效率,只有清楚地认识和合理地构建教育组织的结构才能使教育组织更好地发挥作用,才能更好地完成教育组织的目标。通过本章的学习,使考生了解有关组织、教育组织、学校组织及组织文化、教育组织文化等概念;理解教育组织文化的层次和内容,教育组织内部及外部社会心理环境、心理效应;掌握教育组织公共形象的塑造方法,尤其是良好校园文化建设的途径。

二、课程内容

第一节　教育组织结构的概念和特征

(一)教育组织结构的概念

1. 组织的一般概念

2. 组织结构的概念

3. 教育组织的概念

(二)教育组织结构的特征

1. 教育组织的特征
2. 教育组织结构
3. 教育组织结构的特点
4. 教育组织心理原则

第二节 教育组织文化

（一）教育组织文化的概念
1. 组织文化的概念
2. 教育组织文化

（二）组织文化的层次和内容
1. 组织文化的层次
2. 组织文化的内容

（三）塑造组织文化的方法

（四）教育组织公共形象的塑造
1. 教育组织形象的含义
2. 校园文化建设

第三节 教育组织的氛围

（一）教育组织社会心理环境概述
1. 教育组织社会心理环境的内涵
2. 教育组织社会心理环境的功能
3. 教育组织社会心理环境的类型

（二）教育组织内部社会心理环境

（三）教育组织外部社会心理环境

（四）教育组织内外环境的心理效应
1. 教育组织内部环境的心理效应
2. 教育组织外部环境的心理效应

三、考核知识点与考核要求

（一）教育组织结构的概念和特征

1. 识记：（1）组织的概念、组织结构的概念、教育组织的概念；（2）教育组织结构、学校组织机构；（3）教育组织形象的概念。
2. 领会：（1）校园组织文化和组织环境的内容；（2）校园文化建设的设计。

（二）教育组织文化

1. 识记：（1）组织文化的概念、教育组织文化；（2）组织文化的层次和内容。
2. 领会：（1）塑造组织文化的方法；（2）校园文化建设的原则、校园组织文化发展阶段。
3. 应用：良好校园文化建设的途径。

（三）教育组织的氛围

1. 识记：（1）教育组织社会心理环境的内涵；（2）教育组织社会心理环境的类型。
2. 领会：（1）教育组织社会心理环境的功能；（2）教育组织内部社会心理环境、教育组织外部社会心理环境；（3）教育组织内部环境的心理效应、教育组织外部环境的心理效应。

四、本章重点、难点

塑造组织文化的方法。校园文化建设的原则。校园组织文化发展阶段。良好校园文化建设的途径。教育组织社会心理环境的功能。教育组织内部社会心理环境。教育组织外部社会心理环境。教育组织内部环境的心理效应。教育组织外部环境的心理效应。

第十一章 教育组织的变革和发展

一、学习目的与要求

教育组织是一个相对稳定的组织,但也需要随社会经济等方面的发展而不断变化发展,因此,教育组织的变革与教育组织的发展息息相关。通过本章的学习,使考生了解教育组织变革的含义、教育组织变革的背景,理解教育组织变革的意义;了解教育组织变革的模式,掌握教育组织变革的流程;了解教育组织发展的含义,掌握教育组织发展的特点和基础、教育组织发展的内容和方法;理解教育组织变革的阻力,掌握克服教育组织变革阻力的对策。

二、课程内容

第一节 教育组织变革的内涵与背景
（一）教育组织变革的内涵
1. 教育组织变革的概念
2. 教育组织变革特性
（二）教育组织变革的背景
1. 教育组织外部动力
2. 教育组织内部动力
3. 教育组织变革的预兆

第二节 教育组织变革的模式与流程
（一）教育组织变革的模式
（二）教育组织变革的流程

第三节 教育组织变革的有效管理
（一）教育组织发展概念
（二）教育组织发展的特点和基础
（三）教育组织发展的内容和方法
（四）教育组织变革的阻力
（五）克服变革阻力的对策

三、考核知识点与考核要求

（一）教育组织变革的内涵与背景
1. 识记:教育组织变革的概念、教育组织变革的特性。
2. 领会:教育组织变革的背景。

（二）教育组织变革的模式与流程

领会：(1) 教育组织变革的模式；(2) 教育组织变革的流程。

（三）教育组织变革的有效管理

1. 识记：教育组织变革的概念。

2. 领会：(1) 教育组织发展的特点和基础；(2) 教育组织发展的内容和方法；(3) 教育组织变革的阻力。

3. 应用：克服变革阻力的对策。

四、本章重点、难点

教育组织变革的背景。教育组织变革的模式。教育组织变革的流程。教育组织发展的特点和基础。教育组织发展的内容和方法。教育组织变革的阻力。克服变革阻力的对策。

Ⅳ 关于大纲的说明与考核实施要求

一、自学考试大纲的目的和作用

"教育管理心理学"课程自学考试大纲是根据专业自学考试计划的要求,结合自学考试的特点而确定的,其目的是对个人自学、社会助学和课程考试命题进行指导和规定。

"教育管理心理学"课程自学考试大纲明确了本课程学习的内容以及深广度,规定了课程自学考试的范围和标准。因此,它是编写自学考试教材和辅导书的依据,是社会助学组织进行自学辅导的依据,是自学者学习教材、掌握课程内容的知识范围和程度的依据,也是进行自学考试命题的依据。

二、课程自学考试大纲与教材的关系

课程自学考试大纲是进行学习和考核的依据,教材是学习掌握课程知识的基本内容与范围,教材的内容是大纲所规定的课程知识和内容的扩展与发挥。课程内容在教材中可以体现一定的深度或难度,但在大纲中对考核的要求一定要适当。

大纲与教材所体现的课程内容应基本一致;大纲里面的课程内容和考核知识点,教材里一般也要有。反过来,教材里有的内容,大纲里就不一定体现。

三、关于自学教材与参考书

1. 自学教材

《教育管理心理学》,郭瞻予主编,全国高等教育自学考试指导委员会组编,高等教育出版社,2018年版。

2. 参考书

(1)《教育管理心理学》,朱新秤主编,中国人民大学出版社,2008年版。

(2)《教育管理与组织行为》,E.马克·汉森著,冯大鸣译,上海教育出版社,2005年版。

四、关于自学要求和自学方法的指导

为了有效地指导个人自学和社会助学,本大纲在各章的开始指明了学习目的与要求,最后也给出了各章的重点。

为使自学考生更好地学习"教育管理心理学"这门课程,在学习中可遵循以下几种方法:

1.在全面学习课程内容的基础上增强对知识点和重点内容的记忆。自学考生首先应

全面系统地学习《教育管理心理学》教材的内容,并以此为基础,加强对重点章节的学习,理解并掌握教育管理心理学中的知识点和重要原理。

2. 在学习中注重理论联系实际。教育管理心理学作为一门理论和实践紧密结合的学科,它的理论原理既是对教育管理中的心理现象及其规律的总结和概括,同时又会用于对教育管理中各种心理现象的分析,指导教育管理实践的发展并在教育管理实践的发展中不断创新。因此,在学习中,把教育管理心理学的基本原理与当代教育管理发展的实践结合起来进行学习,不仅可以领会教育管理心理学的基本原理,而且也可以提高自己分析和解决现实问题的能力。

3. 紧扣教材和考试大纲进行学习。考试大纲有规定的课程内容和考核目标,是自学考生学习教材、掌握课程内容的知识范围和程度的依据,《教育管理心理学》教材的内容则是考试大纲所规定的课程知识和内容的扩展与发挥。自学考生在学习中紧扣教材和大纲进行学习,既可以全面地掌握教育管理心理学的基本原理,同时也可以抓住该课程的重点内容和考点。

4. 自学考生必须保证有必要的自学时间。自学考生应根据该课程的特点和自身的实际情况,合理安排自学时间。

五、对社会助学的要求

1. 社会助学者应明确该课程的性质和设置要求,根据本大纲规定的课程内容和考核目标,把握指定教材的基本内容,对自学考生进行切实有效的辅导,引导他们掌握正确的学习方法,防止自学中的各种偏向,体现社会助学的正确导向。

2. 要正确处理基本原理、基本知识、基本概念与应用能力的关系,努力引导自学考生将基础理论知识转化为认识、分析和解决实际问题的能力,提高自学考生的教育管理心理学理论的认识水平。

3. 要正确处理系统学习与掌握重点之间的关系。教育管理心理学课程的理论性较强,内容较广泛,同时自考命题的题型也多样化,覆盖面比较广。社会助学者应根据该课程的内容及考试命题的特点,指导自学考生全面系统地学习教材,掌握课程内容和考核目标。在对自学考生进行全面辅导的基础上,突出重点章节和重点问题,把重点辅导和系统学习有机地结合起来。

六、对考核内容的说明

1. 本课程要求考生学习和掌握的知识点内容都作为考核的内容。课程中各章的内容均由若干知识点组成,在自学考试中成为考核知识点。因此,课程自学考试大纲中所规定的考试内容是以分解为考核知识点的方式给出的。由于各知识点在课程中的地位、作用以及知识自身的特点不同,自学考试将对各知识点分别按三个认知(或叫能力)层次确定其考核要求。

2. 在考试之日起 6 个月前,由全国人民代表大会和国务院颁布或修订的法律、法规都将列入相应课程的考试范围。凡大纲、教材内容与现行法律、法规不符的,应以现行法律、法规为准。命题时也会对我国经济建设和科技文化发展的重大方针政策的变化予以体现。

七、关于考试命题的若干规定

1. 本课程的考试采用闭卷笔试形式,考试时间为 150 分钟;满分 100 分,60 分及格;本课程不涉及数学计算,因此不能携带具有通信功能、有记忆存储功能的计算器具。

2. 本大纲各章所规定的基本要求、知识点及知识点下的知识细目,都属于考核内容。考试命题既要覆盖到章,又要避免面面俱到。要注意突出课程的重点,加大重点内容的覆盖度。

3. 命题不应有超出大纲中考核知识点范围的题目,考核目标不得高于大纲中所规定的相应的最高能力层次要求。命题应着重考核考生是否了解或掌握基本概念、基本知识和基本理论,是否会用或熟练使用基本方法。命题不应出现与基本要求不符的偏题或怪题。试题量以中等学习水平的自学者在规定时间内可以答完全部试题为宜。

4. 本课程在试卷中对不同能力层次要求的分数比例大致为:识记占 30%,领会占 30%,应用占 40%。

5. 要合理安排试题的难易程度,试题的难度可分为易、较易、较难和难四个等级。每份试卷中不同难度试题的分数比例一般为 2∶3∶3∶2。

必须注意试题的难易程度与能力层次有一定的联系,但二者不是等同的概念,在各个能力层次中都有不同难度的试题。

6. 本课程考试命题的主要题型一般有单项选择题、简答题、论述题、案例分析题等题型。各种题型的具体形式可参见本大纲的附录。

附录　题型举例

一、单项选择题：在每小题列出的备选项中只有一项是最符合题目要求的，请将其选出。

1. 教育的本质要回答的是（　　）。
   A. 教育是什么的问题　　　　　　B. 教育对象是什么的问题
   C. 教育与社会的关系问题　　　　D. 教育是生产力的问题

2. 在学校管理工作中，无论是教育管理者还是被管理者，都要遵循教育工作中的（　　）。
   A. 以人为本的原则　　　　　　　B. 心理活动规律
   C. 发展性原则　　　　　　　　　D. 平等性原则

二、简答题

1. 简述使用观察法应注意的问题。
2. 简述根据文化人假设理论，管理者应采取的管理方式。

三、论述题

1. 试述教育领导集体决策的促进方法。
2. 试述良好校园文化建设的途径。

四、案例分析题

某校为了打造学校自身形象，近几年来加强了校容校貌的建设，例如种植花草树木，铺设塑胶跑道，建设文化长廊，增设图书阅读角，定期开展文艺、体育比赛；在校风校纪方面，制定校规校训，加强精神文明建设，建立民主和谐的人际关系。这些举措不但使学校发生了深刻的变化，还大大调动了师生工作和学习的积极性，使该校成为一所远近闻名的学校。

根据上述案例，请回答下列问题：

1. 上述案例说明的是什么问题？为什么要这样做？
2. 要达到既定目标，需要何种途径？

后 记

  2017 年 1 月由全国高等教育自学考试指导委员会办公室主持召开了全国高等教育自学考试课程大纲、教材编前会,会上确定了《教育管理心理学自学考试大纲》编写的指导思想、基本原则和要求。

  本大纲由沈阳师范大学郭瞻予教授负责编写。大纲完成后,北京师范大学蔡永红教授、徐建平副教授、李永瑞副教授、首都师范大学田汉族教授参加了审稿工作,由全国考委教育类专业委员会审定。

全国高等教育自学考试指导委员会

教育类专业委员会

2018 年 1 月

全国高等教育自学考试指定教材
教育管理专业(独立本科段)

教育管理心理学

全国高等教育自学考试指导委员会 组编
主　编　郭瞻予
副主编　张　艳
参　编　张慧杰　杨　硕
　　　　蒋春洋

编者的话

《教育管理心理学》作为全国高等教育自学考试的指定教材,第一版于2000年出版发行。17年来,随着改革开放的不断深入,我国的教育管理实践获得极大的丰富和发展,教育管理心理学知识更替的速度加快,构建适应现代化、信息化、国际化和全球化趋势的教育管理心理学理论体系和实践已成大势所趋,教材的修订亦顺理成章,不可避免。

受全国高等教育自学考试指导委员会委托,我们接受了这次重新修订本教材的重任,主要为了适应高等教育自学者对新时代教育管理心理学知识更新的学习需要。根据"高等教育自学考试教材编写原则和总体要求",本教材编写组严格遵循自学考试教材科学性、思想性、规范性和适应性的原则,紧紧结合自学考试学习者的特点,在承续了原版教材的理论观点、逻辑体系和框架结构的基础上,参考了全日制高等学校所使用的新教材,借鉴和吸纳了近年来国内外教育管理心理学理论与实践的新成果,编写了本教材。

20世纪80年代,国内外学校管理心理学的研究开始向教育行政管理研究发展,我国的教育管理心理学的研究领域进一步拓展,一些在学校、教学、课堂、教师工作积极性等教育管理实践方面的深专研究著作纷纷问世,具有中国民族特色的教育管理心理学本土化研究成果正日益丰富。这次修订也借鉴、吸收了上述一些研究成果。此外,还要感谢所有参考文献的原作者们,特别感谢原版教材主编丁志强教授,也希望使用这本书的学员和我们一样,对前人的研究成果充满感谢与敬意!

与原版教材相比,本教材在体例上做了较大的革新。首先,去掉原来的"篇",直接以"章"的形式出现。将原来的十六章内容压缩为十一章内容,紧紧围绕教育管理心理学的核心内容展开论述,更具教育管理心理学研究的特点。其次,为了配合教材内容,每章的章前增加了"本章导读""关键概念""学习目标"和"建议学时",取消了原有的"本章提要",以更好地调动自学者的学习兴趣和增强对内容学习的针对性指导。第三,在每章的章节内容中增加了"专栏"内容,以便更好地加深自学者对知识的理解。最后,在每章的章后增加了"本章小结"和"推荐阅读",既对章节主要知识进行了梳理,又可以帮助自学者增加知识学习的延展性。

这本教材的修订,是集体智慧的结晶,这里有我和沈阳师范大学教科院四位同事组成的编写团队的共同努力,也有出版社几位编辑前后付出的辛勤劳动。郭瞻予任主编并承担全书的统稿及修订前言、后记等工作;张艳任副主编并承担了第一章、第八章、第九章的编写工作;杨硕承担了第二章第二节、第六章、第七章的编写工作;张慧杰承担了第三章、第四章、第五章的编写工作;蒋春洋承担了第二章第一节、第十章、第十一章的编写工作。全书由郭瞻予确定框架、组织修订并最后定稿。在最后的修改和统稿中,张艳、刘美彤、石钟钰、王月、金崇文等协助主编做了大量的事务性工作。在此,对所有的作者和参与者表示衷心的感谢。

再次感谢全国高等教育自学考试指导委员会的鼓励和促进,欢迎相关领域的专家和广大考生提出意见和建议。

郭瞻予
2018 年 1 月

第一章 教育管理心理学的研究对象、任务和方法

【本章导读】

任何学科都有自己的研究对象,教育管理心理学的研究对象是教育管理活动中人的心理现象及其规律。本章作为该门学科的开篇部分,主要呈现的是教育管理心理学的学科体系,简要概括地说明全书的主旨和内容,阐述教育管理心理学的研究对象和范围、教育管理心理学的研究任务与意义、教育管理心理学的研究方法。在本章中,将讨论三个方面的问题:

1. 教育管理心理学的研究对象和范围。
2. 教育管理心理学的研究任务与意义。
3. 教育管理心理学的研究方法。

【关键概念】

教育管理心理学;观察法;调查法;实验法;测验法;个案研究法;行动研究法

【学习目标】

1. 了解管理与教育管理的含义及特点,掌握教育管理心理学的研究对象及范畴。
2. 了解教育管理心理学的理论意义和实践意义,理解教育管理心理学的基本任务、具体任务。
3. 掌握几种常用研究方法及其在教育管理心理学研究实践中的应用。

【建议学时】

3学时

教育管理心理学是管理学、心理学和教育学三大学科交叉而形成的一个心理学分支学科,它是研究教育管理,特别是学校活动中个体和群体的行为规律及其潜在的心理机制,并用科学的方法改进教育管理工作,从而提高教育管理效率和效益的一门科学[①]。和其他学科一样,教育管理心理学也有着自己独有的学科体系和研究内容。

---

① 朱新秤.教育管理心理学[M].北京:中国人民大学出版社,2008:3.

第一节 教育管理心理学的研究对象和内容

一、教育管理心理学的研究对象

教育管理心理学的研究对象是教育管理活动中人的心理现象及其规律[①]。作为管理心理学"家族"中最年轻的一员，教育管理心理学研究对象的确定同教育学、管理学、教育管理学、管理心理学等学科领域的研究发展密切相关。

教育是人类社会特有的一种现象，是人类社会固有的培养人的一种社会活动。它是根据一定的社会要求，对受教育者所进行的一种有目的、有计划、有组织的社会实践活动，其目的是为社会培养所需要的合格人才。作为一种有目的、有计划、有组织的社会实践活动，教育是一个十分复杂的体系，受制于很多因素，而管理则是教育取得成效至关重要的因素。

管理是管理者在特定的环境下，为了实现一定的组织目标，对其所能支配的"人、财、物、事"等各种资源进行有效的计划、组织、领导和控制等一系列活动的过程。从心理学的角度来研究管理，最初主要是在企业这样的组织机构领域内开展的，且始终围绕着与人的"关系"这一核心发展。企业管理的研究可分为两大方面：一是人和机器关系的研究，即"人—机系统"；二是人与人关系的研究，即"人—人系统"。企业管理也在经历最初的劳动心理学（20世纪初期形成）、工程心理学（20世纪40年代形成）研究后，进入到管理心理学（20世纪50年代）独立领域的研究。管理心理学的研究任务就是企业中人与人的关系，即"人—人系统"。

目前，管理心理学有时也被称为组织管理学或组织行为学，其研究对象也逐渐超出企业的范围，开始研究各种组织系统中人与人相互作用下所产生的心理现象及其规律，并在此基础上形成了古典组织理论，也被称作科学管理理论，包括弗雷德里克·泰勒（Frederick Winslow Taylor, 1856—1915）的科学管理方法、亨利·法约尔（Henry Fayol, 1841—1925）的管理理论和马克斯·韦伯（Max Weber, 1864—1920）的科层论。后来，人们把在企业界取得成功的科学管理的原则推进到了学校，对教育管理产生了巨大影响。

教育管理是指在特定的环境中，各教育管理主体从自身职能出发，合理配置管理资源，围绕各项教育事务进行计划、决策、领导、组织、激励、沟通和评价等活动[②]，以提高教育工作效率，提升教育质量的活动过程。在教育管理学研究对象的界定上，有学者将我国理论界一些现有的研究概括为三类，即教育管理特殊矛盾性说、教育管理问题说及教育管理现象规律说，并主张教育管理学的研究对象就是教育管理现象，这种现象是一种融"实在性、理解性、批判性"于一体的复杂现象，教育管理学的核心追求就是在认识和理解教育管理现象的基础上，谋求改进之道[③]。本教材对教育管理研究对象的界定则更多地从教材使用者的适用性和管理实践出发，从宏观和微观的角度进行了区分，即教育管理包括了宏观的教育行政管

[①] 丁志强.教育管理心理学[M].沈阳:辽宁大学出版社,2000:3.
[②] 褚宏启,张新平.教育管理学教程[M].北京:北京师范大学出版社,2013:1.
[③] 张新平.教育管理学导论[M].上海:上海教育出版社,2006:3.

理（即国家对教育系统进行组织协调控制的一系列活动）和微观的学校管理（即各级各类教育行政部门对学校的管理和学校内部的教育管理）两个方面，本教材的内容主要是指学校的教育管理工作。教育管理的内容尽管也涵盖了教育领域的"人、财、物、事"四个方面，但人的心理和行为对教育管理的成败具有重大影响。因而教育管理的核心仍是处理人与人的关系，或者说是对人的管理。

在学校的管理工作中，无论是教育管理者还是被管理者，都要遵循教育工作中的心理活动规律。教育管理者在管理目标的确定、管理措施的制定使用、人才选拔、人事关系处理、人力资源开发等管理活动中，要研究学校管理系统中人的心理活动规律，都要"以人为本"，只有这样才可能实现有效的管理。被管理者接受管理本身也是一个复杂的心理活动过程。领导管理意图、正确处理各种关系、做好本职工作也要遵循一定的心理活动规律。同时，一切教育工作者都具有既是被管理者又是管理者的双重特点。要想做好本职工作，也必须领会管理意图，正确处理各种关系，以提高自身的工作效率，这一切也要遵循一定的心理活动规律。因此，在教育管理活动中人们相互作用情况下产生的心理现象及规律就必然成为教育管理心理学的研究对象和具体内容。从而，教育管理心理学的研究对象就可以确定为研究教育管理活动中人的心理现象及其规律，研究教育系统中人们彼此相互作用情况下所产生的心理现象的规律性。

二、教育管理心理学的研究内容

教育管理心理学与教育管理学、管理心理学有密切联系。但教育管理心理学的研究聚焦在教育组织系统，是管理心理学知识在教育组织管理工作实践中的具体应用，既具有管理心理学共性的规律，也具有教育组织系统内个体、群体、领导和组织影响的独特性。同时，教育管理心理学作为对教育管理中的心理现象及其规律的研究，而不是对教育管理本身的研究，这使其与教育管理学划清了界限。教育管理心理学的具体研究范围或内容可以概括为以下几个方面：

（一）研究教育管理系统中个体的心理现象及规律

教育管理心理学着重研究教育管理条件下教育工作者，尤其是教师的心理品质、工作动机、自我效能感、挫折和工作态度等方面的规律性问题，以便最大限度地挖掘工作积极性。这是教育管理心理学研究的基础，也是教育管理心理学研究的基本问题。

教育工作者是一个很宽泛的概念，教育系统内从事与教育有关的各级领导、教师、专家、研究人员及各级各类学校、教育机构行政管理人员、教学辅助人员和其他专业技术人员被统称为教育工作者。可以将其主要划分为三类：一是教育领导者；二是教师；三是教育行政人员。在教育管理心理学研究中，具有独特性特征的领导心理内容主要在教育领导管理中进行研究，因而教育管理系统中个体的心理现象及规律的研究内容是教师和教育行政人员，主体是教师。

人的心理活动本质上是个体性的，即使与群体或组织交互影响，也是通过个体表现出来的，这符合普通心理学概括出的个体共性的心理规律。而教育作为一种培养人的活动，赋予了学校有别于其他组织不同的任务和使命，使得教育工作者也具备了一些不同于其他组织成员的心理活动特点与规律。彼得·德鲁克（Peter F. Drucker，1909—2005）曾指出，教育者是知识劳动者,他们的生涯包含了知识的获取、知识的管理以及知识向下一代的传递①。因此,拥有管理工作的自主权才能更好地提高其工作能力和效率。教育工作者个人的主动性、积极性、创造性的发挥将直接影响到教育组织的运行质量和发展。教育工作者个体心理的研究主要包括个体差异与管理、工作归因、自我效能感与幸福感等社会认知与管理、工作动机与激励、心理健康的维护与管理等主要研究内容。这种对教育管理系统下个体一般和特殊心理活动规律的研究,将会成为教育管理心理学区别普通心理学、管理心理学、学校管理学等学科的重要特征。

(二)研究教育管理系统中群体的心理现象及规律

教育群体是个体与教育组织之间的一个重要环节,是个体直接生活并与社会联结的活动空间。教育管理心理学着重研究教育群体和个体间相互影响的心理效应,主要内容包括:教育群体的人际信任、人际沟通和人际关系;教育群体合作、竞争、冲突;教师团队的建设等问题。通过这些研究,以便找出交互作用下教育群体及群体中个体心理变化的规律性,从而最大限度调动工作积极性。其中,学校内部的社会心理系统(即人际关系系统,主要是指学校内部环境因素中的个体、团体、组织与领导系统)是重点。

个体的心理和行为是不能孤立存在的,当个体进入群体,在共同的活动中必然受到群体影响而产生一些群体本身所特有的心理现象。美国著名教育管理学家马克·汉森(E. Mark Hanson)就认为:"学校因从事人力生产而导致其独特的组织和管理问题。"②从心理学的角度看,在可能包括教育行政领导、教师、学生、家长、监管者、立法者、合作办学方等人员在内的各类错综复杂的人际关系系统中,教育管理的目标就是由一个人或多个人来协调其他人的心理与行为活动,从而调动群体成员的积极性、主动性和创造性。掌握个体的个性特征、需要、动机、工作目标、工作态度、领导水平及影响力,社会心理气氛等因素对选用最佳管理方法从而提高学校的管理效率十分重要,这也是教育管理心理学要首先思考的问题。

此外,作为学校的两大重要群体,教师与学生的心理活动及规律对学校教育教学质量也具有重要影响。但学生的学习心理是教师教育教学的依据,是教育心理学研究的重点,而教育管理心理学并不直接研究教育、教学的规律,而是期望通过对教师心理活动及其规律的了解调动其积极性,这是教育管理心理学和教育心理学的明显区别。

(三)研究教育管理系统中领导的心理现象和规律

领导心理是教育管理心理学研究的重要内容之一,它着重研究教育领导者的心理和行为特点、功能,教育领导者应具备的心理品质,领导影响力,教育决策等心理学问题。

尽管很多人认为关于"领导"的研究陈旧乏味,但所有人都承认领导在组织运作中具有中心地位,教育管理心理学也不例外。教育管理学的特点就是教育和管理的有机结合,研究如何按照教育客观规律来管理教育,对影响教育质量和效益的各要素进行规划、组织、指导、协调和控制。这一活动过程,都是由具体的人来操作控制,尽管教育者和受教育者的积极性、群体通力协作很重要,但教育领导者正确有效的领导行为则更为关键。彼得·德鲁克曾说过:"管理者的任务不是去改变人,是要让个人的才智和健康体魄以及工作热情得以发

---

① 朱新秤.教育管理心理学[M].北京:中国人民大学出版社,2008:5.
② E.马克·汉森(E. Mark Hanson).教育管理与组织行为(第5版)[M].上海:上海教育出版社,2005:5.

挥,从而使组织的整体效益成倍增长。"①

教育领导者作为个体,其具有的教育者共性的心理特点和行为可纳入个体心理的研究范畴,且存在超越文化和民族界限的可能。但由于他们在教育组织中所处的领导地位和角色不同,其心理和行为又有其特殊性。领导者的能力、领导风格、各级教育领导集体的结构和功能,往往会形成不同组织氛围和社会心理状态,从而成为影响教育组织发展和兴衰成败的重要因素,甚至有学者认为领导者的文化智力可能是影响成功的重要因素(Earley, Ang, 2003)。因此,教育领导的定义、角色、职责、教育领导理论、领导影响力、领导者和领导集体的决策等将成为研究的主要内容,这使领导心理的研究对实现教育管理目标,促进教育组织健康发展具有重要意义。

(四)研究教育管理系统中教育组织心理现象和规律

教育组织尤其是学校的心理现象和规律也是教育管理心理学研究的重要课题之一。它着重研究教育组织结构、组织文化、公共形象塑造、组织氛围、变革与发展等问题。

我国的教育组织是按照社会主义教育要求,透过教育人员、组织结构与教育环境的互动和调试,来培养德、智、体、美等全面发展的社会主义事业建设者和接班人的正式教育实体。从范围和规模上看,教育组织有宏观与微观之分。宏观教育组织是指一个国家或地区从总体上对教育事业发展进行计划、指挥、协调、监督和控制的教育实体,如教育部。微观教育组织主要指学校教育组织。作为典型的基层教育组织,学校将是本教材的主要研究内容,且框定的范围为中小学校。学校中的教育行政组织(如校长办公室、教导处、政教处、总务处、教研组、年级组等)和非行政组织(如党组织、工会、教代会、共青团、学生会、少先队、研究性团体等)在行使组织职能时形成的组织文化和组织的变革将是研究的重要内容。

组织是人类社会生活中最普遍、最常见的社会现象,组织的正常运行离不开人的行为,每个人也离不开组织生活,受到组织的影响和制约。从组织水平来看,作为一个整体,组织结构、文化氛围影响着个体和群体的行为,从而影响着组织整体的效率和气氛。从心理学的角度出发,学校就是一个将与教育具有密切关联的人、财、物、时间、信息、环境等因素有机联系起来而形成的一个开放的并具有较固定模式的社会关系系统,其任务就在于组织各类教育人员,协调各种关系,充分发挥组织系统的力量和组织成员的聪明才智实现学校教育目标。因此,要实现有效的管理,就要重视通过管理方式的变化和学校文化来调动组织成员的积极心理因素。如管理程序是否公正,关于工作和家庭如何平衡的理念,知识管理、薪资管理等组织制度是否和谐,如何应对教职工工作倦怠等。还要注意社会发展、环境变化、制度变迁对学校组织文化的冲击以及引发的组织变革和结构调整,这些对于搞好教育管理有着十分重要的意义。

总之,教育管理心理学以学校管理心理为主要内容,包括:教育管理系统中个体(尤其是教职工)的心理现象和规律、教育管理系统中群体(尤其是学校内部的社会心理系统)的心理现象及规律、教育管理系统中领导者(包括领导集体)的心理现象及规律、教育管理系统中教育组织心理现象及规律。

---

① 彼得·德鲁克著,沈国华译.个人的管理[M].上海:上海财经大学出版社,2003:47.

【专栏 1-1】

国内外教育管理心理学研究内容评析

陈景普在《教育管理心理研究》一书中认为,教育管理的核心是对人的管理。教育活动始终离不开人,所以把教育系统作为"人—人系统"来加以研究更为现实。这个系统中存在着一系列宏观管理与微观管理的心理学问题,研究就是要对这些问题做出科学的测定、分析和预测,为教育管理人员进行有效管理提供可靠的依据。其中,宏观层面的研究内容包括:教育立法的心理效应;教育领导的心理影响;教育督导的心理导向;教育方针的心理昭示;教育制度的心理规范;教育经费的心理投入等。微观层面的研究包括:教育组织的心理功能;教育人员的心理动力;教育对象的心理健康;教育环境的心理构想;教育评价的平衡;教育未来的心理预测等。这一研究显得比较全面和系统,但这种定位没有考虑到教育管理心理学的独特性。另外,对教育管理过程中对于人的心理产生影响的因素研究忽略了"人—人系统"及其相互作用产生的个人心理和群体心理规律,显得太泛太杂乱,不利于教育管理心理学成为一门独立的研究学科,而只是心理学在教育过程中的应用。

国内另一本有影响的教育管理心理学著作是熊川武教授的《学校管理心理学》。该书内容虽然只涉及学校管理心理现象及规律,但已经包括了教育管理心理学的主要内容。这本书的内容和体系围绕教育管理过程中的"人—人系统",探讨教育管理过程中的个体与群体的心理规律,显示出学科研究的独立性,与普通心理学、教育心理学区别开来,这对于教育管理心理学成为一门独立的学科具有重要意义。不过,该书中也包括了学生心理的内容,与教育心理学的研究对象有所混同;另外,书中相关内容的特色不明显,绝大多数内容都是普通心理学、社会心理学、管理心理学向教育心理学的简单移植,这是应该加以注意的。

国外的研究很少出现"教育管理心理学"或"学校管理心理学"的著作或教材,教育管理心理学的研究包含在教育组织行为学的研究中,如罗伯特·G.欧文斯的《教育组织行为学》,或者把教育管理心理学的研究作为教育管理学研究的一个部分,如 E.马克·汉森的《教育管理与组织行为》,韦恩·K.霍伊(Wayne K. Hoy)和塞西尔·G.米斯克尔(Cecil G. Miskel)的《教育管理学:理论·研究·实践》。

以罗伯特·G.欧文斯的《教育组织行为学》(第 8 版)为例,他将教育系统看作一种组织形式,运用组织理论探讨教育管理过程中的个体和群体心理的规律,研究内容主要是教育管理人员、教师活动的心理规律及其形成的群体活动的心理规律,研究对象明确清楚,并与其他教育学科和心理学科区分开来,形成了独特的研究对象和方法,有利于教育组织行为学这门学科的独立性及其长远发展。另外,该书综合国外有关教育管理心理学的实证研究,真正做到了将理论研究与实践研究相结合,并指导实践,这是值得借鉴的。不过,教育组织行为学的研究主要是以促进教育组织或学校发展为主线,而不是以教育组织中个体与群体心理的规律为主线,这表明教育组织行为学与教育管理心理学的研究内容具有很大的共性,但也存在着差异,不应把两者完全等同起来。

(资料来源:朱新秤.教育管理心理学[M].北京:中国人民大学出版社,2008:7-8.)

第二节 教育管理心理学的研究任务和意义

任何一门学科,在确定了研究对象的同时,就明确了研究任务及研究意义,也产生了正确的研究思路和研究方向。

一、教育管理心理学的研究任务

(一) 教育管理心理学研究的基本任务

教育管理心理学研究的基本任务,就是探讨教育管理活动中不同角色个体、群体及组织的心理现象及其规律,为提高教育管理水平提供心理学依据。

我国的教育管理心理学是一门新兴科学,诞生于 20 世纪 80 年代后期,时值改革开放,管理心理学和组织行为学的研究在社会主义市场经济改革中焕发了蓬勃的生机,也同样促进了传统教育管理模式的革新。因循守旧、墨守成规、得过且过、按资排辈等观念已经无法适应新时代的要求,新的教育观念、思维方式、管理意识和科学方法被越来越多的学者和教育工作者用以解决教育管理所面临的实际问题,这为教育管理心理学的产生、发展起到重要的助推作用。

教育管理心理学从研究教育管理中不同角色个体的深层心理入手,重新认识管理的实质,不再单一追求成功的结果,而是提高成功的把握①,并切实从追求最优效率的目标出发,寻找和探索有效管理的途径,从过去抱着"我来管你"的态度转变为"激励""促进"的态度,发掘潜力,促进人们创造精神的发展。因此,探讨教育管理活动中的心理现象及其规律,最大限度地发挥教育行政领导、教职工和学生的聪明才智,是丰富教育管理心理学研究,加速教育管理科学化的基本使命,也是教育管理心理学产生和存在的客观基础。

(二) 教育管理心理学研究的具体任务

1. 调动教育管理活动中各角色教育工作者的工作积极性,提高教育管理的效能

现代教育管理心理学的研究表明,人是管理中最核心的因素,管理必须发挥人的主动精神,挖掘人的潜在能力。但我国的教育管理学界曾受企业管理界古典组织理论的影响颇深,把人当成"经济人"看待,忽略了社会心理因素,提倡经济刺激提高管理效能,过分强调教育投入的作用,对学校组织的独特性和教育管理中人的作用重视不够,挫伤了广大教育工作者的积极性,影响了教育投入的效益。行为科学管理理论则明确提出职工是"社会人"的概念,认为管理效益的提升取决于职工的工作态度和人际关系,这一理论考虑到了教育管理活动中人的社会心理因素。

学校是专门进行教育活动的组织,教育性是学校的本质属性。美国教育管理学家欧文斯(Robert Owens)曾指出,教育组织的独特性在于其教育使命,学校必须是有助于成长的教育组织②。一个真正了解学校使命的教育管理者,必然会遵循教育工作者的心理及其行为的规律,不仅为他们提供成长和发展的机会,也会调动其积极性,促进教育质量的提高。如将学校建设成为充满人文关怀的教育组织,探索可以充分调动教职工工作积极性的教育目标、教育途径,增强个人能力和人际交往能力,促进教育工作者的学习进步和个人成长,增强自信、满足感与主动性等,这些都是教育管理心理学责无旁贷的任务。无论是管理者还是被管理者,都是作为一个社会化的人而出现的。作为教育管理中的心理因素,教育工作者的心

---

① 张俊伟.极简管理:中国式管理操作系统[M].北京:机械工业出版社,2013:6.
② 欧文斯著.窦卫霖,温建平译.教育组织行为学:适应型领导与学校改革[M].北京:中国人民大学出版社,2007:17.

理与行为有着自己独特的内容,教育管理心理学对教育工作者的角色意识、需要、动机和目的的深入研究,揭示了激励教育工作者积极性的有效途径和方法,为挖掘人的潜能,提高教育质量,实现教育目标提供了心理学依据。

2. 培养教育领导的有效管理能力,促进教育质量的提高

教育管理者主要包括教育领导者和教育行政人员,教育管理则意味着管理者要通过他人的努力来实现学校教育组织的目标。在教育管理中,领导者的作用是十分重要的。因此,领导心理是教育管理心理中的核心问题。

在我国,学校校长大多由上级部门任命,其来源可能是上级教育行政部门的干部或基层教育工作中卓有成效的教师。职务调整意味着职业的变更,校长和教师所需要使用的工作技巧和衡量标准截然不同,其重要条件之一是教育领导者应具备较高的管理才能和良好的素质,即意识和行为中所表现出来的心理品质。教育管理心理学对于教育组织中群体成员的相互作用的研究,有助于教育领导者从教师的成长需求出发,制订出学校长、短期发展计划,形成独特的学校文化和风气,鼓舞教师士气,提高教师积极性。一切有远见的学校领导,都会把学习、研究教育管理心理学作为提高自身修养的重要方面,以期由理论上的博览精通,达实践上的左右逢源,从而最大限度达成学校教育工作目标。

促进教育领导者职业变更的心理适应能力,提高其自身素质和强化影响力,增强对教育管理各领域个体和群体心理气氛及管理规律的了解,更好地掌握"领导"这门艺术和学问,在管理实践中能得心应手地协调好各方面的关系,调动各方面人员的工作积极性,发挥领导核心作用是教育管理心理学的重要任务。而管理是一门"人学",了解教师的特点和心理活动规律十分必要。

3. 按人的心理活动规律进行教育组织设计,促进组织的变革与发展

教育管理是在教育组织环境下进行的,合理的组织架构和科学的组织制度对顺利实现教育管理目标具有重要的作用。教育组织是按照社会的要求,有目的、有计划、有组织地向受教育者实施全面发展教育的正式教育实体,是通过培养各种合格人才为社会服务的,这使教育组织既具有一般组织的心理功能,又有其独特的规范性功能。如教育组织各层级和各职位的权力分配,各类教育人员的角色期望、角色规范和角色行为,组织信息的沟通等。所以教育管理心理学也要研究组织,研究人在组织中的心理活动。

高新技术的不断革新使教育组织的管理、工作设计的技术手段也在不断变化,组织的变革与发展从未停止,这些因素对组织成员的心理和行为都产生着巨大影响。如教育组织尊重信任的氛围会让教育人员产生舒畅、欢乐的心理状态;具有良好沟通反馈机制的教育组织可以缩短组织成员的社会心理距离,增强凝聚力;激励制度恰当、职权分配合理的教育组织能充分调动组织成员的士气,增强教育组织的活力,减少组织矛盾;只有被全体组织成员所接受的教育组织目标才能够内化为成员自己的目标等。在具体的组织条件下,去具体地分析教育成员的心理特点和解决教育成员的心理问题已成为教育组织变革和发展中一项根本原则,是教育组织更好地适应社会发展的必然所需。

4. 肩负完善理论体系的迫切任务

教育管理心理学作为一门应用理论科学,除了要解决迫切的实际任务外,还需要完善自己的理论体系和方法论基础。目前,美国等西方国家的相关研究仍走在前列,如何建立适合我国国情的具有中国特色的教育管理心理学体系是一个亟待完成的任务。

我国的教育管理心理学的研究起步较晚,和西方国家的研究成果存在现实的差距,但是,西方的管理学、管理心理学、组织行为学等理论的发展也在研究方向、研究领域方面为我国教育管理心理学的研究提供了重要的借鉴和指导。我们可以本着"洋为中用"的原则,结合我国教育管理的实际,建立具有中国特色的教育管理心理学体系,遵循"实践—理论—实践"的指导方针,研究我国教育管理中的实际问题,探索教育管理活动中人的心理现象及其规律。从事教育管理心理学研究的理论工作者应与教育管理实践工作者相结合,总结优秀教育管理者的管理经验和规律,形成具有中国特色教育管理心理学的理论,然后再在教育管理实践中推广运用,接受实践的检验。只有广大的研究工作者走向管理的基层,真正地研究中国教育管理中的问题,了解学校教师的行为、学校工作的环境以及领导者的行为,才能真正做到这一点。因此,可以说,教育管理心理学的理论建立绝对不是在"书斋"中能够完成的,走向教育管理的基层,了解中国的教育管理实际才是最重要的。

二、教育管理心理学的研究意义

现代生产力的发展为教育的发展带来了契机,也推动着教育的发展,在人类社会迈入知识经济发展时代的今天,教育管理心理学已成为人类更好发展的知识基础之一。运用科学的管理理论和方法,解决教育管理工作中教育工作者潜能挖掘、积极性调动的问题;在群体、领导组织的环境背景下,协调人与人、人与事之间关系的心理学等问题,是教育管理心理学研究要解决的问题。这些问题的研究,既具有完善教育管理心理学学科体系的理论意义,又具有指导教育管理工作的实践意义。

(一)理论意义

教育管理心理学作为应用心理学的分支学科,综合吸收了教育科学、管理科学、心理科学尤其是管理心理学的研究成果,并从我国教育管理实践中汲取营养,使它们上升到理论高度,不断地完善和发展自己的方法论和知识体系。研究成果又被应用于教育管理实践,并在实践中得到检验,进一步促进了理论的发展。它涉及了个体、群体和组织整体三个层次的心理现象和规律,以及如何管理来提高教育组织的绩效等。教育管理心理学理论和实践上的突破,也必然会成为与之密切相关的几类学科理论研究的宝贵财富,并拓宽了研究视野。此外,建立适应我国国情的教育管理心理学体系,也是重要的学术任务,教育管理心理学研究的丰富和发展将为中国教育管理科学的发展做出新贡献。

(二)实践意义

教育管理心理学试图解决和改进教育组织运作过程中遇到的实际问题,如探讨用什么样的人,怎样用人,如何调动工作积极性,如何协调社会心理关系等现实问题,具有重要的现实意义。

1. 有利于观察和判断教育管理活动中人的心理活动变化,提高教育管理效益

人是管理的核心,而人在从事教育管理活动的时候,必有其心理想法、体验或动因,从这个意义上说,心理是人的核心,也是教育管理心理学的最深层研究对象。只有具备一定教育管理心理学知识,才更善于细心观察教育管理活动中的个体、群体、组织、领导人的言行举止和表情流露,掌握其心理活动变化的规律和心理需求,才能制定出管理个体、群体、组织的科学管理方法,同时提升领导者的领导水平和领导艺术,做到人适其事,事得其人,人尽其才,

才尽其用。

2. 有利于改革教育管理工作，为我国教育事业的发展做出新的贡献

党的十八大提出要"努力办好人民满意的教育"，并指出教育发展的关键与重点主要体现在"加强教师队伍建设""大力促进教育公平"和"合理配置教育资源"。全面实施素质教育，深化教育领域综合改革已成为教育发展的时代主题，这为教育管理事业和教育管理心理学的科学化、现代化、人本化提出新的要求。研究教育管理心理学，改革教育管理工作，必将有助于社会主义现代化的教育事业的可持续发展。

3. 有利于培养教育管理者的优秀心理品质，提高管理工作科学水平

学习和研究教育管理心理学，不仅有利于了解和掌握被管理者的心理活动规律，也可以提升教育管理者自身的心理品质修养。教育组织的经营是选择对的事情做，而教育管理则是要把事情做对。因此，教育管理者通过教育管理心理学的学习研究，可以更好地了解自身的心理特征，全面客观地分析和评价心理需要，按教育管理者所必备的心理品质找出差距和努力方向，使自身在管理工作中有意识地扬长避短，提升素质，成为会管理的、健康的、具有高效率的管理者，适应新时期对教育管理者的需要。

第三节 教育管理心理学的研究方法

"工欲善其事，必先利其器。"要使教育管理心理学的研究达到高水平，必须采用科学的、适宜的研究方法。对于任何一门学科的发展而言，研究方法都具有举足轻重的作用。正如巴甫洛夫所说："科学是随着方法学上获得的成就而不断前进的。"教育管理心理学的研究对象是人，而人的心理和行为是极为复杂和特殊的，要想全面掌握教育管理情境中人的潜在心理机制和行为规律，就需要采用多种多样的研究方法，具体选用哪种方法，则取决于研究任务的需要。教育管理心理学中常用的方法有观察法、调查法、实验法、测验法和行动研究法等。

一、观察法

观察法（Observation Method）是指研究者以感官或辅以录音、录像、摄影等现代技术手段有目的、有计划地对教育管理情境下研究对象（被观察者）的心理变化和行为反应进行全面、深入、细致的观察并进行系统记录，从而揭示教育管理活动中人的心理活动规律的方法。依据不同的标准，观察法可做不同的分类，比较常见的划分如下：

（一）按照观察者所处的情境特点，可分为自然观察与控制观察

自然观察是在完全自然真实的条件下观察他人的行为。如在常态的学校生活中观察了解小学生校园的欺凌行为。皮亚杰的认知发展阶段理论的提出就是采用自然观察法的典型成果，我国著名的儿童教育学家、儿童心理学家陈鹤琴教授也采用这一方法进行了儿童认知发展的研究。自然观察法是所有研究方法的基础。控制观察是在限定条件下所进行的观察。如近年来心理学中较多使用的单向玻璃观察室观察。

（二）依据观察者和被观察者的关系，可划分为参与观察和非参与观察

参与观察是指观察者直接参与被观察者的活动，在共同的活动中进行观察。非参与观察是指观察者不参与被观察者的活动，以局外人的身份进行观察。

【专栏 1-2】

公开性参与观察

美国社会学家怀特为了观察社会下层者的行为,以研究者的身份参与了一个由 13 名青年组成的小集团活动,他经常与这些人一起喝酒、聊天、泡咖啡馆等,并把这些观察结果写成《街角社会》。我国一直倡导的干部(包括教育行政干部)要深入群众进行的"蹲点调查",即要求调查者与被调查者"同吃、同睡、同劳动",也是一种公开性参与调查。

(资料来源:何世鲁.参与观察法的一个成功范例——介评怀特的《街角社会》[J].国外社会科学.1995(3):71.)

观察法的主要优点有:

1. 所获得的材料真实自然

由于对观察对象不加任何干预或控制,且在自然发生的条件下不受观察对象注意,因此,所观察到的被试的外部表现是最自然的真实流露。

2. 所获得的材料比较全面、系统、完整

因为观察法是根据研究需要在一段时间内进行的有目的、有意识、有选择地搜集资料的活动,与被动盲目或毫无目的情况下偶然获得的材料相比,必然会掌握更为全面的信息,而重复的观察更容易系统总结出个体某种心理现象的典型表现,也可以注意到与之相关联的特殊气氛和情境,如对学校氛围的考察。

但观察法也有一定的局限性。如虽不要求观察对象的合作,但对观察者的要求却比较高,否则很难获得有价值的材料;如因无法控制观察对象的行为与环境,只能消极等待观察所需要的现象出现;也可能受到一些无法排除的无关变量的干扰,且观察到的可能仅是被试所表现出来的行为的一小部分,因而不易从观察资料中得到某种因果关系的推断;也不易对观察材料进行数量化分析和处理;且由于被试、环境和时间的不可逆性,观察的结果也无法做精确的重复和验证。所以观察法最好与其他方法结合起来使用,才能发挥更大的作用。

简而言之,观察法的优点是使用方便,所得材料真实,其缺点是只能消极等待观察现象的发生,观察结果难以量化,也难以确定某种行为现象的真正原因,还受到观察者自身能力的制约。为此,应用观察法应注意以下事项:

1. 观察全程要目的明确

观察前应做好充分的准备,熟悉所要研究的问题和其中的心理现象,根据研究的问题制订观察计划,选取典型观察对象和观察条件,列出观察提纲。例如研究教育工作者的工作态度,要考虑从哪些方面能反映出教育工作者的工作态度,态度的结构和影响因素有哪些,从哪些方面和哪些事件中去观察。

2. 观察要满足情境自然,客观进行

观察法的价值在于观察所得的材料是直接从生活中得来的。让被试尽量处于自然状态下,并克服观察者自身的主观性,克服先入之见、无意过失、假象、错觉、反应偏向等现象的干扰。只有克服可能产生的误差,才能得到最真实的情况和客观的结果。

3. 要做好观察记录

完整准确的记录有助于事后整理、分析和进一步深入研究。观察记录有多种形式,如记录事实的描述性记录,利用视听设备进行观察记录的工具记录等。

4. 观察者应经过一定的训练

要通过观察法获得有价值的信息,观察者的观察能力是非常关键的。观察者要不断进行观察能力的提升训练。如善于从繁杂的现象中选择所需要事实的能力,善于及时抓住某些突变重要材料的能力,能敏锐地觉察各种现象之间联系的能力等。

观察法是科学研究中必不可少的一种手段,是形成科学理论的前提,也是教育管理心理学研究中搜集各种客观事实和研究材料的基本途径。中国著名儿童教育心理学家陈鹤琴指出:"观察是获得知识的基本方法,而精密观察则是开启真理宝藏的钥匙,握着这把钥匙,我们便能接近科学的真理。"[1]英国社会学家 C.A.莫舍甚至认为:"观察可称为科学研究的第一等方法。"[2]在研究教育管理活动中人的心理现象时,通过观察个体的外部行为表现(如语言、表情和工作行为等)来了解和预测其心理活动是完全可能的。

二、实验法

实验法(Experimental Method)是研究者有目的、有计划地严格控制或人为创设一定的条件及情境来引起某种心理活动或行为表现,从而对教育现象进行研究以得出某种因果性联系的一种方法。实验法已成为教育管理心理研究者们日益重视和认可的研究方法,教育管理心理学的实验研究通常经历:问题提出、实验设计、方案实施、成果总结与应用推广等基本步骤。

根据实验场地的性质差异,可以把实验法分为实验室实验法和自然实验法两类。实验室实验法是指在严格控制条件的实验室内进行心理活动规律研究的方法。如班杜拉的观察学习实验。自然实验法是指在适当控制某些条件的实际工作场所或日常管理情境中进行心理活动规律研究的方法。如经典的罗森塔尔期望效应实验。

由于自然实验法比较接近人的生活实际,易于实施,又较好地避免了实验室实验法因人为及对心理现象的过分简化造成的推广受限的问题,所以被更为广泛地用于教育管理心理学的大量课题。在运用自然实验法时,通常要将教育管理情境下有控制的事实和对象的情况与没有控制的事实和对象的情况进行比较,以显示实验条件的作用。受到实验条件控制的组叫实验组,不受实验条件影响的组叫对照组。两组应具有同质性,例如研究教师的工作积极性问题,两组教师在学科水平、教学法水平、健康水平、家庭经济水平等方面都要类似。

实验法和其他研究方法相比,其优越性可以归纳为:

1. 对条件的控制性是最主要的优点

要准确揭示教育管理情境下的因果关系,研究者势必要操纵会引起个体或群体行为变化的教育管理因素或条件,也势必要有效控制除这一因素外还可能引起变化的其他因素。这种对实验条件和因素的有效选择和操纵直接决定了实验的好坏。

2. 研究者获得更多主动性

要揭示因果关系,至少有一个变量在实验中是可以由研究者人为地加以控制和改变的,这种控制,有助于研究者准确把握实验中心理活动的制约和影响因素。

---

[1] 徐玉杰. 陈鹤琴"精密观察"教学原则的探索与实践[J].早期教育(教科研版),2012(3):19-21.

[2] Moser,C.A..Survey methods in social investigation. London Heinemann,1965,P.55.

3. 实验结果可反复验证,提高了研究结果的精确度

由于实验有假设,有严格操作规则和科学的测量手段,这使得通过反复试验以检验心理现象的发生具有典型性还是偶然性成为可能。

4. 经济高效

和被动地等待教育情境下某种心理或行为出现相比,实验法中研究者可以主动创设感兴趣的情境并加以控制来迅速有效地获得所需数据。

实验法虽然具有上述特点或优越性,但与其他研究方法相比,也有一定的局限性。教育管理心理学领域的实验研究难度较高,这和教育管理行为复杂多变、不易确定、难以控制,而且受情境因素影响较大,尤其与高度的政策导向等因素有关。由于实验是在人为的情境或孤立的条件下进行的,与日常的教育管理情境有较大的差距,实验设计也十分困难,同时实验结果也往往受被试情绪、态度变化的影响,因此,其所在的记录也必然会受到一些影响。

三、调查法

调查法(Survey Method)是指在教育管理心理学的研究中,所研究对象不能被直接观察,研究者采取多种方式有目的、有计划、有系统地搜集材料,间接了解被试心理活动的方法。

调查的具体方法有很多,如访谈、问卷、工作成果分析、情报信息的搜集等;调查的范围也比较多样,有全面调查、重点调查、抽样调查、个案调查等。无论采用哪一种调查方法,在调查前都要经过周密的准备,并依据明确的调查目的选择适当的调查方式,然后按照确定调查对象、拟定调查计划、实施调查、整理调查材料、撰写调查报告等基本步骤完成。

调查法的特点是涉及的范围广泛,并且不受时间、空间的限制。通过对教育管理领域的广泛调查,掌握第一手资料后进行数据处理,这样可以得出一般性认识,它可以是某种心理趋势,也可能是某种规律。但一般还不足以作为我们推论的根据,它还要和观察法、实验法结合起来,互相印证,方为可靠。教育管理心理学主要使用的调查法介绍如下:

(一)问卷法

问卷法是研究者根据研究目的和设想,编制出内容明确、表达准确的问卷,由被试根据自身实际情况真实作答,从而搜集资料和数据的一种方法。如针对中学生对学校心理健康服务体系现状进行问卷调查。

问卷法调查的一般过程是:确定研究主题→编制问卷题目→选取被试样本→小范围预测→大样本施测→统计调查资料→讨论分析→提出建议→撰写报告。一般来说,常用的问卷形式有是非式、选择式和等级排列式三种类型。

1. 是非式

问题答案只有"是"与"非"两种答案的问卷,让被试根据自己的情况对每个题目做出"是"与"否"的判断式回答。不可不答,也不能含糊地答。

例:你对目前的工作满意吗? 是 □ 否 □

2. 选择式

要求被试从并列的两种以上的答案中,按照自身实际情况作答,要求选择一种答案。

例:我觉得学校制定决策的程序是公正的。

  1=完全不同意,2=比较不同意;3=不确定,4=比较同意,5=完全同意

3. 等级排列式

列出可供选择的多种答案,要求被试按自己认为的重要程度予以排列。

例:我最喜欢的奖励方式是＿＿＿＿＿＿＿＿＿＿＿＿＿＿＿＿＿＿。

晋升、上光荣榜、奖金、海外进修、休假、旅游。

问卷法的优点是可在短时间内获取广泛的材料,并能够进行定量分析;缺点是难以对所得材料进行定性分析,不能直接将所得结果与被试的实际行为进行比较。

为保证调查的真实性,问卷法的使用要求所提问题明确,主试调查意图不应明显表露或带有倾向性;为消除被试顾虑,问卷可匿名获取;为便于事后分类,编制题目时要注意排列方式(通常容易的放前面);问卷收回后,要运用统计学方法,对数据进行处理。

20世纪50年代,行为科学兴起以后,问卷法被大量运用在分析各类教育管理问题上,直至今天,凡是定量的、实证性的教育管理研究,主要还是依靠这一方法。问卷法也成为研究教育管理心理学的一种普遍方法。

(二)访谈法

访谈法是调查者通过面对面的口头谈话或提问题的方式,直接了解教育工作者行为状态和潜在心理机制的一种方法。例如,访谈某几所学校受教育水平不同的人,了解他们对孝道的态度。

访谈的对象可以是单个人,也可以是一组人。根据调查者对访谈结构的控制程度,可以把访谈划分为结构化访谈、无结构化访谈和半结构化访谈三类。

结构化访谈又称为标准化访谈。一般是调查者根据预先设计好的,具有固定结构的访谈提纲进行提问,并且控制和引导整个访谈过程的方向和节奏。

无结构化访谈又称为开放式访谈。与结构化访谈相反,调查者事先并没有拟定可供参考的访谈提纲,完全根据当时的访谈情境和过去的知识经验确定访谈问题,并不断激发被访者用自己的思路自由思考并畅谈其观念。在无结构化访谈中,结构松散,气氛活跃,被访者是主角,调查者是配角,调查者仅发挥辅助作用。

半结构化访谈在控制程度上兼具结构化访谈与无结构化访谈的特征。调查者会预先拟定一个大致的访谈提纲,然后再结合自己的经验和访谈具体情境向被访谈者提出问题,访谈提纲只是起到线索提示的作用,访谈程序和内容都可以进行灵活调查。在半结构化访谈中,调查者对整个访谈结构具有一定的支配和控制作用,也会让被访谈者积极参与访谈过程。

访谈法的优点是简单易行,便于迅速取得第一手材料。缺点是仅凭受访者的口头回答而做出的结论往往缺乏可靠性和真实性,尤其是涉及敏感性、尖锐性或有关个人隐私的问题,效度不及问卷法,因此,常同其他方法结合使用。

运用访谈法,要注意到访谈者的个人状态,一般要保证访谈时被访谈者无任何精神压力、思想隔阂和感情障碍,才能保证其自然表达出真实想法;要注意访谈中的引导,以把握访谈的内容和方向,少用专业术语或歧义以及晦涩的语言,使被访谈者轻松自然地回答,又不离题太远;且不管什么类型的访谈,尽管提纲的严密性程度不同,但调查者事先还是要确定大致的谈话主题和框架,并对被访谈者的背景予以了解。

访谈法在教育管理心理学中也是使用范围较为广泛的一种方法,特别是在有关教育政策和学校管理的心理行为规律的调查中具有重要的价值。

四、测验法

测验法(Test Method)是指采用标准化的心理量表或精密的测验工具来测量研究对象在教育管理情境中心理品质、心理活动规律或行为的研究方法。

常用的测验类型很多,有能力测验(包括一般能力测验、特殊能力测验和创造力测验)、人格测验、兴趣测验、态度测验、道德测验等。心理测验的操作通常是布置一种刺激情境,引起被试的反应。量表是心理测验常用的研究工具,可以以文字或图表的形式出现,有时候也使用实物作为测验的工具。测验的结果也通常需要用统计学的方法经过数量化处理求出结果,然后经分析和解释,归纳成文字资料,来了解教育管理活动中人的心理特质和预测行为。

采用标准化测验工具,要考虑测验法的两个基础要求,一个是信度,另一个是效度。

所谓信度指的是测量的可靠性,即多次测量同样内容,所得结果的一致性。通常相关系数高达 0.80 以上者,即可作为实施测量的工具。例如测验某个学生的学习成绩,使用同一难度的不同试卷,如果测验结果一致或相近,说明这个试卷可靠、信度高。但如果测验结果忽高忽低,相差悬殊,说明这个测量工具不可靠、信度低。

所谓效度指的是测量工具本身的有效性,即对所欲测量的特性或目的是否测得正确。一种测验的效度如何,要看研究人员是否真正测到了他所要测量的内容。对效度鉴别的方法通常是与已经得到公认的效标求其相关系数,相关系数高即表示这种测验的效度高,即预测的正确性高,否则相反。例如,我们要了解一位小学二年级教师的数学教学效果,拟了一份整数四则运算的试卷,在这位教师所教的班级进行测验。但由于所拟的应用题中,很多是学生没有学过的汉字,学生不能正确了解题意,结果大部分学生测验成绩不及格。这一测验说明这份测量工具即试题的效度低,因为测量目的是检查数学教学效果,却因为语文水平超过要求,因而不能正确地得出结论。

和问卷法相比,测验法使用的量表更为专业,差异性主要表现在编制框架上需要理论的依据和明确的定义;是以分量表分数计分;且在结果的描述统计上主要采用平均数、标准差、积差相关等,在推论统计上有 t 测验、方差分析、共变量分析、回归分析等。

在教育管理心理学研究中,测验法多用于能力评定、人才选拔、人际关系测量等。如用个性量表测定教育领导者和工作者的性格、气质等个体心理特征。测验法简便易行,研究内容范围广,可在短时间内了解多人的一个或多个特点,还可以在数量上比较个体差异。但对样本抽取和量表的质量都有专业要求,在一定程度上限制了使用,且为了提高测量的信度和效度,量表的编制、施测、评分以及资料的分析处理,必须遵循严格的程序。

五、个案研究法

个案研究法(Case Study Method)也称作案例研究法,是在教育管理真实情境下,对某一典型的个体、群体或组织进行长期的全面深入研究,以探求其心理和行为发展变化全程的研究方法。如以某所示范性高中为研究对象,了解该校的制度设定、结构组成、各教研组人际关系、学校风气等主要情况,并在此基础上深入分析,整理出能反映该校特点、成长发展情况的详细资料,总结发展规律,为其他学校的发展提供范本。

一般来说,个案研究法具有四项基本特征,这些特征也明确反映了这一方法的内涵。

1. 研究对象的典型性和个别性

个案研究法的研究对象是个别特殊的人、群体、组织,这些对象具有单一、具体、显著的行为表现,其研究价值在于希望通过典型案例的研究揭示具有普遍意义的规律。通常案例针对性越强,越容易得出结论。

2. 研究过程的全面性和深入性

为使研究更具代表性,个案研究法要对选取的个案进行多方位、多维度、多层面的深入研究。从空间上看,要研究个案生活环境(如学校、家庭、社会)的一切因素;从时间上看,要研究个案的过去、现在和未来;从内容上看,包括了个案的大量文字陈述、影像、实物等定量资料的汇集。总之,研究得越透彻、越全面,结论越具说服力。

3. 研究成果的可操作性和综合性

个案研究法中研究者需要在自然的情境下与研究对象互动,并要同时呈现研究者和研究对象的立场和观点。因而个案的选择和研究设计一定是可操作的,研究中收集大量的定量资料也可反映这一点。综合性则更多地体现在要运用访谈、观察、追因、实物分析等多种方法对资料进行分析。以专家型教师个案研究为例,可通过访谈了解个人成长经历,可通过调查相关人员了解工作支持情况等,获得专家型教师成长发展规律。

个案研究法历经演化,具体发展为三种类型。一是理论探求——理论验证型,主要是研究一般论点,目的在于弄清楚那些模糊的问题;二是故事讲述——图画描绘型,主要是叙述和描绘那些值得分析的教育事件、方案、计划、章程和制度;三是评价型,主要是研究者对教育事件、方案、计划、章程和制度进行分析,并判断其价值[①]。

个案研究法通常包括"确定个案研究的课题、实施个案研究、整理和分析收集到的各种资料、提出改进个案的建议"四个基本步骤。这其中明确要研究的个案是该研究方法的重点和难点。鉴于个案研究法适宜使用的条件是用小样本说明总体,可以通过抽样策略来提升个案选择的适宜性。这些策略可总结为代表性个案抽样、关键个案抽样、极端型个案抽样、配额抽样、声望个案抽样、滚雪球式抽样、效标抽样、证实和证伪个案抽样以及综合抽样九种。

在教育管理心理学的诸多研究方法中,个案研究法比较容易实施,因为在真实情境中进行,不需特殊处理,也不会干扰正常教育活动;该法收集的材料比较丰富、深入,能够解释许多实验中可能被忽略或计划排除的变量,从而获得一些有价值的见解[②];还可为抽象的理论提供生动形象的例子,易于理论的推广应用,成果也可以构成某一新假设的有效来源,为丰富理论研究提供基础。但个案研究法的局限性则在于:比较费时费力;结论的主观性较强;结论的描述性特征不易做出因果关系推论;因个案样本量小,且背景独特,可能会限制结论的广泛推广应用。这些局限性提醒我们注意,在对个案研究法的结论的使用上,不要进行机械的推广,以免出现"个别代替一般"的错误。

总之,个案研究法是一种由小见大、以点及面的研究方法。在应用中,它重在对现实本质的揭示,并期望获得整体的规律性认识,这会加深人们对生活和工作中遇到的教育管理心理现象的理解、发展和探索,并锻炼教育实践能力。事实上,人们正是通过对特定个案的了

[①] 潘苏东、白芸.作为"质的研究"方法之一的个案研究法的发展[J].全球教育展望,2002(8):62.
[②] 于璨,宋凤宁,宋书文.教育组织行为学[M].北京:北京师范大学出版社,2009:12.

解来修正和扩展认知图式,了解不同的思维方式和实践途径。

六、行动研究法

行动研究法(Action Research Method)又称作作业研究法、现场研究法等,是以解决教育管理实际问题为宗旨,由教师或与专家及研究人员合作,有计划、有步骤地按一定的操作程序,综合运用多种研究方法与技术,在自然、真实的教育环境中边研究边行动的一种系统、动态的研究方法。该方法适用于中小规模教育管理实际问题研究与改革,如教学行为的管理和控制、教育组织行政工作效率、教师工作态度等方向的研究。

作为一种综合的应用性研究方法,行动研究有着区别于其他研究方法的一些特点。

1. 行动研究法具有实践性

行动研究是以提高行动质量,改进实际工作为首要目标的,它关注的是教育决策者、学校校长、教师们日常遇到和亟待解决的"实践问题",所以行动研究特别重视教育工作者对实际问题的认识、感受和经验。

2. 行动研究具有兼容性

行动研究始于问题发现,终于问题解决,在边行动边研究的过程中,经常根据问题性质变化和过程需要,借用各种研究方法,如观察法、文献法、调查法、教育实验法等。

3. 行动研究具有合作性

行动研究强调研究过程与行动过程的结合,注重研究者(如专家)和行动者(如教师)的协作。教师既是研究人员,又是应用研究成果的人员。而专家的介入,让他们从"局外人"变成"参与者",在理论和实践、成果和应用之间架起了桥梁。

4. 行动研究具有反思性

行动研究通常是教师和教育管理人员为解决具体问题,或为教育决策提供信息所使用的方法[1]。行动研究倡导中小学教师作为研究人员参与研究,他们对实际问题背景及各种变化的认识是局外人难以取代的。因此,工作者的反思和研究参与成为一大特点。

因为行动研究解决的问题不同,其实施步骤亦不尽相同。一般来说,其纵向实施步骤可以归纳为:发现问题—界定问题—文献探讨—拟定计划—设立假说—实施行动—收集研究数据或资料—评价效果—撰写研究报告等。从横向来看,每一个步骤都会辅以行动研究的螺旋式发展圈,即四个互相联系、互相依赖的环节:计划—行动—观察—反思。每一次循环都有所改进和提高,行动研究就是四个环节在不断循环中上升。以发现问题为例,一位小学自然老师讲了地球是圆的之后,问学生是否懂了,学生都说听懂了。于是老师在黑板上画了一个圆,表示地球,然后问学生在圆上画出住在哪儿。结果许多学生都把自己住的地方画在圆上方,而不是中间。问其原因,学生回答:"画别的地方人会掉下来的。"该自然老师透过这个现象认识到:讲过的知识,学生自认为懂了,其实没有真懂。于是他提出了一个改进自然课教学,提高学生自然课学习质量的行动研究方案。

行动研究法具有反应及时、研究周期短、容易收到实效及可行性强等优点,能够促进教师专业发展和增进组织成员间关系,这也是其他方法难以具备的。但其也具有一定的局限性:

---

[1] 威廉·威尔斯曼著,袁振国主译.教育研究方法导论[M].教育科学出版社,1997:13.

取样缺乏代表性,限定了成果的推广。行动研究受研究的实际问题情境和范围所限,取样往往是特定的教师或学生,成果能否推广需慎重研究。

对无关变量较难控制。由于行动研究是在日常的教育教学环境中进行的,其环境是开放的、动态的,实验中存在的许多无关变量(如被试方面存在的无关变量,主试方面存在的无关变量,研究设计方面存在的无关变量,研究实施环境条件方面的无关变量等)较难控制,且资料处理方法比较简单,这些都会对研究产生不利影响。

研究人员的能力和时间受限。多数教师和教育行政人员还没有掌握教育科研的基本方法,缺乏科研意识。而且教学负担重,学习时间少,进行研究的时间严重不足。

研究结果受主观影响较大。由于行动研究以实际问题为导向,而研究者又是实际工作者,所以较难客观地诊断问题。在评价结果时,参与研究的教师的主观意见时常占有较重的分量,以致形成主观认定研究结果符合假说,而实际上无助于问题的解决。

行动研究法克服了教育理论与教育实践相脱节的弊端,是值得推广的一种研究方法。它所倡导的"教师即研究者"的运动,促使中小学教育管理的教育研究观念发生了根本性的变革,但在方法的运用上,教师尚需多争取专业研究人员的指导和帮助,尽可能开展协同合作研究,提高行动研究法研究的科学性。

上述方法是教育管理心理学研究中常用的一些方法。在实际研究中,究竟采取哪种方法,要根据具体研究目的、内容、时间、地点、条件而定。简单问题可以主要采取单一的方法研究,但复杂的心理现象采取单一的方法就不能达到可靠的科学效果,则需要多种方法配合,并需辅以现代化技术手段进行统计分析,才能达到较为理想的效果。

本 章 小 结

1. 教育管理心理学是管理学、心理学和教育学三大学科交叉形成的一个心理学分支学科,它是研究教育管理,特别是学校活动中个体和群体的行为规律及其潜在的心理机制,并用科学的方法改进教育管理工作,从而提高教育管理效率和效益的一门科学。

2. 教育管理心理学的研究对象是教育管理活动中人的心理现象及其规律。其研究内容包括教育管理系统中个体(尤其是教职工)的心理现象和规律、教育管理系统中群体(尤其是学校内部的社会心理系统)的心理现象及规律、教育管理系统中领导者(包括领导集体)的心理现象及规律、教育管理系统中教育组织的心理现象及规律。

3. 教育管理心理学研究的基本任务,就是探讨教育管理活动中不同角色个体、群体及组织的心理现象及其规律,为提高教育管理水平提供心理学依据。具体包括:(1)调动教育管理活动中各角色教育工作者的工作积极性,提高教育管理的效能;(2)培养教育管理者的管理能力,促进教育质量的提高;(3)按人的心理活动规律进行教育组织设计,促进组织的变革与发展;(4)肩负完善理论体系的迫切任务。

4. 教育管理心理学的研究具有理论意义与现实意义。其现实意义主要体现在:(1)有利于观察和判断教育管理活动中人的心理活动变化,提高教育管理效益;(2)有利于改革教育管理工作,为我国教育事业的发展做出新的贡献;(3)有利于培养教育管理者的优秀心理品质,提高管理工作科学水平。

5. 教育管理心理学研究方法包括观察法、实验法、调查法、测验法、个案研究法和行动研究法。

观察法是指研究者以感官或辅以录音、录像、摄影等现代技术手段有目的、有计划地对教育管理情境下研究对象(被观察者)的心理变化和行为反应进行全面、深入、细致地观察并进行系统记录,从而揭示教育管理活动中人的心理活动规律的方法。

实验法是研究者有目的、有计划地严格控制或人为创设一定的条件及情境来引起某种心理活动或行为表现,从而对教育现象进行研究以得出某种因果性联系的一种方法。

调查法是指在教育管理心理学的研究中,所研究对象不能被直接观察的情况下,研究者采取多种方式有目的、有计划、有系统地搜集材料,间接了解被试心理活动的方法。

调查法包括问卷法、访谈法等研究方法。问卷法是研究者根据研究目的和设想,编制出内容明确、表达准确的问卷,由被试根据自身实际情况真实作答,从而搜集资料和数据的一种方法。访谈法是调查者通过面对面的口头谈话或提问题的方式,直接了解教育工作者行为状态和潜在心理机制的一种方法。

测验法是指采用标准化的心理量表或精密的测验工具来测量研究对象在教育管理情境中心理品质、心理活动规律或行为的研究方法。

个案研究法也称作案例研究法,是在教育管理的真实情境下,对某一典型的个体、群体或组织进行长期的全面深入研究,以探求其心理和行为发展变化全程的研究方法。

行动研究法又称作作业研究法、现场研究法等,是以解决教育管理实际问题为宗旨,由教师或与专家及研究人员合作,有计划、有步骤地按一定的操作程序,综合运用多种研究方法与技术,在自然、真实的教育环境中边研究边行动的一种系统、动态的研究方法。

练习与思考

1. 教育管理心理学的研究对象是什么?
2. 教育管理心理学的研究内容或范围包括哪些方面?
3. 教育管理心理学的基本任务和具体任务是什么?
4. 教育管理心理学研究的意义有哪些?
5. 教育管理心理学的研究方法有哪些?

推 荐 阅 读

弗雷斯·鲁森斯著,王垒等译.组织行为学(第9版).人民邮电出版社,2008.

第二章 教育管理心理学产生的理论基础

【本章导读】

　　教育管理心理学是管理学、心理学和教育学三大学科交叉形成的一个心理学分支学科，教育学、管理学和心理学是教育管理心理学产生的学科基础。只有在理解教育的本质及教育学产生和发展的历程、管理的本质与管理学产生和发展的历程、心理的本质与心理学产生与发展的历程，才能更好地理解教育管理心理学产生和发展的历程及意义。而管理心理学的人性观是教育管理心理学的理论基础，也是管理思想的精华。教育管理首先而且主要是对人的管理，必须突出以人为中心的管理思想，对人有一个基本的认识和总的看法，这就是人性假设问题，它是一切管理的出发点。在本章中，将讨论两个方面的问题：

1. 教育管理心理学产生的学科基础。
2. 教育管理心理学产生的理论基础。

【关键概念】

　　教育与教育的本质；管理与管理的本质；心理与心理的本质；人性；人性假设

【学习目标】

　　1. 了解教育及教育的本质，掌握教育管理心理学与教育学之间的关系；了解管理与管理的本质，掌握教育管理心理学与管理学之间的关系；了解心理与心理的本质，掌握教育管理心理学与心理学之间的关系。

　　2. 了解我国古代人性观思想中的性善论和性恶论，掌握两种人性观思想在教育管理工作中的应用。理解"经济人"假设、"社会人"假设、"自我实现人"假设、"复杂人"假设和"文化人"假设以及马克思的人性假设理论的基本含义，掌握运用西方不同的人性假设理论分析和解决教育管理中的实际问题。

【建议学时】

　　4 学时

　　教育管理心理学是管理学、心理学和教育学三大学科交叉形成的一个心理学分支学科，教育学、管理学、心理学是教育管理心理学的支柱学科。我们只有分别了解教育的本质、心理的本质、管理的本质以及教育学、心理学、管理学的产生与发展，才能进一步探析三者与教育管理心理学之间的关系。

第一节 教育管理心理学的学科基础

一、教育管理心理学的教育科学基础

(一) 教育的本质

教育本质要回答的是"教育是什么"的问题。古今中外的教育家、思想家、政治家、学者从各种角度对"教育是什么"做过回答,有的从教育价值的角度,有的从教育目的的角度,有的从教育内容与方法的角度。由于时代不同、角度不同,所取的价值观和思想方法不同,这些回答存在差异,甚至观点完全对立。例如,斯宾塞(H. Spenser)认为教育是为美好生活做准备,而杜威(J. Dewey)则认为教育不是生活的准备,教育本身就是生活;有些教育家认为教育的目的是对人格进行培养,而有的教育家认为人格的培养是家庭的事,教育应该着力于智慧的训练。即使在古今中外的教育学经典文献中也很难找到完全一致的关于教育的定义。但是,在这些不一致甚至是对立的概念中,关于"教育是什么"的论述,透过纷繁的观点,我们发现了他们之间的共同基础,那就是都把教育看作是一种"活动",而所有的区别都与教育作为一种活动的价值、目的、内容、方法以及性质或本质的认识相关。① 在现实生活中,教育也确实以活动的形态存在。因此,教育的本质应该回答的是教育作为一种"活动"区别于其他"活动"的根本特征,它反映教育活动固有的规定性,也反映其根本特征。

在我们生活的世界中,存在着不同性质的现象与活动,无生命的、有生命的、社会的,等等。教育是有生命世界的活动。这是没有异议的。那么,教育是人类的社会活动还是动物界的生存活动呢?19世纪末,法国哲学家、社会学家勒图尔诺(Letourneau)明确提出了动物界存在教育的观点。20世纪20年代初,英国教育家沛西·能(Percy Nunn)也提出了相似的观点,认为教育从它的起源来说,是一个生物学过程,教育是扎根于本能而不可避免的行为,并且反复强调人与动物没有根本的区别。② 尽管这是谈及教育的起源问题,但是涉及教育是否只为人类社会所特有的本质特征。在此,我们不探讨教育的起源,只把问题限定在教育是否根植于人的生物本性上来。所谓动物的教育是一种基于亲子和生存本能的自发行为,它的产生与动物的生理需求直接相关,而人类教育的结果远远不止如此。人类教育不但使受教育者获得适应环境的经验,而且培养了人进一步改造环境、参与社会生活、创造财富、推动社会发展的能力,培养了人创造新经验的能力,这是人类社会迅速发展的重要原因。③ 由此可见,教育是人类社会特有的活动。

综上,教育是一种社会活动,且是人类特有的社会活动,接下来分析一下教育的定义。《美利坚百科全书》中写道:"从最广泛的意义来说,教育就是个人获得知识或见解的过程,就是个人的观点或技艺得到提高的过程。"④ 我国20世纪80年代出版的《中国大百科全

---

① 叶澜.教育概论[M].北京:人民教育出版社,2011:1.
② 柳海民.教育原理[M].长春:东北师范大学出版社,2000:41.
③ 叶澜.教育概论[M].北京:人民教育出版社,2011:1.
④ 吕千飞等译.世界教育概览[M].北京:知识出版社,1980:99.

书·教育》中写道:"凡是增进人们的知识和技能、影响人们的思想品德的活动,都是教育。"[①]这两种说法从受教育者成长的角度和对受教育者产生影响的角度给教育下了最广义的定义。但是,这两个定义都过于宽泛,无法把教育活动与其他社会活动区别开来,人可以在任何活动中"获得知识或见解",但我们不能因此把任何活动都称为教育。另外,这两个对教育的定义都是从受教育者立场出发的,没有对教育本身下定义。不过,由此我们可以知道,一是教育总是与人的成长相关;二是能对人成长产生作用的不只是教育活动。

上述是广义的教育,狭义的教育是指学校教育,是教育者根据一定社会(或一定阶级)的要求和年轻一代身心发展的规律,对受教育者所进行的一种有目的、有计划、有组织的传授知识、技能,培养思想品德,发展智力、体力的活动。其目的是把受教育者培养成为一定社会(或一定阶级)所需要的人。总之,教育是培养人的一种社会活动。这是教育的核心含义,也是教育的根本特征。

(二)教育学的产生与发展

关于教育学的产生与发展,教育学界已有比较一致的认识,普遍认为可以分为萌芽阶段、形成阶段和发展阶段。

1. 教育学的萌芽阶段

人类自从有了教育实践活动,便逐步有了对这种实践活动的认识与反思。在漫长的古代社会,由于生产力发展水平低下,人类对教育问题的认识还比较零散、不够完善,人类的教育思想尽管在不断积累、不断丰富,但还没有形成独立的学科形态,为此我们把这个时期称为教育学的萌芽期。在中国丰富的古代遗产中,保存着丰富的教育思想,其中最典型的是孔子的教育思想。孔子的思想集中体现在他的言论集《论语》里,在《论语》中,孔子的教育思想有着生动、深刻的记载。例如在《论语·子路》载:"子适卫,冉有仆。子曰:'庶矣哉!'冉有曰:'既庶矣,又何加焉?'曰:'富之。'曰:'既富矣,又何加焉?'曰:'教之。'"可以看出,孔子认为教育是治理好国家的根本。在西方古代的文化遗产中,教育思想遗产也十分丰厚。苏格拉底(Socrates)、柏拉图(Plato)和亚里士多德(Aristotle)被称为古希腊"三杰",他们不仅是西方著名的哲学家,也是著名的教育思想家。苏格拉底的问答法成为西方教育史上启发式教学的重要渊源;柏拉图的教育思想集中反映在他的代表作《理想国》中;亚里士多德的教育主张也在他的著作《政治学》中有充分的反映。西方古代的教育思想同样是融合在哲学家、思想家的哲学著作或政治学著作中的,没有从哲学或政治学中分离出来,教育学没有成为独立的学科。

2. 教育学的形成阶段

教育学的形成阶段是指教育学开始形成独立学科的时期。从欧洲文艺复兴运动开始后,教育学的发展进入了一个新的阶段,它逐步从哲学中分化出来,成为一门独立的学科。教育学成为独立学科的一个重要标志是具有比较完整理论体系的教育学专著的出现,赫尔巴特(Herbart)的《普通教育学》标志着教育学成为一门独立的学科;夸美纽斯(Comenius)的《大教学论》是近代教育学的第一个代表性著作。

捷克教育家夸美纽斯于1632年写成的《大教学论》是一部重点阐述教学理论的专著,对教育学成为独立学科起到了奠基作用。在这部著作中,夸美纽斯从教学论是教学的艺术

---

① 中国大百科全书·教育[M].北京:中国大百科全书出版社.1985:1.

这一理念出发,论述了教学原则、教学方法,讨论了学校的课程设置、教科书编写原则等基本问题,是一部较早系统论述教育问题和教学问题的专著,为近代教育学的建立打下了基础。

德国教育家赫尔巴特的《普通教育学》被称为规范教育学建立的真正标志。赫尔巴特早年一直在大学讲授教育学,他首次提出要使教育学成为科学,并认为应以心理学和伦理学作为教育学的理论基础。他是第一个将教育学与心理学结合起来,从而建立起科学化的教育学体系的教育家。在《普通教育学》中,赫尔巴特用心理学的观点阐述教育学的重要问题,全书对教育目的、教学与教学过程和道德教育等进行了系统、深入的论述。赫尔巴特关于教学过程的理论成为人类教育的经典理论,对人类教学实践产生了重大而深远的影响。

3. 教育学的发展阶段

(1) 教育学的多元化发展

教育学的多元化发展是指不同形态的教育学开始出现,不同流派的教育理论共同存在与发展。而在不同形态的教育学中,比较典型的是梅伊曼与拉伊的实验教育学和杜威的进步主义教育学。

① 梅伊曼(Ernst Meumann)与拉伊(Wilhelm August Lay)的实验教育学

20世纪初,欧美的学者利用实验、统计和比较的方法研究教育问题,出现了实验教育学。梅伊曼认为,教育学不能停留在概念化的水平上,必须吸收实验心理学的成果,必须采用实验的方法改造旧的以思辨、内省为主的教育学,出版了《实验教育学》一书,对实验教育学进行了系统的论述。

② 杜威(J. Dewey)的进步主义教育学

19世纪末20世纪初,美国出现了进步主义教育运动,主要代表人物是美国的哲学家、心理学家、教育家杜威。杜威从实用主义认识论出发,反对传统的以学科教材为中心和脱离现实生活的教育,主张学生在实际生活中学习。杜威的进步主义教育学与赫尔巴特的教育学相互对峙,由此形成了现代教育学与传统教育学的分化。

20世纪,教育学的发展除了实验教育学和进步主义教育学的兴起与发展外,还有其他多种教育学形态和流派的出现,如精神科学教育学、解释教育学、批判教育学以及永恒主义教育流派、要素主义教育流派、结构主义教育流派、改造主义教育流派等。教育学多种理论形态和多种流派的纷起与共存,展现出教育学多元化发展的景观与趋向。

(2) 马克思主义教育思想的传播

马克思主义的诞生与传播是20世纪人类思想史上最重要的事件。在马克思主义宏大的思想体系中,有着人类先进的教育思想。这种先进思想主要表现在:它揭示了教育与社会关系的本质联系及相互作用的辩证关系,深刻阐释了人的全面发展的思想和实施全面发展教育的意义。马克思主义教育思想的传播和对众多国家的教育发展带来的积极影响,也成为教育学发展的重要表现与标志。

我国新民主主义革命时期,革命家杨贤江撰写了《新教育大纲》,这是一部试图用马克思主义观点论述教育的著作。新中国成立后,苏联教育家凯洛夫(N. A. Kaiipob)主编的《教育学》传入中国,这本书被认为是马克思主义教育学的代表性教材,在我国教育界产生了很大的影响。20世纪80年代之后,我国有了具有中国特色的教育学,马克思主义教育学依然是我国当代教育学的指导思想。

（3）教育学的分化

20世纪下半叶以来，教育学的分化迅速又剧烈，这种分化是沿着如下几方面发展的：

① 传统教育学的几个组成部分独立成为几门学科。传统教育学一般由四大板块构成，即教育基本理论、教学论、德育论、学校管理论。这四大板块如今均已独立成为相应的学科，即成为教育概论、教学论与课程论、德育论、学校管理学，这些独立的学科又发展成独立的教育研究方向与专业。

② 按照教育的层次与类别，分化成一系列分支学科。例如，在教育学之下，已有学前教育学、普通教育学、职业技术教育学、高等教育学、特殊教育学等。与此同时，沿着学科教学及其教学组织活动又分化成另一系列分支学科，如语文教育、数学教育等。

③ 教育理论研究和教育研究方法方面的学科的发展。例如，教育哲学、教育心理学、教育社会学、教育统计学、教育史学等。

④ 教育学新兴学科的发展。例如，教育经济学、教育政策学、教育法学、教育人类学、教育文化学、教育技术学、教育未来学等。

（三）教育学与教育管理心理学

教育学与教育管理心理学的关系极为密切。教育是人类文明传播的基本途径，它的产生源于传授生产劳动和社会生活经验。教育的目的，一方面是要满足个人自身生存和发展的需要，另一方面是要满足社会的需求，即把受教育者培养成为一定社会（或一定阶级）所需要的人。在此过程中，教育现象、教育问题层出不穷，且具备复杂性等特征，需要探究教育活动内在的本质和必然的联系，包括教育内部诸因素、教育与外部诸因素之间的本质性的联系，以及教育发展变化的必然趋势，这就是教育学的任务，即研究教育现象和教育问题，进而揭示教育规律。

教育学揭示了教育的两条基本规律：一是教育与社会政治经济制度的关系。政治经济制度对教育的决定作用是多方面的，政治经济制度的性质决定教育的社会性质，政治经济制度决定教育的宗旨和目的、受教育的权利和机会、教育的管理体制、教育结构，即教育是一定社会政治经济的反映，同时又给予它们影响和作用。遵循这一条教育规律，教育必须与社会的政治经济制度发展相适应，教育发展的规模、速度、结构、体制、人才培养质量、数量等，都要适应国家政治经济制度发展的需求。二是教育与人的身心发展的关系。教育的对象是人，教育是专门培养人的活动。人的发展是有规律的，教育只有依据人的发展规律去进行，才能达到既定的目的，发挥教育的主导作用。

在教育管理实践中，教育工作者的活动会涉及心理现象的诸多方面。教育工作者的心理品质，不仅涉及认知、情感、意志和行为习惯等，还涉及教育工作者自身的能力、个性特质、价值观等，这些都在心理活动范畴内。同时，教育工作者的心理活动，总是在一定的群体条件下进行的，这与教育管理的具体情境有着不可分割的联系。教育工作者在教育管理中的诸多活动，不仅取决于自身的心理活动状态，也取决于教育管理者的有意识引导和影响。教育管理者为了调动教育工作者的积极性，就必须在了解他们的需求、动机、兴趣以及所依存条件的基础上采取相应的管理措施。通过设计适当的诱因，创设良好的条件，才能取得良好的效果。要实现教育管理的科学化，既要考虑客观环境的影响，又要探讨组织效能发挥中的心理活动因素，还要研究教育组织内部人的活动的心理规律，更要研究如何提高领导影响力，发挥教育组织的管理效能。

二、教育管理心理学的管理科学基础

（一）管理的本质

什么是管理？长期以来，许多学者从不同研究角度出发，对管理做出了不同的解释。

"科学管理之父"弗雷德里克·泰勒（Frederick Taylor）认为管理就是确切地知道你要别人干什么，并使他用最好的方法去干。根据泰勒的观点，管理者应该头脑清晰，在脑海中有完整的计划和方法，然后明确地分配工作，并教授大家好的工作方法，通过集体努力，去实现工作目标。

"现代经营管理之父"亨利·法约尔（Henri Fayol）认为管理是所有的人类组织都有的一种活动，是实行计划、组织、指挥、协调和控制的基本过程。计划，就是上级使其下属人员发挥作用；协调，就是连接、联合、调和所有的活动及力量；控制，就是注意是否一切都按已制定的规章和下达的命令进行。

还有观点认为管理是指在特定的环境条件下，以人为中心通过计划、组织、指挥、协调、控制及创新等手段，对组织所拥有的人力、物力、财力、信息等资源进行有效的决策、计划、组织、领导、控制，以期高效地达到既定组织目标的过程。

管理学从本质上给管理所下的定义是：管理就是由一个或更多的人来协调他人的活动，以便收到个人单独活动所不能收到的效果而进行的各种活动。这个定义说明了以下几个关键问题：一是管理工作的中心是管理其他人的活动；二是管理工作的手段是通过协调其他人的活动来进行的；三是管理工作的目的是通过其他人的活动来获得工作效果。

由此可知，管理者的管理对象是管理人及其活动，人是管理的核心。管理的手段是协调，管理者的基本任务是设计和维护一种环境，使身处集体中的每个人都能齐心协力，共同实现管理目标，这就是管理的本质。

（二）管理科学的产生与发展

管理科学的产生是现代工业大生产的产物，经过近一个世纪的发展，越来越为人们所重视和应用。19世纪以前的管理，虽然积累了大量的管理经验，为生产的发展起到了一定的作用，但当时的管理方法是凭管理者个人的经验和判断进行管理，称之为传统经验管理。管理思想虽然源远流长，但当时的管理还没有形成一门科学。1911年，美国学者泰勒的《科学管理原理》一书的公开发表是管理学独立成为一门科学的标志，泰勒被西方人称为"科学管理之父"。

纵观管理科学的发展历史及其内容，基本上可以划分为三个阶段：

1. 古典管理理论

古典管理理论是19世纪末到20世纪初形成的，这一学派的代表人物有美国的泰勒、法国的法约尔和德国的韦伯。他们把组织看作是一个封闭的系统，把管理的重点放在组织内部，研究如何有效地利用已有资源，提高生产效率，以获取更大利润，根本不考虑企业组织外部的环境、竞争、市场等情况。例如，泰勒提倡的科学管理主要探讨了在工厂中如何提高劳动生产率的问题，他从"时间和动作"的研究开始，制定出标准化的工作程序和操作方法，就是所谓的标准化管理。为了鼓励工人完成工作定额，他还提出了有差别的、带刺激性的计件工资制度。他认为这套科学管理方法对劳资双方都有好处，但实际上工人并不愿意接受。泰勒认为，工人只关心经济收入，金钱是刺激性唯一因素。用这种办法进行管理，当然不可能充分调动工人的积极性。

法国工程师法约尔是管理过程理论的代表。他不像泰勒那样去研究个别工人的劳动特点,而是着重研究经理层的管理问题。他认为管理就是在组织中通过他人或同他人一道完成工作的过程。他的管理理论主要体现在1916年出版的《工业管理和一般管理》一书中,他认为分析管理最好的方法就是分析管理人员的职能。法约尔根据自己长期从事管理工作的经验,提出管理包含计划、组织、指挥、协调、控制五个要素,管理的成功不在于个人领导,而在于应用行政管理原则。为此,他还提出了分工、权责、统一等十四条管理原则,特别强调管理教育的重要性,认为通过教育可以使人们学会管理并提高管理水平。

韦伯是德国社会学家,他对科学管理进行了深入研究,提出了理想的行政组织体系,被称为行政组织理论或官僚模型学派。这集中地反映在他的代表作《社会组织与经济组织理论》一书中。韦伯主张,为了实现一个组织的目标,要把组织中的全部活动划分为各种基本作业,并把它相应地分配给每个组织成员。组织成员按照职权等级原则组织起来,有明确的权利和义务以及严格的规章制度,形成一个完整的指挥体系。他认为,这种理想的行政组织体系能提高工作效率,在精确性、稳定性、纪律性和可靠性等方面优于其他组织体系。

古典管理理论在当时不仅对西方国家的管理产生了重大的影响,而且对以后管理理论的发展也有着深远的意义,其中许多原理和原则至今仍然被许多国家参照采用。

2. 行为科学理论

行为科学理论是20世纪20年代开始形成、发展的。所谓行为科学,就是对工人在生产中的行为以及这些行为产生的原因进行分析研究,以便调节企业中的人际关系,提高生产效率。

行为科学理论的发展可以分为早期和后期两个阶段。早期的行为科学理论着重研究生产中的人际关系,研究职工及其社会需要的满足问题,所以早期行为科学理论被称为人际关系理论。其主要代表人物是美国哈佛大学教授梅奥(E. Mayo),他于1927年冬应邀参加了在美国西方电器公司霍桑工厂进行的工作条件、社会因素与生产效率关系的实验。通过照明、福利、态度与意见调查和团体行为的观察研究等一系列实验,结果发现,影响生产效率的主要力量,不在于物质因素或经济因素,而在于工人心理的或社会的因素。管理的方法,不在于个别的奖励,而在于团体力量的影响。他还发现,企业中除了正式群体以外,还存在着非正式群体,绝不可忽视非正式群体的影响力量。根据霍桑实验总结,梅奥于1933年出版了《工业文明的人性问题》一书,提出了与传统管理理论不同的新观念:

① 传统管理理论认为金钱是刺激职工生产积极性的唯一因素,而梅奥提出职工除了物质需要以外,还有心理的需要。

② 传统管理理论认为工作条件是决定生产率的主要因素,而梅奥指出生产率主要决定于职工的态度和情绪。

③ 传统管理理论只重视"正式群体",只重视规章制度、职权划分等,而梅奥却指出"非正式群体"的存在,而且这种非正式群体成员的情绪与行为对生产有相当影响。

④ 霍桑实验还指出建立新型领导、听取职工意见与沟通信息的重要性,指出新型领导的能力在于正确处理人际关系,通过提高职工的满足度来激励士气。

后期的行为科学理论,在梅奥人际关系理论的基础上,主要向着以下四个方面发展:

① 有关人的需要、动机、激励问题。如需要层次理论、双因素理论、期望理论、强化理

论等。

② 有关人的本性理论。如 X 理论、Y 理论、不成熟—成熟理论。

③ 企业中的非正式组织和人与人的关系问题。如团体动力学理论、敏感性训练理论。

④ 领导方式问题。如领导方式连续统一体理论、支持关系理论、管理方格理论等。

3. 现代管理学派

在古典管理学派和行为科学学派出现以后,特别是在第二次世界大战以后,出现了当代西方管理理论的一些学派,主要有社会系统学派、决策理论学派、系统管理学派、经验主义学派、权变理论学派和管理科学学派等。这些学派的产生与第二次世界大战后科学技术、生产力等方面的迅速发展密切相关。

以美国管理心理学家西蒙(H. A. Simon)的决策理论为例,他继承了泰勒的科学管理学说和梅奥的人际关系学说,又吸收了第二次世界大战以后的行为科学、系统理论、运筹学和计算机程序等学科的内容。西蒙认为,决策贯穿于管理的全过程,管理就是决策。西蒙对决策的过程、决策的准则、程序化决策和非程序化决策、组织机构的建立同决策过程的联系等问题做了深入的分析和论述,把研究的重点放在合理决策上。他针对古典经济学家提出的"经济人"的理论,针锋相对地提出了"真实人(管理人)"理论。他认为,"真实人"在决策时追求的是"满意",而不是"最佳",也就是说必须在事前确定一套决策的准则,指明各项准则可接受的限度,然后从各种可供选择的方案中筛选出一种能符合大多数准则的方案。基于这种认识,西蒙创造性地提出了"有限理性决策",他认为,在管理过程中企业管理的目标和个人的奋斗目标要协调一致,才能收到良好的效果。他十分强调情报资料在企业管理中的作用,并认为企业的决策者不可能做到"全知",要想管理好企业,必须努力学习和适应环境。西蒙还把高等数学和电子计算机应用于决策系统,并取得了一定的成果。

20 世纪 80 年代,人类进入了一个伟大的转折时期。在现代生产力的人的因素中,体力因素的作用在相对下降,智力因素的作用在相对提高;在智力因素中,一般传统性的经验和技巧的方面在下降,现代科学技术和文化方面在提高。在新的形势面前,不少管理学家又提出了新的管理理论。美国管理学者孔茨(H. Koontz)在 1980 年发表的《再论管理理论的丛林》一文中,认为目前至少已发展到有 11 个学派,除了前面提到的以外,还有组织行为学派、社会技术系统学派、经理角色学派、经营管理学派等。

当前的管理科学综合了前面三个阶段、三个学派各自的优点,而形成一种综合的学派。在管理科学的发展过程中,除了逐步趋向综合之外,同时还具有以下三种趋势:由原来的基层管理为主发展到以高层管理为主;由日常业务性管理为主发展到以经营战略性管理为主;由原来的以物为中心的管理发展到以人为中心的管理。

(三) 教育管理学与教育管理心理学

1. 管理理论对教育管理的影响

教育管理系统是一个庞大复杂的系统,它存在于大的社会环境系统中,受社会环境中各个因素的影响和制约,教育系统内部也存在着复杂的关系。

自从学校产生以后,如何管理教育的问题就存在了。古代教育事业的规模较小,学校内部的事务也比较简单,各级行政官吏和学校领导者一般依靠行政手段和经验管理。19 世纪下半叶以后,随着公共教育制度的建立,教育事业有了较大规模的发展,学校内部的事务也日趋复杂,世界各国相继建立了国家的教育行政机构,贯彻和执行国家的教育方针政策,有了比较系统的教育行政制度。教育管理也是一种管理活动,它除了具有管理活动的一般规律外,还具有自己的特殊规律。为了更有效地提高教育管理的效能,于是有人开始对教育管理进行专门研究。可以说,教育管理学是随着近代学校组织的出现和需要而产生的。

20世纪以来,管理科学的形成与发展促进了教育管理学的形成。我们从管理科学的形成与发展中,就可以看出管理学与教育管理的关系,还可以进一步了解到管理与教育管理从对物、对事的管理逐步演化到对人、对人的心理的预测、控制和管理,即管理与教育管理之间的联系。管理理论对教育管理的影响主要体现在以下三个方面:

(1) 古典管理理论对教育管理的影响

古典管理理论较为系统地探讨了管理的理论和实践问题。如泰勒在过去经验管理的基础上,将科学引入了管理,使管理由传统的经验管理进入了一个新的阶段;法约尔根据自己长期从事管理工作的经验,提出了管理的五要素及其相应原则;韦伯对组织问题进行了深入的研究,提出了理想的行政组织体系理论。受古典管理理论的影响,在教育管理中也开始注重研究如何提高管理的效率问题。例如,美国学者卡伯利(E. F. Cubberly)在1916年出版的《公立学校的行政》一书中,论述了高效率地处理教育行政的方法,把科学管理的理论引进了教育管理,促进了教育管理的科学化。

(2) 行为科学理论对教育管理的影响

早期的行为科学理论是梅奥在霍桑实验基础上创立的人际关系学说。这种理论认为,人是"社会人",人的组织是由不同背景的个人所构成的社会组织,人是社会组织的成员。企业组织中除了"正式组织"以外,还有"非正式组织",这种非正式组织的行为规范,也会影响人的劳动热情。在管理中,领导的能力就在于能够正确处理人际关系,通过提高职工的满意度来激励士气。领导者不仅应注意以效率、经费、工资和地位等所支配的正式组织,还应注意以社会心理所支配的非正式组织。

在人际关系理论基础之上发展起来的后期行为科学理论的研究以人为核心,特别注重人的心理因素、社会因素对人的行为的影响。受行为科学理论的影响,一些教育学者开始注意研究教育管理中的人际关系问题,分析并研究了教育活动中人的需要、动机及教育领导方式和民主化管理等问题。美国学者格里菲斯(O. E. Griffiths)在1956年发表的《学校行政上的人的关系论》是这一时期研究的代表作,书中不仅研究了教师参与管理的问题,还运用行为科学理论,研究了学校行政有关的问题。

(3) 现代管理理论对教育管理的影响

现代管理理论学派把组织看作是一个复杂的社会开放的系统,运用系统论、控制论、信息论等新的科学理论和运筹学、系统工程和电子计算机等科学技术手段,从不同方面研究现代管理问题,因而对教育管理的影响也比较大。如果说早期的教育管理理论是分别运用了古典管理理论和行为科学理论进行研究的话,那么现代的教育管理则是综合运用了古典管理理论及行为科学理论来研究教育管理问题。以巴纳德(C. I. Barnard)的社会系统理论和西蒙的决策理论为例,巴纳德于1938年出版的《管理者的任务》、西蒙于1947年出版的《管理行为》综合了传统的组织理论及人际关系理论,提出了社会系统理论和决策理论,对教育管理研究产生了重要的影响。

2. 教育管理学与教育管理心理学的关系

教育管理学就是研究如何从实际出发处理好社会环境和教育管理、教育内部事物等之间的关系。简单地说,教育管理学的研究范畴既包含对教育系统中物的管理的研究,也包括对教育系统中人的管理的研究,通过对物、对人管理的研究来促进教育教学质量的提高。教育管理心理学是研究教育管理,特别是研究学校活动中个体和群体活动的心理活动规律,用科学的方法改进管理工作,通过协调人际关系,满足教职工的需要,充分调动人的积极性、主动性和创造性,从而提高教育管理效率和效益的一门科学。简而言之,教育管理心理学主要研究教育系统中人的管理,探讨的是"人—人系统"之间的关系。教育管理学与教育管理心理学之间的关系主要体现在:

(1) 教育管理学与教育管理心理学都注重对人的心理的研究

国外教育管理理论是伴随着管理科学的形成发展而形成发展的。20世纪初至30年代这一时期,主要是科学管理的理论和原则应用于教育管理。随着人际关系理论的建立和发展,在教育管理的理论与实践等许多方面都注重对人的心理的研究,在许多大学的教育管理类课程中都开设了人际关系课程。霍桑效应几乎成为每本教材都在讨论的基本概念,有关正式群体和非正式群体等问题也成为教育管理注意的中心。这实际上都是以后教育管理心理学的研究内容。

(2) 教育管理学为教育管理心理学提供研究理论

管理科学一贯重视对人的研究,进而提出了以人为中心的管理,这样才使得管理科学尤其是现代管理理论中,既包含了十分丰富的心理学思想和研究成果,又提出了许多有价值的管理策略和谋略方法。例如,管理学中的动机理论不仅广泛地讨论了人的需要和动机问题,而且还以此为依据提出许多激励人的动机的措施和途径。值得注意的是,管理科学中的心理学思想和理论,大都直接出自管理实践并反复受到管理实践的检验,对于教育管理心理学来说具有很大的借鉴价值。因此,管理科学必然是教育管理心理学的学科基础之一,在创建与发展教育管理心理学时,要以管理科学为依据,对管理科学中的心理学思想和方法要特别予以关注。

三、教育管理心理学的心理科学基础

(一) 心理的本质

所谓心理的本质就是心理学要解决的根本性问题,即怎样正确地理解人的心理现象,从理论上弄清楚什么是心理,心理现象是精神现象还是物质现象,人的心理到底是怎样产生的,等等。

心理是指人内在符号活动梳理的过程和结果,具体是指人脑对客观物质世界的主观反映,心理的表现形式叫做心理现象。心理现象包括心理活动过程和个性心理特性,人的心理活动都有一个发生、发展和消失的过程。人们在活动的时候,通过各种感官认识外部世界的事物,通过头脑的活动思考着事物的因果关系,并伴随着喜、怒、哀、惧等情感体验。这折射着一系列心理现象的整个过程就是心理过程,按其性质可分为三个方面,即认识过程、情感过程和意志过程,简称知、情、意。首先,心理是脑的机能,人脑是心理反映的器官,是心理活动产生的物质基础。心理现象既不存在于物质之外,也不是一切物质的产物,而是物质发展到一定高级阶段,即脑的产物,它以一定的生理过程,主要是神经过程作为它的物质基础。近代科学研究不仅确认了种种心理现象的肉体器官,而且正在探讨这些器官的精细结构和运动过程。其次,心理是客观现实(外部世界)的反映。这是说心理反映的内容是客观现

实,这是心理反映的源泉。没有被反映者,就不能有反映者,被反映者是不依赖于反映者而存在的。科学研究已经证明并且在继续证明各种心理现象对客观现实的依存关系。因此,客观现实是人的心理的源泉和内容。这两个方面体现和证明着物质第一性、意识第二性这一根本原理。物质是第一性的,是心理的来源;心理是第二性的,是精神现象,是物质的产物。

应该指出,人的心理不是像镜子那样机械地、被动地反映客观现实,而是通过社会实践的过程,对客观现实做出能动的反映。认识过程是心理现象的一个基本方面,但人的意向又经常影响着认识过程。人们总依据已有的认识并按照自己的意向去从事实践活动,改变客观事物,并在这种活动中加深自己的认识。

（二）心理科学的产生与发展

心理学思想始于很古老的年代,原始社会末期,由于社会生活的需要,迫使人们在人类行为中去识别自己和他人的心理特点,迫切要求对人类自身的心理现象做出解释,于是产生了不少有关生命活动和心理现象的探索。但是,由于受社会条件和科学水平的制约,古代对人的心理现象的解释,只能把直接感知到的表面现象当作实质,通过思辨的方法加以论述。所以,古代的心理学隶属于哲学,是哲学的副产品,还不能成为一门独立的科学。

近代哲学思想和自然科学的研究进展,尤其是19世纪以来,随着生物学、生理学、解剖学的发展,为研究心理学提供了大量关于人体的知识,为科学心理学的创立奠定了基础。1874年,德国生理学家、哲学家冯特(W. Wundt)发表了《生理心理学纲要》一书,1879年他在德国莱比锡大学建立了世界上第一个心理学实验室,使心理学真正脱离哲学而成为一门独立的科学,这就是科学心理学的开端。冯特被西方心理学者公认为科学心理学的主要奠基人,被称为"心理学之父"。冯特的心理学把意识分为不同的要素进行研究,被称为构造主义心理学,与他对立而起的是美国心理学家詹姆斯(William James)的机能主义心理学,他强调心理学研究意识的机能。

1. 现代（科学）心理学的产生

艾宾浩斯(Hermann Ebbinghaus)曾经说过:心理学有一个很长的过去,但却只有一个短暂的历史。在近代西方,三个德国人共同创立了科学的心理学。冯特于1879年在德国莱比锡大学建立了世界上第一个心理学实验室,开始对心理现象进行系统的科学研究。在心理学史上,人们公认1879年是心理学的正式诞生之年,冯特被誉为"心理学之父"。费希纳(Gustav Theodor Fechner)创立了心理物理学。艾宾浩斯用实验法研究高级心理现象。

2. 现代西方心理学的主要流派

冯特建立心理学后,从19世纪末到20世纪50年代,心理学进入派别林立的时代。

（1）构造主义

代表人物是冯特和他的学生铁钦纳(Titchener)。构造主义认为,心理学应该研究人的直接经验,即意识。意识可以分解为感觉、意象和感情三种元素。心理学研究的目的在于通过内省(即被试对自己经验的观察和描述)去了解在不同的刺激情境下各种元素的结构。

（2）机能主义

代表人物是美国心理学家詹姆斯、杜威和安吉尔(Angell)。机能主义认为,心理学应研究个体适应环境时的心理或意识的功能;意识不是心理元素的集合,而是川流不息的过程,意识是个人的、变化的、连续的和有选择功能的。

在研究方法上,机能主义认为不应局限于内省法,可以采用观察、测验、调查等方法。机能主义对心理学面向实际生活过程起了推动作用。

(3) 行为主义

代表人物是美国心理学家华生(Watson)。他的主张是:第一,反对研究意识,主张心理学应研究行为,认为意识看不见、摸不着,无法进行观察和测量;第二,个体的行为不是与生俱来的,而是受环境因素影响被动学习的,反对遗传决定论,代之以环境决定论;第三,把对动物研究得到的结果用来解释人的行为。

(4) 格式塔心理学

代表人物是韦特海默(Wertheimer)、苛勒(Kohler)和考夫卡(Koffka)。格式塔(Gestalt)在德文中是"形状"或"组型"之意,有整体的意味,这个名称代表了这个学派的宗旨。该学派的特点是:一是反对把意识分解为元素,认为人的心理现象是一个整体,知觉是心理组织的过程;二是在知觉、学习、思维和问题解决方面做了大量实验研究,有重要的贡献;三是该学派认为"整体大于部分之和",整体先于部分而存在,并且制约着部分的性质和意义。

(5) 精神分析论

代表人物是奥地利精神病医生弗洛伊德(Sigmund Freud)。这一理论不仅是心理学中影响最大的理论之一,也是20世纪影响人类文化最大的理论之一。该理论具有如下特点:一是理论观点不是来自大学教授的书斋和实验室,而是来源于精神病治疗的临床实践;二是不以人的意识和正常行为为对象,而以人的无意识和异常行为为对象;三是不采用实验法,而是用临床方法(精神分析法)作为研究方法;四是在很长时间内被拒于心理学主流之外,有时也被称为"非学院派的心理学"。

(6) 人本主义心理学

被称为当代心理学中的"第三势力",因为它既反对行为主义,又反对精神分析,主张心理学应以正常人为研究对象,应研究人不同于动物的一些复杂经验。认为人的本质是好的,是善良的,人不是受无意识的欲望驱使的,人有自由意志,有自我实现的需要。只要有适当的环境,人就会努力去达到某些积极的社会目标,人类本性中蕴藏着无限的发展潜力。

(7) 认知心理学

20世纪40年代末,在信息论、系统论和控制论的影响下,诞生了认知心理学。认知心理学家将人的认知过程类比为计算机的信息加工过程,用实验法研究人的内部心理过程。

(三) 心理学与教育管理心理学

1. 普通心理学与教育管理心理学

普通心理学是研究心理现象产生和发展最一般规律的科学。例如,感觉、知觉、记忆、思维等认识过程的一般规律,人的需要、动机、情感、意志等过程的一般规律,以及各种个性心理特征的一般规律等。普通心理学是心理学的一个特殊领域,学习心理学首先要从普通心理学入手。在这个意义上,普通心理学是心理学的入门学科。同时普通心理学的内容概括了各分支学科的研究成果,又为每一个分支学科提供了理论基础,所以它既是心理科学的基础学科,也是教育管理心理学的学科基础。

教育管理心理学是研究教育管理,特别是学校活动中个体和群体行为规律及其潜在的心理机制,并用科学的方法改进教育管理工作,从而提高教育管理效率和效益的一门科学,是心理学的一个应用分支。因此,它要运用普通心理学理论知识和研究成果,去处理、解决教育管理中遇到的具体问题。不掌握普通心理学的知识,就很难掌握教育管理心理学的内容。因而,教育管理心理学首先要以研究人的一般心理活动规律的普通心理学为其心理科学的基础。在教育管理过程中发生的全部心理现象,都不过是人的心理过程和个性心理的演化、变异和发展而已。具体体现在以下几点:

第一,教育管理活动是以教育管理系统中人的认识活动为其心理学基础的,教育管理中的计划、组织、决策、指挥、协调、控制的过程,都是认识过程,离不开人的观察、记忆、想象、思维的活动。因此,研究教育管理心理学首先要研究教育管理中的认识规律,研究认识过程在教育管理中的作用和特点。由此可知,普通心理学的认识规律就是教育管理心理学的认识基础。

第二,人是有感情的。在教育管理过程中,伴随着人的认知活动,同时也会产生人的情感活动。情感因素在管理过程中具有重要意义,会直接影响管理过程的认识和管理效率。有效管理的关键不仅取决于人们的认识和智力因素,同时还取决于情感因素。可以说,善于人际交往,建立良好人际关系的管理者不一定都能取得成功,但成功的管理者必定是善于与他人建立良好关系的高手。在管理过程中对人的情感交流与控制,直接关系到管理的成败,因此,研究教育管理心理学必须重视教育管理中的情感基础。

第三,意志过程是人的主观能动性的表现,是人的认识活动的能动方面,集中体现在对人的行动的支配和调节。一个人具有坚强的意志,就能调节自己的外部行为和心理状态,克服困难,实现对客观世界有目的的改造,以满足个人和社会的需要。教育管理就是一种意志行动过程,在实现教育目标的过程中,教育管理总是和一定的目的、克服种种困难相联系。研究教育管理心理学,就要研究管理活动动机的形成和管理行为的发生发展过程,以及管理者与被管理者的意志品质等,因而,教育管理心理学必须以普通心理学对意志的研究成果为基础。

第四,人是有个性的,人们在通过心理过程认识事物和改造事物的过程中,常常表现出不同的个性心理特点。在教育管理过程中也是如此,人们的个性会在管理行为中得到反映。如一所学校的校长,其精神面貌、兴趣、爱好、个性特征常常会反映在学校的领导作风和学校的管理活动中。而被管理者的个性心理特征,给予人的行为的影响也是非常大的。因此,教育管理心理学要求重视教育管理中的个性基础,研究人的个性,对教育管理有着重要的实践意义。通过对教育工作者个性的了解和分析,掌握人们多种心理特征和行为产生、发展与变化的一般规律,在管理过程中,就能分析这些心理特点形成的因素,提出改变和发展这些特点的教育措施,从而调动人们心理特点的积极因素,提高教育管理工作的水平。

应该指出的是,教育管理心理学所研究的一切心理现象,既是在教育管理过程中发生并表现出来的,又是在复杂的人际关系系统和特定的教育组织的环境中形成和发展起来的,更多地表现为群体心理和组织行为。即使是个体的心理和行为,如教育工作者的从众行为,教育领导者的态度偏见,也都是个体社会化的结果,也属于社会心理学研究的范围,所以教育管理心理学与社会心理学也有密切的关系。

2. 社会心理学与教育管理心理学

社会心理学是心理科学的重要分支之一。它是研究社会心理现象产生、发展与变化规律的科学,是一门社会性很强、应用很广泛的学科。其任务是要解决各种社会问题的心理学基础,一切社会心理现象都是在交往过程中产生的,人际关系紧密地联系在一起,因此,关于交往及由此而形成的人际关系理论是社会心理学的基本理论,交往是社会心理学所要研究的一个重要内容。

教育管理心理学是专门研究教育管理活动中人与人之间的关系,这实际上是社会心理学研究内容的一个方面。从这个意义上讲,教育管理心理学实际上是社会心理研究的教育管理情境中的具体化,它是在教育管理领域中的社会心理学。

当前社会心理学的研究主要有:社会知觉和归因理论、人际吸引、人际沟通、人际相互作用等,这些过程被称之为基本社会心理过程;还有社会化、态度与态度改变、侵犯行为、利他行为;涉及群体心理特征的还有群体规范、群体凝聚力、群体决策、群体思维等。从以上研究可以看出,其内容均与教育管理有密切关系,这些内容皆可引进或纳入教育管理心理学的理论体系之中,成为教育管理心理学的主要理论来源之一。所以,社会心理学必然也是教育管理心理学的理论基础之一。

3. 管理心理学与教育管理心理学

管理心理学,又称组织心理学或组织行为学,是心理科学的应用分支之一。它把心理学、社会心理学的理论、原则和方法运用于组织管理,通过研究组织中人的心理和行为的规律来预测和控制组织中人的行为,以调动人的积极性,充分发挥人的潜能,达到提高生产效率和工作效率,改善人际关系,增强组织性能的目的。管理心理学起源于20世纪初期,它的前身是工业心理学。工业心理学是心理学的知识和技术应用于工业组织和生产管理方面的学科。它是为了适应资本主义工商企业管理的需要,研究人类行为对生产、分配、劳动及消费的关系,以有效地开发人力资源、提高工作效率、增加经济效益为目的。一般认为,最早把心理学的知识原理应用于工业领域的是侨居美国的德国心理学家闵斯特伯格(H. Munsterberg),他挑选不同能力和素质的人配备到相应的工作岗位上进行研究。1912年他公开发表了《心理学与工业效率》一书,在这本书中论述了用心理测验方法选拔合格工人的问题,也研究了疲劳及劳动合理化问题,提出创造心理条件,使每个工人获得最大的产量以及满足客人的需要。他的主张得到当时美国工商界的支持和赞赏,被广泛地运用于工业中的职业选择、劳动合理化、改进管理方法以及建立最佳工作条件等,对当时工业生产发展起了重要的推动作用。由于《心理学与工业效率》将心理学原理应用到管理中,对管理心理学(组织行为学)的形成起到了划时代的作用,因此被西方称之为"工业心理学之父"。1914年,莉莲·吉尔布雷斯(L. M. Gilbreth)出版了一本以管理心理学命名的书,指出工作合理化应注重人和工作适应问题的研究。

20世纪20年代中期,美国心理学家梅奥所做的霍桑试验,开始了心理学对企业中人际关系的研究,心理学家开始注意动机和小群体心理对生产的影响,为工业心理学的研究增加了深度和广度。1933年他出版了《工业文明中人的问题》一书,第一次把工业中人与人的关系问题提到首位,人们把这个学派称为人群关系学派。这实际上是管理心理学的前身或先驱。

20世纪40年代,德国心理学家勒温(Kurt Lewin)强调人们对社会情境——工作场所各种人际关系的态度和行为对生产的影响。他提出了群体动力学的理论,推动了管理心理学的发展。第二次世界大战期间,相继有一些心理学家根据人的个性差异,对职工选拔、使用和培训、考核等问题进行研究,旨在促使人与事之间的恰当配合,调整人与事之间的相互关系,逐步形成了人事心理学;又有一些心理学家从事设计适合人的生理与心理需要的机器、工具设备、工作环境、工作程序的研究,以减轻人的疲劳程度,防止意外事故的发生,使劳动合理化以提高生产效率,从而形成了工程心理学。其后,美国消费心理学机构成立,应用心理学的知识技术应用于研究消费者的嗜好、需要,然后去设计产品,使消费者满意,解决工业生产者与消费者的关系问题。对于工业生产,也起到很大的推动作用。

20世纪50年代,在系统论的影响下,心理学家开始在群体水平上进行研究。1958年美国心理学家李维特(Harold J. Learitt)出版了《管理心理学》一书,标志着现代管理心理学正式问世。这种早期的管理心理学注重封闭组织内部的研究,用既定目标检查得失,维持组织的静态平衡。

随着现代科技发展和外界社会环境变化的不断冲击,静态的组织管理无法适应多变的环境,要求从宏观角度考虑组织管理已是大势所趋,管理心理学又开始着重于组织变革和发展方面的研究。

管理心理学研究的主要内容如下:

(1) 个体心理

包括研究个体的心理和行为规律,其中主要是研究需要、动机和态度,根据这些研究提出了不少激励理论。

(2) 群体心理

研究群体动力和群体特征,包括正式群体和非正式群体、群体规范、群体内聚力、群体信息沟通、群体人际关系、群体竞争、合作与冲突等。

(3) 领导行为

主要研究各种不同的领导方式及其效果,影响领导效果的因素,应用于领导者选拔和训练的各种领导理论和方法等。

(4) 组织行为

主要探讨有关组织的理论、组织变革与发展的技术。这些研究的目的是提高效率,以利于组织目标的实现和维护组织的生存与发展。

管理心理学与教育管理心理学的关系极为密切。它们的研究对象和理论范畴在很大程度上是重叠一致的。

管理心理学的研究对象是人,研究的核心问题是调动人的积极性,挖掘人的创造力。教育管理心理学的研究对象是教育工作者,研究的核心问题是调动教育工作者的积极性、创造性,这自然是属于管理心理学的范畴。在教育管理活动中,能否调动教育工作者的积极性,挖掘出人的创造力,对提高教育管理绩效、实现组织目标起着关键的作用。教育管理心理学主张满足组织成员的合理需要,重视并发挥非正式教育群体的积极作用,使之与组织目标协调一致,强调教育组织的变革与发展,以消除对教育工作者积极性和创造性的束缚。可以说,教育管理心理学的内容就是按照管理心理学的内容体系在教育管理领域内进行研究的。

管理心理学是教育管理心理学直接的学科基础,管理心理学的基本原理对于教育管理心理学来说基本上也是适用的。但是,教育管理心理学研究的管理对象不同,教育是一种知识性生产,是以脑力劳动为主的活动,因而许多适用于工商企业管理的心理规律,对教育管理来说未必全都适用,绝不能把企业管理心理学的原理照搬到教育管理心理学里来,而是要根据教育管理的实际,研究教育管理过程中的具体心理学课题。

第二节 教育管理心理学的人性观

管理心理学的人性假设是教育管理心理学的基础,也是管理思想的精华。教育管理首先而且主要是对人的管理,必须突出以人为中心的管理思想,对人有一个基本的认识和总的看法,这就是人性假设问题,它是一切管理的出发点。如何理解人的本性,决定了管理者采用什么样的管理措施和方法。

所谓人性,是指现实生活和活动中的人所特有的本质规定性;人性假设,则是指每个管理者、每个管理模式在哲学和文化观念上对人性的基本观点和看法。只有在对人性深入理解的基础上,才可能实施合乎人性的管理。美国工业心理学家麦格雷戈(Douglas McGregor)将人性假设理论概括为三个方面:首先,管理的理论与管理者的观念是第一位的,而管理的政策与具体措施是第二位的,不能本末倒置;其次,管理要重视开发人力资源,发掘人的"潜在力量",一个事业的管理方式,往往决定管理阶层对所属人员的潜在力量的认知,以及管理阶层对如何开发这份潜在力量的认知;最后,管理者采取哪种理论假定应视情况而定,但所持理论的观点要旗帜鲜明,管理者对控制人力资源所持的各项理论的假定,实为企业的整体特性的决定因素,而且还是以后若干代管理人的素质的决定因素。

人性假设理论在研究教育管理心理学中的理论与实践方面具有重要的意义:

第一,人性假设理论的探讨有助于新的教育管理心理学理论体系的建立。

第二,人性假设理论的探讨有利于设计恰当的教育管理原则、策略和方法。

第三,人性假设理论的探讨有利于树立以人为本的观念,实现人性化管理。

第四,人性假设理论的探讨有助于防范不恰当的人性假设对教育管理的消极影响。

总之,人性假设理论的探讨对于教育管理学科的发展具有重要价值。正如我国著名管理学家孙绵涛教授所总结的:"对教育管理中的人性理解得越深透,教育管理的理论就会越厚实;对教育管理中的人性理解得越科学,教育管理措施就会越正确,教育管理的效果就会越好。"[1]

一、我国古代人性观思想

我国古代思想家已经认识到管理事物的核心在于掌握人,也就是调节人与人之间的关系,管理人的行为,引导人的心理反应,以实现管理的目的。如《吕氏春秋·不苟论》:"治物者不于物,于人。治人者不于争,于君。"意思是说,管理事物者不应只着眼于事物,而应着眼于做事的人;管理人时不应只注重被管理者的职责,而应注重被管理者自身。因此,管理者必须了解人,了解人的本性,了解人的基本欲求。"治欲者不于欲,于性。性者万物之本也。"而要从人的基本欲求的引导、约束来考虑,要想因人之欲来管理人,则必须了解人的本性。人性是一切事物最基本的制约因素。以人的本性作为出发点,这才是管理工作最根本的基础,也是当代管理理论产生、形成的客观条件。

(一)性善论

性善论以儒家学派的孟子为代表,他认为人性本来就是善的。他的人性观体现在《孟

---

[1] 孙绵涛.关于教育管理人性观的探讨[J].教育研究与实践,2005(4):16.

子·告子上》篇中。他认为:"人性之善也,犹水之就下也。人无有不善,水无有不下。"意思是说,人本性是善良的,就像水总是向低处流那样。没有本性不善良的人,也没有不向低处流的水。孟子用水往低处流这一自然现象来证明人性趋善的必然性。孟子所说的人性并不是指人生来就有的一切本能,而是指人与其他动物不同的、使人成为人的那些本质的特征。

那么,性善的根据是什么呢?孟子对此有明确的阐述。孟子曰:"乃若其情,则可以为善矣,乃所谓善也。若夫为不善,非才之罪也。恻隐之心,人皆有之;羞恶之心,人皆有之;恭敬之心,人皆有之;是非之心,人皆有之。恻隐之心,仁也;羞恶之心,义也;恭敬之心,礼也;是非之心,智也。仁义礼智,非由外铄我也,我固有之也。"这段话是说,人的性情都可以是善的,至于人有不善,不能归罪于其本质不好,恻隐、羞恶、恭敬、是非等,都是"人皆有之"的;而这些善良的本性是与生俱来的,都是人本身固有的本性,不是外力、他人或其他事物教给人们的。这段论述表明孟子的基本观点,人性是善的,发挥本性就可以成为善人,不按本性去做即放弃本性则会走上"不善"的邪路。

孟子不只提出性善的理论,而且将其理论用于管理人、管理国家。他指出管理首先要实行仁政,而仁政之根本在于"养心"。孟子提出:"尽其心者,知其性也;知其性,则知天矣。存其心,养其性,所以事天也。"(《孟子·尽心》)。这些思想都以性善为出发点,进而扩大到齐家、治国、平天下。孟子曰:"天下之本在国,国之本在家,家之本在身。"(《离娄上》)这句话的意思是:治理天下大事,其本质的基础在于处理好管理者的个人修养。此外,孟子还提出过"天时不如地利,地利不如人和"(《公孙丑下》)这一流传千古的著名论断,来说明建立和谐的人际关系对于管理的重要意义,并提倡"以德服人"的情感管理。孟子曰:"以力服人者,非心服也,力不赡也;以德服人者,中心悦而诚服也,如七十子之服孔子也。"(《公孙丑下》)

孟子的人性观思想是其思想体系的一个重要组成部分,是孟子哲学思想、政治思想、管理思想、经济思想乃至教育思想的基本出发点和前提。孟子所倡导的"仁政"是其管理思想的核心,他提倡管理者要实行尊重人、爱护人的人本管理,这种人本管理的思想也是现代管理学的一项重要的认知成果,其重要作用和意义已为许多成功的管理实践所证实。以人为本的管理思想在教育管理实践中也值得倡导,教育管理不同于企业管理,立德树人是教育的根本任务和最终目标,因此教育管理工作更要注重对人的培养和塑造,强调对人的尊重和爱护。在具体的教育管理工作中,教育领导者不仅要尊重和保护教育工作者,同样,教育工作者也应该尊重和爱护教育的接受者。此外,教育领导者和教育工作者也要不断地提高自身的人格修养和职业素养,注重对学生道德感、规则感、审美感的培养和塑造,只有这样才能保证教育的真正效果和价值。

(二)性恶论

性恶论是与孟子性善论对立的学说,一般以荀子为代表。荀子是与孟子同时代的思想家,在人性的问题上,有其自己的观点。荀子和孟子一样,认为食色喜怒等是人的先天性情,是人情之所不能免,是人所共有的。但是,在性情与仁义的关系上,荀子则与孟子不同。孟子把食色和仁义都看作是出于先天的人性,其中仁义是大体,食色是小体;仁义好比是熊掌,食色是鱼。荀子则认为人性只限于食色、喜怒、好恶、利欲等情绪欲望,不论"君子""小人"都一样。所以荀子说:"人之生也固小人。"荀子提出:"人之学者,其性恶。其善者伪(人为)也",主张人性是生而俱有的。他认为性是先天的,人的自然本性;伪是后天的,人的习性。

《荀子》篇中记载了他的观点:"孟子曰:人之学者,其性善。曰:是不然。"荀子主张性恶,他认为:"若夫目好色,耳好声,口好味,心好利,骨体肤理好愉逸,是皆生于人之情性者也。"(《荀子·性恶》)意思是说,人的五官就是为了满足色、声、味、利等各方面的欲望,厌恶劳动,贪图安逸和享乐,乃是人的恶的本性。荀子主张性恶,实质上是指人的基本需要,这种基本需要得不到满足,便会有争夺,天下就会乱。如果努力生产,丰衣足食,人的需要得到满足了,天下也就太平了。荀子以弯曲的木材须经矫正才能变直,钝的工具须经磨砺才能锋利为类比,推论出"今人之性恶,必将待师法然后正,得礼仪然后治"。(《荀子·性恶》)

荀子除了提出性恶论之外,还强调道德教育的重要性。荀子从性恶伪善的基本观点出发,主张化性起伪,把人的恶性改造成为善性。他认为:"性也者,吾所不能为也,然而可化也。"意思是性是天生的,虽然不能制造,但可以转化改造。同样,荀子还认为:"不可学、不可事而在天者谓之性。可学而能、可事而成之在人者谓之伪。是性伪之分也。"性和情是天生的,人不可干涉,也不应该干涉。但人的后天选择、思考、学习、行事,却完全取决于人,应该由人自己担当。荀子在《荀子·劝学》中,还进一步分析了化性起伪的途径:一是安排环境,创造变恶为善的客观条件。如荀子曰:"蓬生麻中,不扶而直。白沙在涅,与之俱黑。积善成德,圣心备焉。"二是加强教育,提供变恶为善的有利因素。如荀子曰:"学恶乎始?恶乎终?曰:其数则始乎诵经,终乎读礼;其义则始乎为士,终乎为圣人,真积力久则入,学至乎没而后止也。"三是个人主观努力和持之以恒的精神,提高变恶为善的内在因素。如荀子曰:"骐骥一跃,不能十步;驽马十驾,功在不舍。锲而舍之,朽木不折;锲而不舍,金石可镂。"

荀子的人性观思想虽然以人性本恶为出发点,但是他更关注的是道德教育对改变人性的价值和意义,尤其是他提出的"贵师重傅"的措施,对现代教育管理工作具有启示作用。百年大计,教育为本,教育对一个社会、一个民族乃至一个国家的发展至关重要,尊师重教是教育管理的前提和基础,也是教育事业发展的必要条件。此外,荀子提出的坚持不懈、精益求精、求实创新的品质和精神也同样是教育所追求的目标,这不仅要求教育工作者要保持自身严谨的治学态度,而且在教书育人的过程中也要注重对学生积极良好的学习品质的培养,启发和引导学生通过不懈的努力获得成长和进步。教育管理者则应该关注于教育事业的长远发展,善于综合运用各种条件,协调各方关系,营造和谐的教育环境,为教育工作的顺利进行提供保障和支持。

总体来看,我国古代思想家对于人性本质的探讨主要立足于人性的善与恶,这些探讨为我国后来的政治、法律和道德规范提供了一些理论基础,是十分可贵的文化遗产,其精华值得我们认真地分析和继承。

二、西方的人性假设理论

西方经典人性假设理论的发展大致沿着:经济人—社会人—自我实现人—复杂人—文化人的路线行进的,这几种人性假设理论实际上反映了西方管理心理学关于人性观的历史演变过程,具有相当的代表性和实际意义,在西方的管理实践中产生了巨大的影响。

(一)"经济人"假设

"经济人"(Rational Economic Man)直译为理性经济人,也有人译为实利人或唯利人。这种假设起源于享乐主义哲学和亚当·斯密(Adam Smith)关于劳动交换的经济理论,他认为人的行为动机源于经济诱因,在于追求自身的最大利益。因此,最早的管理思想是,人只关心自身的利益,金钱是刺激积极性的唯一因素,应该运用强制性手段进行管理,对人实行控制。

道格拉斯·麦格雷戈于1957年11月在美国的《管理评论》杂志上发表了《企业中的人性方面》一文,将"经济人"假设概括为X理论,并对这一理论进行了更全面的阐述。

麦格雷戈将传统的管理思想和方法称为X理论,其主要观点是:

① 多数人天生是懒惰的,他们都尽可能逃避工作。

② 多数人都没有雄心壮志,不愿担负任何责任,而心甘情愿受别人的指导。

③ 多数人的个人目标都是与组织目标相矛盾的,必须用强制、惩罚的办法,才能迫使他们为达到组织的目标而工作。

④ 多数人工作都是为满足基本的生理需要和安全需要,因此,只有金钱和地位才能鼓励他们努力工作。

⑤ 人大致可分为两类,多数人都是符合上述设想的人,另一类是能够自己鼓励自己,能够克制感情冲动的人,这些人应担负起管理的责任。

根据X理论的假设,管理者的职责和相应的管理方式是:

① 管理的工作重点在于提高生产率,完成生产任务方面,不需要考虑员工的情感因素,对人的感情和道义不负有责任。从这种观点来看,管理人员的主要职能是计划、组织、经营、指引和监督,因此,这种管理方式叫任务管理。

② 管理只是少数人的权力,组织内部权力等级森严,员工不参与管理,他们只需要拼命干活。"组织的要求"重于"个人需要"。由X理论推论出来的一项组织基本原则为"阶梯原则",即透过权威的运用,执行督导与控制,也就是说组织必须采取集权化和等级化的管理结构。

③ 奖惩制度方面,激励员工生产积极性主要依赖金钱和物质奖励,对消极怠工和生产效率低下者采取扣除工资等惩罚措施,这属于"胡萝卜加大棒"的管理方法。

在当时的美国产业界,X理论已经深切地影响了种种管理策略,许多管理论著中的各项组织原则,可以说都是从X理论的假设演绎出来的。麦格雷戈认为,X理论是建立在错误的因果观念基础上的,虽然当时工业组织中的员工行为表现同X理论所提出的情况大致相似,但是这些行为表现并不是人固有的天性所引起的,而是现有的工业组织的性质、管理思想、政策和实践造成的。麦格雷戈通过对人的行为动机和马斯洛的需要层次理论的研究发现,在人们的生活还不够富裕的情况下,"胡萝卜加大棒"的方法是有效的,但当人们的生活达到一定水平,其行为动机转向追求更高级的需要,不再是生理和安全的需要时,那么这种管理方法无疑只会起到相反的作用,人们在高强度的管理和监控之下,很难实现工作上的优越表现,因此,管理的思想和方法需要随之发生变化。

(二)"社会人"假设

"社会人"(Social Man)假设起源于著名的霍桑实验,是美国社会心理学家梅奥对霍桑实验进行总结之后,在其1933年的著作《工业文明中的人性问题》一书中提出的人性假设理论。社会人假设认为,人们在工作中得到的物质利益,对于调动人们的生产积极性只有次要的意义,人们还有社会性需求,人际关系对于社会行为有重要的影响,良好的人际关系是调动人的生产积极性的决定性因素。

霍桑实验表明,人不是"经济人",而是"社会人"。工人并非孤立存在的个体,而是处于一定社会关系中的群体成员。梅奥也强调,工业革命带来的机械化,使劳动丧失了原有的内涵,使工人变成了机器的附庸,使工人对企业产生一种疏远感,并觉得丧失了人性。因而工人需要在工作上的社会关系中去寻求意义。工人重视的是在工作中与周围的友好关系。工人的工作动机主要是由被同事的喜爱和接受而引起的,在与同事的关系中得到社会承认和归属感。工人对同事的社会影响力要比管理者所给予的经济诱因和控制更为重要,而管理者若能满足工人的社会心理需要,则能最大限度地提高其生产效率。社会人假设突出了人际关系对个人行为的影响,其主要观点是:

① 人受到的最主要的激励不是来源于金钱,而是来源于人的全部社会需要的满足,包括良好的人际关系、社会地位和成就等。

② 由于工业革命以及工作合理化的结果,许多工作本身原有的意义已不存在,因此,人们从工作的社会关系中去寻找乐趣和意义。

③ 人在所处群体的社会力量中所受的影响,比管理中的激励和控制对他的影响更大。

④ 人们的工作效率,随着上级能满足他们社会需求的程度而改变。

根据社会人假设,管理者的职责和相应的管理方式是:

① 管理者除了应该注意工作、生产任务之外,还应以人的社会性为基础,把管理的重点放在关心人、满足人的社会心理需要上。

② 管理者不应只注意计划、组织、监督和控制的职能,而应以人际关系为重,培养和形成职工的归属感和整体意识。

③ 管理者应重视和提倡实行集体的奖励制度,而不主张实行个人的奖励制度。

④ 让员工能充分发表自己的意见,提合理化建议,能提高员工的参与水平,有助于提高生产积极性。一方面,管理者要注意倾听员工意见,并及时向上级反映;另一方面,在员工和上级之间应架起沟通桥梁,起到联络作用。

⑤ 让员工参与管理,满足其社会性需要,使得对员工的外来控制转变为员工的自我控制,员工是为达到组织目标而努力工作。

从"经济人"假设到"社会人"假设可以说是在管理思想和管理方法上前进了一步。社会人假设突出了人际关系对个人行为的影响,强调在管理过程中注重员工的社会交往的需要,强调团结协作的人际关系,提倡参与管理,有利于员工归属感的产生,具有一定的现实指导意义。但社会人假设过于否定经济人假设的管理作用,忽视企业的经济目标,无疑会挫伤员工的积极性。社会人假设也过于偏重非正式组织的作用,对正式组织的作用不够重视,缺乏对人的积极性、主动性的培养和关注。

【专栏 2-1】

人际关系学说在学校管理中的应用

将人际关系学说应用于学校管理的最重要的代表作是美国学者威尔伯·约契（Wilbur Yauch）于1949年出版的《改善学校中的人际关系》一书。约契主要强调了学校管理中民主管理和团体领导的实现。约契认为"民主是一种对人的信任"。他强调每个个体都应重视自己的权利,所有人有表达自己观点的机会,尊重和拥护多数人的意见,通过协作来解决共同生活中的共同问题,所有人都可以根据自己的意愿做出自由选择。这样一种民主管理方

式在学校管理中的实现,需要遵循七项原则:

第一,民主是人际关系中最根本的原则。

第二,人际关系中的问题往往有多重模式可供参考。当团体中出现摩擦与意见分歧时,校长应从人际关系领域寻找原因和解决办法。

第三,学校职能部门是实行民主最自然、最有效的单位。学校职能部门应该充分发挥其满足个体的需要、欲望和能力的优势,避免使学校成为缺乏真正的人际关系的"人造的机械的组织"。

第四,校长是把学校从专制统治转向民主自由的关键人物,因此,在对职能部门的领导中,校长处于最有利的地位。

第五,职能部门是复杂的社会集体,可聘请专家管理,以实现其职能的最优化。

第六,校长最主要的职责是调整职能部门的关系。

第七,受决定影响的每一个人都必须参与决定它的性质和形式。

(资料来源:张东娇,程凤春等著.学校管理学[M].北京师范大学出版社.2014:127-128.)

(三)"自我实现人"假设

"自我实现人"(Self-actualizing Man)假设又称为"自动人"假设,这一概念最初是由美国心理学家马斯洛(Abraham H. Maslow)提出来的。马斯洛在《人本管理模式》中指出,每位员工都希望充当积极的行动者,而不愿扮演被动的助手,也不愿成为被操纵的挣钱的工具,更不愿做随波逐流的"软木塞",每位员工都追求真、善、美、正义、完美等存在价值。自我实现人假设认为,人们力求最大限度地将自己的潜能充分表现出来,只有在工作中将自己的才能充分表现出来,才会有最大的满足感,工作是满足人的需要的最基本的社会活动手段。人的能力有强有弱,即使能力弱的人,在他们的其他需要或多或少得到满足之后,也会在自己的工作中寻求意义和任务的满足感。

1960年,美国心理学家麦格雷戈在其著作《企业中的人的方面》一书中,对人的需求属性和行为动机有了新的认识,重新提出了与X理论相对立的Y理论。其主要观点是[①]:

① 人们总是勤劳的,人们一般都乐于使用自己的体力和能力。如果环境条件有利,工作就会如同游戏或休息一样自然。

② 人们对于自己参与的目标,能够实现自我指导与自我控制,外来的控制和惩罚的威胁,并不是实现组织目标的唯一方法。

③ 人们投身于组织的目标在很大程度上是为了获得成就感。

④ 人们在适当条件下,不但能接受而且会追究责任、逃避责任、缺乏雄心和强调安全,大多是经验的产物而非人的天性。

⑤ 人们大多有解决问题的丰富的想象力和创造力,但在现代工业的条件下,一般人的智力潜力中只有很少一部分得到了开发。

根据Y理论的假设,管理者的职责和相应的管理方式是:

① 管理重点的改变。管理的重点从重视人的因素转移到工作环境上面,主张创造适宜的工作环境和工作条件,使员工能充分发挥自我的潜力和才能,以及个人的特长和创造力,

---

[①] 朱永新.管理心理学[M].高等教育出版社,2014:73-74.

让员工能从工作中找到意义,给他们一种自豪感与自尊感。

② 管理职能的变化。管理者与其说是一位激励者、指导者、控制者或人际关系调节者,还不如说是工作环境和条件的设计者,他们的主要任务是创造适宜的环境条件,以发挥人的聪明才智和创造力。

③ 奖励方式的变化。重视内部激励,也就是重视员工获得知识、施展才能,形成自尊、自重、自主、利他、创造等自我实现来调动职工的积极性,通过工作中个人潜能的实现来获得最大的满足,而外在的奖励,如工资、提升、良好人际关系等降到次要位置。

④ 管理方式的变化。自我实现人的假设要求管理制度与方式能保证员工充分展现自己的才能,达到自己所希望的成就。这就要求管理者下放管理权限,实行民主参与管理,给员工一定的自主权,让员工参与组织的决策与实施。

由Y理论推论出的一项组织的基本原则称为"融合原则",即创造一种环境,以使组织中的成员在该环境下,既能达成各成员本身的个人目标,又要努力促成组织的成功。因此,管理要兼顾组织的需要与个人的需要。任何一个组织绩效低都应归咎于管理。职工的懒散、态度冷落、不愿承担责任、缺乏创造力、不肯合作,都是因为管理阶层所用的组织方法和控制方法不当。在组织中,人与人之间的协作和合作如果有所限制的话,不是由于人类本性的限制,而是由于管理阶层的能力不足,未能了解如何充分利用人力资源潜力的缘故。Y理论不太关注组织的结构问题,而是赞成综合管理,要求重新审视组织结构的各个层面。例如:工作丰富化要取代高度专业化的工作和部门,管理跨度不能太窄,要足够宽,以便为员工的发展和需求的完善提供更多的自由与机遇。此外,等级制不再重要,人们应该更关注分权化、决策制定的授权问题,形式上理性的职权应转变成授予下属的权力。

总之,自我实现人的假设重视人的潜能及其开发,注重人的积极品质和向上潜能,对管理工作具有重要的现实价值。例如:创造良好的环境和条件,推行以人为中心的管理原则,尽可能为员工的学习与深造创造积极条件,充分发挥员工的聪明才干,注意内部奖励和外部奖励的结合,调动人的积极性;相信员工的自主力量与独立性、主体性、创造性,以促进人力资源的开发,让员工从事挑战性的工作。但是,我们也应该注意到,自我实现人的假设是建立在人本主义潜能假说基础上的,认为人的能力及其发展不是后天培养和教育的结果,而是在恰当的环境中自然展现的。这样的观点很显然忽视了后天社会、文化、教育等在人的发展中所起到的作用。

(四)"复杂人"假设

"复杂人"(Complex Man)假设是20世纪60年代末、70年代初由埃德加·沙因(Edgar Schein)提出来的。该理论认为,人的个性因人而异,即使是同一个人,在不同年龄、不同时间、不同地点都会有不同的表现。人的需要是随着年龄的增长、知识的增加、地位的改变,以及人与人之间的关系变化而各有不同的。"复杂人"假设认为,人是复杂的,人们的需求和潜在的欲望是多种多样的,而且会因人、因事、因地的变化而不断发生变化。所以,不可能有纯粹的经济人、社会人或自我实现的人,实际存在的只是在各种情况下不同反应的复杂人。

1970年,摩尔斯(J. J. Morse)和洛斯奇(J. W. Lorsch)在《哈佛商业评论》上发表了《超Y理论》一文,后来又于1974年出版了《组织及其成员:权变方式》一书,其中提出的"领导权变理论",就是根据"复杂人"假设所提出的一种新的管理理论,即超Y理论。该理论认为,X理论并非一无是处,Y理论也不是普遍适用,应该针对不同的情况,将任务、组织、人员

做最佳的默契配合,以激励工作人员取得有效的工作成绩。超Y理论的主要观点是:

① 人的需要很复杂,它与人所处的组织环境有关,在不同的组织环境里,人们有不同的需要。例如:一个在正式组织中受到冷遇的人,可能在非正式群体中找到自己的社交需要和自我实现需要的满足。

② 人的需要与动机的变化是其原始需要与其组织经历之间相互作用的结果。

③ 人是否愿意为组织目标做出贡献,决定于其自身需求状况及与组织间的相互关系。

④ 人可以根据自己的需求、能力对不同的管理方式做出不同的反应,这取决于其自己的动机和能力,也取决于工作任务的性质,所以没有一套适合于任何人、任何时代的管理方法。

根据"复杂人"假设,管理者的职责和相应的管理方式是:

① 管理者要有权变论的观点,即以现实的情境为基础,采取可变的或灵活的行为反应。在一定的情境中,管理的方式要随着情境而定。

② 人的需要与动机都是各不相同的,管理者要根据具体人的不同情况,灵活地采取不同的管理措施,做到因人而异、因事而异,不能千篇一律。

③ 管理策略和措施不能过于简单化和过于一般化,而是要具体问题具体分析。管理人员要善于发现员工在需要、动机、能力、个性等方面的差异,因人、因事、因时、因地制宜地采取灵活多变的管理方法。

超Y理论强调我们不仅要使组织适合任务,也要使任务适合工作人员,以及使工作人员适合组织。作为管理人员,可能采取的最佳的组织管理方法,就是整顿组织使之适合任务的性质与参与的人员。如果取得了这种最佳的适合,工作单位的有效工作表现和人员的较大胜任感就可由此而生。此外,管理者要善于观察员工之间的个别差异,根据具体情况采取灵活多变的管理方法。

总之,"复杂人"假设并不是要求管理人员放弃以前面的三种人性假设为基础的管理理论,而是应该把上述三种理论结合起来,充分考虑个人与组织、正式组织与非正式组织、物质条件与社会心理因素、组织目标与个人目标等各项因素及其相互关系,也就是说,要强调在管理过程中采取因人而异、灵活多变的管理策略,不能千篇一律。但是我们也应该注意到,"复杂人"假设只单纯强调人们之间的差异性,而在某种程度上忽视人们的共同性,忽视了集体主义精神、群体意识、组织气氛等在管理中的作用,过分强调管理措施的应变性、灵活性,不利于管理制度和规章的建立和稳定,否认管理规律的一般特征,也不利于管理科学的发展。

(五)"文化人"假设

20世纪80年代初期,企业文化管理越来越受到重视,日裔美国管理学家威廉·大内(William Ouchi)在1981年出版的《Z理论》一书中提出了Z理论。该理论认为,人的行为及价值选择,是由所处的文化决定的,有什么样的文化,就会有什么样的人的行为。组织文化就是以主导价值观为核心的观念系统,以及与之相适应的管理制度和组织行为的总和。管理的要点就是要建立一种适合于组织发展的文化系统,从而提高员工对组织的认同感和归属力,以改变人的态度和行为,最终获得较高的管理效果和管理效率。这种以文化为指导的人性假设被称为"文化人"假设,其主要观点是:

① 组织对员工实行长期或终身雇佣制,使员工与组织同甘共苦,并对员工实行定期考

核和逐步晋升制度，使员工看到企业对自己的好处，因而积极关心组织的利益和组织的发展。

② 组织管理者不仅要让员工完成生产任务，而且要注重员工的培训，培养他们能适应各种工作环境，成为多专多能的人才，从而积蓄组织的内部人才资源。

③ 管理过程既要运用统计报表、数字信息等鲜明的控制手段，也要注意对人的经验和潜在能力进行诱导。

④ 组织决策采取集体研究和个人负责的方式，有员工提出建议，集思广益，由领导者做出决策并承担责任。

⑤ 上下级关系融洽、平等。管理者对员工要处处关心，让员工多参与管理。

根据"文化人"假设，管理者的职责和相应的管理方式是：

① 管理者所扮演的角色是文化设计师和行为楷模。

② 管理者要以身作则，严格遵守组织的各项规章制度，做好员工的榜样，把组织的价值观人格化。

③ 管理者要在组织中营造出一种很强的组织文化氛围或组织文化，它是组织中每位成员所信奉的理念、价值观、想法及行为的模式。

④ 不同性质的组织需要不同的组织文化，不同国家、不同地区的组织具有不同的文化背景，组织文化是管理者在对过去成功和失败经验进行总结的基础上营造出来的。

总之，"文化人"假设强调要用正确的组织文化来引导人、约束人、凝聚人、塑造人。无论组织文化的内涵如何，其结果都是一样的：员工的高归属感，统一的经营、管理和用人理念，组织的高凝聚力、高生产力、追求创新等。

【专栏 2-2】

Z 理论在学校管理中的运用

威廉·大内的 Z 理论关注的是组织文化在整个组织建构与管理方式中的作用，当运用到学校时，其特征有：信任、敏锐与亲密行为；共享控制与决策制定；对规划、组织过程、预算系统、人际交往技能的培训；个人利益驱动的动机；长期的奖励；高素质教育的重要性等。

一、信任、敏锐与亲密行为

在威廉·大内看来，缺乏信任、敏锐与亲密行为的机构是不存在的。学校里，只有那些深知他们的目标最终是和谐共存的人们才存在信任，一个人不知道其他人在做什么，不知道他人的语言、技术、问题等，就不可能信任他们。只有在与他人进行了亲密的职业接触之后，信任才会形成。这种接触可指学生与学生、教师与学生、教师与教师、领导与教师、领导与学生之间亲密的人际关系体验。

二、共享控制与决策制定

学校领导必须花足够的时间与学生、教师、家长和社区来共同讨论学校的目标和学校的运作问题。他们必须了解员工职业生涯中可能存在的激励体系，帮助员工获得这些激励，以促使员工充分信任他们。这样，领导就能邀请下属参与管理，使利益相关者参与制定那些将影响自身履行责任的方式的决策。

三、培训

这里提倡的是质量圈（quality circles），又可以称为学习组、合作学习小组，由各种小团体构成,成员们定期会面讨论工作方式、介绍变革等。质量圈形成的目的是产生一个以群体为基础的建议体系,用于解决问题、提高学校质量。它需要一定周期的培训,以提高成员的参与性,使他们在决策中意见一致并共同管理组织。这种培训的目的就是了解组织的目标、存在的问题以及整体资源情况。具体而言,教师和其他非管理人员接受规划(包括动机、领导、决策制定、沟通与变革等)、组织过程、系统预算过程、群体动力和许多普通教师所不了解的有关学校领导日常工作等方面的培训,其目的是创造一种开放、信任、员工积极参与的文化。

四、个人利益驱动的动机

威廉·大内认为,人类只存在一种形式的利益,那就是个人利益。如果我们不能创造一种环境,允许人们自然地做着对自己有利的事情,满足自己的私利,那么,我们将一直在抗争、压制、阻止,甚至可能从来都不会全身心地投入工作、取得高生产率。在执行Z理论的组织中,由于人们参与制定了体系的各个目标,我们就可以对他们说:"做你自然而然该做的事情;做你喜欢做的事情,因为我们认为你选择去做的这些事情同时对整个组织有利。"

五、奖励

组织的记忆能力是至关重要的,组织的核心领导必须记住是谁多承担了工作、谁忠诚于组织、谁牺牲了业余时间,必须确保这些人所做的努力为大家所认可并得到奖励。组织存在这样的记忆能力,那么人们就会坚信,只要自己做了正确的事情,就必定会得到相应的奖励。这样,他们的自私、观念狭隘、目光短浅等诱因就会随之消失。多数学区还在实行一成不变的工资制度,威廉·大内认为,学校有必要将目前的科层制方式分解成评估、晋升与付酬三部分。

六、高素质教育的重要性

任何一个国家最富有的财产之一就是整个社会处于最佳状态,而学校系统是保证其经济健康发展的前提。高素质教育培养出高水平的劳动者,增加了不断前进的国家经济资本。公民文明是一个民族繁荣的关键。

(资料来源:Fred C.Lunenburg, Allan C.Ornstein 著.教育管理学概念与实践(第五版)[M].中国轻工业出版社.2013:91—92.)

三、马克思主义的人性观思想

关于人的本性问题,马克思主义的核心是具体问题具体分析,认为抽象地谈论人性的善与恶,或是善恶混合都是不够科学的。马克思主义要求我们按照事物本来的面目去反映它、理解它、认识它。马克思在《关于费尔巴哈的提纲》中指出:"人的本质并不是单个人所固有的抽象物,在其现实性上,它是一切社会关系的总和。"这是马克思主义的人性假设理论开始展开的核心判断,也是其区别于其他人性假设理论的实质。马克思从不同的角度来谈论人性观的问题:首先,从整个人类着眼,人的本质属性与动物究竟有何区别,应该如何去认识人的本质属性,这是从哲学的高度概括出人区别于其他动物的本质;其次,是从个体角度着眼,应该如何看待人的本性的善与恶的问题。人的本质和人的本性二者之间是密切联系的,而且前者对后者具有指导意义。

(一)人的本质

1. 人的自然属性

人的自然属性,反映了人和自然的关系。它包括两方面的含义:一方面是人属于自然;另一方面是人统治自然。首先,人作为有机体是自然的产物,人来自自然,人属于自然。人的遗传素质就证明了人的自然属性的客观存在。其次,人为了生存、种族延续和发展,就要利用自然、改造自然,把自然作为索取和改造的对象,这就是人统治自然。假如离开有生命的个人的存在,离开这些个人的肉体组织,人类社会又何谈存在和发展,这充分显示出人的自然属性。

2. 人的社会属性

人的社会属性,反映了人和社会的关系,是人的本质的最重要的方面。作为社会的人,任何个体都处在一定的社会关系之中,人的生活的一切表现,都是社会生活的表现。一切脱离社会关系的绝对孤立的个人或个体活动都是不存在的。人之所以为人,就在于人的社会性。因此,我们绝不能离开社会生产力的发展和社会关系去研究人的本质,必须把人的社会属性作为人最根本的特征,要从人的经济地位、政治态度、世界观以及各种社会关系中去考察一个人。

人的社会属性与自然属性互为存在的前提,人的自然属性是人之所以为人的生理基础,如果没有自然属性,那么也就不存在社会属性;但是,如果将人的社会属性抽去,尽管他的自然属性存在,但他却无异于动物,而不是一个人了。因此,可以说,人的社会属性与自然属性是互为依存、相辅相成的,社会属性既是对于自然属性的突破,又是对于自然属性的神话。人性乃是自然属性和社会属性的统一。二者相比较,社会属性属于本质属性。换句话说,人之所以为人,乃是由它的社会属性决定的。

3. 人的意识属性

人的意识属性说明人对客观世界的反映不是消极的反映,而是具有自觉性,是积极能动的反映,这是人与动物的根本区别。人作为有机体首先是自然实体,是自然界的产物。人起源于动物又超越了动物,是自然界长期演化的结果。人的祖先之所以成为人,是顺应了"物竞天择"的生存规律。正因为人类作为天然的物种具有当时一切生物中最为有利的"自然"条件,它才得以经过自身的努力成为人。人从自然界分化出来,成为名副其实的社会动物。

总之,人的自然属性、社会属性和意识属性,这三个方面不是孤立存在的,而是一个统一体。人是有生命的人,在社会实践过程中实现了自然、社会、意识这三方面属性的统一,人的本质只有在人类的社会实践活动中表现出来,并呈现出其发展变化的规律。马克思主义认为,满足人的需要是有条件的。只有废除生产资料私有制,建立社会主义制度,人人都参加劳动,生产力大大提高,社会分工不再限制人们的劳动意愿,具有高度文明与享受能力,创造全新的人等,才能使人的需要得到真正合理的解决。马克思主义的人性观和人的需要的理论,对于我们正确评价国外管理心理学中的人性理论和研究教育管理心理学,有重要的指导意义。它是社会主义的科学管理制度和管理方法的出发点和重要的理论根据。

(二) 马克思关于教育的启示

马克思在《关于现代社会中的普及教育的发言》中曾提出:"一方面,为了建立正确的教育制度,需要改变社会条件,另一方面,为了改变社会条件,又需要相应的教育制度。"马克思认为教育制度的建立和社会条件之间是相辅相成的,教育制度可以影响社会条件的改变,而社会条件的改变也相应地会影响教育制度的建立。马克思还倡导普及教育和义务教育,代表大会毫不犹豫地通过决议,教育应当是义务教育,并明确了教育监管工作的责任划分,在发言记录中曾这样记载,"教育可以是国家的,而不是政府的。政府可以委派视察员,视察员对教学过程本身虽然无权干涉,但应当监督法律的遵守,正如同工厂视察员应当监督工厂法规的遵守一样。"①此外,马克思赞同把智育同体力劳动、体育和综合技术教育结合起来,并主张在学校中应讲授自然科学、文法等课程,而不应该开设进行政党和阶级解释的科目。马克思关于教育的论述,对当代教育管理工作具有启示作用,教育是国家的大计和根本,对社会的稳定发展至关重要,教育需要政府的监管,也需要秉持教育的基本要求。

综上所述,人性假设的探讨对于教育管理学科的发展具有重要价值。对教育管理中的人性理解得越深透,教育管理的理论就会越厚实;对教育管理中的人性理解得越科学,教育管理措施就会越正确,教育管理的效果就会越好,越有利于教育组织的发展②。根据人性假设理论,教育管理工作应推动教育管理主体从单一主体转变为多元主体,让教师、学生以及社会多元主体能够参与到学校教育管理中,避免学校管理出现集权问题。教育管理者应从人性化管理视角出发,增加与教育管理方式的交融,并按照现有的校园情况,完善对教育过程中所涉及的各项措施、手段、理念、功能、职能、人员素质要求等方面的锻炼和培训,以丰富教育管理理论的内容。

本 章 小 结

1. 教育管理学是管理学、心理学和教育学交叉形成的一个心理学的分支学科。教育管理心理学目的是管理教育活动中的人,并最大限度地挖掘人的潜能,因此必须对教育、管理及人的心理的本质和规律等加以深刻理解。

2. 教育学作为教育管理心理学的一个支柱学科,与教育管理心理学的关系是十分密切的,通过在教育学中对教育现象和规律等的研究进而引申到教育管理实践中,充分发挥教育学作为教育管理心理学的基础学科作用。

3. 管理学是指运用一定的管理手段,在一定条件下对资源的合理配置,并指引和影响个体或组织实现目标的过程。而教育管理心理学中,需要对管理学中理论的进一步展开并运用到实际,以保障教育管理顺利实施。

4. 心理学作为教育管理心理学发展的奠基学科,其理论的发展为教育管理心理学提供了理论依据,在教育管理心理学中,对于教育组织的管理需要充分考虑到组织成员的心理因素,并运用心理学的理论作为依据,合理解决教育管理心理学中的各方面问题。

5. 人性是指现实生活和活动中的人所特有的本质规定性;人性假设,则是指每个管理者、每个管理模式在哲学和文化观念上对人性的基本观点和看法。

6. 性善论以儒家学派的孟子为代表,他认为人性本来就是善的,人性本善包括人所具有的恻隐之心、羞恶之心、恭敬之心、是非之心;性恶论是与孟子性善论对立的学说,以荀子为代表,认为人性本来就是恶的,荀子主张的性恶实质上是指人的基本需要,这种基本需要得不到满足,便会有争夺,天下就会乱。

7. "经济人"假设认为,人只关心自身的利益,金钱是刺激积极性的唯一因素,应该运用强制性手段进行管理,对人实行控制。管理者的工作重点是在提高生产率、完成生产任务,

---

① 华东师范大学教育系.马克思 恩格斯论教育[M].人民教育出版社,1987:246-248.
② 孙绵涛.关于教育管理人性观的探讨[J].教育研究与实验,2005(4):16.

而不考虑人的情感和道义上应负的责任,要实现组织目标,完成任务,管理者必须用控制与强迫的手段。

8. "社会人"假设认为,人们在工作中得到的物质利益,对于调动人们的生产积极性只有次要的意义,人们还有社会性需求,人际关系对于社会行为有重要的影响,良好的人际关系是调动人的生产积极性的决定性因素。

9. "自我实现人"假设认为,人们力求最大限度地将自己的潜能充分表现出来,只有在工作中将自己的才能充分表现出来,才会有最大的满足感,工作是满足人的需要的最基本的社会活动手段。

10. "复杂人"假设认为,人是复杂的,人们的需求和潜在的欲望是多种多样的,而且会因人、因事、因地的变化而不断发生变化。所以,不可能有纯粹的经济人、社会人或自我实现的人,实际存在的只是在各种情况下不同反应的复杂人。

11. "文化人"假设认为,组织文化就是以主导价值观为核心的观念系统,以及与之相适应的管理制度和组织行为的总和。管理的要点就是要建立一种适合于组织发展的文化系统,从而提高员工对组织的认同感和归属感,以改变人的态度和行为,最终获得较高的管理效果和管理效率。

12. 马克思主义的人性假设认为,关于人的本性问题应该具体问题具体分析,抽象地谈论人性的善和恶,或是善恶混合都是不够科学的,应该按照事物本来的面目去反映它、理解它、认识它。

练习与思考

1. 什么是教育?教育的本质是什么?
2. 教育科学与教育管理心理学有何关系?
3. 什么是管理?管理的本质是什么?
4. 管理科学与教育管理心理学有何关系?
5. 什么是心理?心理的本质是什么?
6. 心理科学与教育管理心理学有何关系?
7. 什么是人性假设?它对教育管理心理学的理论和实践有什么意义?
8. 我国古代人性假设思想包括哪些?
9. 西方有哪些著名的人性假设理论?
10. 根据不同的人性假设理论,管理者的职责和相应的管理方式是什么?

推荐阅读

1. 叶澜.教育概论[M].人民教育出版社,2011.01.
2. 朱新秤.教育管理心理学[M].中国人民大学出版社,2008.
3. Fred C. Lunenburg, Allan C. Ornstein 著.教育管理学概念与实践(第五版)[M].中国轻工业出版社,2013.
4. 朱永新.管理心理学[M].高等教育出版社,2014.

第三章　教育工作者的社会认知与管理

【本章导读】

　　社会认知是指人们在社会活动中形成的认知反映，是在个体与他人交往的过程中，观察、了解他人并形成判断的一种心理活动。人生活在社会中，就要与他人、集体和社会发生各种各样的联系，由社会因素引发的认知就是社会认知。社会认知的过程是根据认知者的过去经验及对有关线索的分析而进行的，又必须通过认知者的思维活动（包括信息加工、推理、分类和归纳）来进行。归因是个体对他人或自己的行为过程所进行的因果解释和推论，与社会认知的形成密切相关；自我效能感是个体对自己在特定情境中是否有能力实现某个行为的预期；主观幸福感是人们根据内化了的社会标准对自己生活质量整体性、肯定性的评估，是人们对生活的满意度及其各个方面的全面评价，并由此而产生的积极性情感占优势的心理状态；挫折是环境的障碍或干扰使需要和动机不能满足时的情绪状态，是对人的意志品质的严峻考验。自我效能感、主观幸福感、挫折是伴随着个体社会认知过程的一种主观心理感受。本章从教育工作者的归因、自我效能感、主观幸福感、挫折等方面进行教育管理的探索。本章将讨论以下四个方面的问题：

1. 教育工作者的归因与管理。
2. 教育工作者的自我效能感与管理。
3. 教育工作者的主观幸福感与管理。
4. 教育工作者的挫折与管理。

【关键概念】

　　归因；自我效能感；教师自我效能感；主观幸福感；挫折；挫折容忍力

【学习目标】

　　1. 了解归因的概念；掌握归因理论的基本观点、归因的影响因素、归因对教育工作者的影响；重点掌握教育工作者常见的归因偏差，并能结合工作实际引导教育工作者形成积极的归因方式。

　　2. 了解自我效能感的概念、自我效能感的作用；掌握影响自我效能感形成的因素、教师自我效能感的概念、教师一般教育效能感的概念；重点掌握教师教学效能感的概念、教师自我效能感的影响因素、教师自我效能感的培养，并结合教育管理工作实际培养教师的自我效能感。

　　3. 了解主观幸福感的概念；掌握主观幸福感的来源；重点掌握教师幸福感的影响因素、

教育工作者主观幸福感的提升方法。

4. 了解挫折的概念、挫折的含义；掌握挫折产生的原因、挫折后的表现；重点掌握挫折容忍力的影响因素、教育工作者面对挫折的解决方法，并能结合工作实际解决教育管理中遇到的具体问题。

【建议学时】

4 学时

归因是指个体对自己或他人的行为原因加以解释和推测的过程，归因偏差会对教育工作者的工作产生不良影响，引导教育工作者形成积极的归因方式是教育管理者要探讨的重要问题。自我效能感是个体对自己是否有能力实现某种行为的预期，影响着人们为自己设立的目标和甘愿承担的风险。教师自我效能感是教师对自己影响学生学习行为和学习成绩的能力的主观判断，包括教师的个人教学效能感和一般教育效能感两个方面。现代社会，心理健康问题越来越突出并受到人们的重视，生活节奏加快和随之而来的压力使得个体在意志行动时常会经历挫折的困扰。主观幸福感是人们对生活的满意度及其各个方面的全面评价，教育工作者的心理健康状况和挫折的影响会降低其主观幸福感。在教育管理工作中，要引导教育工作者正确合理归因，帮助他们提高挫折的容忍力和应对能力，提高教育工作者的自我效能感和主观幸福感。

第一节 教育工作者的归因与管理

一、归因的概念

归因是指人们从可能导致行为发生的各种因素中，认定行为的原因并判断其性质的过程[①]，是个体对自己或他人行为的原因进行解释和推测。实际上，归因是人们如何解释自己和他人行为的原因，是人们对影响或解释其行为的因素做出结论的一种认知过程。

在现实生活中，人们都有理解和控制周围环境的需要，只有了解了事件和行为变化的原因，才能理解世界，预测世界的变化，从而达到控制世界的目的。如果缺乏对世界的理解、预测和控制感，人就会感到无所适从。所以，人们几乎每时每刻都在有意无意地进行着归因活动。可以说，归因是人们对环境知觉的一部分，只要对环境进行认识，归因就会发生。

二、归因理论

（一）海德的朴素归因理论

1958 年，海德（Heider）在他的著作《人际关系心理学》中从通俗心理学的角度提出了归因理论。海德认为，人们都有一种理解、预测和控制周围环境的需要。为了满足这种需要，人们就根据各种线索对已发生的行为和事件进行原因解释，人们只有了解了事件和行为变化的原因，才能理解这个世界，预测世界的变化，从而达到控制世界的目的。所以，人生活在

---

① 全国十三所高等院校《社会心理学》编写组.社会心理学[M].天津：南开大学出版社，2016:131.

这个世界上,几乎每时每刻都在有意无意地进行着归因活动。普通人的这种归因活动被海德称为朴素心理学,与之对应,海德也被称为朴素心理学家。

海德认为事件发生的原因主要有两种:

一是内部归因,认为个体之所以出现某种行为,其原因与个体自身有关,比如情绪、态度、人格、能力、动机、努力等;

二是外部归因,认为个体之所以出现某种行为,其原因与其所处的情境有关,比如外界压力、天气、情境等。

一般人在解释别人的行为时,倾向于性格归因;在解释自己的行为时,倾向于情境归因。例如,当看到一位父亲对其孩子破口大骂时,我们可以做出两种归因。我们可以认为,这位父亲在教育孩子时缺乏技巧,他教育孩子的方法是完全错误的,这是内部归因;我们也可以认为,这位父亲之所以破口大骂,是因为他看到孩子过马路时没有注意来往的车辆,十分危险,这是外部归因。不难看出,这两种类型的归因会使我们对这位父亲产生不同的印象。如果用内部归因,那么我们对这位父亲的印象是负性的;如果用外部归因,那么我们对这位父亲会有一定的同情和理解。

(二)成就归因理论

1972年,维纳(B. Weiner)在海德归因理论及阿特金森(J. W. Atkinson)的成就动机理论基础上,提出了自己的归因理论。维纳基本同意行为的原因分为内因和外因两种,他还提出一个新的维度,即把原因分为暂时的和稳定的两种,这两方面彼此独立。1979年,维纳又提出了另一个重要维度,即控制点。他认为,个人努力、他人帮助等因素是受个人意志控制的,是可控因素;而能力、运气等因素是不受人的意志控制的,是不可控因素。

由此,维纳确定了原因的三个维度:

1. 原因源

指原因是行动者自身原因还是外部环境的原因,即当事人自认影响其成败因素的来源,是个人条件(内控),抑或来自外在环境(外控)。如任务难度是外部原因,能力是内部原因。

2. 可控性

指原因能否受行动者主观意志的控制,即当事人自认影响其成败的因素,在性质上能否由个人意愿所决定。如努力的可控性较高,能力、运气的可控性较低。

3. 稳定性

指原因是否随时间而改变,即当事人自认影响其成败的因素,在性质上是否稳定,是否在类似情境下具有一致性。如运气很不稳定,而能力较为稳定。维纳进而提出了归因的三维结构模式:原因源×可控性×稳定性,认为对任何一种原因知觉都可以从上述三个方面进行分析。如表3-1所示。

表3-1 常见原因知觉的维度分析

原因源	可控		不可控	
	稳定	不稳定	稳定	不稳定
内部	持久的努力	一时的努力	能力	心境、疲劳技能发挥
外部	他人的持久努力 他人的偏见	他人的一时努力 他人的帮助	他人的能力 任务难度	他人的心境 运气、机遇

(资料来源:P.R. Pintrich & D.H. Schunk,1996.)

(三)相应推论理论

琼斯(Jones)和戴维斯(Davis)1965年提出了相应推论理论。该理论认为,个体的行为是为了达到某种目的,当人们进行个人归因时,就要从行为及其结果推导出行为的意图和动机,即相应推论。如果了解了行为的真正目的,那么,对于其个性的推断就会更有把握。一个行为往往可以产生多种效果,而这些效果是否都是行动者的意图,我们需要逐项加以研究。

影响相应推论的因素主要有3个:

1. 非共同性效应

非共同性效应是指所选行动方案有不同于其他行动方案的特点。共同性既不能解释一个人为什么会做出不同的行为选择,也不能解释两个人为什么会做出相同的行为选择。非共同性才是推断个性本质的重要因素。也就是说,非共同性因素越少,相应推论的可靠性越高。例如,有几个学生都走进某一书店,跟店员打招呼,扫视书架,翻阅新书等,这些共同行为都可以说明这些学生到这个书店来是想买书的,他们喜爱阅读。但是,当其中某个学生称呼老板为"舅舅"时,这一非共同性行为将有助于我们做出他是来看望亲戚的或重亲情的相应推论。

2. 社会期望

社会期望是指人们一般都有这样的信念,每个人的行为都想迎合社会的需要。因此,那些合乎社会规范或社会期望的行为很难反映一个人的内在特质。但是,当一个人行为不符合社会期望或不为社会所公认时,该行为则很可能被归因于行为者的个性本质。例如,碰到熟人问好就是一个社会赞许性高的行为,如果根据这个行为来推断一个人彬彬有礼、很有教养是远远不够的。

3. 选择自由

如果某人从事某种行动是自由选择的,我们就倾向于认为这个行为与某人的态度是对应的、一致的。如果不是自由选择的,则很难做出相应推论[1]。

(四)三度归因理论

凯利(Kelley)提出的三度归因理论,又被称为多线索分析理论,是继相应推论理论之后,对海德归因理论的又一次扩充和发展。凯利认为,人们在归因的过程中总是涉及三个方面的因素:① 归因于行动者;② 归因于客观刺激物(行为者对之做出反应的事件或他人);③ 归因于所处情境或关系[2]。这三方面构成了一个协变的立体框架,所以称为三度理论,遵循协变性原则。

三因素的任何一个因素的归因都取决于行为的三个变量:一致性、一贯性和特异性。

1. 一致性

针对人,即其他人对同一刺激是否也做出与行动者相同的反应。例如:教师批评学生这一行为,如果每个教师都批评某学生,则教师的行为一致性高。

2. 一贯性

针对情境,即行动者是否在任何情境和任何时候对同一刺激做出相同的反应。如某教师总是批评学生甲,则一贯性高。

---

[1] 章志光,金盛华.社会心理学[M].北京:人民教育出版社,2008:155.
[2] 乐国安,管健.社会心理学(第2版)[M].北京:中国人民大学出版社,2013:185.

3. 特异性

针对客观刺激物,指行动者的行为在不同情况下对不同的人是否相同,如某教师是否在一定情况下对学生甲如此,而对其他学生则不如此,如果是,则说明特异性高。

凯利指出,如果一致性低、一贯性高、特异性低,则应归因于行动者。这就是说,其他教师都不批评学生甲,某教师总是批评学生甲,某教师对其他学生也如此,此时应归因于某教师。如果一致性高、一贯性高、特异性高,则应归因于客观刺激物。这就是说,每个教师都批评学生甲,某教师总是批评学生甲但不批评其他学生,此时应归因于学生甲。如果一致性低、一贯性低、特异性高,则应归因于情境。这就是说,其他教师都不批评学生甲,某教师也不总是批评学生甲,某教师只是在一定情况下批评学生甲,对其他学生未批评,此时应归因于环境。

(五)控制源理论

罗特(J. Rotter)在归因研究中关于控制源进行了相关研究。罗特认为,人们对于积极或消极事件原因的预料是不同的。罗特将其分为内控者和外控者。

内控者是指个体认为自己有能力控制事件的发生;外控者则认为事件的发生与自己无关,而是由外部因素造成的。内控者倾向于进行内部归因,他们控制感较强,倾向于认为自己是事件发生的原因,行为是受自己支配的,例如,学习好是因为自己聪明或者努力;而外控者倾向于进行外部归因,控制感较低,他们认为事件都是由除自己以外的外部因素造成的,例如考得好是因为题目简单,教师教得好或是因为运气好。罗特认为,控制源是一种较为稳定的倾向,它代表了个体看待世界、解释世界的特定方式。

罗特及其同事们经过研究发现,控制源对于成功期望有重要影响。他们发现,在成功经历后,如果被试将成功归因于自己的技能,对于下次成功的期望就会比较高;如果将成功归因于机遇,对于下次成功的期望就比较低。相反,在失败经历后,如果将失败归因于自己的技能,对于下次成功的期望就降低;如果将失败归因于运气不佳、任务难度高等因素,对于下次成功的期望就升高。

三、归因的影响因素

个体归因得以进行的线索有很多,总的看来,这些因素大致可以分为两类,即环境因素和归因者自身因素。在区分环境因素和自身因素时,是从进行归因的个体的视角出发,以归因者作为参照点。因此,环境因素指的是除了归因者自身以外的所有因素,包括与行为者有关的因素,自身因素指的是归因者自身的因素。

(一)环境因素

1. 情境特征

不同的情境,归因者对事件的归因也不尽相同。不同条件、地点、场合、文化背景等都会对归因者的归因产生影响。

不同文化背景的个体往往对于成败有着不同的理解。成功时,东方人倾向于进行外部归因,西方人则倾向于进行内部归因;失败时,东方人更多地进行内部归因,西方人更倾向于外部归因,可见文化背景对归因就有明显的影响。

不同的场合也会对归因产生一些影响。在公众场合,人们对成功往往进行外在归因,对失败进行内在归因;私下里,他们可能觉得失败并非是自己造成的,而成功被归因于自己的努力。可见,公众场合的归因不一定是人们真实的想法,只不过在公开场合,由于担心被人非议、顾忌面子等多方面的因素,产生了不同的归因。

不同条件下人们的归因也不同。在竞争情境中,人们对失败倾向于进行能力归因,而在合作情境中,则倾向于进行努力归因。因此,学校教育在强调竞争时,应该注意它对于学生归因的不良影响,成功时进行能力归因不会产生不良影响,但如果长期对失败进行低能力归因,将会对学生的自我概念产生消极的影响。

2. 社会常模信息

社会常模信息指的是同一种活动中多数人的成败结果,它也经常被用作归因的信息或线索。在分析个人成功或失败的原因时,人们常常会考虑从事同一活动的其他人的情况,将个人成败和其他多数人进行比较,从中分析原因[①]。

一般情况下,如果一个人的行为结果和其他多数人的相同,个体倾向于进行任务难度方面的归因,即将自身的成功或失败归因于任务简单或任务难度大。反之,如果一个人的行为结果和多数人不同,个体则倾向于进行个人方面的归因。如果一个人在多数人都成功的情况下失败,他们会认为失败的原因在于个人自身,是因为个体努力不够或能力较弱等原因;而如果一个人在多数人都失败的情况下成功,他们则倾向于认为成功的原因是个体的努力或者聪明才智。如表 3-2 所示。

表 3-2 不同国家被试对成功的原因知觉和排列顺序

	美国人	希腊人	印度人	日本人
1	努力工作	忍耐	机智	努力
2	能力	毅力	领导权力	毅力
3	努力	能力	庞大军队	忍耐
4	专心致志	努力	有计划性	能力
5	忍耐	勇敢	一致性	刻苦钻研
6	有计划性	合作	纪律	合作
7	准备	状态	进取心	勇敢

(资料来源:转引自孙煜明,1993.)

3. 行为线索

在寻找自己或他人行为的原因时,归因者可以从环境中发现一些相关的信息,这些信息常被用来作为归因的重要线索。例如,一个顺利通过了英语考试并取得了高分的学生,在分析原因时,一些特定的信息可以为这一归因提供线索,别的学生在操场玩的时候,他在教室里背单词;别的学生在假期里旅游休闲时,他报名参加了一个英语学习班;课余的零散时间都被他利用来背单词;连走路和坐车的时候他也戴着耳机练习听力,这些信息提示我们这个学生英语成绩好的重要原因是因为他刻苦努力。

4. 过去的成败经历

在归因时,行动者以往的成败经历也是一种经常会起作用的环境信息。如果一个人经

---

① 郭德俊,李燕平.动机心理学:理论与实践[M].北京:人民教育出版社,2006:128.

常取得成功,人们会倾向于做出"他能力强"的归因,如果这个人偶尔失败,则会被认为是"任务太难、运气不佳"的归因;如果一个一贯表现差的人某次获得成功,人们会认为这是他"运气好、超常发挥"。可见,一个人过去的成败经历可以成为我们对他的行为后果进行归因的重要线索。

5. 反馈信息

反馈信息作为一种重要的环境信息,在归因的过程中也是一个重要的影响因素,尤其是当人们对自己的行为进行归因的时候,来自他人的反馈信息对归因的影响显得更为重要。在学校教育中,对于学生而言,最重要的环境信息就是来自于教师的反馈。来自教师的反馈信息内容丰富,不仅局限于言语信息,教师的情绪变化、行为举止等都是影响学生归因的重要因素。来自于教师的这些信息不见得都是直接的、明显的,也可能是比较隐晦的、间接的、微弱的,甚至教师本人根本没有意识到的反馈信息。有时,教师为了保护学生自尊而采取的某些行为,看似积极,但事实上可能具有消极后果,容易成为学生进行低能力归因的间接线索。比如,学生在简单任务中获得成功时给予表扬,为学生提供其并未要求的主动帮助等,这些行为很可能不仅没有保护学生的自尊,相反会使学生感觉到自己能力低,需要教师额外的照顾和同情。

(二)个人因素

个人因素指的是归因者自身的因素,主要包括以下几种:

1. 因果图式

因果图式是凯利提出的一个概念,它指的是归因者关于事物之间因果关系的一种信念。具体来说,是在多次归因后,人们头脑中会形成某种原因导致某种结果,而某种结果是起因于某种原因的经验性认识。在进行归因的时候,这种经验就会指引人们对于原因的分析。例如:"人为什么会成功"的原因图式可能是"具备一定的能力,并且做出了努力"。

原因图式可以分为两类:充分原因图式和必要原因图式。充分原因图式是指只要行为者具备若干原因中的一种,就会得到某种结果。例如,"成功取决于能力或努力"就是充分图式,按照这种图式,只要学生具备能力强或努力两个条件中的一个,他就可以获得成功;如果两个条件都不具备,失败就是不可避免的。必要原因图式认为,只有行动者具备了所有原因,才能得到某种结果。比如,"成功取决于能力和努力"属于必要图式,按照这种图式,只有当一个学生既聪明又努力时,他才能获得成功,缺少其中任何一个条件都会失败。一般来说,当解释一般事件或容易的任务时,人们更倾向于使用充分原因图式,在解释特殊的事件、困难的任务时,往往更多地使用必要图式。例如,完成某个简单任务,一个人只需要付出努力或者具备相应能力,就能获得成功。但是,如果某个任务很难,为了取得成功,一个人必须既有能力又肯努力。

2. 归因偏差

归因理论所描述的是一种合理的、有逻辑的归因过程。它假定人们是用合理的方法处理信息资料,而且客观地估计信息资料并加以综合,做出结论的过程也是客观理性的。但是,人们在对他人或自己的行为进行归因时,并不总是既合逻辑又合情理的,而是会表现出一些归因偏差。这些偏差有来自于认知过程本身局限的,也有来自于人们自身的动机,会对人的归因过程产生影响。

3. 个体差异

人们的归因方式存在着明显的个体差异，这与人们的遗传背景、成长经历、生活环境、性别、年龄等因素都有关系，对于周围发生的事情，不同的人可能会做出不同的解释。研究发现，女性将成功更多地归因于运气、难度等外部原因，而男性则更多归因于能力、努力等内部原因；但对于失败的归因正相反，女性更多地归因于内部原因，而男性更多地归因于外部原因。

四、归因理论在教育管理中的应用

（一）归因对教育工作者的影响

1. 归因对动机的影响

根据维纳的归因理论，归因的三个维度包括内外因、可控性和稳定性。人们对成就行为的内控或外控的判断影响到这一行为对个人的"价值"，并进而影响着其成就动机。人们更看重由内部原因（能力、努力等）所致的成功，并为此而奖励自己。"稳定性"维度对以后类似情境中是否成功的期望或预测产生重大影响。如果某人将某项任务的成功归因于稳定的原因，如他的能力很强或这项任务对他很容易，他就会期望自己在以后的类似情境中继续获得成功。如果成功被归因于随情境变化而变化的不稳定原因，如工作努力或运气不错，显然对下一次成功的期望值不高，把握不大。相反，对某项任务上的失败，如果归因于个人难以改变的稳定原因，比如能力太差或任务难度太大，那么对以后类似的任务显然也会担心失败、信心不足；如果把失败归因于不稳定的原因，如运气不好或不够努力，则会对以后的成功抱有更高的期望和信心。

若将成功归因于稳定的、内部的、可控制的原因，将进一步强化成就动机；相反，若将成功归因于不稳定的、外部的、不可控制的原因，则无助于强化，甚至还会减弱进一步的活动动机。失败归因于稳定的、内部的、不可控制的原因，将会弱化进一步行动的动机；而失败归因于不稳定的、外部的、可控制的原因，则不会弱化甚至还会强化进一步行动的动机。

因此，当教育工作者觉得自己的努力并不会带来什么结果，觉得自己对环境不能有效控制时，就会自暴自弃，放弃努力。教育工作者处理工作的具体问题时，在对成败进行归因时，应该灵活运用这一理论。当成功时应多做稳定、内部、可控的归因，而失败时要多做不稳定、外部、可控的归因，只有这样才有利于个体保持积极的行为动力。如果总是将失败归因于一时较难改变的能力缺乏，个体可能就不会努力去尝试解决类似的问题了。可见，不良的归因方式会损害教育工作者的工作积极性，而积极的归因方式则能促进教育工作者的成就动机。教育管理者要了解归因对动机的积极或消极影响，发挥归因的积极作用，进而激发广大教师的成就动机。

2. 归因对人际关系的影响

人际关系是人与人在相互交往过程中所形成的心理关系，包括亲属关系、朋友关系、同学关系、师生关系、同事关系及领导与被领导的关系等。人际关系表明人与人相互交往过程中心理关系的亲密性、融洽性和协调性的程度，积极、融洽的人际关系有利于社会能力的培养及人格的健康发展；而消极、紧张的人际关系则会影响人们的社会适应。

归因能影响人们对人际关系的认知和态度，进一步影响教育工作者处理与领导、同事、学生、家长之间的人际关系。人们在进行归因的时候，有时会出现基本归因错误、利己主义归因等一些归因偏差,这些偏差对人际关系会产生不利的影响。而正确的归因可以避免社会交往中归因偏见和归因误差,防止交往中人际冲突的发生。因此,教育工作者要注意防止社会交往中对他人的评价产生归因偏差,要正确进行自我归因,积累交往经验,提高人际交往归因的能力。具体方法是:学会换位思考,培养客观的观察态度与习惯,避免归因的简单化,增强归因的自觉意识,提高自我成熟度,克服各种偏见意识。

3. 归因对行为的影响

归因对人的行为也有重要影响。归因理论认为,归因的可控维度性能通过影响情绪而影响指向他人的行为。维纳曾通过实验证明归因与助人行为有关。助人行为是一种重要的亲社会行为。此实验称为"借笔记"实验。实验中分别为被试呈现两种情境,一种是:"有一位同学向你借笔记准备考试,他上星期和女朋友去海滨玩而缺课,平时他听课不认真,注意力不集中,笔记不详细"。另一种是:"有一位同学向你借笔记准备考试,他患了眼病,上星期去医院接受治疗去了,现在还没有完全好,纱布蒙着眼睛"。然后,要求每个被试回答以下问题:

(1) 你会对这位同学感到气愤、讨厌吗?
(2) 你同情他吗?
(3) 你愿意把笔记借给他吗?
(4) 你认为他缺课的原因是可以自己控制的吗?

结果表明,原因的可控性、被试的情感、行为选择之间表现出明显的相关,由于"眼病"是不可控制的,"出游"是可以控制的,于是分别引起了同情和愤怒,最终相应地分别导致了助人行为即借笔记是否发生。其他研究也证明,归因与教师的教学行为、师生互动、学生的攻击行为等都有密切关系。因此,教育管理中要重视归因与行为的关系,引导教育工作者正确归因,行为适当。

4. 归因对心理健康的影响

临床心理学研究者发现,归因与个体的心理健康之间有密切的关系。早在1978年,艾布拉姆森(Abramson)等就提出了一个假设:归因方式的某些特征是导致抑郁的因素之一。如果一个人倾向于将坏事情的原因归结为自身的、持久的、整体的,而把好事情的原因归结为他人的、暂时的、局部的,则有较大的可能表现出抑郁症状;相反,如果将坏事情归结为他人的、暂时的、局部的原因,而将好事情归结为自身的、持久的、整体的原因,则表现出抑郁的可能性较小。艾布拉姆森等的这一假设被许多研究所证实。除此以外,归因还被证明与焦虑、强迫等心理健康问题有关,不当的归因方式的确与心理异常之间有密切的联系。

教育工作者的心理健康是其承担职业角色的前提,同时又是影响学生心理健康的重要因素,正确的归因方式可以更好地促进教师的心理健康水平,为他们做好教育教学工作奠定基础。

(二)教育工作者常见的归因偏差

虽然归因通常会遵循一些特定的标准或法则,但是,人们在进行归因的时候,并不总是遵循这些标准,而是表现出一些归因偏差。归因对教育管理和教育工作者的日常教学工作有着重要的影响,下面列举一些常见的归因偏差,以帮助管理者和广大教师恰当归因。

1. 基本归因偏差

所谓基本归因偏差,是指人们更喜欢对行为者的行为进行内在归因,即把行为归因于行为者个人特性方面的原因,忽视引起行为的外部环境因素。

研究人员认为理想的归因应该是:如果一个人的行为是自由选择的,就可以归因于行动者自身的原因;如果其行为是在外部限制的作用下产生的,就应该归因于外部因素。但实际上,人们经常会忽视与某种行为产生有关的环境因素,而将行为看作是行动者自由选择的,因此认为这种行为反映了行动者稳定的个人特征。例如,认为做动物实验研究的人残忍,银幕上饰演反派角色的演员生活中被当作恶人,受到攻击。

基本归因错误产生的原因主要有两方面:

(1) 有这样一种社会规范,即个体都应该对自己的行为后果负责。因此,人们的归因重视内部因素,而忽视外在因素的作用。于是,在分析行为的原因时,就会更多地从个人自身找原因。

(2) 在环境中,行为是最容易被观察到的信息。与其他的环境因素相比,行为者比环境中的其他因素更为突出,使我们往往只注意行为者,而忽视了背景因素和社会关系。于是,人们往往容易忽视那些外部因素的作用,而过多强调个人自身的原因①。

2. 行动者与观察者效应

行动者与观察者效应是指行动者对自身原因的分析与旁观者对同一行为的归因分析是不相同的,行动者将自己的活动归因于情境的需要,做出情境归因;而观察者将活动归因于行动者的个人因素,倾向于强调行动者特质的作用,做出内部归因。行动者倾向于强调情境的作用,而观察者的这种差异是导致归因偏差的最重要因素。例如,某教师在教学大赛中成绩不好,就教师本人(行动者)来说,他可能以学生表现差、对手太强等外在因素来解释失败的行为;但就旁观者来说,往往会以没有做充分准备,教学能力差等内在因素来解释失败。可见,对于比赛结果,行动者本人所做的归因分析大都是外在的、情境的因素,而其他人对行动者所做的归因分析大都是内在的、个人的因素。

行动者与观察者归因偏差产生的原因主要有两种:

(1) 事件的行动者和观察者关注的着眼点不同。行动者对于自身的行为很难做直接深入的观察,于是,他们的注意力更多地偏重于外在的情境因素;作为行为的观察者,注意力会更多地放在行为的发起者上,其注意力集中于行动者及其内在因素。因此,人们自己的行为不是特别突出,而他人的行为就比较突出,在归因时,人们会较多地强调自己行为的环境因素、他人行为的个人因素。

(2) 行动者和观察者的信息来源不同。行动者对自己过去的行为比较了解,他们的反应会因不同的情境而有所差别,这种信息是观察者难以获得的,于是,就减少了将某次行为归因于稳定的个人因素的倾向。而观察者由于对行动者过去的行为方式了解较少或完全不了解,他们往往假定行动者当前的行为方式与过去的行为方式是一致的,于是就倾向归因于行动者的内在因素。

3. 歪曲的思维方式

歪曲的思维方式是认知中存在的错误的、不合理的、片面的或偏执的成分,它会以各种形式使人们脱离现实。歪曲使人在归因时只看到问题的一面,而不能客观地、一分为二地看待问题,使人们感性主导而不是理性判断。歪曲主要表现在以下几个方面。

---

① 乐国安,管健.社会心理学(第 2 版)[M].北京:中国人民大学出版社,2013:186-187.

（1）过滤。所谓过滤，是指人们通过有色眼镜看世界，只看到和听到某些事情，而不能看到和听到其他事情。在过滤的过程中，人们只注意到那些特殊的刺激，如失败、不公平等，只选择现实世界中的某些特定事实进行注意，而忽视所有其他事实[①]。

根据过滤后的信息来归因，实际上是只根据自己的喜好或者只从本人所属团体的角度来评论事实，而完全不考虑他人的喜好和其他团体的立场。过滤会遮挡视野，使人们看不到自己或他人有价值的方面，做出不恰当的归因。

（2）极化思维。所谓极化思维，就是指人们往往根据绝对标准对自己或他人的行为和经验做出要么有要么无、要么好要么坏的极端评价。习惯于极化思维的人生活在非黑即白的世界里，认为自己不是天使就是魔鬼，不是成功者就是失败者等。极化思维使得人在失败时，看不到自身的优点和长处，会对自己全盘否定。

（3）自责。所谓自责，是指无论对于什么事情，不管是否是自己的错误都要责备自己。自责的人生活在一个充满错误的世界里，并且认为自己处于这个错误世界的中心，一切错误都源于自己。

自责的人会责备自己的所有缺点，如肥胖、懒惰、浮躁、无能等。自责的人会因为有些错误与自己稍微有点关系而责备自己。久而久之，如果自责成为一种根深蒂固的习惯之后，就会对那些与自己明显毫无关系的错误也要承担责任，如天气、同伴的心情等。因此，这样的人无法在归因时看到自己的长处和成绩。

（4）控制错觉。所谓控制错觉，是指人们错误地认为自己能够控制所有的人和事，或者是错误地认为其他人都能控制而只有自己不能控制。前者是过度控制，后者被称为控制无能。

过度控制的思维方式，容易使人们产生万能的错觉，错误地认为自己能够控制一切事物。譬如，具有过度控制错觉的人可能会认为自己应该对孩子的学习成绩负责，应该对班级表现负责，应该对母亲的身体健康负责等。于是，当孩子的考试成绩不及格时，当所教班级表现不佳时，当母亲生病时，具有过度控制错觉的人就会进行不恰当归因，进而产生失控感和挫败感。

控制无能的思维方式，容易使人产生自己对一切都无法控制的错觉，错误地认为周围的一切都与自己没有关系，任何人都不受自己影响。比如，某人因为经常迟到被领导责备，银行在催交欠款，和丈夫矛盾不断。一想到这些，她就感到无能为力，似乎领导、银行、丈夫一起和她作对。由于有控制无能的错觉，她不会去想安排好作息时间，及时还款，想办法解决夫妻矛盾。

（5）情绪性推理。情绪性推理是指人们不以理性的规律而是以变化不断的情绪体验来认识世界。这种思维方式的错误在于没有把自己的思维综合起来考虑，从而使得思维大打折扣。情绪性推理的人依赖情绪来解释现实。

习惯于情绪性推理的人，当感到愉快时，他对事件的归因也是积极幸福的；感到悲观沮丧时，他对事件的归因也是消极失望的。实际上，他们每天的生活并没有发生那么大的变化，只是他们的情绪在不断变化而引起了归因的变化。

4. 基于自我的一致性效应

凯利认为，人们在进行归因时会考虑别人在这种情境下是怎样反应的，考察"一致性信息"。同时，人们倾向于认为别人也是像他们自己那样思考、行为的，这种认识倾向就是所

[①] 魏运华.自尊的心理发展与教育[M].北京：北京师范大学出版社，2004：40-45.

谓的"基于自我的一致性效应"。例如,在一个实验中,实验者询问大学生被试是否愿意身穿一种三明治广告的衣服在校园里走30分钟,有的被试回答愿意,有的则表示不愿意;然后,要求被试估计和自己的回答相同的人的百分比。结果,愿意的被试认为有62%的学生也愿意,而不愿意的被试则认为有67%的学生也会回绝这一要求。也就是说,人们倾向于认为别人也是像他们自己那样思考、行为的。

一致性效应产生的可能原因是:

(1)人们在推测别人的反应时,常常会以朋友等亲近的人作为参照,而这些人通常是与自己相似的,所谓"物以类聚,人以群分",于是推测的结果自然是别人会有与他们自己一样的反应。也就是说,人们与人的接触是有选择性的,但是,人们在推断别人的反应时并没有想到自己所选择的样本有偏差。

(2)人们倾向于把自己的思想或行为看成是适当的、典型的,因此,会自觉地把自己的思想和行为推广到别人身上。

5. 自我标榜

人们在进行归因时,不一定总是客观、公正、不偏不倚地分析原因,而是尽量使自己处于有利的地位,将积极的结果归因于自己,将消极的结果归因于环境,这是一种利己主义的归因。这种归因偏差也被称为自我标榜,是指一般人对于良好的行为都采取居功的态度,而对于不好的、欠妥的行为则否认自己应负的责任。例如,成功时,大多以能力强、准备充分来解释;失败时,大多归因于任务太难、打分太严等外在因素。这种倾向不仅会出现在对自己行为的归因中,还会扩展到对自己的亲人、朋友等熟悉的人的认识中。

利己主义归因有两个方面的作用:

(1)在人的心理层面上,它可以使人们提高自我价值,避免自尊心受到打击,在别人面前留下良好的印象。

(2)在行为后果的层面上,可以减轻人们对失败后果所承担的责任。因此,人们常常试图证明自己与事情无关而推脱责任、避免惩罚。

(三)引导教育工作者积极的归因方式

归因方式与教育之间存在密切的关系,引导教育工作者形成积极的归因方式是教育管理者要探讨的重要问题。

归因没有正确与错误之分,只有好坏之分。归因引导是使人形成积极的归因方式,而不是帮助人们寻找正确的、真实的原因。积极的归因方式有利于动机的激发、自信心的培养,而真实的原因有时会挫伤人的积极性、进取心和奋斗精神。由此可见,在归因引导中教育管理者最重要的工作是使教育工作者形成积极的、有利的归因方式,而不是帮助他们分析真实的原因。

1. 努力归因

努力归因是将任务成败进行"努力"方面的归因,是归因引导的最一般原则。美国心理学家维纳提出的成就归因理论认为,行为成败的原因分析可归纳为能力、努力、任务难度、运气、身心状态、其他因素(如别人帮助或评分不公等)六个因素。并指出,六因素中努力是可以凭个人意愿控制的。努力归因可以使教育工作者在取得成绩或进步时,觉得这主要是自己不懈努力的结果,从而增强自信心和自我效能感;在失败时,认识到这是自己不够努力所造成的。

因此,引导努力归因的目的在于,使教育工作者认识到自己的努力程度是影响任务完成与否及完成质量的重要因素,而不是其他诸如运气、能力等方面的原因。这有助于增强教育工作者对于教育教学工作的控制感,使他们意识到自己作为教师对教书育人所肩负的责任,并且可以避免由能力归因带来的盲目自大、骄傲自满,或者悲观失望、自暴自弃。

2. 可控归因

无论是在成功还是失败的情境中,都应该引导教育工作者进行可控归因而不是不可控归因。也就是说,成功时引导教育工作者告诉自己这是因为"我工作准备充分""我很努力""我对学生认真负责"等,而不是"我比别人更聪明""我运气好""任务太简单"等自己不可控制的因素,从而增强自信,并在以后的工作中更加努力;而失败时则告诉自己这是因为"努力不够""工作方法不恰当""准备不够充分"等,而不是"我不够聪明""任务太难完成了",从而避免打击自信,并且对下次行为的结果形成乐观的预期。

教育管理者要注意的是,当教育工作者遇到失败时,引导其进行可控归因有更重要的意义。如果教师觉得自己失败的原因是因为某种自己不能控制的因素,就会产生挫败感,感到悲观失望,失去信心和动力,不愿意再付出努力,而这非常不利于工作动机的维持和激发。

3. 形成分化的归因模式

努力归因和可控归因是归因引导中的一般原则,无论是在成功还是失败的情境中,努力归因和可控归因都是适宜的。恰当地进行努力归因和可控归因的引导是教育管理中的一般要求。在此基础上,还应该引导教育工作者对失败和成功形成分化的归因模式,即在不同情况下使用不同的方式归因。维纳认为,如果把成功归结为内部原因(比如努力、能力),则会使人感到满意和自豪;如果把成功归结为外部原因(任务容易或机遇好),则会使人产生惊奇和感激;如果把失败归因于内因,则会产生内疚和无助感;如果把失败归因于外因,就会产生气愤和敌意;如果把成功归因于稳定因素(任务容易、能力强),会提高以后工作积极性;如果把成功归因于不稳定因素(机遇、努力),则以后工作积极性可能提高,也可能降低;如果把失败归因于稳定因素(任务太难,能力弱),会降低以后的工作积极性;而归因于不稳定因素(运气不好,努力不够),则可能提高以后的工作积极性。

可见,成功时引导教育工作者进行内在的、稳定的归因;而失败时进行外部的、可变的归因。这样,成功时能让他们肯定自己,对未来的工作充满信心;失败时则维护自尊,不至于丧失对未来的希望而放弃努力。因此,引导教育工作者对于成败形成分化的归因方式,可以保持工作积极性,避免挫折打击。

在教育管理工作中,我们希望通过归因引导使教育工作者形成"积极"的归因方式,而不是"正确"的归因。要探讨什么样的归因方式是"适宜"的,即适宜教育工作者工作积极性的激发和自信心的培养,适宜于教师的发展,而不是寻找教育工作者成败行为的"真实"原因。教育管理中所引导的归因不一定是最正确、真实的原因,但是它是最有利于教育工作者自身发展的原因。

第二节 教育工作者的自我效能感与管理

一、自我效能感的一般概念

(一)自我效能感的含义

自我效能感是个体对自己在特定情境中是否有能力实现某个行为的预期,包括结果预期和效能预期。结果预期是个体对自己行为结果的预测；效能预期是个体对自己能否完成某种成就行为的能力的预测①。自我效能感是美国著名心理学家班杜拉于20世纪70年代在其著作《思想和行为的社会基础》中提出的，是基于班杜拉对三元交互决定论的观点——即"人类行为与个体以及环境三者是交互作用的"基础上提出的。

这一概念提出后，心理学、社会学和组织行为学领域开始对此进行研究。从20世纪80年代中期开始，自我效能感理论得到了丰富和发展，并得到了大量实证研究的支持。工业和组织心理学家逐渐开始关注自我效能感在组织行为领域中的应用研究，例如自我效能感与工作绩效、工作态度及相关工作行为关系的研究。自我效能感影响人们为自己设立的目标和甘愿承担的风险，人们感知的自我效能感越强，选择的目标越高，在行动中的动力也越强。相反，那些认为自己缺乏应付生活能力的人，容易形成回避倾向，在面对逆境时容易出现焦虑、抑郁情绪。

（二）影响自我效能感形成的因素

班杜拉等人的研究指出，影响自我效能感形成的因素主要有以下六种：

1. 自身的成败经验

在影响自我效能感形成的因素中，个体自身的成败经验对自我效能感的影响最大。一般来说，成功经验会提高效能预期和结果预期，提高个体的自我效能感；反复的失败则会降低个体的自我效能感。可见，一个人的成功经验越多，其知觉到的自我效能感越强。这意味着自我效能感是可以训练的，如果一个人获得的成功越多，就越可能形成较高的自我效能感。实际上，成功经验对效能期望的影响与个体归因方式有关，如果个体把成功的结果归因于外部机遇等不可控的因素，就不会增强效能感，把失败归因于自我能力等内部的可控的因素就不一定会降低效能感。因此，归因方式直接影响自我效能感的形成。

2. 替代经验或模仿

很多情况下，自我效能感的获得不是源于人们亲身经历所获得的经验，而是来源于观察他人得到的替代经验。替代经验是指通过观察他人的行为和行为结果，从而获得关于自我行动及其结果的认识。替代性经验也是影响自我效能感形成的重要因素，但一般比直接经验的影响要小。当一个人看到与自己相似的人获得成功，能够提高其对自我效能判断，自我效能感也能够随着提高，自信心增强，相信自己有能力完成类似的行为。相反，看到与自己能力相似的人失败会降低观察者的自我效能感。替代经验的影响大小与观察者对自己和榜样之间类似性的知觉、榜样的数量和种类、榜样的力量、所面对问题的类似性等因素有关，其中，观察者与榜样的类似性发挥重要作用。

3. 想象经验

人的效能期望不仅可以从自身经验和观察他人的替代经验中获得，还可以通过想象他人行动的结果获得效能期望。人们能够通过想象自己或其他人在未来情境中有效或无效的行动，从而产生关于个人行为有效或无效的信念。这样的想象可能产生于对类似情境的期待，或通过替代经验及被言语说服所诱发，如心理学中的系统脱敏法和示范法，即是通过想象相关场景或行为而发挥作用。然而，想象自己成功或不成功的行动，其效果要小于实际的

---

① 俞国良，罗晓路.教师教学效能感及其相关因素研究[J].北京师范大学学报（人文社会科学版），2000(1)：72-79.

成功或失败经验对自我效能感的影响。

4. 言语说服

影响自我效能感的另一个因素是他人的鼓励、评价、建议等言语说服。言语说服对自我效能感的影响作用大小取决于说服的内容是否符合实际,脱离实际、缺乏事实基础的言语说服对自我效能感的影响不大。言语说服是比成绩经验和替代经验的强度要弱一些的自我效能感信息来源,研究表明,言语说服是改变自我效能感的中等有效方法。在直接经验或替代性经验基础上进行劝说的效果会更好。作为自我效能感的一个来源,言语说服的力量受一些因素的影响,如说服者的技巧、可信度的吸引力等。

5. 生理和情绪状态

一个人的生理状态和情绪状态有时也会影响自我效能感的水平。当人们的身体健康出现问题,产生不愉快的生理唤起时,比生理状态愉快或中性时更可能怀疑自己的能力,班杜拉在"去敏感性"的研究中发现,高水平的唤醒使成绩降低而影响自我效能。生理状况是影响情绪变化的重要成分,当人们体验到积极的情感时,更可能产生较高的自我效能感,而焦虑和抑郁对自我效能感可能产生有害的影响。因此,不良的生理状况和剧烈的情绪变化容易影响个体对自我能力的认知和判断,降低自我效能感;反之,舒适的生理感觉和情绪状态可使一个人对自己的能力感到自信,提高自我效能感。

6. 情境条件

人们处于不同的环境,从环境中接收的信息不同,个体的感受也不尽相同。当个体处于能对其造成压力,引起紧张的情境时,会影响其自我效能,使自我效能感水平下降。

上述几种信息并不直接影响自我效能感,它们对效能期望的作用与认知评价有关,主要通过认知评价影响人们的自我效能感。在评价自我效能感时,个体会衡量与其能力相关的因素和非能力相关因素对成败的作用,如能力知觉、任务的难度、努力的程度、接受的外界帮助的多少、成功和失败的数量、取得成绩的情境条件、与榜样的相似性以及说服者的可信性并把它们结合起来,形成自我效能感。

二、教师自我效能感

教师自我效能感的研究起源于20世纪70年代美国兰德公司的两项教育评价报告(Armor,1976;Berman,1977)。这两项评价报告同时指出:教师的自我效能感是学生学习成绩好坏的重要预测变量,这引起了教育研究者的广泛关注。随后,经过许多研究者的进一步探讨,并以班杜拉的自我效能理论为基础,提出了更为完整的理论框架以探讨教师对个人教学能力的信念和判断。自此,教师的自我效能感便成了教师研究领域的新热点。

(一)教师自我效能感的概念

教师自我效能感是指教师所持的对自己能够在多大程度上改变学生行为的能力及信念,根据班杜拉的理论,Gibson等人认为教师自我效能感包括两部分,教师的个人教学效能感和一般教育效能感。其中个人教学效能感是指教师对自己教育能力高低的判断以及对自己教学效果好坏的认识和评价,而一般的教育效能感是指教师对教与学的关系、对教育在学生发展中的作用等问题的一般看法与判断[①]。

---

① 朱新秤.教育管理心理学[M].北京:中国人民大学出版社,2008:138.

1. 教师的一般教育效能感

教师的一般教育效能感与学生的成绩、教育教学理念、校长教育管理能力的评价及教师的课堂管理等有关,是影响教师教学效果的重要因素。一般教育效能感高的教师能以极大的热情关注教育,对教育事业充满信心,坚信只要尊重教育规律,把握学生身心发展规律的科学性、时代性,通过不断更新自己的教育观念,改进教学方式,就一定能促进学生身心的全面发展,推动教育事业不断进步,而一般教育效能感低的教师则相反。

2. 教师的教学效能感

教师的教学效能感是教师对自己、对教育影响学生学习的信念。这种信念可表明教师对自身的教学能力、对教育的影响力的知觉与自信程度,并影响着教师对教育工作的积极性,影响教师的任务选择、努力程度以及坚持性。这也是解释教师教学动机的关键因素,能决定教师对学生的期待、指导和教学行为。

研究发现,教师个人教学效能感不同是教师在教学效果上出现差异的一个主要原因。教师教学效能感不同,他们具体的教学行为和方式也不同。教学效能感水平高的教师,对自己的教育能力有信心,相信通过自己的努力能教好学生,同时也对学生的成就寄予较高的期望。与教学效能感低的教师相比,他们以更大的热情投入教学活动,在课堂上关注全体学生,不会因为个别学生的行为而影响教学计划。在教学中遇到困难时,教学效能感高的教师努力探索更行之有效的教育途径来克服困难,并不因为周围环境的影响(如学生的家庭背景、学生本身的素质、学校的环境)而将学生看成无教育成效的人。相反,教学效能感低的教师容易受环境的影响,在教学中容易被无关因素干扰,对自身的教学能力信心不足,进而对学生的期望值较低,不能有效地完成教学计划。

(二)教师自我效能感的影响因素

影响教育工作者自我效能感形成的因素包括以下几个方面:

1. 个人因素

(1)自我认识

教师自我效能感的产生过程实际上是教师对自己完成教学任务能力的自我认识和由此产生的相应情绪体验的过程。因此,自我认识和情绪体验都能影响教师的自我效能感。

人类的心理过程按其性质可分为认知过程、情绪情感过程和意志过程三个方面。其中,自我认知属于认知过程,是个体对自己的洞察和理解,对个体的行为方式和取向有显著的影响。影响教师自我认知的因素有:教师对自己教学能力的知觉、对教学活动成败的努力及对教学任务的归因等。教师的教学能力包括专业知识技能及个人的教学实践能力,教师所掌握的专业知识越扎实,教学经验越丰富,其在教学活动中就越自信,越能胜任教学工作,因此,教师自我效能感也会越强。

教师对教学活动成败的努力也会影响其自我效能感,如果教师认为通过多方面的努力,就能帮助同学取得成功,那么他就会在教育教学过程中克服困难、努力尝试,自我成就感就会增强,他在教学活动中取得成功后的成就感,反过来又会增强其自我效能感,反之则不然。

教师对教学效果的归因也影响其自我成就感。据维纳的研究,人们常把行为的结果归因于努力、能力、运气和任务难度等四大因素。研究发现,若将成功归因为能力,则大大增强自我效能感,若将失败归因于能力,则会降低自我效能感。若将成功或失败归因于运气和任务难度,则无助于自我效能感的形成。

(2) 情绪体验

影响教师情绪体验的因素也会影响自我效能感的形成。沙伊尔(Scheier)的研究发现,一般自我效能感会受到积极或消极情绪的影响。在积极情绪的作用下,自我效能感水平较高,对任务完成产生积极促进作用。同时,积极情绪状态下,职业决策自我效能感显著高于消极状态下的个体。在教学过程中,教学活动成败都会引起强烈的情绪体验,其结果影响教师自我效能感的强度变化。教师对自己的教学能力和水平产生怀疑时,就会导致个体情绪低落,而情绪低落时,则会明显地影响教师的教学行为,教师自我效能感也就相应下降。

(3) 价值观

价值观是指个人对客观事物及对自己的行为结果的意义、作用、效果和重要性的总体评价。在心理学中,价值观常被看作是人们用来区分好坏、重要性并指导行为的心理倾向系统。在评价各种因素时,价值观是参照标准。如果教师对教育工作有责任感和积极的信念,对自己工作的意义认识积极明确,对教师这一职业评价就高,愿意努力做好教学工作,就会对自我效能感产生积极的影响。

(4) 教龄

教龄是教师从事教学工作的累计时间,是判断教师教学经历的时间标志,这些经历为教师的认知和自我调节提供了机会。随着从事教学工作年限的增长,教师的教学经验不断积累,不断重新认识和改进教学过程,取得的成绩和奖励也日渐增多,使教师的自我效能感不断增强。

此外,性别、学历、教学能力、人格特质等因素也是影响教师自我效能感的个人因素。对教师的自我效能感有不同程度的影响。

2. 学校因素

师资队伍是教学要素中最活跃的因素,其教学能力的提升是促进高校教学改革与创新、培养优秀本科人才的保障[①]。学校作为教育工作者的工作场所,学校环境、学校提供的职业发展条件、学校氛围、人际关系和师生关系等都会影响教育工作者的自我效能感。

学校氛围是影响教师态度和行为的重要因素之一。如果一所学校有规范的规章制度,学校的管理者和教职员工热爱教育事业,认同以人为本的教育理念,秉承从学生的角度出发、遵循教育教学规律才能培养出优秀人才的教育态度,就会形成良好的教育教学氛围,增加教师的自我效能感,激发教师的责任心和教学积极性。而教学积极性的提高更能增加教师的个人教学效能感。辛涛等人的研究发现,师生关系、学校风气和教育工作提供的发展条件等三因素对教师个人教学效能感具有独立的、显著的影响;而学校的支持系统和教育工作提供的发展条件则对教师的一般教育效能感具有独立的、显著的影响。

教师的人际关系也影响着教师的自我效能感。教师的人际关系包括师生之间、同事之间和教师与管理者之间的关系等。在教育活动中,良好的师生关系能营造一种民主、和谐的教学氛围,学生尊敬、接纳老师,就能积极主动地参与教学活动;教师感受到学生的尊重,对教学活动产生认同感和可控感,尤其是在早期职业生涯的经验积累过程中,如果新教师从学生那里得到的大都是正面且积极的反馈,那么,他将能更好地处理早期职业生涯中遭遇的挫

---

① 曹月新,张博伟.高校教师教学能力培养问题研究[J].东北师范大学学报(哲学社会科学版),2016(2):208-213.

折,提高自我效能感。教师之间和谐的同事关系,可以促进教师之间相互学习、互学互助,有助于教师更好完成工作和实现个人发展,从而有助于提高教师的自我效能感。教育管理者与教师之间的和谐的人际关系,可以帮助教师更好地参与学校的决策、管理,管理者能更好地接纳广大教师在工作中的意见和建议,提高教师的自我效能感。Woolfolk 和 Hoy 的研究发现,当一个教师认为其他教师有高成就目标,感觉到学校的良好校风时,其个人的教学效能水平就高。

3. 社会因素

教育活动是一种社会性活动,教师是这种活动的主要执行者,他们所处的社会环境必然对教师的自我效能感产生影响。

社会文化背景对教师自我效能感的建立和发展的影响十分明显。教师的社会地位,人们对教育的认识,对教师的专业技能、职业品质的看法及教育工作者自身对自己职业的认识和评价,都与社会文化背景密切相关,这些都会对教师的自我效能感产生影响。

教育工作者自我效能感的提高还与社会支持有关,来自亲人、同事、朋友的社会支持能增强教育工作者的自信心和自豪感,特别是新教师,在还没有更多的从教经验的情况下,亲人、朋友的积极鼓励和支持对提高他们的自我效能感起到重要的作用。

三、自我效能感的作用

自我效能感可通过影响个体的选择、认知、动机、情感过程来发挥其主体作用。

(一) 影响选择过程

自我效能感会影响个体对环境中目标和行为的选择。在外界环境中,当个体面对新的目标时,他会先对该目标进行初步估计,确定目标的价值,并对有价值的目标采取行动。但并不是所有有价值的任务和目标个体都会采取行动,个体倾向于逃避自己能力范围之外的活动。估计价值后,个体还会对自己完成该任务的能力进行评价,个体之所以接受某种挑战和选择,是因为自己的能力能够应对这些挑战,这些选择又反过来影响个体能力的发展。

(二) 影响认知过程

自我效能感以各种方式对认知过程产生影响,如目标设置、归因方式等都受自身对能力判断的影响。人们通过思维预测不同行为的可行性,以此明确目标,指导行为。自我效能感强的个体,相信自己有较强的解决问题的能力,在面对复杂问题时能冷静思考、客观分析和判断,做到目标明确,行动积极有效;反之,自我效能感弱的个体,面对问题时不能客观分析,当行动遇到困难时,自我效能感弱的个体则倾向于过多考虑以往的失败经历,从而降低行动能力和信心。

(三) 影响动机过程

自我效能感决定个体的动机水平,主要反映在个体在活动过程中的努力程度以及面临困难时的持久性和坚持性。当人在行动的过程中遇到困难时,自我效能感的高低会影响人克服困难的毅力和决心。个体的自我效能感越强,行动努力和坚持的程度越强;反之,个体的动机就会减弱,放弃尝试和努力。心理学关于习得性无助感的研究就是一个很好的例子。美国心理学家塞利格曼等人在 1967 年提出了习得性无助的概念。他们通过实验研究发现,当动物处于难以逃避的电击环境时,起初它们不断尝试,试图逃避电击,但经过一段时间的尝试无法摆脱电击后,动物就会放弃努力,反应变得消极,当再次把它们放入电击或相似的环境,虽然在新的情景下只要稍做努力就可以逃避电击,但动物会放弃努力,这种现象称之为习得性无助。不仅动物,人类同样会形成习得性无助,一旦形成习得性无助,当再次遇到相似的情况,便会放弃努力。其作用机制是,当人把失败的原因归结为不可控因素时,就会形成这种无助感。而这种归因方式意味着个体的自我效能感低下。由此可见,自我效能感低下会减弱动机过程,使人更容易放弃努力。

(四)影响情绪过程

自我效能感对个体情感状态的调节也发挥着重要作用,它影响个体在面临紧张事件时的应激状态及情绪状态。自我效能感高的个体,往往会从积极的方面去考虑问题,心态乐观积极、情绪饱满,行为更积极主动。当遇到困难时,他们会以乐观的心态看待困难,努力尝试,主动地去寻找解决问题的办法,因此更有可能获得成功。而成功又能起到强化的作用,进一步提高个体的自我效能感。

【专栏 3-1】

习得性无助感

习得性无助指有机体经历了某种学习后,在情感、认知和行为上表现出消极的特殊的心理状态。

"习得性无助"是美国心理学家塞利格曼(Seligman)1967年在研究动物时提出的,他用狗作了一项经典实验,起初把狗关在笼子里,只要蜂音器一响,就给以难受的电击,狗关在笼子里逃避不了电击,于是在笼子里狂奔,惊恐哀叫。多次实验后,蜂音器一响,狗就趴在地上,惊恐哀叫,也不再逃避。随后,实验者在给电击前,先把笼门打开,此时狗不但不逃,而是不等电击出现就先倒在地上开始呻吟和颤抖,本来可以主动地逃避却绝望地等待痛苦的来临。这一项研究显示,反复对动物施以无可逃避的强烈电击会造成无助和绝望情绪,这就是习得性无助。

1975年塞里格曼用人作为受试者对习得性无助进行了研究。实验是在大学生身上进行的,他们把学生分为三组:

① 第一组学生听一种噪音,这组学生无论如何也不能使噪音停止。
② 第二组学生也听这种噪音,不过他们通过努力可以使噪音停止。
③ 第三组是对照,不给受试者听噪音。

当受试者在各自的条件下进行一段实验之后,即令被试进行另外一种实验:实验装置是一只"手指穿梭箱",当被试把手指放在穿梭箱的一侧时,就会听到一种强烈的噪音,放在另一侧时,就听不到这种噪音。

实验结果表明,在原来的实验中,能通过努力使噪音停止的被试,以及未听噪音的对照组被试,他们在"穿梭箱"实验中,学会了把手指移到箱子的另一边,使噪音停止,而第二组被试,也就是说在原来的实验中无论怎样努力,不能使噪音停止的被试,他们的手指仍然停留在原处,听任刺耳的噪音响下去,却不把手指移到箱子的另一边。为了证明"习得性无助"对以后的学习有消极影响,塞里格曼又做了另外一项实验:他要求学生把下列的字母排列成字,比如 ISOEN, DERRO,可以排成 NOISE 和 ORDER。学生要想完成这一任务,必须掌握 34251 这种排列的规律。实验结果表明,原来实验中产生了无助感的受试者,很难完成这一任务。

随后的很多实验也证明了这种习得性无助在人类身上也会发生。

在现实生活中,那些长期经历失败的人,常常会出现"习得性无助"的特征:当一个人发现无论他如何努力,无论他干什么,都以失败而告终时,他就会觉得自己控制不了整个局面,于是,他的精神支柱就会瓦解,斗志也随之丧失。最终就会放弃所有努力,真的陷入绝望。因"习得性无助"而产生的绝望、抑郁和意志消沉,是许多心理和行为问题产生的根源。

(资料来源:Peterson, Maier, Seligman.Learned Helplessness: A Theory for the Age of Personal Control:Oxford University Press,1995.)

四、教育管理中教师自我效能感的培养

(一)加强专业训练,增加成功经验

俗话说"熟能生巧",信心是建立在成功的基础上的,一个教师要有高的教学效能感,首先他必须对自己的教育教学水平有自信,而这种自信来源于教师坚实的业务功底,很难想象一个不具备专业技能的教师会有高的自我效能感。提高自我效能最可靠的方法,就是在完成某项任务的过程中,反复体验成功。

鉴于教师的职业特点,在教育管理工作中,管理者应多为教师创造条件,让他们通过学习、培训等多种方式提高教育教学能力,并在工作中多练习、多实践,帮助教师熟练掌握教学技能,在日常工作中积累成功体验,增强自我效能感。有许多方法可以让教师有熟练掌握教学技能的体验,比如,可以将复杂任务分解为多个小任务,将这些简单任务组合起来,让教师有逐步练习和掌握的机会,帮助教师增强自我效能感;通过反复练习的方式帮助教师掌握教学技能;通过团队合作的方式取长补短,完成任务,提高自我效能感。另外,要根据教育工作者的不同特点,为他们创造"能够熟练掌握"的经历,有意把他们放在成功可能性较大的情境中,发挥他们的特长,让他们做自己擅长做的事情,这样他们就会有更多机会去体验成功,通过不断成功提高他们的自我效能感。

(二)通过替代学习和模仿提高自我效能感

在工作情境中,人们并不总是有机会获得成功体验。除自身的成败经验外,通过观察他人成功和失败的经历,即替代经验,人们也可以增强自己的信心。虽然直接经验比替代经验更有效,但是,观察性的体验可以让个体认识他人的成功和失误,并从中学习,进而有选择地模仿他们的成功行为。这种学习能够提高个体对自我效能的判断,自我效能感也就能够随着提高。

替代经验的影响大小与观察者对自己和榜样之间类似性的知觉密切相关。教育管理者要把握替代经验发挥作用的特点开展工作,教师与角色榜样之间的相似性越高,他们的自我效能就越可能受到角色榜样成功的影响。这意味着,同事传授的个人经验和方法,可能比专业培训更能提高自我效能。因为同事往往被认为在背景、能力和职业目标上与教师本人更相似。因此,观察那些有成绩的教育工作者如何开展工作,感受他们的成功,继而形成一种理念,即"如果他们能做到,我也能做到",从而提高他们的自我效能。此外,自我效能是与具体情境相联系的,被观察的情境与教师实际工作越相似,观察体验就越可能增强自我效能。因此,对自我效能的培养应该在与实际工作相似的环境中进行,才能取得更好的效果。

(三)通过言语说服和积极反馈提高自我效能感

不仅成败经验和替代经验能提高自我效能感,来自他人的鼓励、评价等言语也能起到提

高自我效能感的作用。在学校工作中,领导和同事对教师的工作的表现给予肯定和认可,对其工作成绩及时鼓励和表扬,都能提高教师的自我效能感。这些非物质的积极强化物对绩效的影响不容忽视。与工作报酬相比,这是一项数量庞大又低成本的资源。这一资源包括认可、感谢、赏识和积极反馈等一系列因素,它们不仅对行为有强化作用,同时还能帮助教师增强自我效能感。已有研究表明,运用积极反馈和社会认可能够提高工作绩效,有时这种作用甚至超过了金钱和其他激励技巧所带来的影响。

(四)通过改善身心健康状况提高自我效能感

教师的生理和心理健康状况对自我效能感也有影响。积极的心理状态能激发个体对既往成就的回忆和积极自我的认知,这些加工能增强他们的控制感和信心,提高自我效能;相反,消极的心理状态往往让人感到紧张、无助,导致应对能力的缺乏,进而导致自我怀疑和自我效能降低。身体健康与自我效能的关系也同样如此,良好的健康状况对一个人的认知和情绪状态,包括对自我效能的信念与期望都有积极影响;相反,身体不适、疾病、疲劳等则对自我效能的信念与期望有消极影响;当一个人有严重的生理疾病时,他的自我效能甚至会降低为零。高校教师面对教学、科研、职称晋升等多重压力时,学校要为教师创造条件,改善职工福利,组织文体活动,帮助教师在充满压力的工作环境中调节身心状况,避免身体和心理的损伤,从而间接提高其自我效能感。

(五)通过恰当归因提高自我效能感

成功的体验会提高教师的自我效能感,相反,不断的失败将打击人的自信心,降低自我效能感。然而,在教育教学过程中失败有时难以避免,毕竟教学是教师与学生互动的过程,受多种因素的影响,一时的失败不能说明教师的教育教学能力低,对失败要恰当归因,善于从失败中找寻找原因,扬长避短,提高自我效能感。

(六)通过改善环境提高自我效能感

依据环境条件对个体自我效能感的影响,学校管理者应该注意校园环境建设,加强物质和文化建设,为教育工作者创造良好的工作条件和发展空间,保证学校资源的可利用性。大力提倡积极向上的校园文化,创建和谐的工作氛围,增加教师的归属感,提高自我效能感。

第三节 教育工作者的主观幸福感与管理

一、主观幸福感的一般概念

(一)主观幸福感的含义

所谓幸福感,就是人们根据内化的社会标准对自己生活质量进行整体性、肯定性的评估,是人们对生活的满意度及其各个方面的全面评价,并由此而产生的积极性情感占优势的心理状态。作为心理学术语,幸福感是由需要、动机、兴趣、认知、情感等心理因素与外界诱因的交互作用形成的一种复杂的、多层次的心理状态。实质上,幸福感是外在的良性刺激所诱发的一种具有动力性和依赖性的积极情绪体验。[①] 主观幸福感是衡量个人生活质量的重要综合性心理指标。

---

① 朱新秤.教育管理心理学[M].北京:中国人民大学出版社,2008:196-197.

人们对幸福的研究是多方面的,涉及对幸福感的看法、对幸福的追求方式、影响幸福感获得的因素等,有多种理解,大致有以下三种:

1. 以外在标准界定的幸福

这种标准认为幸福是建立在观察者的价值体系和标准之上,而不是建立在被观察者的自我判断上。在不同的评价者眼中,一个人的幸福程度是不同的。在古代,哲学家就是以他们自己的标准来评价他人的幸福,苏格拉底认为幸福和智慧有关,幸福是由一个人智慧和知识的多少来决定的。

2. 以内在情绪体验界定的幸福

这种标准侧重于情绪体验的成分。德漠克利特曾说过:"给人幸福的不是身体上的好处或财富,而是正直和谨慎。""父母双全,兄弟无故,一乐也;仰不愧于人,俯不作于人,二乐也;得天下英才而教育之,三乐也",这是中国古代教育家孔子说的"三乐","乐"就是情感的满意状态。

3. 以个体自我评价界定的幸福

这种标准认为幸福评价者是依据自己界定的标准对其生活质量进行的一种综合评价。Andrews和Wihey的研究发现,在实际生活中,99%以上的人所做的都是主观性地对生活的评价,这种观点得到普遍认同,并将"以行动者自己界定的标准对其生活质量的主观整体评价"界定的幸福叫做主观幸福感。

(二) 主观幸福感的来源

探讨主观幸福感的来源,对人们认识幸福、获得幸福具有现实意义。其来源包括物质、情感和自我实现三个层面。

1. 物质层面

物质需要指人对物质对象的需求,包括对衣、食、住等的需要,是人类生存和发展的基础。物质需要的满足,能带来幸福感。但物质需要满足所带来的幸福感,是短暂的,只有加上精神生活的满足,才能引起强烈的幸福感。

2. 情感层面

相比物质需要满足所获得的短暂的幸福感,人与人之间的情感交流所产生的幸福感更持久,更能获得心理满足。比如人们通过与亲人、爱人、朋友、同事等的情感交流得到的幸福感更持久。

3. 自我实现层面

人类可以通过对社会的贡献及自身价值的充分体现,获得自我实现的幸福。如伟大思想的传承、科学家的重大发现和重要研究成果等。生命存在能够给别人带来快乐和幸福,造福他人、造福社会,这也是幸福感的一个重要来源。

二、教育工作者主观幸福感的影响因素

(一) 环境因素

1. 社会环境因素

随着经济发展和社会进步,国家提出"科教兴国战略",我国把教育摆在了突出发展的位置,对教育越来越重视,对教育工作者也提出了更高的要求;父母对孩子的过度期望和对教育的片面认识;人们对于教育资源的渴望与优质教育资源相对缺乏之间的矛盾;教师队伍良莠不齐,个别教师的师德问题突出等,都对教育工作者提出了很高的社会要求和期望,这让他们倍感压力,主观幸福感降低。

另外,随着教育事业的发展,学校的功能和作用也发生了相应的变化,为社会服务已成为现代学校不可忽视的职能。同时,传统教育工作者的形象也发生了转变,这就要求教育工作者对自己职业的工作内容重新进行界定,肩负起社会服务的职责。然而,到底该如何承担社会功能,把理论知识运用于社会实践,解决实际问题,是教育工作者面临的新要求和严峻挑战,这些问题带来的压力也会降低教育工作者的主观幸福感[①]。

2. 学校因素

(1) 教学方面

教育工作者承担着教书育人的重任,他们既要向学生传授知识和介绍科学研究成果,又要培养学生的能力,关注学生的成长;既要在课堂上关注学生,还要留意学生的生活;既要完成教学任务,还要完成科研、学生辅导等工作。现代社会,知识更新迅速,学生对新知识、新技能有强烈的渴求,加之互联网的高速发展,学生获取信息的渠道增多,视野更开阔和丰富,要保证教学质量,就需要教师必须不断提升自己的教学水平和科研能力,加快知识的更新,满足教学需要的挑战,只有这样才能很好地完成教学任务。这些使得教师的工作时间不仅限于课堂教学,课下还要花费大量的时间完成作业批改、学生辅导、业务能力提升等工作。研究表明由于很多工作都要占用工作以外的时间,大量必须承担的工作产生压力,导致幸福感下降。教师要想跟上时代的发展,不被社会所淘汰,必须不断更新自己关于知识和教育方面的观念和方法,运用现代科学技术进行教学,使教学更加有效,从而获得满足感和幸福感。

(2) 科研方面

教育工作者在担负教学任务的同时,还肩负相应的科研职责,科研工作作为学校的一项基本任务,是教育工作者工作的重要组成部分,是他们能力考核、职称评定、职务晋升的一项重要指标。科学研究是一项长期而复杂的过程,具有周期长、付出多的特点,研究成果有一定的不可预知性和不稳定性,但当前的科研评价急功近利的倾向使教育工作者忙于发表论文、申报课题、出版著作等。对高校教育工作者的调查表明,教师们认为其职业压力主要来自于科研方面。教育工作者要注重科研能力的培养和提升,避免因科研压力影响个体的主观幸福感。

(3) 教育评价体系方面

在科学管理的影响下,学校管理也注重量化考核,教师的年终评定需要量化,教学任务需要量化,科研工作需要量化,评定职称需要量化,质量评估也需要量化。量化考评的初衷是一种动力机制和监控机制,但为了方便管理和计算,导致这些量化标准掩盖了教育本身的许多特殊性,教师为了满足考核的需要,为考核而工作,压力增加,影响了教师的工作积极性,降低了教师的幸福感。

(4) 工作环境方面

随着国家对教育的不断投入,学校的办学条件不断改善,但仍然存在着地区之间、学校之间的不均衡,仍有一些学校的环境和教学设施不能达到要求,难以满足教师的工作需要。

---

① 姚利民.高校教师心理与管理研究[M].长沙:湖南大学出版社,2013:327.

3. 家庭环境因素

教育工作者的家庭状况也影响其幸福感。提高教师的职业幸福感的物质基础是稳定的经济收入，只有在基本的物质需求满足的情况下，才会有幸福。教师的合理需求得到满足是获得幸福的基础和出发点，一个经常担心个人和家庭生活的人，其体验职业幸福的能力，必然是有限的。因此排除教师的后顾之忧，逐步提高教师经济待遇，是提高教师职业幸福感的重要条件。此外，家庭的稳定、家庭成员间的相互关怀、和谐的氛围，家庭成员的身心健康也是他们获得幸福感的重要来源。调查研究认为婚姻能使人减轻生活压力、得到情感和经济支持，产生积极的幸福感。

（二）个人因素

1. 性别

男女自出生以来，就因为生理原因及所承担的社会角色不同，在社会功能和从事的社会活动等方面有所区别，研究发现，不同性别教师对压力的感受不同，对幸福感的体验上也不同。女性在积极情感和消极情感的体验上都较男性强烈。学校工作中，男女教师承担着同样的工作，面对同样的竞争环境，但他们的幸福体验不同，教育管理者应该予以关注。

2. 人格

人格是成人独特的性格反应倾向，它既反映了人的生物特质，又有后天习得的成分。Diener认为人格因素是预测主观幸福感最可靠的指标之一。人格外倾者倾向于经历和体验积极生活事件，这些生活事件反过来又对幸福感产生影响。可见，人格影响生活事件，进而影响幸福感。在学校工作中可以发现，在外部环境和条件相差不大的情况下，教育工作者对其职业的感受程度有很大不同，其中的一个重要因素就是人格特质使个体对幸福的体验程度不同。具有较高幸福体验的教育工作者对工作积极投入、有较高的工作热情、关注工作中细节和学生成长，他们能从教学和学生成长中获得幸福感。可见，浓厚的职业兴趣，热爱教育事业，关爱学生的人格特质都会使教师得到幸福。这是优厚的待遇、优越的工作环境和社会地位所不能替代的。

3. 自我更新水平

教育工作者的自我更新水平是提升主观幸福感的一条重要途径。现代教育要求教师能够从多角度去解读教材；能开发和利用多种课程资源，熟练运用现代教育技术，积极探索适合学生学习的教育方式；设计、组织、引导教学活动，引导学生积极思考，启发学生主动学习。说明现代教师要不断提升自己的专业知识和专业技能，提高教师的自我专业发展水平。教师自我的专业发展水平提高，解决问题和适应外部环境的能力加强，教师幸福感自然增强。

4. 自我效能感

自我效能感指人们对自己是否能够成功地从事某一成就行为的主观判断，这一概念是由班杜拉最早提出来的，他认为人的行为受结果因素和先行因素的影响。期待包括结果期待和效能期待。当教师确信自己有能力进行教学时，他就会产生高度的"自我效能感"，教学动机增强，教师对教学的信心提高，信心感染学生，教学效率普遍提高，教师幸福感提高。如果教师的自我效能感不高，教师的教学动机不强，无法激发自己的教学热情，教师的幸福感不但不能提高反而会降低。

5. 职业认同感

在社会生活中存在着社会关系认同、民族文化认同、身份地位认同等。其中社会认同是指个人的所思所想与社会对人们的期待相符合,其中重要的一点就是工作或职业认同,是指人们认为工作体现一个人的价值需要的方式。教育工作者的职业认同感是指他们自己的所思所想所作与社会对教育工作者的期望比较符合,热爱教育事业。很多教师的职业倦怠严重、工作消极、缺乏热情、主观幸福感低,这其中有外在环境因素的影响,但是从内因上来讲,是由专业认同的缺失引起的。对自己的职业缺乏职业认同的教育工作者,对工作很难从内心获得主观幸福感。

6. 身心健康

身心健康包括身体和心理两方面。教育工作者良好的身体健康状况是其做好本职工作的基本保证,也是使他们获得工作满足感和幸福感的基础和先决条件。同时,心理健康对教师幸福感的获得有同样重要的作用。心理学研究表明,积极的情感与生活满意度有关,可以提高主观幸福感水平;负面情绪会减少教育工作者的主观幸福感。此外,高自尊自信,自我控制能力强,自我协调能力好的教育工作者,通常会感到更幸福。

三、教育工作者幸福感的提升方法

所谓教育工作者的职业幸福感,就是教育工作者在从事教育教学工作时感受到这个职业可以满足自己的需要,能够实现自身的价值,并且能够产生愉悦感。主观幸福感是教师做好教育工作的重要前提,是事业有成的坚实基础,是教师专业发展的内在动力,是教育追求的最高境界。教师是否感受到职业的幸福,与教师的思想境界、人生目的、价值取向密切相关。

（一）促进全社会的理解和支持

全社会要正确看待教育工作者的社会角色,避免两种倾向,一是将教师角色理想化、圣人化;另一种是将教师看作是"玻璃房"中的人,对教育工作者在工作中出现的一些问题放大处理,甚至给教师划道德红线。实际上,教育工作者和普通人一样,有自己的日常生活,有七情六欲、喜怒哀乐;同时,教育工作者的工作性质又意味着他们要承载着教书育人的社会责任和压力。因此,人们应该客观看待、关心和支持教育事业,努力营造尊师重教的社会氛围,为教师的工作提供更多的制度和法律保障,给教师以应有的关爱和支持,让他们感受到来自社会的理解和支持,提升主观幸福感。

（二）营造良好的校园环境

1. 建立合理的学校管理制度

教育工作者的主观幸福感是衡量教师专业发展和学校整体发展的指标之一。教育工作者体验职业幸福的基础是学校制度建设,教育管理者的工作作风是影响教师职业幸福的一个重要因素。在教育管理中,管理者要树立以教师为本的管理理念,坚持学校管理制度合理、民主公开,创造条件让教师参与到学校的日常工作中,增加教师的责任感和使命感。努力满足教师的合理需求,构建和谐校园文化,营造融洽的工作氛围,为广大教师提供民主和充满活力的工作环境,提高幸福感。

2. 为教育工作者的职业发展创造条件

信息化时代对新时代的教育工作者提出了新的要求,教育技术不断进步,传统的教育理念、教学手段和方法都在发生改变。为使教育工作者能更好地面对新的挑战,学校要为教师提供学习和成长的空间,通过培训、交流、会议、展览、合作等多种形式让教师掌握教育的发展动向,了解先进的教学理念和新方法、新技术,并创造条件使这些先进的理念、方法和技术在教育教学过程中得到运用。这些方法能使教师紧跟教育发展的步伐,感受到自身价值,提高自信心,提升幸福感。

3. 建立公平公正的评价制度

教育管理者要认识到教师职业的特殊性,在教育管理中不能按照企业的管理模式,要让教师在课上和课下有更多的自主权,提高他们的自我管理水平,突出教师的主体意识;对教师的评价和考核要体现公平、公正原则,要改变重结果轻过程的做法,注重过程评价,要将近期评价和长期评价结合起来,将奖惩性评价和发展性评价结合起来,建立合理的评价体系和评价机制[①]。

4. 加强人文关怀

人文关怀就是对人的生存状况的关怀、对人的尊严与符合人性的生活条件的肯定,对人类的解放与自由的追求。人文关怀关注人的生存与发展,实际上就是关心人、爱护人、尊重人。人文关怀不仅是社会文明进步的标志,还是人类自觉意识提高的反映。人文关怀能使教育工作者被尊重和被接纳,让他们产生职业自豪感和幸福感。幸福的体验来源于工作和生活两个方面,因此,教育管理者不仅在工作中关心教师,还要关注他们的生活,为他们提供更多的人文关怀。

(三) 提升个人的主观幸福感

1. 设定个人职业目标

目标使人生有意义,追求目标的过程能使人保持积极奋进的良好状态,但人们的职业目标必须与自身的内在动机或需要相适宜,才能达到职业幸福。如果职业目标与个人需要不一致,即使达成也不能增加职业幸福感。因此,教育工作者在确定自己的职业目标时,要了解教育工作的特点,同时,要了解自己,清楚自己的内在动机,知道自己的兴趣爱好和特长,并在此基础上,设定个人的职业目标并为之努力。

2. 设定合理的期望值

个体的期望值和实际成就之间的差异也会影响人们的职业幸福感。期望值过高,与个人实际能力差距过大,会使人丧失信心和勇气;期望值过低,目标达成太容易,也无法获得满足感。因此,教育工作者要根据工作需要和自己的实际情况,设定合理的期望值,使期望成为工作的动力。

3. 促进教育工作者的身心健康

良好的身心健康状况是教育工作者获得幸福感的基础,也是做好教育教学工作和促进学生身心健康的重要保证。教育工作者要重视自身的健康状况,在身体健康方面,要注意增强体质,合理饮食、坚持锻炼,工作中要劳逸结合,定期检查身体健康状况;同时还要关注自身的心理健康,在生活和工作中保持积极乐观的生活态度,学会自我调整,及时缓解压力,避免不良情绪的累积,当身心健康出现问题时应及时处理。

---

① 朱新秤.教育管理心理学[M].北京:中国人民大学出版社,2008:210.

第四节 教育工作者的挫折与管理

一、挫折的概念

挫折是指人在意志行动中,遇到无法克服或自以为无法克服的干扰或障碍,使其预定目标不能实现时所产生的紧张状态和情绪反应①。

生活不总是一帆风顺的,意志行动可能会遇到这样或那样的障碍和干扰,受到各种挫折。挫折的作用通常有两方面。从积极的方面看,挫折可以帮助人们提高解决问题的能力,引导个体用更好的方法实现目的,满足需要;从消极的方面看,如果心理准备不足,或挫折太大、太多,又不能克服或排解,会使人痛苦,出现行为偏差。因此,挫折是对个体意志品质的严峻考验。挫折包括三个方面的含义:

1. 挫折情境

指导致意志行动目的不能实现的事件或情境,会对活动造成内外障碍或干扰,这些情境可能是人或各种自然环境和社会环境。

2. 挫折认知

指对挫折情境的态度、评价和解释。

3. 挫折行为

指伴随挫折认知产生的情绪和行为反应,如烦恼、焦虑、攻击等。

一般来说,挫折情境越严重,挫折反应就越强烈;反之,挫折反应就越轻微。但是,仅有挫折情境并不一定会引起挫折反应,其中,挫折认知是核心因素,挫折反应的性质及程度主要取决于挫折认知。只有当挫折情境被主体所知觉到时,才会对个体心理产生影响,出现挫折反应。因此,挫折情境是否会引起挫折反应,挫折反应的性质和程度如何,主要取决于个体对挫折情境的认知。

二、挫折产生的原因及表现

(一)挫折产生的原因

挫折是人的一种主观心理感受,相同的情境,由于人们的心理状态不同,需要、动机以及认识的差异不同,遇到挫折时的表现也不同。产生挫折的原因是多种多样的,从总体上可分为外在因素和内在因素。

1. 外在因素

外在因素是引起挫折的外因,又称为客观因素,是由外界事物或情境影响人们达到目标而产生的挫折。包括自然因素和社会因素两种。

(1)自然因素

所谓自然因素,主要是指个人能力无法克服的自然现象,如天灾人祸(如地震、水灾、飓风、海啸、火灾)及生老病死等。自然条件的变化使人的行为受到限制,动机受到阻碍,无法达到目标,任务难以完成,导致挫折的产生。

---

① 张积家.普通心理学[M].北京:中国人民大学出版社,2015:476.

（2）社会因素

所谓社会因素，主要是指个人在社会生活中所受到的政治、经济、文化、风俗、习惯、种族、宗教、道德等的限制。人生活在社会中，不可避免会受到各种社会因素的影响，比如领导过分严厉批评、人际关系紧张、才能得不到发挥等。社会环境因素限制个人的动机和行为，导致个体的身心健康受到影响，是造成挫折的重要原因。

2. 内在因素

内在因素又称内因，主要是指主观因素阻碍人们达到目标而产生的挫折。包括个人的生理因素和心理因素两种。

（1）生理因素

影响挫折产生的生理因素主要是指个体与生俱来的健康状况、身材、容貌等条件。如由于疾病或身体缺陷等原因妨碍个体从事某些活动或使其目的无法实现而受到挫折。

（2）心理因素

心理因素主要指个人的能力、智力、知识经验等的不足。如智力或能力不足使个体无法胜任某些工作。此外，在心理因素中，个体的动机冲突也是引起挫折的主要心理因素。动机冲突是指人们在生活中遇到两个或两个以上的动机无法同时获得满足而产生的难以抉择的心理状态。例如理想与现实的冲突，个人利益与集体利益的冲突等。这些冲突如果处理不当，常常能引发个人的心理挫折。

（二）挫折后的表现

一个人遭受挫折以后，不管是由外在因素还是内在因素引起的，在心理和行为上总会产生两种反应：理智反应和非理智反应。

1. 理智反应

个体在遭受挫折以后，能够保持冷静的态度，客观地分析挫折产生的原因，避免或减少挫折造成的不良反应。纵观历史，成功者大都历经磨难，对于他们来说，艰难的处境、失败的打击和经验的缺乏，也会给他们带来困扰、忧虑、苦恼等消极情绪。但成功者最可贵的品质是变压力为动力，不被艰难的处境压垮。面对挫折，他们的反应大多为理智性反应，包括发奋努力，克服困难，坚持不懈，反复尝试，争取实现目标或者及时调整和改变不合理目标等。因此，挫折对理智的人来说往往是成长和经验积累的过程。爱迪生对发明电灯失败的经历如此评价："我只是发现了9999种无法适用的方法而已。"他从自己"屡战屡败"的经历中总结出的宝贵经验是："失败也是我需要的，它和成功一样对我有价值。只有在我知道一切做不好的方法之后，我才知道做好一件工作的方法是什么。"

2. 非理智反应

非理智反应，在心理学上又称为消极的适应或防卫。其具体表现有：

（1）攻击

攻击是个体在受到挫折后，为了发泄愤怒情绪而导致的过激行为，是个体受到挫折以后，对造成其挫折的对象的一种敌对性行为反应，分为直接攻击和间接攻击两种不同的形式。所谓直接攻击，就是将攻击矛头直接指向构成挫折的人、物或事件。例如当一个人受到他人的无端指责时，可能会反唇相讥，甚至拳脚相向。所谓间接攻击，就是指把愤怒的情绪发泄到不相关的人或物上。间接攻击往往出现在以下两种情况：

① 个体意识对引起挫折的真正对象不能直接攻击时。

② 引起挫折的具体来源不明时。

（2）逃避

逃避是个体在面对挫折时不能直接面对，而是回避挫折情境，放弃目标。逃避是个体受到挫折时的另一种非理智性的行为反应。

（3）固执

固执是指当一个人一再地受到挫折时，他会执意地重复某些没有目的的活动，而不能适时继续努力尝试或改变方法，调整或改变目标。具有固执倾向的人往往缺乏机敏的品质与随机应变的能力，找不到合理解决问题的方法，只能不断地重复过去的活动来减轻焦虑①。

（4）退行

退行又称为退化或回归，是人们在受到挫折时，表现出与自己年龄不相称的幼稚行为。例如，有的人在工作中遇到挫折或受到批评时，会像小孩子那样装病不起或号啕大哭。某些领导者因遇到挫折而对下级发脾气，也属于倒退之列。

退化的另一种表现形式是成人表现得像儿童那样，容易受暗示的影响。最经常的表现是在受到挫折以后，会盲目地相信别人，不加分辨地执行别人的指示，不能很好地控制自己的情绪，缺乏责任心，轻信谣言，甚至无理取闹。领导者有时也会出现这种倒退现象。例如，在遇到挫折后不愿意承担责任，不能区别合理要求与不合理要求，甚至会盲目地忠实于某个人或某个组织等。这些现象都属于退行。

（5）妥协

人们在受到挫折时，会产生心理紧张状态，个体往往会采取妥协的方式来减轻心理的紧张状态。认知失调理论认为，当人们遇到的情况与自己心里的想法不一致时会产生心理冲突，解决冲突最常见的方法是被迫服从，之后再设计合理的理由去解释，以减轻心理紧张感。

三、教育工作者挫折容忍力的影响因素

（一）挫折容忍力的含义

挫折容忍力是指个体遭遇挫折时免于心理失常的能力，也就是个人能承受环境的压力或经得起挫折的能力。容忍力实际上反映了人们对待挫折的态度。人们生活中都有可能遇到挫折。这些挫折有的轻微、短暂、容易克服；有的长期、严重、难于克服。一个人受到挫折后，会发生心理反应，但不同的人面对挫折会有不同的心理反应，这主要与每个人的挫折容忍力有关。面对挫折，有的人容忍力较强；有的人则容忍力较弱；有的人能挑战挫折，表现出坚韧不拔的精神；有的人却被挫折压倒，一蹶不振，陷于绝望。因此，一个人能否有高度的挫折容忍力，是能否保持心理活动正常的重要因素。

（二）挫折容忍力的影响因素

个体对挫折容忍力的高低，主要与以下因素有关：

1. 生理条件

一个人自身的生理条件与其挫折容忍力有关。在其他主客观条件相同的情况下，身体条件好的人比体质虚弱、有生理缺陷的人更具有挫折容忍力。他们更能够胜任和坚持工作。

2. 既往经验和知识

---

① 刘永芳.管理心理学[M].北京：清华大学出版社，2016：249.

以往生活中的挫折经历,是影响挫折容忍力的一个重要因素。对挫折的容忍力和个人的习惯、态度一样,是可以通过学习获得的。如果一个人从小娇生惯养,成长经历一帆风顺,很少遇到挫折,或遇到挫折就采取逃避的方式解决问题,就没有机会学习如何处理挫折,必然会降低挫折容忍力。生活中挫折不可避免,所以,不应该逃避挫折,而应该学会面对挫折,提高自己对挫折的处理能力。

3. 认知因素

由于每个人对所处客观世界的认识不同,即使是相同的挫折情境,个体不同的认知也会产生不同的感受和判断,因而对每个人所构成的打击和压力也不相同。生活中在同样的情境下,一个人认为是严重的挫折,而对另一个人并未造成很多的压力和困扰。一个人如果对挫折情境能够保持乐观、冷静、灵活的态度,就能够更好地应对挫折情境。

4. 情绪情感因素

一个人的情绪情感变化会影响其对挫折的容忍力。保持乐观向上积极情绪的人,面对挫折情境时,能够调整好心态应对挫折,其挫折容忍力较高;反之,对挫折持悲观消极情绪的个体,面对挫折无法摆正心态,挫折容忍力较低。

5. 意志品质

意志是人有意识地确立目的、调节和支配行动,并通过克服困难和挫折,实现预定目的的心理过程。容忍力属于意志品质的特性,个体意志品质的自觉性、果断性、自制性和坚韧性强,则挫折的容忍力高,个体意志品质不良,则挫折的容忍力较差。

一个人对挫折的容忍力,还与个人的政治素质、性格特点、兴趣、世界观、价值观等因素有关。人们只有不断地提高自己的适应和应对能力,才能更好地面对挫折。

6. 人格因素

人格中的个性倾向性和稳定的心理特征对挫折容忍力也有影响。一个性格乐观、开朗、自信的人比悲观、孤僻、自卑、懦弱的人的挫折承受力强。气质类型为多血质的人比抑郁质的人对挫折的容忍力强。

7. 挫折的强度和频率

一个人对挫折的容忍力还与挫折事件本身的强度和频率有关。轻度的、短期的挫折比较容易承受,如果挫折强度太大或发生太频繁,则个体可能难以承受,其挫折容忍力会下降[①]。

【专栏 3-2】

一位新教师的独白

当我刚刚从师范学校毕业走入学校开始执教时,我感到兴奋和自豪,把自己看成是学生的领路人。我认为他们会在自己的引导下,喜欢学习、探索和发现。可是事实却让我非常失望!我现在是如此讨厌这份工作。学生常常不听我的管教,很多学生厌学,不遵守纪律,说谎,打架,漏交作业,不求上进,得过且过。学校只要求我们班考出好成绩,却不关心我们班同学的具体情况。我简直看不出这样一辈子当教师有什么意思。

(资料来源:马超,刘晶,学校管理心理学.清华大学出版社.2012 年 8 月,p75-76.)

---

① 张积家.普通心理学[M].北京:中国人民大学出版社,2015:480-481.

四、教育工作者面对挫折的解决方法

挫折所造成的负面影响,往往会使人在心理上和行为上出现消极反应,从而降低教育工作者的工作积极性。因此在教育管理工作中,要充分认识挫折的消极作用并尽量减低挫折所引起的不良影响,提高教育工作者对挫折的容忍力。发挥挫折的积极作用,减轻和消除挫折给人带来的非理智反应,是管理心理学的重要内容。具体来说,应对挫折的方法主要有以下几种:

(一) 提高认识,正确对待挫折

认知是影响挫折及挫折承受力的重要因素。要提高个体的挫折承受力,首先要正确认识挫折。挫折是人们遇到的暂时困难,既有消极的一面,也有积极的一面。正确对待挫折的关键在于提高自己的思想认识。在教育教学工作中,无论是教育管理工作还是教师的教学工作,挫折都在所难免,遇到挫折时要有充分的心理准备,挫折能提高人的能力,增长见识,磨炼性格和意志。面对挫折时,不要惊慌失措或灰心丧气,要理智应对,冷静分析自己的目标、方法及阻力等因素,找到产生挫折的真正原因,吸取经验教训,最终战胜挫折。

(二) 增强个体对挫折的容忍力

如前所述,挫折容忍力是指个体遭遇挫折情境时,能摆脱其困扰,避免心理与行为失常的能力。一个挫折容忍力强的人,能够在生活经验中体验到挫折是现实生活中的正常现象,能面对现实,经得起挫折的打击,并在可能的情况下予以克服。对挫折的容忍力存在个体差异。有的人能承受严重的挫折,百折不挠;有的人稍遇挫折,就颓唐沮丧,一蹶不振。因此,教育管理者应对教育工作者进行教育和训练,以增强个体对挫折的容忍力。

1. 保持乐观情绪

乐观情绪会对人们的心理和行为产生积极的影响。在挫折情境中,保持乐观的情绪可以使人更开朗、豁达,使人心理和生理功能处于稳定和平衡的状态,可以帮助人们心平气和、较为理智地对待挫折及其后果,多关注积极的方面。在教育管理中,要鼓励教育工作者在遇到困难时,保持积极、乐观的情绪,以利于他们更好地面对挫折,渡过难关。

2. 学会自觉地运用自我防御机制

心理防御机制是指个体处在挫折与冲突情境时解脱烦恼、减轻紧张以恢复平衡与稳定的一种适应性反应。心理防御机制有积极和消极之分,虽然二者都能在不同程度上帮助个体缓解焦虑、减轻内心的不安,但积极的心理防御机制更有助于个体战胜挫折,消极的心理防御机制虽然能暂时缓解内心冲突,但从长远来看,可能导致个体不能面对现实,出现退缩、逃避倾向,甚至引发心理问题。心理防御机制往往是人在无意识情况下运用的,但可以通过学习有意使用。可以通过适当的训练,使教育工作者有意识、有目的地选择和运用积极的心理防御机制来应对面临的挫折情境,如升华、合理化、抵消、补偿、幽默等,这也是挫折容忍力高的表现。在遭受挫折后,若能采用适当的心理防御机制,自我调节,就能使头脑冷静下来,稳定情绪,防止或延缓攻击与破坏行为的发生。

3. 正确看待自我

一个人要客观地认识和评价自己。不了解自己或不能接受自己,都会降低对挫折的容忍力。如果盲目自信,对自己估计过高,会使个体制定的目标高于实际水平和能力而导致失败。相反,自我评价过低,会产生自卑感,使人缺乏面对困难的勇气,逃避困难,惧怕困难,丧

失成功的信心,或陷入困境不能自拔。总之,对自己评价过高或过低,都是不了解自己的表现。

4. 树立远大目标并善于调整目标

一个人如果有远大的生活目标,在前进过程中便能更加头脑清醒、冷静、正确的处理当前困难与远大目标之间的关系,更能够经受种种失败和挫折所造成的压力,在挫折面前保持前进的动力。教育管理者要引导教育工作者对教育事业有目标,合理规划,在挫折面前不气馁,保持对做好教育教学工作的信心和动力。在追求目标实现的过程中,遇到挫折应当善于检查自己的目标是否合理和可行,实现目标的主客观条件是否具备。如果发现目标太高,要善于调整,改变目标或追求目标的标准。

(三)改善组织内部的人际关系

教育管理者要注重改善学校内部的人际关系,营造人们相互信任、相互帮助、相互支持、相互尊重的工作氛围。尤其是要注意改善上级与下级、管理者与被管理者的关系,发挥集体智慧,建立"平等"关系。如果教育工作者之间发生矛盾,应及时解决。

(四)采取宽容的态度

对教育管理者来说,对受挫折者的情绪和行为采取宽容的态度是很重要的。帮助受挫折者是管理者的责任之一,应耐心细致地做思想工作,要以理服人,而不是采取针锋相对的反击措施来应对受挫折者的攻击行为。因为以反击对付攻击不仅收不到良好的效果,严重者还可能使矛盾激化[①]。

(五)消除引起挫折的情境

改变引起挫折的情境是应对挫折有效方法之一。在教育组织中,人们之所以遭受挫折,与组织环境不完善有着密切的关系。产生挫折的外在原因包括自然因素和社会因素。

对于自然因素,尤其是工作过程中的一些与挫折形成有关的环境因素是可以预见和避免的,如教室房屋建筑不坚固、设备不健全、环境不整洁等。应在可能的范围内,及时调整解决,减少导致人们挫折的刺激情境。对不能胜任其工作岗位的教育工作者,可以通过改变工作环境或调整工作类型的方法,减少原来环境或工作所造成的不良刺激。教育工作者所从事的工作专业性较强,管理者要根据实际情况给予调整,帮助他们在新的情境中克服原来的对立情绪,适应环境,重新建立良好的人际关系,做好工作。

社会心理因素也是导致教育工作者挫折的重要原因之一,如教育管理者的行为和管理方式不当、组织内部缺乏有效的沟通手段、组织内部人际关系紧张、人事安排和调动不合理、组织管理应变能力差、强制推行某种奖惩或其他管理制度等。对于这些社会心理因素,应逐一进行调整改进,以减少人们受挫折的刺激情境。如适时的调整组织结构,取消妨碍工作积极性发挥的不合理的管理制度,改善人事制度、工资奖励制度和评价体系等。

(六)精神宣泄法

精神宣泄法是一种心理治疗方法,这种方法是通过提供合适的环境,使受挫折者可以自由地宣泄受压抑的情绪情感。因为一个人处于挫折的情境中,心理失去了平衡,常常会用非理智的情绪变化取代理智行为。压抑和郁结不但不能消除挫折感,反而会造成生理和心理损伤。如果能将这种紧张的情绪宣泄出来,则能重新达到心理平衡,恢复理智状态。

---

① 刘永芳.管理心理学[M].北京:清华大学出版社,2016:252.

精神宣泄可以采用各种方式。可以让受挫折的人通过写信或日记等书面的方式发泄不满,也可以采取个别谈心的方法,或者让他们在一定的会议上发表意见,管理者和同事们耐心听取他们的意见,并对其正确的方面给以充分肯定。教育管理者可以通过谈心会、生活会、意见征询会等多种方式为教育工作者提供情绪宣泄的机会;可以建立信访制度听取教育工作者的诉求;鼓励教育工作者通过向同事、朋友倾诉苦恼、郁闷的方式释放不良情绪[①],以便于他们能够以理智反应来应对挫折。

本 章 小 结

1. 教育工作者的归因方式、自我效能感、主观幸福感、挫折容忍力和应对能力对教育管理工作有重要的影响。教育管理心理学要研究如何提高教育工作者的自我效能感和主观幸福感,避免归因偏差,积极归因,优化教育工作者对挫折的容忍力和应对能力,以便于提高教育管理工作的水平。

2. 归因指个体对自己或他人的行为的原因加以解释和推测的过程,是人对影响或解释其行为的因素做出结论的一种认知过程。归因的影响因素是多方面的,归因对教育工作者的工作动机、人际关系、教育教学行为和心理健康都有影响。归因理论主要有海德的朴素归因理论、成就归因理论、相应推论理论、三度归因理论、控制源理论等。归因通常会遵循一些特定的标准或法则,但是在进行归因的时候,人们并不总是遵循这些标准,而是会表现出一些归因偏差。因此,在教育管理工作中,要了解归因的影响因素和作用,避免归因偏差,引导教育工作者积极归因,以利于激发教育工作者的工作积极性和加强自信心的培养。

3. 自我效能感是指个体对自己是否有能力完成某一行为所进行的推测与判断。影响自我效能感形成的因素包括自身的成败经验、替代经验、想象经验、言语说服、生理和情绪状态、情境条件六方面的因素。自我效能感可通过影响个体的选择、认知、动机、情感过程来发挥其主体作用。教师自我效能感是指教师对自己影响学生学习行为和学习成绩的能力的主观判断,包括教师的一般教育效能感和个人教学效能感两个维度。影响教师自我效能感的因素包括个人因素、学校因素、社会因素等几方面。在教育管理工作中,要注重教育工作者自我效能感的培养,提高教师自我效能感,做好教育管理工作。

4. 主观幸福感是人们根据内化了的社会标准对自己生活质量整体性、肯定性的评估,是人们对生活的满意度及其各个方面的全面评价,并由此而产生的积极性情感占优势的心理状态。环境因素和个体自身因素都能影响教师的幸福感。在教育管理工作中,提高教育工作者的主观幸福感对促进他们做好教育工作有重要作用。

5. 挫折是指人在意志行动中,遇到无法克服或自以为无法克服的干扰或障碍,使其预定目标不能实现时所产生的紧张状态和情绪反应。挫折的作用可以从积极和消极两方面来看。挫折的产生与内在和外在因素有关,挫折引起个体的反应可分为理智性和非理智性反应。一个人对挫折的容忍力受多方面因素的影响,教育工作者要掌握挫折的解决方法,提高挫折容忍力。

---

① 马超,刘晶.学校管理心理学[M].北京:清华大学出版社,2012:78.

练习与思考

1. 什么是归因？归因的作用和影响因素有哪些？
2. 归因对教育工作者有哪些影响？
3. 归因理论有哪些？主要内容是什么？
4. 教育工作者常见的归因偏差有哪些？在教育管理工作中如何引导教育工作者积极归因？
5. 什么是自我效能感？试说明影响自我效能感形成的因素。
6. 自我效能感的作用有哪些？
7. 什么是教师自我效能感？包括哪几个方面？
8. 结合工作实际谈谈影响教师自我效能感的因素。
9. 结合工作实际说明如何培养教师的自我效能感。
10. 什么是主观幸福感？幸福感的来源是什么？
11. 结合教育管理实际谈谈如何培养教育工作者的主观幸福感。
12. 挫折的概念及含义是什么？
13. 引起挫折产生的因素有哪些？挫折可以引起哪些反应？
14. 影响挫折容忍力的因素有哪些？
15. 结合工作实际谈谈教育工作者面对挫折的解决方法。

推荐阅读

乐国安,管健.社会心理学(第2版)[M].北京:中国人民大学出版社,2013.

第四章　教育工作者的工作动机与激励

【本章导读】

需要是人积极性形成的基础和根源,需要引发动机,动机是推动人们活动的直接原因。人类的各种行为是在动机的作用下,向着某一目标前进。激励的核心是动机,需要是动机的起点和基础,外部刺激是激励的条件,激励的目的在于激发人的正确行为动机,调动人的积极性和创造性,以充分发挥人的智力效应,做出最大成绩。教育管理中要处理好教育工作者的需要、动机和激励之间的关系。本章从教育工作者的需要、动机、激励几方面进行教育管理上的探索。本章将讨论三个方面的问题:

1. 教育工作者的需要与管理。
2. 教育工作者的动机与管理。
3. 教育工作者的激励与管理。

【关键概念】

需要;物质需要;精神需要;动机;激励;目标激励;情感激励

【学习目标】

1. 了解需要的含义、需要的特点、需要的分类;掌握需要理论的基本观点、影响需要产生的因素,重点掌握教育工作者的需要及满足教育工作者需要的方法。

2. 了解动机的含义、种类及动机的特征;掌握动机的功能、需要转化为动机的条件;重点掌握教育管理中对教育工作者的动机激发,结合教育实际灵活运用。

3. 了解激励的概念;掌握过程激励理论、内容激励理论、行为后果理论的基本观点以及教育管理中激励的原则;重点掌握教育管理中常用的激励方法,并能结合工作实际解决教育管理中遇到的具体问题。

【建议学时】

3学时

需要是有机体内部的一种不平衡状态,它表现在有机体对内部环境或外部生活条件的一种稳定的要求,并成为有机体活动的源泉。动机是一种由目标引导、激发和维持个体活动的内在心理过程或内部动力系统,它推动个体从事某种活动,以满足一定的需要。

激励指持续地激发人的动机和内在动力,使其心理过程始终保持在激奋状态中,鼓励人朝着所期望的目标采取行动的心理过程。激励的构成要素为动机、需要、外部刺激和行为。教育管理中对工作积极性的激励,就是针对教育工作者不同层次的需要,设置适度合理的目标,使内在的需要上升为动机,动机引起行为,行为产生客观现实的效果。研究教育工作者只有正确认识需要和动机的关系及其变化的规律,把握激励的原则和方法,才能了解和掌握人的心理状态,从而能有效地促进和控制其行为,以调动人的行为的积极性。

第一节 教育工作者的需要与管理

一、需要的一般概念

(一) 需要的含义

需要是有机体内部的一种不平衡状态,它表现在有机体对内部环境或外部生活条件的一种稳定的要求,并成为有机体活动的源泉[①]。包括人体内部的生理需求和外部的社会需求。需要是个体生存和发展的重要条件,它反映了有机体对内部环境或外部生活条件的稳定要求。只有满足了这些需求,有机体才可能健康成长。

(二) 需要的特点

1. 对象性

人的需要是有目的有对象的。需要的对象既包括物质的对象,如衣、食、住、行;也包括精神的对象,如文化、艺术、体育。吃的需要指向食物,求知的需要指向知识,对象性为需要定向,指出人到底需要什么。

2. 动力性

需要同人的活动紧密联系。当人有了某种需要时,就会通过活动去满足这种需求。需要得到满足时,人会在生理上或心理上恢复平衡,感到一定程度的满足。因此,需要一旦被个体意识到,就会以活动动机的形式表现出来,使人的活动朝向一定的方向。

3. 社会性

人的需要具有社会性,正是由于社会性,人和动物的需要才有所区别。人类不仅有先天的生理需要,在社会实践中,还会发展出社会性需要。这些社会需要与社会历史条件有关,并不总停留在一种水平上。在生活水平较低时,人们的需要主要是为满足温饱;随着生活水平的提高,人们需要的不仅是丰富的物质生活,同时也需要高雅的精神生活。可见,随着社会历史的发展,人的需要也在不断变化。

4. 发展性

人的需要具有发展性,不是一成不变的,而是随着年龄、时期的不同而发展变化。当旧的需要满足,人和周围环境的相互关系也发生了变化,就会产生新的需要。个体在发展的不同时期,需要的特点也不同。婴幼儿主要是衣、食、依恋、安全等需要,等到青少年时期又发展出对知识、恋爱、婚姻的需要等。

[①] 彭聃龄.普通心理学(第四版)[M].北京:北京师范大学出版社,2012:370.

5. 个体性

由于生理因素、遗传因素、环境因素不同,从事的社会活动不同,人们的需要也不完全相同。不同年龄、职业、文化背景、家庭的人,在物质和精神方面也会有不同的需要。

在教育管理工作中,掌握需要的特点,才能帮助管理者变被动为主动,激发教育工作者的积极性,做好教育管理工作。

(三)需要的种类

人的需要多种多样,对需要种类的划分可以从需要的起源、需要的对象和需要的迫切程度等多个角度进行分类。

1. 按照需要的起源,可以分为自然需要和社会需要

自然需要是指有机体为了维持生命和种族延续所必须的条件的要求,它是人与生俱来的,也被称为生理需要。人和动物都有自然需要,包括生存必需的食物、水分和空气,必要的休息、睡眠,种族延续所必需的性激素分泌等。这些需要主要是由有机体内部某些生理状态的不平衡引起的,对有机体维持生命、延续后代有重要意义。

社会需要是指个体在成长过程中,在后天的生活与实践中逐渐形成的需要,例如劳动、交往、娱乐、求知、关爱、成就、赞许等。社会需要是人类的一种高级需要,是人类所特有的。这些需要由社会生活引起,对维系人类的社会生活,推动社会进步有重要作用。

2. 按需要的对象划分,需要包括物质需要和精神需要

物质需要是指人对物质对象的需求,包括对衣、食、住等的需要,对工作和劳动条件的需要。物质需要既反映人们对自然界产品的需求,也反映人们对社会文化用品的需求,因此,物质需要既包括生理需要又包括社会需要。

精神需要是指人对社会精神生活及其产品的需求,包括对知识的需要、对文化作品的需要、对审美与道德的需要等。随着社会日益发展,新的精神需要也会不断产生,这些需要既是精神需要又是社会需要。

3. 按需要的迫切程度,可分为远期的间接需要与近期的直接需要

远期的间接需要是指那些比较概括的、抽象的、总的需要,它常以理想、志向等形式表现出来。近期的直接需要,如学习科学技术和专业知识、解决某一具体问题、克服某一困难等,它是促使人行动的直接动力。

需要按其范围又可分为国家的需要、民族的需要、阶级的需要、团体的需要、个人的需要等。可见,不同种类的需要之间既有区别又有联系,而且在不同的社会、不同的历史时期,不同的人群需要也各不相同,了解需要的种类可以帮助教育管理者更好地把握教育工作者的需要,有的放矢做好管理工作。

(四)影响需要产生的因素

人类需要的产生受许多因素的影响,主要的影响因素是个体产生需要时的生理状态、情境和认知水平。

1. 生理状态

生理状态是指个体的身体机能和状况。需要的产生与个体的生理状态有关,当有机体由于所需的物质缺乏而引起生理上的不平衡状态时,就会引起需要的产生。如体内缺水能刺激脑内渴中枢引起渴感,产生饮水的需要。引起需要产生的生理状况与机体各系统和器官的功能都有密切关系。

2. 情境

引起需要产生的情境是指诱发或增强需要产生的外界刺激。在情境中,诱发需要产生的最强有力的因素是满足个体需要的对象,它可以促使个体采取行动,使个体的需要有可能得到满足。与需要产生有关的情境既有自然情境又有社会情境,如精美食物引起的进食需要,榜样人物引起的尊重、荣誉感等高级需要。因此,在教育管理中,要充分认识社会情境的多样性和复杂性,注意发挥情境因素的积极作用,创设和谐积极的学校环境和氛围,避免不良情境因素对社会需要的消极影响①。

3. 认知因素

认知因素是产生需要的重要条件。认知活动是个体对主客观条件进行分析、判断、推理,是个体确立活动目标的基础,是产生需要的前提条件。在认知因素中,最能促进人们产生需要的因素是期待、愿望、想象和幻想。这些因素可以成为行动的动力,促使人们为满足某种愿望而不懈努力,追求成功。

二、需要理论

(一) 马克思的需要理论

马克思认为,需要是人的本性,需要是人为了求得生存和发展而产生的,充分肯定了人的需要的合理性。他说:"人们为了能够'创造历史',必须能够生活。为了生活,首先就需要吃喝住穿以及其他一些东西,因此第一个历史活动就是生产满足这些需要的资料……"②。

由于需要反映了个体对环境的需求和依赖,因此就应该重视研究人的需要。马克思还对需要进行了分类。马克思认为,人的需要可以分为两类:

① 第一需要,即基本需要,是人赖以生存的基础。这一需要既包括吃、喝、休息、睡眠等维持个体生命活动的需要,也包括生命繁衍的需要。

② 新的需要。就是人的心理和社会的需要。

马克思还根据需要与满足之间是否存在中介物,将人的需要分为表面需要和本质需要,人对劳动和货币的需要属于前者,它们是满足其他需要的中介和手段,后者是存在于表面需要之下的指导人们行为的真正动力,例如人的生理的和心理的需要。

根据需要能否通过努力得到满足,将需要分为无效需要和有效需要,前者是人的一种内部状态如愿望,缺乏满足需要的对象和手段,因此是一种不能直接得到满足的需要,后者既有需要的内部状态,又有满足需要的对象和手段。

马克思提出的"人的需要体系"有三方面的特点:

① 人的需要从根本上说是社会性的;从需要的发展过程来说,人的需要构成了一个"需要的社会体系"。

② 人的需要是变化的,从整个人类历史来看,需要的变化呈现出向上发展的趋势,构成了"需要的历史序列"。

③ 人的"需要体系"以社会"劳动的体系"或"生产的体系"为基础,并随着后者的发展

---

① 郭德俊,李燕平.动机心理学:理论与实践[M].北京:人民教育出版社,2006:61-62.
② 马克思恩格斯选集.第2版,第一卷[M].北京:人民出版社,1995:78-79.

而发展。人的需要是人们劳动或生产的动力,又受到生产体系的制约。

（二）莫瑞的需要理论

美国人格心理学家莫瑞(Murray)的人格理论中,需要是核心概念。

莫瑞认为,需要是存在于人脑当中的一种假设性结构,代表着一种力量,是一种内在的驱力,在人格形成发展中处于核心地位,渗透到活动的各个方面,这种力量组织控制着其他心理过程。莫瑞提出了人类的 12 种生物性需要和 28 种非生物性的需要,包括支配需要、依从需要、自治需要、成就需要、表现需要、感知需要、表现需要、同情需要、交往需要、避免羞愧需要、避免伤害需要、理解需要、性需要等。每个人不一定同时都存在着这些需要,有些人在一生中可能先后体验到这些需要,有的人可能只体验到其中几种,因而人们在活动中表现出来的人格结构就会各不相同。

莫瑞指出,各需要相互作用,有些需要之间是相互支持、协调一致的,而有些需要是相互矛盾的。他用四条原则来阐述需要的相互作用：

1. 优势原则

人的需要不是处在同一水平上,有些需要占主导地位,而其他需要则处于从属地位,例如,学习是学生占主导地位的需要,教学则是教师占主导地位的需要。

2. 融合原则

各需要之间可以相互补充甚至合二为一。

3. 辅助原则

主要是指各需要之间相互补充和辅助的关系。

4. 冲突原则

主要指需要之间相互矛盾、相互冲突的关系。可见,有时一种需要占主导地位,有时许多需要间相互补充,甚至,有时相互矛盾或冲突。

莫瑞的需要理论还将环境引入了需要结构,认为需要不仅仅取决于自身的因素,还受到外部环境的影响。他使用压力来说明外部环境的影响,认为环境对人的影响就是压力的表现。当个体的需要与环境中的压力相一致时,人的心理就会平衡,从而产生积极的行为;当个体的需要与环境压力不一致时,心理就会失去平衡,产生矛盾和冲突。莫瑞认为,需要一方面有内在决定因素,另一方面又受外部环境影响,重视环境与人的相互作用。

（三）马斯洛的需要层次理论

美国人本主义心理学家马斯洛(Maslow)提出了需要层次理论。马斯洛认为,人的需要由低到高分为五个等级：

1. 生理需要

生理需要是人为了生存而必不可少的需要,主要指人类对食物、水分、空气、睡眠和性的需要。马斯洛认为,生理需要是层次最低、最强的需要,对于维持人生存有着重要的意义。这些需要得到充分的满足后就会上升到安全的需要。

2. 安全需要

它表现为人们要求稳定、安全、受保护、有秩序、能免除恐惧和焦虑等。这些需要也反映了人们对整个世界的看法。马斯洛认为,婴幼儿由于无力应对环境中不安全因素的威胁,安全需要就显得尤为强烈。

3. 归属与爱的需要

这是个人和其他人处在一种情感的相互关系之中时所产生的需要。例如向往爱情和亲情，需要朋友，被团体接纳等。也就是说，一个人有接受爱的需要，同时也有爱人的愿望，这种爱使人们产生一种归属感。

4. 尊重的需要

这种需要是指个体的自尊和对别人的尊重。满足自尊的需要会使人相信自己的力量和价值，受到别人尊重会使人产生荣誉感和成就感，这两方面的满足会使人在生活中变得更有能力、更富有创造性。如果尊重的需要得不到满足，就会产生自卑和无助感。

5. 自我实现的需要

自我实现的需要是个体最高的需要层次，它是人们追求实现自己的能力或潜能，并使之完善化的需要。一个人可以以绘画为最高需要，另一个人可能以做一名好教师为最高需要，每个人都有自我实现的需要。

马斯洛认为，这五种需要都是人的最基本的需要，这些需要是与生俱来的，它们构成了需要的不同等级和水平，并成为激励和指引个体行为的力量。马斯洛还指出了低级需要和高级需要之间的关系：需要层次越低，力量越强，潜力越大，随需要层次的上升，力量相应减弱；在高级需要出现之前，必须先满足低级需要，只有低级需要得到满足或部分得到满足后，才出现高级需要；所有生物都需要食物和水，但只有人类才有自我实现的需要；在个体发展的过程中，高级需要出现较晚。在五种需要的基础上，马斯洛又对需要的层次进行了扩展，在尊重需要和自我实现需要之间增加了求知需要和审美需要两种。

马斯洛的需要层次理论具有积极意义，它改变了精神分析和行为主义对人的需要的片面理解。这一理论被现代行为科学所吸收，成为西方组织管理学中的重要理论观点。根据需要层次理论，管理不仅要满足人的基本的物质生活需要，更要激励人们发挥创造的潜力，满足自我实现的需要。因而不仅要运用物质激励的原理，更应该重视人的高级需要的满足。需要层次理论也具有局限性。首先，他只强调个人需要，忽视了社会实践的制约以及人的需要的社会性。需要层次理论认为人的需要都是先天的，这就模糊了人的生物学需要与社会需要的差别，降低了环境和教育等后天因素在需要的发生发展中所起的作用。

三、满足教育工作者需要的方法

（一）了解教育工作者需要的特点

教育工作者的需要是实施激励的基础，教育管理者必须了解他们的需要，掌握其规律，进而影响和调节教育工作者的行为。教育工作者的职业特点及时代特点决定了他们的需要的特点。

1. 教育工作者的职业特点决定了教育工作者的需要

教育工作者作为以教书育人为职业的特殊的社会群体，在职业方面有其自身独特的需要。

（1）教育工作者职业的创造性和复杂性特点使教育工作者有较强的发展需要

教育活动本质上是一种创造性的劳动，在教学活动中，从教学内容的不断更新到学生身心特点的不断变化，都要求教师必须不断地进行再学习，以促进自身的发展。同时，教师不仅要传授知识，还要关注学生道德品质和心理的健康发展，因此，教育活动又是复杂性劳动。

教师要成为一个合格的教育工作者,必须不断地积累知识,发展能力,提高自己的思想认识和业务水平。有调查显示,超过80%的教师表现出较强烈的个人发展的需求①。

(2)教育工作者职业的示范性特点使教育工作者有较强的自尊自重的需要

教师不仅向学生传授知识,他们的一言一行和人格品质对学生也有示范作用。这种示范性使教师不仅需要重视自己的工作,也需要重视自己的人格操守,使得教师群体有更强的自尊需要。

(3)教育工作者工作方式的独立性使教育工作者有较强的成就需要

教师的备课、授课、辅导等日常教育教学工作都是相对独立完成的,这种独立分散的工作方式使教师的成就愿望在经过自己的努力后有实现的可能。另外,学生的成长是教育教学成果的体现,从而间接地实现教育工作者的人生价值和理想。

(4)教育工作的集体协作性使教育工作者有较强的建立融洽人际关系的需要

教育教学工作的完成是教师集体工作的成果,教师劳动具有集体性的特点。这决定了教师在教育教学工作中,需要建立融洽的人际关系,包括教师之间、教师与领导之间以及与社会、家长之间的关系。和谐的人际关系使教师在工作中可以协调各种教育力量,更好地完成教育教学任务。

2.时代特点决定了教育工作者的需要

(1)教育实践不断变革决定了教师有追求新知识的需要

随着社会发展和科技的不断进步,教师必须不断完善和更新自己的知识结构。同时,时代发展对人才培养也提出了更高的要求,时代发展对教师的新要求自然使教师产生不断接受新知识、追求自身发展的需要。

(2)教育工作者社会地位的不断提高使教育工作者有改善工作和生活条件的需要

对于教育工作者来说,良好的工作环境包括合理的教育管理制度、良好的学校物质环境、对学校氛围主观感受等。改革开放以来,国家把教育放在优先发展的战略位置,教师的社会地位和待遇不断提高,工作环境不断改善。但由于社会分工、地区发展不平衡等原因,加上目前国家经济整体尚不发达,教师的付出与收入之间仍有差距,工作和生活条件仍需改善。

(二)满足教育工作者的需要

1.了解教育工作者的需要

教育是按照社会需要培养人的过程,教育工作者承载着教书育人的重任。在教育管理中,为了有效地调动教育工作者的工作积极性,管理者应当努力了解教育工作者的需要,在对需要进行分析的前提下,有针对性地设置工作目标,以便有效地发掘其内在潜力。

2.把握教育工作者需要的职业特点和时代特点

任何需要都必然发生在具体的个体身上,而需要的满足也不会永远停留在一个水平上。同时,随着社会历史的不断发展,需要对象也日益扩展,教育工作者的需要也会呈现出其职业特点和时代特点。因此,一方面要把握需要的特点,承认和肯定需要发展的必然性和多样性,防止用固定的单一方式来满足教育工作者的需要;另一方面也要看到需要的满足又客观地受到社会历史条件的制约,受到社会发展水平的制约,引导教育工作者自觉认识到客观条

---

① 姚利民.高校教师心理与管理研究[M].长沙:湖南大学出版社,2013:21.

件的局限性,从而能够自觉地调节自己的需要。

3. 将工作需要转化为个人需要

人类的需要既有衣、食、住等获得满足的物质需要,又有对知识、艺术、审美、理想、信念等获得满足的精神需要,既有工作需要又有个人需要,这些需要之间既有区别又密切联系。教育管理者应把握个人需要与工作需要的共同点,将二者有机地结合起来,使教育工作者自觉地把工作需要和个人需要联系起来,促使工作需要转化为个人需要,更好地发挥工作积极性。

第二节 教育工作者的动机与管理

一、动机的一般概念

(一) 动机的含义

动机是一种由目标引导、激发和维持个体活动的内在心理过程或内部动力系统,是引起个体活动,维持并促使活动朝向某一目标进行的内部动力。它推动个体从事某种活动,以满足一定需要的意图、愿望、信念。动机在人的活动中占有重要的地位,它从本质上说明人的活动的内在心理原因。

(二) 动机的种类

人类的动机十分复杂,动机对于活动的影响和作用也不相同,由此可对动机进行不同的分类。

1. 根据动机的来源,可将动机分为内在动机和外在动机

内在动机是由个体的内在需要引起的动机,它不需要外在条件的参与,活动成功本身就是对个体最好的奖励,如学生为了获得知识而努力读书。外在动机是指人在外界的要求与外力的作用下所产生的行为动机,它由外部因素引起,如学生认真学习是为了获得教师的好评等。内在动机的强度大,时间持续长;外在动机持续时间短,往往带有一定的强制性。因此,任何外界的要求必须转化为人的内在需要,才能成为行为的推动力量[①]。

2. 根据动机的作用不同,可将动机分为主导动机和辅助动机

主导动机是指在个体的动机系统中,对行为起调节和支配作用的动机。主导动机在活动中所起的作用较为强烈、稳定,处于支配地位,通常对行为有决定意义,具有更大的激励作用。辅助动机是对个体行为没有决定意义,在活动中所起作用较弱、较不稳定、处于辅助性地位的动机。在个体成长过程中,活动的主导性动机是不断变化与发展的。事实表明,主导动机与辅助动机的关系较为一致时,活动动力会加强;二者彼此冲突时,活动动力会减弱。

3. 根据动机的性质,可将动机分为生理性动机和社会性动机

生理性动机也称驱力,以有机体自身的生理需要为基础,具有先天性。例如,饥、渴、睡眠、排泄、疼痛等都是生理性动机。人的生理性动机受社会生活条件所制约。社会性动机是以人的社会文化需要为基础的,是后天习得的,如交往动机、成就动机、学习动机等。这些动机推动人们与他人交往,参与社会性活动,希望得到他人认可和尊重。

---

① 彭聃龄.普通心理学[M].北京:北京师范大学出版社,2012:345.

4. 根据动机行为与目标的远近关系,可将动机划分为近景动机和远景动机

近景动机是指与近期目标相联系的动机;远景动机是指与长远目标相联系的动机。如有的学生努力学习,其目标是为期末考试获得好成绩或为今后从事的工作打基础,前者为近景动机,后者为远景动机。远景目标可分解为许多近景目标,近景目标要服从远景目标,体现远景目标。

(三) 动机的特征

为了进一步理解动机的本质,可以从动机与行为的关系来分析动机的特征,表现在以下几个方面。

1. 动力性

动力性是动机心理学家所公认的动机特征,它是指动机能激发、维持、调节和支配行为的强度。动机激发行为的作用能推动个体产生某种活动。动机的动力性表现在动机具有维持的功能即坚持性。有时人们在成功机会很小的时候,也常常会坚持着某种行为方式,这往往是由于人们具有更长远的目标或形成了某种信念,这也是动机坚持性的证据。动机的强度也是动机动力性特征的表现。动机强度随着个体需要的程度、目标达到的可能性而增强或减弱,这种强度直接影响着行为。一般认为,动机水平高则行为强度大;而动机水平低,行为表现较迟缓。例如,被剥夺食物30小时的小鼠比被剥夺食物3小时的小鼠奔向食物的速度要快。

2. 方向性

方向性是指动机使个体的行为指向一定的目标或对象。例如,在学习动机的支配下,人们去图书馆看书;在休息动机的支配下,人们去影院、游乐场或高尔夫球场等。动机不但能激发行为,还能指引行为的方向,而且方向或目标才是激发行为真正的原动力。所以动机性质不同,有机体的行为方向也就是它所追求的目标也是不同的。

3. 隐蔽性

隐蔽性是指动机是一种内部的心理过程。动机是一种中间变量,不能直接观察,心理学家只能根据个体当时所处情境及其行为表现推断个体行为的原因。例如,一名学生周末在图书馆看书,对于他的学习动机,我们观察不到,只能通过他的学习行为表现、态度是否认真、坚持时间的长短进行推断,同时,只有对他学习的一贯表现、学习成绩等作进一步地考察,才可能对这名学生的学习动机进行较准确的推理性解释。

4. 复杂性

复杂性是指动机产生因素的多重性及对行为调节的多样性。动机的产生受有机体内外多种因素的影响。例如,个体内部生理结构、生理激活水平、心理认知能力、情感状态和个性特征等。外部受自然变化、社会变迁的影响,如生活条件、社会地位、传统文化等诸多因素都会直接影响动机的形成。同时,个体某一种动机在不同情境下,可能引起不同的行为,例如,饥饿动机可能引起狼吞虎咽地进食,但因某种原因也可以表现得非常有节制。在同一种情境中,不同的个体也可能产生不同的行为①。

(四) 动机的功能

人类的动机是个体活动的动力和方向。在人的行为活动中,动机作为活动的直接动因,

---

① 郭德俊,李燕平.动机心理学:理论与实践.北京:人民教育出版社,2008:3-5.

具有激发、维持、指引和调整功能。

1. 激发功能

人的活动都是由一定的动机引起的,动机具有激发行为的作用,能推动个体产生某种活动,使个体由静止状态转向活动状态,不存在没有动机的行为。动机是行为的原动力,它对行为具有始动作用。例如,饥饿激发觅食、孤独引起合群,行为的产生就是动机存在的证据。

2. 维持功能

维持功能即维持个体活动继续进行。动机引起某种行为并将其导向目标后,还会继续维持已激发的活动,直到目标实现。不同性质和强度的动机,对活动的激励作用是不同的,高尚的、强的动机比低级的、弱的动机具有更大的激励作用。

3. 指引功能

动机不仅能激发行为,还能将个体的行为引导向特定的目标,活动沿着特定的方向和预定的目标进行,随动机的满足而终止。例如,在成就动机的引导下,教育工作者努力提高教学科研水平,学生刻苦钻研,力求获得更好的成绩。

4. 调整功能

动机在为个体的行为提供动力和方向的同时,又对行为进行控制和调整。调整功能使外界环境条件发生变化时,个体的行为还能向着既定的目标前进。例如,一个具有较强工作动机的教育工作者,在经历家庭成员的健康问题可能影响工作时,仍能调整行为努力完成既定目标。

(五)需要转化为动机的条件

需要是人积极性的基础和根源,动机是推动人们活动的直接动力。人类的行为是在动机的作用下,向着某一目标进行的。人的动机是由需要引起的,但不是所有的需要都能转化为动机,需要转化为动机必须满足两个条件:

1. 需要必须有一定的强度

某种需要必须成为个体的强烈愿望,迫切要求得到满足。如果需要不迫切,则不足以促使人们采取行动以满足这个需要。

2. 需要转化为动机还要有适当的客观条件

适当的客观条件即诱因的刺激,既包括物质刺激也包括社会性刺激。有了客观的诱因才能促使个体去追求目标,以满足某种需要;相反,就无法转化为动机。

可见,人的行为动力是由主观需要和客观事物共同制约决定的。

二、动机的理论

(一)本能理论

动机最早是由本能的概念引入心理学的。本能理论的主要代表人物有詹姆斯(James)、麦独孤(McDougall)、弗洛伊德(Freud)等心理学家。19世纪末20世纪初,在达尔文进化论的影响下,许多心理学家都从本能的角度解释行为。詹姆斯认为,行为受本能指引,人类除了具有与动物一样的生物本能外,还具有许多社会本能,如爱、同情、社交等。麦独孤提出了系统的本能理论,认为人类所有行为都是以本能为基础。弗洛伊德也将人类行为的原因归结于本能,认为心理活动的原动力是由人类生来固有的本能驱力决定。综合上述观点,本能理论认为人类行为的根源和动物一样,是由本能控制的。所谓本能,是物种在进化和适应环境的过程中形成的,它是一种不学而能的行为模式。本能是人类一切思想和行为的基本源泉和动力,个体的种种行为表现都可以归结为本能反射。

许多研究者指出,本能理论并未从行为的过程、机制或结构来解释行为,这种理论过分强调人的生物性,而忽视了人的社会性,把人等同于动物,因而是较为片面的①。

(二) 驱力理论

驱力理论是 20 世纪 20 年代被提出的。武德沃斯(Woodworth)、赫尔(Hull)是驱力理论的主要代表人物。武德沃斯用驱力的概念来代替本能的概念,所谓驱力是指个体由生理需要所引起的一种紧张状态。认为有机体的生理或心理驱力是人类行为的动因,它给机体提供力量和能量,激发或驱动个体行动以满足需要,消除紧张,从而恢复机体的平衡状态。赫尔进一步发展了该理论,提出了驱力减少理论。认为驱力是某种生物需要触发的一种强烈的唤醒状态,这种未分化的驱力状态为随机活动提供能量,当随机活动达到消除驱力紧张的目标时,人类就会停止随机活动。赫尔还指出,来自于内部需要的驱力称为原始驱力,不需要习得;来自于外部刺激的驱力称为获得性驱力,是通过条件作用获得的。

驱力理论得到了许多行为主义学者的赞同,但驱力理论仍以人的生物性本能为出发点来解释人类的行为,在一些无法解释的人类行为中,人的驱力不是减少,而是增加了,如一个人通宵达旦地工作。

(三) 唤醒理论

人类的许多活动常常不是为了减少驱力,而是要增加驱力。例如,努力探究新问题,参加冒险的竞技比赛等。针对人类的这些行为,赫布(Hebb)和伯利恩(Berlyne)提出了最佳唤醒理论。这种理论认为,对唤醒水平的偏好是决定个体行为的一个因素,个体偏好中等强度的刺激水平,而不喜欢过高或过低的刺激。

唤醒理论提出了三个原理:

1. 最佳唤醒水平原理

即人们偏好最佳的唤醒水平。每一个人都有自己的最佳唤醒水平,高于这个水平就需要减少刺激,低于这个水平就需要增加刺激。例如,从事喧闹工作的人要通过安静来休息,从事安静工作的人要通过增加刺激来放松。

2. 简化原理

即重复刺激会使唤醒水平降低。例如,每天的食谱要不断变换;不能总吃一种食物;电视节目的主持人如果过于频繁地在屏幕上出现,观众会对之厌倦等。

3. 经验的作用

即个人经验对于偏好的影响。研究表明,富有经验的个体偏好复杂的刺激。例如,高水平的音乐爱好者喜欢欣赏复杂的音乐;卓越的领导人"受命于危难之际"更使他们充满斗志。

(四) 诱因理论

驱力理论强调个体活动来自内在动力,忽略了外在环境对行为的引发作用。

动机的诱因理论主要从有机体的外部来寻求行为的动因,强调外界的诱因在行为刺激中的作用。所谓诱因是指能满足个体需要的刺激物,它具有激发或诱使个体朝向目标的作用。诱因可以是物质的,也可以是事件或情境。例如,美食激发人的进食欲望;难度高的任

---

① 刘永芳.管理心理学[M].北京:清华大学出版社,2016:63.

务激发人的成就动机。那些人们希望得到的、有吸引力的刺激都可能成为诱因,诱因是个体行为的一种能源,是使行为持久的推动力。这种理论的代表人物主要有巴甫洛夫和斯金纳。

(五)动机的认知理论

20世纪60年代以来,随着认知心理学兴起,形成了动机的认知理论。该理论从认知的角度来说明人类行为的动机,认为认知因素在刺激和行为之间起中介作用,它们既能引起行为,也能控制行为。在这个意义上,认知具有动机的功能。

1. 期待价值理论

期待价值理论认为,行为产生的原因不是强化,而是对目标的期待。当个体对某种特定目标有期待时,就会行动。托尔曼(Tolman)将期待定义为刺激与刺激的联系或反应与刺激的联系。例如,看见闪电就期待雷声,这是刺激引起的期待;教师平时努力工作,期待学生取得好的成绩,属于由反应引起的期待。当事态发展与个体期待一致时,就会起强化作用,可见,对目标物的期待是行为的重要动机。

2. 归因理论

动机的归因理论主要是由心理学家维纳(B. Weiner)提出来的,他从归因的视角来研究人类行为背后的动因。依照这种理论,当个体面对成就情境中某些特定的行为结果时,他会有意无意地寻找其产生的原因,找到的原因不同,个体随后的动机水平也就不同。维纳通过对各种原因进行逻辑分析,最后总结出原因的三种特性或对原因进行分类的三个维度:部位、稳定性和可控制性,其中每一个维度都衍生出了两类不同的原因,依次分别是:内部原因—外部原因、稳定原因—不稳定原因、可控制原因—不可控制原因。例如,个体的努力程度是一种内部的、稳定的、可控制的原因,而运气就是一种外部的、不稳定的、不可控制的原因。

3. 自我效能论

班杜拉(Albert Bandura)认为,行为受结果因素影响。行为之所以出现,是由于认识到行为与强化的依赖关系后,对进一步强化的期待。期待决定行为,强化存在于期待之中,是期待强化。班杜拉区分了两种不同期待:

(1)结果期待

指人对行为会导致某种结果的推测,例如努力学习会取得好成绩。

(2)效能期待

指人对自己是否有能力完成某种行为的判断。这种判断就是自我效能感,是人对自己某方面能力的自我评价,这种自我评价直接决定了人进行某种活动时的动机水平。

三、教育管理中的动机激发

教育工作者需要的多样性决定了动机的复杂性,把握动机的特点,充分发挥动机的积极作用,是做好教育管理工作的重要保证。

(一)抓住主导动机,发挥教育工作者的主观能动性

在人的动机系统中,各种动机所占的地位和所起的作用是不均衡的,其中有一个起主导作用的动机,对人的行为起着支配、调节和控制作用,被称为主导动机或优势动机,而其他动机则被称为辅助动机,主导动机是人的行为方向的主要推动力量。当然随着情况的变化,优势动机与辅助动机之间也可能互相转化或出现新的主导动机。如果教育管理者能针对教育

工作者的不同动机采取有效的管理措施,抓住其主导动机,就能最大程度发挥他们工作的主观能动性,收到显著的效果。

【专栏 4-1】

成就动机测量——成就动机量表(AMS)

【指导语】请认真阅读下面的每个句子,判断句中的描述符合你的情况的程度。请选择①-④来表示你认为的符合程度,数字越大表示越符合。(①完全不符合;②有些不符合;③基本符合;④非常符合)

	题 目	①	②	③	④
1	我喜欢新奇的、有困难的任务,甚至不惜冒风险。				
16	我讨厌在完全不能确定会不会失败的情境中工作。				
2	我在完成有困难的任务时,感到快乐。				
17	在结果不明的情况下,我担心失败。				
3	我会被那些能了解自己有多大才智的工作所吸引。				
18	在完成我认为是困难的任务时,我担心失败。				
4	我喜欢尽了最大努力能完成的工作。				
19	一想到要去做那些新奇的、有困难的工作,我就感到不安。				
5	我喜欢对我没有把握解决的问题坚持不懈地努力。				
20	我不喜欢那些测量我能力的场面。				
6	对于困难的任务,即使没有什么意义,我也很容易卷进去。				
21	我对那些没有把握能胜任的工作感到忧虑。				
7	面对能测量我能力的机会,我感到是一种鞭策和挑战。				
22	我不喜欢做我不知道能否完成的事,即使别人不知道也一样。				
8	我会被有困难的任务所吸引。				
23	在那些测量我能力的情境中,我感到不安。				
9	对于那些我不能确定是否能成功的工作,最能吸引我。				
24	对需要有特定机会才能解决的事,我会害怕失败。				
10	给我的任务即使有充裕的时间,我也喜欢立即开始工作。				
25	那些看起来相当困难的事,我做时很担心。				
11	能够测量我能力的机会,对我是有吸引力的。				
26	我不喜欢在不熟悉的环境下工作,即使无人知道也一样。				
12	面临我没有把握克服的难题时,我会非常兴奋、快乐。				
27	如果有困难的工作要做,我希望不要分配给我。				
13	如果有些事不能立刻理解,我会很快对它产生兴趣。				
28	我不希望做那些要发挥我能力的工作。				
14	对我来说,重要的是做有困难的事,即使无人知道也无关紧要。				
29	我不喜欢做那些我不知道我能否胜任的事。				
15	我希望把有困难的工作分配给我。				
30	当我遇到我不能立即弄懂的问题,我会焦虑不安。				

计分方法:① -1 分,② -2 分,③ -3 分,④ -4 分

1~15 题记总分为 MS(成功的动机),16~30 题记总分为 MF(害怕失败)MS-MF 为总得分 MA。

分数分析:

成就动机的核心是一种追求高标准的倾向。西方学者将成就动机定义为"个人对自己认为重要的或有价值的任务,不但愿意去做,而且力求达到更高标准的内在心理过程"。其表现包括:完成有难度的任务,设置具有挑战性的工作目标;在面对任务情景时,朝向高标准、高效率地完成任务,并为实现这一目标进行艰苦努力;超越自我或他人,希望获得优秀成绩的欲望等等。

成就动机可进一步划分为趋近性和回避性的两个因素,分别可称为希望成功的动机(MS)和回避失败的动机(MF)。前者关注的是如何获得成功,而后者关注的是如何避免失败。在希望成功的动机的影响下,个体会主动从事重要任务,并会选择有利于任务高质量完成的策略,坚持努力,以求成功。在回避失败的动机的影响下,个体面对重要任务时可能会采取两种不同的方式。一种方式是防御性的,个体力图逃避任务以避免失败;而另一种方式则较为积极,个体会非常努力以避免失败。

MS-MF>0 时,成就动机强。分值越高,成就动机越高。

高分特质:对人生有自己的看法;有追求成功的强烈愿望;喜欢挑战性的任务,愿意为自己设置高目标;肯冒风险,喜欢尝试新事物;希望在竞争中获胜。活动过程中积极主动,愿意承担责任。对工作或学习,只要下定决心,即使遇到困难也会坚持到底。

MS-MF=0 时,成就动机中等。追求成功和害怕失败相当。

中等特质:有时愿意承担一定难度的任务,并能承担一定的责任。对任务的看法很大程度上受情绪的支配。在为成功与失败归因时,态度往往不稳定,情绪消极时会对自己的信念、目标有所怀疑。

MS-MF<0 时,成就动机弱。分值越低,成就动机越低。

低分特质:认为要成功,机会比努力、能力更加重要;通常不愿意面对挑战性的任务;不喜欢参加与他人竞争的活动;做事情没有明确目标,无坚定的信念;工作中可能会表现得比较保守。在集体活动中不太愿意承担责任,出现问题时,可能会喜欢抱怨他人,回避责任,听之任之。

(资料来源:叶仁敏,Hagtvet K.A.成就动机的测量与分析[J].心理发展与教育,1992(2):14-16.)

(二) 加强师德教育,激发教育工作者的成就动机

教师的职责是教书育人,这种职业特点对教师的道德品质提出了更高的要求,从众多优秀教师的工作成绩中也能看出,道德动机是他们成功的重要因素。著名教育家叶圣陶曾说过:"一个学校的教师都能为人师表,有好的品德,就会影响学生,带动学生,使整个学校形成一个好校风,这样就有利于学生的德、智、体全面发展,对学生的成长大有益处。"因此,要提高教师对教育工作意义的认识,使其不断体验到教育工作所创造的重大社会价值,满足其成就感,使他们获得精神上的满足,从而激发其工作积极性。

(三) 满足教育工作者的需要,调动其工作积极性

个体的需要包括衣食住行等物质需要,也有对于自己的自尊、道德、审美等精神需要。

需要是动机的强大推动力,动机引起行为。教师的需要有其职业特点和时代特点,作为教育管理者,应该了解教师的需要,针对教师不同的需要及特点采取适当的措施,既要满足教育工作者的物质需要,也要满足其精神需要,从而更好地调动教师的工作积极性。同时,要维持教育工作者稳定、持久的积极性,还要教育和引导他们不断提高其需要层次。

(四)设置合理目标,使教育工作者的工作有一定的挑战性

在教育管理工作中,合理目标的设置应该将近期目标与远期目标相结合;目标实现的难易程度适中;可让教育工作者参与目标的制定,使他们更明确自己的价值和责任。将目标设置与岗位责任、奖惩机制、职称晋升等激励手段结合起来,积极引导并提供必要的知识、技能、环境等方面的支持,为目标的实现创造条件。不断设置新的目标,促使教育工作者不满足于现状,不断激活其高层次需要和动机,使教育工作者能充分发挥个人特长和才能,引发其更多的符合社会发展需要的目标行为。

(五)恰当的反馈和评价,提高教育工作者的自我效能感

在教育管理工作中,教育管理者对教师的工作要给予及时的反馈,使教师能感受到关注和理解。对教育工作者的工作成绩要给予恰当的评价、表扬和鼓励,以满足教师荣誉感、自尊心的需要;要激发教师的工作积极性,帮助其在教育工作中更好地满足自我实现的需要,提高教师的自我效能感。

(六)创造良好的工作和生活环境,促进教育工作者的工作主动性

教育管理者应该努力为教师营造良好的工作环境和生活环境,良好的工作环境可以使教育工作者身心愉悦,更好地发挥工作主动性和创造性,为教育事业的发展多做贡献;好的生活环境可以免除教师的后顾之忧,使其保持旺盛的精力,投入到工作中。

第三节 教育工作者工作积极性的激励

一、激励的概念

激励指持续地激发人的动机和内在动力,使其心理过程始终保持在激奋状态中,鼓励人朝着所期望的目标采取行动的心理过程。人的一切行动都是由某种动机引起的,动机是一种精神状态,它对人的行动起激发、推动、加强的作用。激励的目的在于激发人的正确行为动机,调动人的积极性和创造性,以充分发挥人的智力效应,做出最大成绩。

二、激励的理论

20世纪二三十年代以来,国外许多管理学、心理学和社会学研究者结合现代管理实践,提出了许多激励的相关理论。这些理论按照形成的时间及所研究的侧重点不同,主要包括以下几个方面:

(一)内容型激励理论

内容型激励理论是指针对激励的原因与引起激励作用的因素的具体内容进行研究的理论。这类理论侧重研究满足人们需要的内容、结构、特征及其动力作用,研究激发动机的诱因,即人们需要什么满足什么,从而激起人们的动机。主要包括马斯洛的"需要层次论"、赫茨伯格的"双因素论"和麦克莱兰的"成就需要激励理论"等。

1. 需要层次理论

内容型激励理论中最具代表性的是美国社会心理学家亚伯拉罕·马斯洛（Abraham Maslow）提出的需要层次理论，他将人类的需要按其重要性依次排列为：生理需要、安全需要、归属与爱的需要、尊重需要和自我实现需要。其后又在尊重需要和自我实现需要之间增加了求知需要和审美需要两种。马斯洛提出人类的需要是有等级层次的，从最低级的需要逐级向最高级的需要发展。需要是促使人产生某种动机的内在基础，产生激励作用。并且提出当某一级的需要获得满足以后，这种需要便中止了它的激励作用。

2. 双因素理论

双因素理论又称为保健—激励理论或保健因素理论，是美国社会心理学家弗雷德里克·赫兹伯格（Friderick Herzberg）提出来的。

20世纪50年代末期，赫茨伯格等调查了美国匹兹堡地区的200多名工程师和会计师在工作中的满意和不满意因素，并调查了这些因素引起的积极情绪和消极情绪持续的时间。结果发现，使被调查者感到满意的都是有关工作本身或工作内容方面的因素，这些能带来积极态度、满意和激励作用的因素就叫做"激励因素"，包括成就、赏识、挑战性的工作以及成长和发展的机会等，具备了这些因素，就能对人们产生更大的激励。使他们感到不满的，都是属于工作环境或工作关系方面的因素，这些因素叫做保健因素。保健因素的满足产生的效果类似于卫生保健对身体健康所起的作用，它从环境中消除有害健康的事物，有预防疾病的效果。保健因素包括公司政策、管理措施、监督、人际关系、物质工作条件、工资、福利等。它只是消除了不满意，并不会引发积极的态度。见表4-1。

表4-1 赫兹伯格双因素激励理论

激励因素（激励员工的工作热情）	保健因素（防止员工产生不满情绪）
成就	政策
赏识	监督
挑战性的工作	物质工作条件
责任	工资
晋升	人际关系
成长	个人生活
	地位
	保障
	安全

3. 成就需要理论

成就需要理论也称激励需要理论。20世纪50年代初期，美国心理学家戴维·麦克利兰（David C. McClelland）等研究归纳出三大社会性需要：成就需要、交往需要和权利需要。他们对人的成就需要进行研究，提出了一种新的内容型激励理论——成就需要激励理论。麦克利兰认为，在人的生存需要基本得到满足的前提下，成就动机、权利动机和社交动机是人的最主要的三种需要。其中，成就动机的高低对一个人的发展起着特别重要的作用，包括追求成功的动机和避免失败的动机。

(二) 过程型激励理论

过程型激励理论重点研究从动机的产生到采取行动的心理过程,着眼于分析个人因素是如何通过交互影响形成特定行为的。主要包括弗鲁姆的"期望理论"、亚当斯的"公平理论"和洛克的"目标设置理论"等。

1. 期望理论

期望理论是美国心理学家弗罗姆(Victor Vroom)提出的。期望理论认为,人之所以能从事某项工作并达到目标,是因为这些工作会帮助他们达到自己的目标,满足需要。换言之,动机激励水平取决于个体对行动结果的价值评价和对达到该结果可能性大小的估计,即有效的激励取决于个体对完成工作任务以及接受预期奖赏能力的期望。

2. 公平理论

公平理论又称社会比较理论,是美国心理学家亚当斯(J. S. Adams)提出来的一种激励理论。该理论侧重于研究工资报酬分配的合理性、公平性及其对职工生产积极性的影响。

亚当斯提出的公平理论认为,人的工作积极性不仅与报酬的多少有关,更重要的是人们对报酬的分配是否感到公平。在实际生活中,人们总会自觉或不自觉地把自己付出的劳动代价及所得的报酬与他人进行比较,并对是否公平作出判断。公平感直接影响个体的工作动机和行为,有了公平感,便心情舒畅,工作积极性提高。否则,便产生不公平感,影响工作积极性。

3. 目标设置理论

美国管理学家和心理学家埃德温·洛克(E. A. Locke)于1968年提出了目标设置理论。人的行为都是由动机引起的,并且指向一定的目标。目标是一种刺激,合适的目标能够诱发人的动机,规定行为的方向①。该理论认为无论采取何种激励手段,都离不开目标设置,这是因为目标使人们知道他们要完成什么工作,以及完成工作所需要付出的努力。因此研究激励问题最根本的就是高度重视目标设置,并尽可能设置合适的目标。

设置目标时要注意以下问题:① 目标的具体性。明确、具体的目标更能激发人的行为,从而取得更好的工作绩效。② 目标难易度。有一定难度的目标比容易达到的目标更能激发人的行为,取得更好的工作绩效。③ 目标的可接受性。即目标被员工认可的程度,只有在组织目标为个人所接受并转化为个人的目标时,目标才能对个人的行为起激励作用。④ 参与目标设置。参与目标设置有利于个体更清楚地理解目标,增加组织归属感,从而激发工作动机。⑤ 对目标完成情况及时反馈。及时反馈有利于对行为的监控和及时调整。

(三) 行为改造型激励理论

当个体受到某种因素的驱动,产生目标行为时,行为如何得到维持?相关的行为改造型激励理论是以行为结果为对象,侧重研究如何对行为进行后续激励。主要包括强化理论和挫折理论。

1. 强化理论

强化理论是美国心理学家和行为科学家斯金纳(B. F. Skinner)等人提出的一种理论。强化理论是以学习的强化原理为基础提出来的。所谓强化,指的是通过采用适当的事物(强化物)来增强反应的强度、概率或频度的过程。根据强化的性质和目的,可把强化分为

---

① 朱新秤.教育管理心理学[M].北京:中国人民大学出版社,2008:118.

正强化和负强化。正强化又称积极强化,是指奖励那些符合组织目标的行为,使这些行为得到加强,从而有利于目标的实现,既包括物质的,也包括精神的。负强化又称消极强化,是指通过移除个体希望避开的刺激来增强某一行为或反应的过程,从而保证目标的实现不受干扰。在管理上,正强化是通过奖励需要的行为,从而加强这种行为;负强化是通过减少处罚来加强某种行为。

2. 挫折理论

挫折理论是由美国的亚当斯提出的。挫折理论主要揭示人在追求目标的过程中,动机行为受阻而未能满足需要时的心理状态及由此导致的行为表现。一般激励理论往往是从如何调动人的积极性入手的,挫折理论则是从阻碍人们发挥积极性的因素入手,研究如何维护积极性的问题,力求采取措施将消极行为转化为积极行为。

三、教育管理中的激励

(一)教育管理中的激励原则

在教育管理工作中,按照激励的基本原理,激励应遵循以下原则:

1. 目标结合原则

目标激励就是确定适当的目标,以激发人的动机和行为,达到调动人的积极性的目的。人的积极性不仅决定于需要、驱动的动力状态,也取决于个人对目标的期望。目标作为一种诱导因素,具有引发、导向和激励的作用。当个体对目标的期望低,认为不可能达到时,即使需要迫切,也难以激发动机和行动。只有在目标适当,通过对活动的控制和调节,才能使活动朝预定的方向进行。

每个人都有自我实现的目标,在教育管理工作中,只有不断启发教育工作者对高目标的追求,才能激发他们积极向上的内在动力。当教育工作者的目标明确并且迫切地需要实现时,他们就会对教育工作产生广泛的兴趣,努力工作,自觉地把工作做好。目标的设置必须体现组织目标的要求,要将个人的目标与组织目标有机结合起来。在设置目标时,教育管理者要善于把近期目标与远景规划结合起来,持续地调动教师的积极性,并把职工的积极性维持在较高的水平。小目标的设置要求有一定的挑战性和难度,以利于激发人的积极性。只有这样,这种目标激励才会产生强大的效果。

2. 保健和激励两因素结合原则

根据激励的"双因素理论",激励可分为两种因素——保健因素和激励因素。满足人们生存、安全等的因素属于保健因素,其作用只是消除不满,但不会导致积极的态度。而满足自尊和自我实现的需要,具有激励作用。因此,在教育管理工作中,要将两种因素结合起来,通过安全、工作条件、工资、福利等保健因素的作用提高教师的身心健康水平,使其获得满足感。同时,发挥激励因素的作用,为教育工作者提供晋升、成长和发展的机会,激发那些能满足个人自我实现需要的因素,调动教师的工作积极性和创造性,发挥个人潜力,实现人生价值,获得成就感。

3. 正激励与负激励相结合原则

据美国心理学家斯金纳的强化理论,可把激励分为正激励和负激励。正激励就是对教师的工作给予肯定、赞扬、信任、奖励等具有正面意义的刺激,主要采取正强化手段。在正激励的同时,有时也要进行负向的约束,正负强化并用,满足教育工作者的合理需要,促进积极行为,限制不合理需要,抑制消极行为。正、负激励不仅能直接作用于教师本人,而且还能影响他们周围的同事,形成积极向上的工作环境和氛围。

4. 公正原则

公平性是指激励制度的设计和激励政策的推行要注重相对价值和绝对价值的统一,坚持公平合理、客观公正。激励的公平理论认为报酬的多少对个体有一定的激励作用,但更重要的是人们对报酬的分配是否感到公平。一个人对他所得的报酬不仅看其绝对值,还要看他进行社会比较时的相对值,进而产生公平与不公平感,影响激励效果。在教育管理中,对教师的考评、薪酬、晋升、福利等激励要统筹兼顾各群体,做到公开透明、一视同仁,鼓励良性竞争和合作,营造公平和谐的工作环境。有了公平感,有利于保持身心愉悦,提高工作积极性。否则,便产生不公平感,影响工作积极性。如果奖罚不当,不仅收不到预期的激励效果,反而会造成许多消极后果。

5. 精神激励为主原则

人既有物质需要,也有精神需要。物质激励体现在对人的物质需求的满足上,是调动工作积极性的基本因素。精神激励体现在对精神需求满足的基础上,是激发员工创造性的基本因素。激励的成就需要理论认为人是有精神需求的社会人,在物质需要满足的基础上,要特别重视精神激励的作用,通过满足教育工作者社交、自尊、自我发展、自我实现的需要,在较高层次上调动其工作主动性和积极性,其激励深度大,维持时间长。

(二) 教育管理中激励的主要方法

激励的方式多种多样,教育管理中常用的激励方法主要有以下几种:

1. 奖惩激励

奖惩激励是利用奖励与惩罚的手段进行激励。奖励和惩罚相结合,以强化积极行为和抑制消极行为。

(1) 奖励激励

奖励是对人的某种行为给予肯定和表扬,使人保持这种行为。奖励得当,能进一步调动人的积极性。奖励的形式多种多样,有物质奖励、精神奖励,也可以将两种奖励形式结合起来。物质奖励主要满足人的生理需要,精神奖励则是满足人的心理需要。

为了充分发挥奖励的激励作用,在运用奖励时要注意以下几点:

① 正确处理物质奖励和精神奖励的关系。物质奖励在一定的条件下是必要的,并起到一定的作用,但物质奖励的作用是有限的。只重视物质奖励,容易使教育工作者的眼光局限于眼前利益,看不到整体和长远利益。而精神奖励能增加人的内在动机水平,激发人的自尊心、成就感与责任感,有时往往比物质奖励更能调动教育工作者的积极性。物质奖励与精神奖励二者相辅相成,要善于把物质奖励与精神奖励结合起来。

② 奖励要注重时效。即时奖励对激励效果较好。奖励及时不仅能充分发挥奖励的作用,而且能使教育工作者增加对奖励的重视程度,也可以对未受奖者产生积极的影响。过期奖励,会削弱奖励的作用。

③ 奖励的程度要与贡献大小相结合。贡献越大,越应获得较高程度的奖励。如果贡献与奖励不相当,不问贡献大小,奖励相等,就失去了奖励的激励意义。

④ 奖励的方式要考虑教育工作者的需要特点。人的需要是多种多样的,这些需要都可以成为激励的手段。然而,各种奖励对教育工作者工作积极性的影响,不完全取决于奖励价

值的高低,而取决于奖励是否符合教育工作者的需要。

⑤ 奖励要公开、民主。奖励的公平性对受奖者本人和他人都有重要作用。缺乏民主的评奖机制会大大降低奖励对他人的积极影响,不能起到激励的效果。

(2) 惩罚激励

惩罚是对人的某种行为予以否定与批评,使人消除这种行为。惩罚得当,不仅能消除人的不良行为,而且能化消极因素为积极因素。惩罚的形式也是多种多样的,有点名批评、检讨、处分、经济制裁、法律惩办等。

为了发挥惩罚的激励作用,要注意以下几点:

① 惩罚要公正合理,并与教育相结合。惩罚要实事求是,不应有偏见。惩罚不是目的,要指出错误、耐心教育,达到惩前毖后、治病救人的目的。这样才能化消极因素为积极因素,否则易产生对立情绪。

② 惩罚要注重时效。当事实真相已经查明,就要及时进行教育,及时处理能取得较好的效果。

③ 惩罚措施要适当。惩罚措施要运用得当,惩罚过多,易引起人们的紧张和不满情绪,惩罚过少又会降低处罚的约束力。应根据其错误轻重以及所造成的影响大小,采取不同的方式,要考虑尽量减少教育工作者的挫折感,又能够达到处罚的教育作用。

④ 贯彻预防原则。对教育工作者可能发生的错误行为应事先提醒,防患于未然。

2. 情感激励

情感激励是通过沟通、理解、尊重、关怀等途径,影响受激励者的情绪,满足其情感需求,激发其对组织目标的认同感、成就感及危机意识,使其保持良好的心态和工作热情。

情感是人对客观事物是否满足自己需要的态度体验。情感是动机系统的基本成分,是动机的源泉之一,它能够激励人的活动,提高效率。在学校管理中,管理者应加强与教师的情感沟通,走进教师的工作和生活,设身处地站在他们的角度,了解他们的困惑和苦恼,倾听他们的意见,理解和关心他们的需求,关注他们的精神生活和心理健康。加深情感互动,使教育工作者感受到来自学校管理者的温暖和关爱,在情感上接纳领导,提高其对激励的认同感,形成互敬互爱的校园文化氛围。

3. 参与激励

参与激励是让教师参与到教育教学管理工作中,参与教育方针在制定、教育决策规划、组织、协调、实施等过程的管理,并对教育管理工作进行监督,从而激发教师的内在工作动机,提高工作主动性和自觉性。

在学校管理中,应鼓励教育工作者参与学校事物的管理和监督,创造条件让参与过程成为强化教师责任意识的激励过程,自觉将个人利益与组织利益结合起来,将个人前途和学校发展规划有机融合起来,并逐渐使之规范化、制度化,形成长效激励机制。同时,教育管理者要正确对待教师提出的意见和批评,善于接纳不同意见,对教师的合理化建议给予肯定和鼓励,加强教师参与管理的愿望。

4. 榜样激励

榜样激励也称示范激励,是通过典型示范作用,用榜样的高尚思想、模范行为和工作成绩激励员工的进取心,引导他们以榜样为标准,调整努力方向、修正行为,向期望的目标发展。行为主义的学习理论认为,人的行为是学会的,因此榜样激励适合人的模仿的心理需要。在学校管理中,榜样应该选择那些思想进步、品格高尚、脚踏实地、特点突出、事迹生动的教师,选取便于学习模仿的人物和事迹。同时,教育管理者在实际工作中要加强自我修养,以身作则,发挥自身的模范作用,以良好的行为素养带动广大教师,更好地发挥榜样的激励效能。

为了充分地发挥榜样的作用,更好地调动群众的积极性,在运用榜样激励作用时应注意:

① 要实事求是地宣扬榜样的先进事迹,激发群众产生学习模仿的动机,而不能进行虚假宣传,否则容易产生逆反心理。

② 要引导群众正确对待榜样,人无完人,不能要求榜样十全十美,毫无缺点;要扬长避短,学其长处。

③ 分析榜样形成的条件,明确学习的途径,增强广大教师学习榜样的信心。

5. 文化激励

文化激励是指通过建设优秀的组织文化,引导团体成员形成共同的思想意识、职业道德、价值观念行为规范等无形的精神力量,用以加强成员的自身修养,增强奉献意识,改善人际关系,使个人自身得到发展与提高,使团体更有活力。

教育管理中的文化建设包括物质激励、制度激励、精神激励三个层次,物质激励包括学校的环境、社会地位、声誉、影响等所发挥的激励作用,有助于增强教师的归属感和职业成就感;制度激励指学校的规章制度、工作程序等的激励作用,健全的制度具有强制性和约束作用,可以为物质激励和精神激励提供基础保障,通常发挥负激励的作用;精神激励包括价值观、理想、竞争、危机等的激励作用,可以激励广大教师的价值认知和职业理想,强化危机意识、保持进取心。可见,每个层次的文化都有激励作用,但作用的范围、时间和效果不同。物质层面的文化激励范围小、持续时间短、强度弱,其次是制度激励,而精神层面的文化激励范围广、持续时间较长、强度大,属于深层次的激励。学校的工作性质决定了教育管理中的激励主要集中在精神层次,重点关注精神文化建设,同时,将各层次的激励作用有机结合起来,建立灵活有效的校园文化激励体系。

【专栏4-2】

案例链接:学校"满勤给奖"管理制度

案例:某校决定采用"满勤给奖"制度来加强管理,出满勤的发奖金20元,如果上课、教研组活动、政治学习一次缺席或两次迟到者,该月就没有奖金。这种办法实行后第二个月效果很好,无人缺席、迟到,教学秩序趋于正常。两个月后,工作一直认真负责的王老师,因患病请假2天,病未痊愈就来上班了,却被扣发了当月的奖金;李老师经常是小病大养,自由散漫,实行"满勤给奖"后,人是来了,课也上了,但教学效果差,奖金却照拿;赵老师在月初的第一周就迟到2次,在他看来,一个月的奖金已经没了,于是在后几周的工作就随随便便了,何必准时来上班呢?

解析:"满勤给奖"的刺激方式对教师工作的管理具有一定的督促作用,但无法长久。其主要理由有:不符合教师工作的特点和工作实际,如:教师工作有松散化和弹性化的特点等。以全勤奖激励教师,不能真正走进教师心里,存在管理漏洞,如出现案例中王老师和李老师的情况,制度不再能发挥其原有的激励本意时,势必失去价值。

建议：

1. 激励教师应关注教师对职业成就的需要，也就是鼓励教师搞好教学工作本身，而出全勤的教师并不能说明教学工作就是优秀，激励方式要适合教师工作的性质。

2. 本案例是实际应用型的案例，分析思路可以是开放性的。以激励理论（双因素理论等）或学校组织特点等分析都是可以的。

本 章 小 结

1. 对教育工作者工作积极性的激励，就是针对教育工作者不同层次的需要，设置适度合理的目标，使内在的需要上升为动机，动机引起行为，行为产生客观现实的效果。在教育工作中，只有了解教育工作者的需要、动机的关系及其变化的规律，把握激励的原则和方法，才能了解和掌握人的心理状态，从而有效地促进和控制其行为。

2. 需要是有机体感到某种缺乏而力求获得满足的心理倾向，是有机体自身和外部生活条件的要求在头脑中的反映，是个体生存和发展的重要条件。包括人体内部的生理需求和人体外部的社会需求。需要具有对象性、阶段性、社会历史性、独特性的特点。影响需要产生的因素包括生理状态、情境、认知因素几方面。需要可以从起源、对象和迫切程度等多个角度进行分类。马克思的需要理论、莫瑞的需要理论、马斯洛的需要层次理论对我们理解人的需要的种类有很重要的意义。教育工作者的需要具有其独特职业特点和与社会发展相适应的时代特点。在教育管理工作中，要认识和满足教育工作者的合理需要，发挥他们的工作积极性。

3. 动机是引起个体活动，维持并促使活动朝向某一目标进行的内部动力，能从本质上说明人的活动的内在心理原因。动机可以从引发原因、在活动中所起的作用、动机行为与目标的关系远近、起源等方面进行分类。动机具有动力性、方向性、隐蔽性、复杂性特征。动机的功能包括引发功能、维持功能和指引功能。需要转化为动机需要一定的条件。本能理论、驱力理论、唤醒理论、诱因理论、动机认知理论从不同的角度阐述了动机形成的因素，对于我们理解动机即作用有一定的启发意义。把握动机的特点，激发教育工作者的工作动机，是做好教育管理工作的重要保证。

4. 激励指持续地激发人的动机和内在动力，使其心理过程始终保持在激奋的状态中，鼓励人朝着所期望的目标采取行动的心理过程，其目的在于激发人的正确行为动机，调动人的积极性和创造性。有关激励的理论众多，可以分为内容型激励理论、过程激励理论和行为后果理论几个方面。教育管理者要掌握激励的原则和激励常用的方式方法，从教育管理工作实际出发，利用激励的促动作用，调动教育工作者的工作热情和主观能动性，为国家的人才培养多做贡献。

练习与思考

1. 什么是需要？需要的特点有哪些？
2. 影响需要产生的因素是什么？
3. 需要的理论有哪些？主要内容是什么？

4. 结合工作实际谈谈教育工作者的需要。
5. 在教育管理中如何满足教育工作者的需要。
6. 什么是动机？动机的特征和功能？
7. 动机理论的基本观点是什么？
8. 需要转化为动机需要哪些条件？
9. 结合工作实际谈谈教育管理工作中如何激发教师的动机。
10. 什么是激励？对教育工作者进行激励的原则有哪些？
11. 激励理论包括那几方面？主要内容是什么？
12. 结合实际谈谈教育管理中激励的方法。

推 荐 阅 读

1. 刘永芳.管理心理学[M].北京:清华大学出版社,2016.
2. 彭聃龄.普通心理学(第四版)[M].北京:北京师范大学出版社,2012.

第五章 教育工作者的心理健康与职业倦怠

【本章导读】

　　心理健康是一种高效而满意的持续的心理状态,它以促进人们的心理调节、发展更大的心理效能为目标,教育工作者的良好的心理健康状况对其自身和对保证学生的心理健康发展都有重要作用。职业倦怠是个体在工作压力下产生的身心疲劳与耗竭的状态。教育工作者的职业倦怠与个人、学校、社会等多方面的因素有关,会引起他们在生理、心理、行为等多方面的消极心理反应,对教育教学工作产生不良影响。维护和促进教育工作者的心理健康,减少和消除引起职业倦怠的因素,是提高教育工作者工作积极性和主动性的重要保证。

　　本章将从教育工作者心理健康和职业倦怠两方面进行探讨:
　　1. 教育工作者的心理健康与管理。
　　2. 教育工作者的职业倦怠与管理。

【关键概念】

　　心理健康;职业倦怠;教师职业倦怠

【学习目标】

　　1. 了解心理健康的概念、标准、常见心理问题的种类;掌握教育工作者心理健康的标准、影响教育工作者心理健康的因素、教育工作者心理健康状况不良的主要表现;重点掌握教育工作者心理健康的作用、教育工作者心理健康的培养并能应用于教育管理工作中。

　　2. 了解职业倦怠的概念;掌握教师职业倦怠的概念、教育工作者职业倦怠的表现;重点掌握教育工作者职业倦怠的影响因素,并结合教育管理实际掌握缓解教育工作者职业倦怠的策略。

【建议学时】

　　3学时

　　现代社会,心理健康问题越来越突出并受到人们的重视,生活节奏加快和压力的作用时常会影响教育工作者的心理健康。教师职业倦怠指教师由于不能有效应对教育教学活动中延续不断的压力而出现的消极心理反应。促进教师的心理健康水平,对帮助他们避免职业倦怠,更好地完成教书育人的重任意义重大。

第一节 教育工作者的心理健康

一、心理健康的一般概念

进入20世纪中叶后,由于现代科技和社会文化的迅猛发展,现代社会生活中,人们普遍面临着快节奏的生活。激烈的竞争、频繁的应激所造成的心理和生理压力使人不堪重负,心理健康问题越来越突出并受到人们的重视。1947年,世界卫生组织(WHO)在成立宪章中指出:"健康乃是一种身体的、心理的和社会适应的健全状态,而不只是没有疾病或虚弱现象。"这一章程将心理健康与身体健康放在同等重要的位置,是人们以一种多元视角全面看待健康。

(一)心理健康的定义

关于心理健康,至今尚未形成一个统一概念。英格里士认为:心理健康是指一种持续的心理情况,当事者在那种情况下能做良好适应,具有生命的活力,能充分发展其身心的潜能,这是一种积极的情况,不仅是免于心理疾病而已。世界心理卫生大会曾提出心理健康的标志是:"① 身体、智力、情绪十分协调;② 适应环境,人际关系中彼此谦让;③ 有幸福感;④ 在工作和职业中能充分发挥自己的能力,过着有效率的生活。"英国《简明不列颠百科全书》对心理健康所下的定义是:"心理健康是指个体心理在本身及环境条件许可范围内所能达到的最佳功能状态,但不是十全十美的绝对状态。"我国学者樊富珉教授认为心理健康有广义和狭义、消极和积极之分。"广义上,心理健康是指一种高效而满意的、持续的心理状态,个体在这种状态下能作良好的适应,具有生命的活力,能充分发挥其身心的潜能;狭义上,心理健康是指人的基本心理活动的过程内容完整、协调一致,即认识、情感、意志、行为、人格完整和协调,能顺应社会,与社会保持同步。从消极层面看,心理健康是指没有心理障碍和疾病,这是心理健康的起码标准;从积极层面看,心理健康是指一种积极发展的心理状态,这是心理健康最本质的内涵,它意味着不仅要减少一切不健康的心理倾向,更要使一个人的心理处于最佳状态"。

【专栏 5-1】

现代心理卫生运动的产生与发展

现代心理卫生运动起源于20世纪初,是由美国人比尔斯(Clifford W. Beers),(1876—1943)提倡的。比尔斯毕业于耶鲁大学,曾在一家保险公司任职。他因目睹哥哥癫痫病发作,所以担心自己也会如此,惧怕此病有遗传性而天天忧虑,终于导致心理失常而自杀,后经人救起而被送进精神病院治疗,3年后才获痊愈。他将自己在精神病院的生活,写成了一本举世闻名的书《一颗自我发现的心》(A Mind That Found itself)。该书揭露了精神病院对患者的不合理的待遇,提倡心理卫生的必要性。1908年5月,比尔斯在詹姆士、梅耶及社会各界人士的赞助和支持下,邀集同仁在其故乡康涅狄格成立了世界上第一个心理卫生组织——康州心理卫生协会。该协会的宗旨是"维护心理健康,防治精神疾患,普及有关精神病的知识,提高人们对精神疾病的认识,预防精神上的各种疾病,改善患者的治疗条件,取得整个社会的理解。"康州心理卫生协会的活动范围很快就扩展到整个美国,从而奠定了心理卫生运动的基础。1909年,在纽约成立了"美国全国心理卫生委员会"。1930年5月第一届国际心理卫生大会在美国华盛顿召开,在这次大会上,正式成立了"国际心理卫生委员会"。1948年该委员会改组为"世界健康联合会",同时联合国又成立了"心理卫生世界联盟",促使心理卫生运动不断发展。

(资料来源:朱永新.管理心理学[M].北京:高等教育出版社,2006.)

(二)心理健康的标准

不同的研究者从不同的角度提出了心理健康的标准。

1. 美国心理学家马斯洛提出的心理健康十条标准

① 充分的安全感。
② 充分了解自己,并对自己的能力作适当的估价。
③ 生活的目标切合实际。
④ 与现实的环境保持接触。
⑤ 能保持人格的完整与和谐。
⑥ 具有从经验中学习的能力。
⑦ 能保持良好的人际关系。
⑧ 适度的情绪表达与控制。
⑨ 在不违背社会规范的条件下,对个人的基本需要作恰当的满足。
⑩ 在集体要求的前提下,较好地发挥自己的个性。

2. 我国郭念锋教授于1986年在《临床心理学概论》一书中提出的评估心理健康水平十个标准

(1) 心理活动强度

心理活动强度是指对于精神刺激的抵抗能力。在遭遇精神打击时,不同的人对于同一类精神刺激,反应各不相同。这表明,不同人对于精神刺激的抵抗力不同。抵抗力弱的人往往反应强烈,容易因为精神刺激而出现心理问题;而抵抗力强的人,虽有反应,但不强烈,并不会致病。心理活动强度,主要和人的认识水平有关。一个人对外部事件有充分理智的认识时,就可以相对地减弱刺激的强度。另外,人的生活经验、固有的性格特征、当时所处的环境条件,以及神经系统的类型,也会影响到这种抵抗能力。

(2) 心理活动耐受力

心理活动强度是对突然的强大精神刺激的抵抗能力。而慢性的、长期的精神刺激,可以使耐受力差的人处在痛苦之中,在经历一段时间后,便在这种慢性精神折磨下出现心理异常、精神不振,甚至产生严重的躯体疾病。但是,也有人虽然被这些不良刺激缠绕,但最终不会在精神上出现严重问题。有的人,甚至把不断克服这种精神苦恼当作强者的象征,作为检验自身生存价值的指标;有的人,甚至可以在别人无法忍受的逆境中做出光辉业绩。我们把长期经受精神刺激的能力,看作衡量心理健康水平的指标,称它为心理活动的耐受力。

(3) 周期节律性

人的心理活动在形式和效率上都有着自己内在的节律性。比如,人的注意力水平,就是一种自然的起伏。不只是注意状态,人的所有心理过程都有节律性。一般可以用心理活动的效率做指标去探查这种客观节律的变化。有的人白天工作效率不太高,但一到晚上就很有效率,有的人则相反。如果一个人的心理活动固有节律经常处在紊乱状态,不管是什么原因造成的,都说明他的心理健康水平下降了。

(4)意识水平

意识水平的高低,往往以注意力品质的好坏为客观指标。如果一个人不能专注于某种工作,不能专注地思考某一问题,思想经常"开小差",或者因注意力分散而出现工作上的差错,我们就要警惕他的心理健康问题了。因为注意力水平的降低会影响到意识活动的有效水平,思想不能集中的程度越高,心理健康水平就越低,由此而造成的其他后果也越严重。

(5)暗示性

易受暗示的人,往往容易被周围环境的无关因素引起情绪的波动和思维的动摇,有时表现为意志力薄弱。他们的情绪和思维很容易随环境变化,给精神活动带来不太稳定的特点。

(6)心理康复能力

在人的一生中,谁都不可避免遭受精神创伤,在遭受精神创伤之后,情绪会有极大波动,行为会暂时改变,甚至某些躯体症状都有可能出现。但是,由于人们各自的认识能力不同、各自的经验不同,从一次打击中恢复过来所需要的时间也会有所不同,恢复的程度也有差别。这种从创伤刺激中恢复到往常水平的能力,称为心理康复能力。

(7)心理自控力

情绪的强度、情感的表达、思维的方向和思维的过程都是在人的自觉控制下实现的。所谓不随意的情绪、情感和思维,只是相对的。它们都有随意性,只是水平不高以致难以察觉罢了,对情绪、思维和行为的自控程度与人的心理健康水平密切相关。当一个人的身心十分健康时,他的心理活动会十分自如,情感的表达恰如其分,辞令通畅,仪态大方,不过分拘谨,不过分随便。这就是说,我们观察一个人的心理健康水平时,可以从他的自我控制能力如何进行判断。为此,精神活动的自控能力不失为一个心理健康指标。

(8)自信心

当一个人面对某种生活事件或工作任务时,首先是估计自己的应付能力,有些人进行这种自我评估时,有两种倾向:一种是估计过高;另一种是估计过低。前者是盲目的自信;后者是盲目的不自信。这种自信心的偏差所导致的后果都是不好的。前者由于过高的自我评估,在实际操作中因掉以轻心而导致失败,从而会产生失落感或抑郁情绪;后者由于过低评价自己的能力而畏首畏尾,因害怕失败而产生焦虑不安的情绪。为此,一个人是否有恰如其分的自信,是精神健康的一种标准。"自信心"实质上是正确自我认知的能力,如果一个人具有"缺乏自信"的心理倾向,对任何事情都显得畏首畏尾,并且不能在生活实践中不断提高自信心,那么,我们可以认为,此人心理健康水平是不高的。

(9)社会交往

人类的精神活动得以产生和维持,其重要的支柱是充分的社会交往。社会交往的剥夺,必然会导致精神崩溃,出现种种异常心理。因此,一个人能否正常与人交往,也标志着一个人的心理健康水平。

(10)环境适应能力

从某种意义上说,心理是适应环境的工具,人为了个体生存和种族延续,为了自我发展和完善,就必须适应环境。环境条件是不断变化的,有时变动很大,这就需要采取主动性的或被动性的措施,使自身与环境达到新的平衡,这一过程就叫做适应。主动适应,其内涵是积极地去改变环境;消极适应,其内涵是躲避环境的冲击。当生活环境条件突然变化时,一个人能否很快地采取各种办法去适应,并以此保持心理平衡,往往标志着一个人心理活动的健康水平。

3. 有心理学家提出,人的心理健康包括七个方面

这七个方面分别为:智力正常、情绪健康、意志健全、行为协调、人际关系适应、反应适度、心理特点符合年龄。他们将心理健康的标准概括为以下几点:

(1) 适度的安全感,有自尊心,对自我的成就有价值感。

(2) 适度地自我批评,不过分夸耀自己也不过分苛责自己。

(3) 在日常生活中,具有适度的主动性,不为环境所左右。

(4) 理智、现实、客观,与现实有良好的接触,能容忍生活中挫折的打击,无过度的幻想。

(5) 适度地接受个人的需要,并具有满足此种需要的能力。

(6) 有自知之明,了解自己的动机和目的,能对自己的能力作客观的估计。

(7) 能保持人格的完整与和谐,个人的价值观能适应社会的标准,对自己的工作能集中注意力。

(8) 有切合实际的生活目标。

(9) 具有从经验中学习的能力,能适应环境的需要改变自己。

(10) 有良好的人际关系,有爱人的能力和被爱的能力。在不违背社会标准的前提下,能保持自己的个性,既不过分阿谀,也不过分寻求社会赞许,并且有个人独立的意见,有判断是非的标准。

(三) 教育工作者心理健康的标准

教育工作者职业的特殊性决定了他们心理健康的标准还有别于一般人群心理健康的标准。教育工作者的心理健康标准除了要符合一般人的标准以外,还要符合其所从事的职业的要求。俞国良教授认为,教师心理健康应具有以下标准:

(1) 对教师角色的自我认同,热爱教育工作,勤于教育工作,能积极投入到工作中去,将自身的才能在教育工作中表现出来并由此获得成就感和满足感,并免除不必要的忧虑。

(2) 有良好、和谐的人际关系。具体表现在:① 了解交往双方彼此的权利和义务,将相互之间的关系建立在互惠的基础上,个人的思想、目标、行为能与社会要求相互协调。② 能客观地了解和评价别人,不以貌取人,也不以偏概全。③ 在与人相处时,尊重、信任、赞美、喜悦等正面态度多于仇恨、疑惧、妒忌、厌恶等反面态度。④ 积极与他人真诚沟通。教师良好的人际关系在师生互动中表现为师生关系融洽,教师能建立自己的威信,善于领导学生,能够理解并乐于帮助学生,不满情绪、惩戒、犹豫行为较少。

(3) 正确地了解自我、体验自我和控制自我。对现实环境有正确的感知。能平衡自我与现实、理想与现实的关系。在教育活动中主要表现为:① 能根据自身的实际情况确定工作目标和个人抱负。② 具有较高的个人教育效能感。③ 能在教学活动中进行自我监控,并据此调整自己的教育观念,完善自己的知识结构,做出更适当的教学行为。④ 能通过他人认识自己,学生及同事的评价与自我评价较为一致。⑤ 具有自我控制、自我调适的能力。

(4) 具有教育独创性。在教学活动中不断学习,不断进步,不断创造。能根据学生的生理、心理和社会性特点富有创造性地理解教材,选择教学方法,设计教学环节,使用教学语言,布置作业等。

（5）在教育活动和日常生活中均能真实地感受情绪并恰如其分地控制情绪。由于教师劳动和服务的对象是人，因此情绪健康对于教师而言尤为重要。具体表现为：① 工作中能保持积极乐观的心态。② 不会将生活中不愉快的情绪带入课堂。③ 能冷静地处理课堂情境中的不良事件。④ 能克制偏爱情绪，一视同仁地对待学生。⑤ 不会将工作中的不良情绪带入家庭。

由此可见，由于职业特点，教育工作者心理健康的标准要高于一般普通人的标准。同时也说明，从事教师工作，必须要有良好的心理品质。

（四）常见心理问题的种类

根据心理健康的定义，按照心理问题程度的不同，可以将个体心理问题划分为三类：发展性心理问题、适应性心理问题与障碍性心理问题。

1. 发展性心理问题

所谓发展性心理问题，主要是指个体自身不能树立正确的自我认知，特别是对自我能力、自我素质方面的认知，其心理素质及心理潜能没有得到有效、全面的发展。主要表现为个体缺乏自信或自负、志向愿望过高或偏低、责任目标缺失。其特点主要体现在以下几个方面：

（1）发展性心理问题针对的是心理健康、身心发展正常的个体，但他们在发展方面存在一定的问题，仍有潜力可挖，心理素质尚待进一步完善。

（2）解决发展性心理问题，重在引导个体从一个更新的层面上认识自我，开发自我潜能。

（3）强调发展的原则。发展性心理问题的解决，虽然也对个体的工作、适应、发展等问题给予指导与帮助，但更侧重于"发展"方面，即促进心理素质的发展。

发展性心理问题的解决重在帮助个体提高心理素质，健全人格。通过有针对性的教育和训练，培养其良好的心理素质，塑造健康、完善的人格，使其成为适应现代社会需要的合格个体。

2. 适应性心理问题

适应是个体通过不断对自身进行身心调整，在现实生活环境中维持一种良好、有效的生存状态的过程。而适应性心理问题则是个人与环境不能取得协调一致所带来的心理困扰。

适应是个体与环境在相互作用中发生改变的过程，个人与环境的关系体现为个人与环境之间的一种和谐、平衡的状态。这种平衡状态是机体在不断运动变化中与环境相互作用所取得的，这种平衡不是绝对静止的，某一水平的平衡会成为另一个水平平衡运动的开始。如果机体与环境的平衡被打破，就需要改变自身以重建平衡，当平衡不能重新建立，就会出现适应性心理问题。适应性心理问题的特点：

（1）适应性心理问题针对的是身心发展正常，但带有一定的心理、行为问题的个体，即"在适应方面发生困难的正常人"。

（2）解决适应性心理问题，注重的是个体的正常需要与其现实状况之间的矛盾冲突，大部分工作是在个体的认知水平上给予帮助。

（3）强调教育的原则。适应性心理问题的解决，重视个体自身理性信念的作用。教育者并不亲自帮助个体直接解决问题，满足其现实需要。而是通过其分析情况，提出合理的解决途径和方法。

（4）解决适应性心理问题的工作内容，侧重于对个体进行工作指导、交往指导和生活指导等方面，主要解决他们在这些方面所遇到的各种心理问题和困扰。

3. 障碍性心理问题

障碍性心理问题有时候也称为心理障碍或心理疾病。

当个体遭遇人际关系的严重冲突、生活中的重大挫折和创伤或面临重大抉择时，会表现出焦虑、抑郁、愤怒或恐惧等情绪变化，有时往往会过度应用自我防御机制来自我保护，且表现出一系列适应不良的行为。如果长期持续的心理障碍得不到适当的调适或解脱，就容易导致严重精神疾病的发生。

个体障碍性心理问题是多种多样的，常见的有以下几种类型：① 焦虑性障碍；② 抑郁性障碍；③ 恐怖性障碍；④ 强迫性障碍；⑤ 疑病性障碍。

心理障碍可能会造成较长时间内不良心境的持续积累、兴趣减退、生活规律紊乱，甚至行为异常、性格怪异等等，这些都需要寻求心理咨询的帮助。如果通过心理咨询，问题得不到解决或产生严重的心理疾病，就需要专业的心理科医生的介入。

【专栏 5-2】

如何判断一般心理问题和严重心理问题

情绪反应强度	由现实生活、工作压力等因素而产生内心冲突，引起的不良情绪反应，有现实意义且带有明显的道德色彩	是较强烈的、对个体威胁较大的现实刺激引起心理障碍，体验着痛苦情绪
情绪体验持续时间	求助者的情绪体验时间不间断地持续1个月或者间断地持续2个月	情绪体验超过2个月，未超过半年，不能自行化解
行为受理智控制程度	不良情绪反应在理智控制下，不失常态，基本维持正常生活、社会交往，但效率下降，没有对社会功能造成影响	遭受的刺激越大，反应越强烈。多数情况下，会短暂失去理智控制，难以解脱，对生活、工作和社会交往有一定程度影响
泛化程度	情绪反应的内容对象没有泛化	情绪反应的内容对象被泛化

（资料来源：心理咨询师培训教程）

二、教育工作者心理健康的影响因素

人的心理现象的产生和发展受多种因素的制约和影响，影响个人心理健康的因素也是多种多样的。人的心理健康受生理、心理和环境因素的复杂影响和交互作用，其中生理因素是能否实现心理健康的自然基础或条件；环境因素，主要是家庭和所生活、工作的具体环境因素在维护人的心理健康方面起重要作用；个体的心理素质及其成熟水平等内部因素则是影响心理健康的主导成分。三种因素的交互作用，影响着个体的心理健康。

（一）生理因素

生理因素对心理健康的影响主要表现在遗传素质、发育和疾病等方面。先天的遗传素质是生来就有的一些解剖生理特点，对人的心理影响最大的是脑的结构和机能。虽然人的心理素质不能遗传,但作为可以遗传的生理因素却和人的心理活动密切相关①。心理卫生学的研究表明,人的某些心理障碍或疾病与遗传因素有关,例如,先天脑缺陷引起的智力低下。精神分裂症、神经症、抑郁症等精神障碍都与遗传因素有着密切的关系。

个体从出生到成熟的生长发育过程中,发育是否正常对个体心理健康的影响也十分显著。大量的研究表明,母亲在怀孕期间身体不健康、情绪不好或营养不良,可直接或间接地损害胎儿的身体发育,进而影响其心理功能的正常发展。出生后的生理发育受影响,也会导致心理的不健全。

躯体疾病尤其是神经系统的疾病,可直接导致心理异常。例如,脑肿瘤、脑炎等脑部疾病以及物理、化学性因素所造成的神经系统损伤,将会直接引起意识错乱、遗忘、人格异常等心理障碍。

由此可见,要培养和维护健康的心理,身体健康是重要的基础和保证。教育管理者要了解生理因素对心理健康的影响,在对教育工作者选拔、任用及教育教学工作管理过程中,要重视维护教育工作者的身心健康。

(二)社会环境因素

人生活在复杂的社会环境中。影响心理健康导致心理疾病的社会环境因素很多,例如家庭、学校和社会。其中家庭的亲子关系、父母的养育态度、家庭气氛以及学校的教育教学态度、学习压力,还有社会生活环境的变迁成为主要的因素。

家庭是社会的细胞,每个人都生活在一定的家庭环境中。家庭的结构、家庭成员的关系、家庭的经济文化背景等对家庭成员的健康都会产生一定的影响。研究表明:夫妻关系紧张、亲子关系隔阂、家庭成员经常发生冲突等等,都会造成家庭气氛紧张,影响家庭成员的心理健康。

(三)心理因素

生理条件和社会环境因素虽然影响心理健康,但是这些条件只有通过人的心理活动内部机制才能对人的心理健康发挥作用。在纷繁复杂的现实生活中,人们会遇到很多问题和矛盾,导致我们的需要不能满足、压力不能缓解。如果这些焦虑紧张和心理冲突长期得不到妥善解决,就会使人失去自我控制感进而产生剧烈的情绪波动,从而危害人的身心健康。另外,个人特殊人格特点也是各种精神疾病产生的心理因素。例如,具有过分的完美主义倾向、过于谨小慎微、过于克制等人格特点的人就容易患强迫型神经症。

心理因素对心理健康的影响主要表现在人的心理活动状态对心理健康的影响上,心理活动处于正常状态,人的心理才会健康。人的心理包括心理过程(认识过程、情感过程、意志过程)和个性(个性倾向性和个性心理特征),心理过程中的知、情、意三者之间,心理过程与个性之间应是和谐统一的,构成完整统一的心理结构系统,只有这样才能发挥心理活动的整体功能。心理健康的重要标志就是心理活动机能正常发挥,从而达到对环境的良好适应。如果人的各种心理活动功能调节或发展不好,就会影响人的心理健康。

---

① 赵国祥.管理心理学——理论、实务、案例、实训[M].东北财经大学出版社,2012:119.

三、教育工作者心理健康的意义

（一）有利于教育工作者的生理健康

一直以来，人们对身体健康关注较多，但对人的心理健康重视不够，实际上，心理健康与生理健康关系极为密切。一方面，一个人的生理健康水平会影响其心理健康水平。比如，人的身体健康问题、躯体疾病不可避免会给人的心理状态带来负面影响，使人产生焦虑、烦恼、抑郁等不良情绪，影响人的认知、情感、意志、性格乃至人际关系的和谐。另一方面，心理健康水平又反过来影响生理健康水平。有了健康的心理，才能培养健康的身体。例如，乐观、愉快、自信、平和的心态有助于提高人的免疫功能，提高人身体抵抗疾病侵袭的能力，从而促进身体健康。而心理上的不健康状态，如长期的过度焦虑、抑郁、愤怒，会导致生理上的异常或病变。研究发现，越来越多的躯体疾病与心理因素有密切的关系，那些主要由心理—社会因素引起、与情绪有关而呈现身体症状的躯体疾病，称为心身疾病。可见，提高教育工作者的心理健康水平对促进他们的身体健康具有重要的作用。

（二）有利于工作效率的提高

教育工作者保持良好的心理健康状况，会使其认知、情感、意志三大心理过程协调一致，智力、情感、意志等方面的机能都得到正常发挥，从而有助于工作效率的提高。教育工作者保持心理健康，才能客观地评价和应对客观环境，其心理倾向和行为与社会现实的要求之间的关系才能基本上协调一致。个体与环境能取得积极的平衡，就能以正确的态度和方法来对待教育教学工作中的矛盾和处理遇到的问题，以平和的心态对待挫折，不会因偶尔的失败而丧失信心。与心理不健康的教师相比，心理健康的教师工作效率必然更高。

（三）有利于学生心理的健康发展

教师的心理健康问题不仅对其自身造成影响，还与学生的心理健康水平密切相关。教师既是知识的传授者，也是学生成长的领路人，是学生心目中的"重要他人"，教师通过与学生的日常接触，能发挥潜移默化的影响作用。因此，心理健康的教师能通过教育教学过程影响学生，促使学生的心理健康发展。如果教师的心理不健康，就不能正确理解学生的行为和处理学生问题，就无法对学生的心理健康发挥积极的引导作用，甚至影响师生关系、损害学生的心理健康。因此，为了更好地教书育人，教育工作者自己首先必须是心理健康的人。

四、教育工作者心理健康状况不良的主要表现

教育工作者的心理健康状况不良的表现主要有以下几个方面：

（一）适应不良

人生活在特定的环境中，适应是个人与环境之间的互动关系，即个人与环境方面的要求取得协调一致所表现的状态与过程。而适应不良是个人与环境不能协调一致。适应不良会影响个体的工作和生活，妨碍教育工作者的成长与发展。

人在面临新环境时都存在适应问题。新教师在入职之前，都有一定的专业知识和专业技能的储备，接受过职前教育和培训，具备了从事教育工作的基本条件。但是，当真正走上工作岗位，走上讲台面对真实的教育场景，承担教学之外复杂的职责时，新教师往往会感受到压力和挑战，有时会感觉力不从心、难以应对，如果不能有效应对和及时调整，则会出现适应不良。

除了入职适应外,环境的变化也会造成教育工作者的适应不良。教师是相对稳定的职业,但是由于教师社会地位和经济地位不尽如人意,工作辛苦,特别是社会价值观念的变化、生活态度的改变、教育改革等的影响,都会对教师内心造成很大冲击,很容易造成内心冲突,如新课程改革给教师带来的适应问题。伴随新课程改革,教育工作者面临着新的教育理念、教师教育模式和新的评价方式,原有的思维方式和教育教学模式要有所转变。在传统的教育观念中,教师的职责是"传道、授业、解惑",新课程改革的理念下,教师是教育活动的组织者,是学生发展的促进者,是学生的伙伴和朋友。这些都要求教师做出转变,否则,就容易出现适应不良。

当出现适应不良时,教育工作者会表现出自信心下降、怀疑自己的能力、否定自我、工作上回避和退缩、情绪波动大,出现情绪低落、焦虑等不良情绪,不能很好地完成工作等。

(二)人格障碍

人格障碍又称病态人格,指明显偏离正常人格,并与他人和社会相悖的一种持久和牢固的适应不良的情绪和行为反应方式。这种异常的行为模式会明显影响其社会功能与职业功能,造成对社会环境的适应不良。人格障碍有多种,其共同特征是:

(1)有紊乱不定的心理特点和与人难以相处的人际关系。

(2)把自己遇到的一切困难都归咎于命运和别人的错误,把社会和外界对自己不利的条件都看作是不应该的。

(3)对自己的人格缺陷缺乏自知力,怪异行为是通过他人察觉出来的,自己不觉,也不改正。

(4)认为自己对别人不负任何责任,对不道德的行为没有罪恶感,对伤害别人的行为不后悔,对自己的一切行为都执意地偏袒和辩护,把自己的想法放在首位,自己的利益压倒一切,不顾他人的心情与状态。

(5)在任何环境中都表现出猜疑、仇视和偏颇的看法。

(6)行为缺乏目的性、计划性和稳定性,自控力差,行为后果伤害他人,使周围人不得安宁,自己却坦然自若。

教育工作者人格问题达到人格障碍的较少,更多的属于人格缺陷。人格缺陷是介于正常人格与人格障碍之间的一种人格状态,是人格发展的不良倾向。人格缺陷影响正常的人际关系和个体的活动效率。人格缺陷的表现主要有自卑、抑郁、懦弱、冷漠、悲观、孤僻、敌对、敏感、多疑、焦虑等。常见的人格障碍有:强迫型人格障碍、偏执型人格障碍、焦虑型人格障碍等。

【专栏5-3】

案例链接:强迫型人格障碍

案例:某教师,在家排行老大,从小就很懂事,对自己要求极为严格。凡事要求十全十美,生怕出差错,每天都待在办公室读书备课,很少与他人来往,无其他业余爱好,不允许自己浪费一点儿时间。有时候因为偶尔的倦怠,也会自责很久。

分析:案例中的教师做任何事情总是刻板、固执,具有强烈的自制心理和自控行为,缺乏灵活性,常因自己的一点儿错误而陷入深深的痛苦。所以,矫治的关键就是要减轻患者的精神压力,改变不合理的心理自制和强迫性习惯。

(摘自:张大均,江琦.教师心理素质与专业性发展[M].北京:人民教育出版社,2005:331.)

(三) 心身疾病

心身疾病又叫心理生理疾病,是指那些主要或完全地由心理社会因素引起,与情绪有关而主要呈现为身体症状的躯体疾病。生物—心理—社会医学模式认为,人是一个由生理和心理紧密结合的有机整体,机体通过心理和生理的统一活动,与外界自然和社会环境不断进行着物质、能量和信息的交换,以适应环境的变化,保持人体的健康。因此,影响人体健康的因素包括环境、生理和心理三方面。在环境因素的激发作用下,机体的心理方面的因素发生变化(如人格特征、过去的生活经验和当前的心理状态),既构成心身疾病的发病基础,又可参与对心身疾病的激发作用。这三方面的因素交织在一起,共同起作用。心身疾病可以出现在人体各个器官系统,但多见于与情绪联系密切的器官系统,例如心血管(原发性高血压、冠心病、偏头痛等)、胃肠(消化性溃疡、胃肠炎)、内分泌等系统(糖尿病、甲状腺疾病)。

(四) 神经症

神经症是一组非器质性的大脑功能失调引起的心理疾病的总和。其发生与不良的心理社会因素有关,不健康的素质和人格特性常常构成发病的基础,一般没有任何可以查明的器质性病变,病人对自己的病有充分的知觉能力并能主动求治,有生活自理能力,社会适应能力和工作能力基本没有缺损。

神经症的一般类型有:神经衰弱、强迫症、焦虑症、恐怖症、癔症等。神经症在社会群体中广泛存在,教育工作者中表现得也较多。主要表现为:躯体形式障碍、焦虑症、恐怖症、强迫症。

1. 躯体形式障碍

主要表现为各种身体不适,包括胃肠道、心血管、呼吸和其他系统的诸多不适,如恶心、呕吐、心悸、头晕、头痛、背痛、乏力、失眠、肌肉酸痛以及焦虑等其他躯体表现。但是相应的医学检查不能证明任何器质性改变,或者检查发现的病理改变不足以解释患者自觉症状的严重程度。

2. 焦虑症

是一种预感到似乎将要发生某种不利情况而又难于应付的不愉快情绪。表现为烦躁、坐立不安、紧张等主观焦虑体验以及由此产生的躯体表现,如心慌、气促、出汗、尿频、失眠、发抖、惊恐等。

3. 恐怖症

主要是指接触到特定事物或处境时具有的强烈的恐惧情绪。主要表现为对特定对象或场景的恐惧、担心、紧张不安,恐惧的对象包括人、物、事件及社交场景等方面。

4. 强迫症

是指不能为主观意志控制,反复出现但又无法摆脱的无意义的观念、意向和行为。个体认识到这些观念和行为是不合理、没有必要的,但无法摆脱。通常表现为强迫观念、强迫计数、强迫检查、强迫性洗涤、强迫性仪式动作等。

(五) 情绪障碍

教育工作者情绪障碍最常见的是抑郁状态。主要表现为:情绪低落、愉快感缺失、生活兴趣减退、无精打采、悲观、沮丧等情绪方面的表现;疲乏无力、头痛、肌肉酸痛、失眠、食欲不振等躯体表现;思维迟钝、自责自罪、悲观厌世等认知方面的表现,甚至伴随自杀观念和行为。

对教育工作者而言,心理问题的出现,对他们的社会功能会造成影响,影响他们的进取心和负责任的工作态度,也会影响他们对学生的关注度和处理人际关系,对教育教学工作的正常开展将产生极大的不良影响。

五、教育工作者心理健康的培养

教育工作者良好的心理健康水平对其自身和学生都有重要的意义,教师的心理健康培养可以从以下几方面入手:

(一)端正认知

1. 树立正确的自我概念

自我概念是个人心目中对自身的印象,包括对自己身体、能力、性格、态度、思想等方面的认识,是一系列态度、信念和价值标准所组成的有组织的认知结构,是把一个人的各种习惯、能力、观念、思想和情感组织联结在一起,贯穿于经验和行为的一切方面。教育工作者应该树立正确、稳定的自我概念,只有树立正确而稳定的自我概念,才能正确认识自己,对自己予以客观的评价,了解并愉悦地接受自己的优点和缺点,合理要求自己,不给自己设定高不可攀的目标。同时,因为对自己更加了解,由己及人,教育工作者也就能够客观地评价他人,接纳并理解别人的错误和缺点,对来自领导、同行、学生、家长的监督检查和反馈能理性认识和接纳,这种心态对保持教育工作者自身的心理健康是非常有利的。

自我概念是在经验积累的基础上发展起来的。正确的自我概念的形成与知识的积累是分不开的,所以教育工作者应该多学习,多接受新知识,以加强自身修养。

2. 正确认识和对待失败

生活中每个人都可能会犯错误,每个人都会有失败的经历,失败对心理健康的影响大小不在于失败本身,关键是看教育工作者怎么认识和对待自己的失败。如果能从失败中吸取教训、总结经验,失败就是成功之母,而且能减少压力和焦虑的来源,更有利于自身的心理健康。反之,对失败所持的不合理认识会引起不良情绪反应和行为,损害教育工作者的心理健康。

3. 换个角度想问题

客观地讲,教育工作者是无法满足来自管理者、学生、家长等以及他自己对自己的所有要求的,而且,有些来自外界和自身的要求是不合理且不符合实际情况的。当期望不能被满足时,教育工作者应根据实际情况换个角度考虑问题,实事求是地对期望做一些调整,以免被现实的打击损害心理健康。

(二)调节情绪情感

1. 情绪控制

情绪控制是指个体对自身情绪状态的主动调节和影响。教育工作者应该提高情绪管理能力,通过研究个体对自身情绪和他人情绪的认识,培养驾驭情绪的能力,对生活和工作中产生的消极情绪能及时调节,把握好尺度,不把负面情绪情感带进工作、带进教室。

教育工作者的情绪控制可以从两个方面入手:从认识上分析造成不良情绪的原因,看自己的反应是否合理、适度;从情绪反应的角度控制可能发生的冲动和攻击行为,采用合理或间接的手段适当疏导。例如,自己提醒自己在情绪激动时不要批评学生,防止言行过激。如果调整和控制得当,可以化消极被动情绪为积极主动的建设性行动,也就是精神分析所说的升华。

2. 合理宣泄

如果不良情绪积蓄过多,得不到适当的宣泄,容易造成心身的紧张状态。这种紧张状态持续时间过长或强度过高,还有可能造成心身疾病。因此,教育工作者应该选择适当的时机、采用合理的方式宣泄自己的不良情绪。情绪的宣泄可以从"心""身"两个方面着手。"心"方面,可以在适当的环境下放声呼喊、哭泣,对亲近和信任的朋友或亲人倾诉衷肠,给自己写信或写日记等。"身"方面,可以适当进行体育运动,纵情高歌,逛逛街,买点自己喜欢的东西等等。还可以外出旅行,在大自然中放松心态、陶冶性情。

【专栏 5-4】

新闻链接:杭州首次出现教学回避

新华网浙江频道 2 月 21 日电 教学过程中,教师在情绪难以自控、可能会对教学带来负面影响的情况下,是继续教学,还是暂时中断教学,进行心理调控,待情绪稳定后再继续?

昨天,杭州市天地实验小学出台了该校首部关于"教学回避"的规章制度,这在我省诸多学校中也属首例。该校出台的《教学回避办法》中明确规定:当教师面临以下情况导致情绪失控时,可申请教学回避:因家庭突发事件或受外来刺激,或在日常生活中遇到难以排解的矛盾,或在处理教师与学生、家长的矛盾中矛盾激化,或在教学过程中受各种因素干扰等。

情绪失控程度较轻的,可暂时回避教学现场,时间一般不超过半小时;如果其情绪过于低落或激动,学校可放假半天让其用听音乐、看书、喝饮料、外出散步、找人倾诉等方法积极调控心态,等情绪调适后再及时进行教学工作;当教师不愿主动申请回避时,学校也可视具体情况劝说其回避。

浙江省心理评估委员会委员、省同德医院心理科副主任医师陈敏说,据他们调查,教师中存在心理问题的有很多,一些学生也因此受到过不公正待遇,主要就是事发当时教师情绪失控引发的。教师的悲哀、急躁情绪很容易让学生习得,产生不良影响。教学回避办法的提出,非常人性化,值得推广。

该校负责人表示,实行《教学回避办法》,对他们来说也是一种尝试。

(资料来源:《钱江晚报》2003-02-21.)

3. 通过多种方式获得满足感

教育工作者除了在工作中和学校获得心理上的成就感和满足感以外,还要试着在教室以外寻求满足感。通过培养多种兴趣爱好,从事自己喜欢的活动来体验到满足。另外,教师应努力营造幸福和谐的家庭。美满的家庭、幸福的婚姻,能促进个体健康人格的形成与发展,能在个体遇到困难时给予鼓励和帮助,缓减个体的心理压力。在工作中遇到困扰、受到压力的教师如果回到家中能感受到家庭的温馨,在工作中本应体验到而没有体验到的满足感就能够在家庭中得到弥补,从而有利于教师的心理健康。

(三) 改变行为

1. 角色学习

角色学习是预防焦虑的途径之一。事实上,教师适应职业生涯的主要问题就是学会如何扮演好合适的角色。在新教师参加工作的头几年里,会花费大量的时间学会进入新角色。当教师开始觉得他所扮演的这些角色有效而且合适时,许多问题就会迎刃而解,他的焦虑水平就会降低。新教师的许多焦虑之所以会产生,大多是因为他们不能预料将发生的事,更不知道如何处理。通过职业角色学习,可以减轻或消除教学情境的这些不确定因素和难预测性。这样,角色学习也就帮助教师降低或消除了教学中可能会产生的焦虑。

2. 个别或集体讨论

与其他众多的教师进行讨论是寻求解决问题的有效途径,也是减轻压力和烦恼,保持心理健康的好办法。许多教师在遇到困难的时候,情愿压抑自己的情绪,在强烈的心理压力下继续工作,也不愿与其他人讨论问题或是寻求帮助。其实,每个人在工作中都可能会遇到困难,没有人是样样精通、无所不能的。与同事交流讨论不仅是解决问题、增加工作经验的好方法,而且也是获得所需支持的重要途径。

3. 坚持锻炼

前面曾讨论过生理健康与心理健康之间的密切关系,二者相互作用,一个人的身体健康对其心理健康有促进作用。因此,坚持体育锻炼、增强体质、提高免疫功能、预防生理疾病也是维护心理健康的好方法。教师在体育锻炼时应注意适度,不要适得其反,因疲劳而影响了正常的工作和学习。

4. 寻求专业帮助

寻求专业帮助在这里主要是指教师在有心理障碍或心理疾病时应寻求心理咨询或心理治疗。教育工作者出现心理障碍时,不应回避问题,应该积极寻求专业帮助。心理治疗能提高教师的理解力,使他们和学生、同事一起工作得更好。杰西德(Jersild,1962)等曾对来自小学、中学和大学的 111 名接受过心理治疗的教师进行了调查,以研究心理治疗对教师的工作和生活的影响。结果表明,95%的教师认为心理治疗使他们能更好地理解学生;89%的教师认为心理治疗使他们有更大心理承受力去接受那些有敌对、愠怒、反叛情绪的学生,并能更好地教育他们;73%的教师认为心理治疗提高了他们走近那些畏缩、难以接近的学生的能力。接受调查的教师还说心理治疗使他们更喜欢自己的同事和伙伴,更喜欢本职工作。

5. 积极参与继续教育

现代社会飞速发展,新的知识不断涌现,而教师是知识的传播者,是人类知识的代言人,因此,教师需不断接受继续教育。学习新的知识,就成为必然之举。所谓"活到老,学到老"就是这个道理。教师如果不学习,就跟不上时代的要求,跟不上社会的发展,就不能满足教学要求和学生的求知欲。

所以,积极参加继续教育也是教师维护自身心理健康的一项重要措施。身为教师,只有不断提高自身综合素质,不断学习和掌握新知识,尽快适应新的教学观念,掌握新的教学方法,达到新的教学要求,才能寻求新的发展,也才能真正拥有心理上的安全感。教师不断地接受新知识,开拓自己的视野,也能使自己站在更高的角度看问题,以更平和的心态对待生活和工作,更少地体验到焦虑和挫折,这对维护心理健康有重要意义。

第二节 教育工作者的职业倦怠

一、职业倦怠以及教师职业倦怠概念的界定

(一)职业倦怠

职业倦怠又称"工作倦怠""职业枯竭"等,指个体在工作重压下产生的身心疲劳与耗竭的状态。最早由美国临床心理学家弗鲁顿伯格(Freudenberger)于1974年在研究职业压力时提出的,他认为职业倦怠是一种最容易在助人行业中出现的情绪性耗竭的症状[1]。

Maslach等人认为职业倦怠包括三个方面:

① 情感枯竭:是指个体的情感处于极度疲劳状态,工作热情完全消失。

② 去人性化:是指个体以一种否定、负性、冷漠、过度疏远的消极态度来对待服务对象。

③ 低成就感:是指个体的胜任感和工作成就感下降,消极评价自己工作的意义与价值的倾向[2]。

(二)教师职业倦怠

教师职业倦怠是指教师由于不能有效应对教育教学活动中延续不断的压力,而逐渐发展形成的教师自身在生理、心理、态度与行为等多方面的消极心理反应。

【专栏 5-5】

认识职业倦怠

当你踏进校园,孩子们一声声清脆的问好已无法舒展你紧锁的双眉;当你走进教室,同学们婉转悠扬的诵读已难以激起你心灵的共鸣;当你端坐办公桌前,以一句"这点小事也来烦我"打发满含委屈来求助的学生;当你从积满灰尘的书本下找出一份"古香古色"的教案,在上面稍作圈点甚至只瞄一眼便心安理得地走上讲台……我想提醒你一句:老师,你真的是"老"了。即便你还很年轻,但你的心态已经老了;即便你自认拥有年轻的心态,但此刻的你一定染上了不少教师感染过或正感染着的一种"职业倦怠症"。——上面的文字几乎出现在任何关于教师职业倦怠的文本中,这是尽管常见却对教师职业倦怠最形象的描述。

(资料来源:郑淑杰,孙静,王丽.教师心理健康[M].北京大学出版社,2014:138.)

二、教育工作者职业倦怠的症状

职业倦怠的症状主要表现为以下三个方面:

(一)躯体症状

1. 身体疲劳

疲劳是职业倦怠教师的常见表现。对于个体来说,疲劳是一种保护性机制,它提醒个体适时放松休息。但职业倦怠者往往会整日沉浸在莫名的疲劳感中,难以解脱,早上起床时仍

---

[1] 郝滨.催眠与心理压力释放[M].合肥:安徽人民出版社,2009:152-155.

[2] Schuae, N. Toppinen, S. Kalimo, et al. The Factorial Validity of the Mastach Burnout Inventory-General Survey (MBI-GS) A Cross Occupational Groups and Nations. Journal of Occupational and Organizational Psychology, 2000, 73(1):53-66.

觉得身体疲倦、乏力,精力不足,睡眠不规律,常常失眠,整日昏昏沉沉。

2. 生理功能失调

职业倦怠者通常会出现身体功能失调,表现出肌肉紧张症状,如头痛、肌肉酸痛、无力;出现肠胃不适,如恶心、反胃、溃疡等;躯体功能失调还可以出现头晕、心慌、高血压和高血脂等表现。

(二)心理症状

1. 认知偏差

出现职业倦怠的教师决策能力降低,存在着难以用理智进行决定的问题,他们做决定时常常拖延或犹豫不决,有些个体总是怀疑自己的能力,担心别人超过自己。在经历工作失败后,出现职业倦怠的教师就会表现出信心缺乏、无助甚至无望感。这种无助感和无望感,开始时只间断地弥散到个体中,后来渐渐形成一种思维习惯,即个体一旦遇见应激事件就觉得会失败,一旦遇到失败就觉得是自己的责任,认为"无论我做什么,都是不对的",常常自我否定和自我谴责。

2. 注意力不能集中

职业倦怠的教师注意力难以集中在一件事情上,他们常常受不良情绪的影响,无法妥善处理外界环境中的大量信息,也难以获得适量的正确信息,面对问题时心神恍惚、不知所措。

3. 不良情绪多见

具体表现为消极、抱怨、玩世不恭、失望、不满、悲观和漠不关心等。教师工作中与学生的交流和互动减少,以冷漠、疏远的态度对待学生。面对工作失败常出现愤怒、压抑情绪。由于厌倦工作而焦急并期待离开工作岗位。

(三)行为症状

1. 逃避工作,效能下降

具体表现为不能以工作为重心,没有清晰的角色定位和角色意识,难以充分投入工作,对工作持消极态度,工作效能低,常常得过且过,权宜敷衍。职业倦怠的教师越来越少深入到学生中去,对学生的问题缺乏耐心和容忍力。

2. 社会退缩

许多出现职业倦怠的教师表示,他们感到精疲力竭以至于对自己感兴趣的事也不想去做。社会活动逐渐减少,避免与人接触,采取逃避或退缩的方式来应付。与周围的同事交流减少,极少参与组织,难以从组织中获得社会支持。

三、教育工作者职业倦怠的影响因素

影响教师职业倦怠的因素主要有三方面:个人因素、学校因素和社会因素。

(一)教育工作者的个人原因

1. 人格特征

人格因素可以解释教师在相同的工作环境、同样的监督及拥有相同的教育背景和经验的情况下,为何对相同的压力有不同的反应。

研究表明,教师若具有某些不良人格特征,如不现实的理想和期望,较低的自我价值与判断,自信心过低,对自己的优缺点缺乏准确认识和客观评价等,则很容易产生职业倦怠。例如,教师为了做到为人师表,常常在无意识中压抑和否定自我的正常需求,产生不适当的自我认知,认为"我应该永远是身心健康的""我应该总是积极向上的""我可以奉献百分之百的时间、精力给学生""我必须成为各方面都很满意的教师"等等,而跨出教育圈之后,教师又不得不直面理想与现实的各种差距。长期的心理负重和人格冲突,使教师不仅身心疲惫,也很容易感到厌倦。

那些富有理想和热情洋溢的教师,以及执着地为实现其理想而努力工作的教师,也容易产生职业倦怠。他们对工作高度投入,希望通过自己的努力来帮助学生,但当他们觉得自己对工作的投入与从工作中的所得不相匹配以及对工作中出现的困难和挫折不能有效应对时,职业倦怠就可能产生。而且,这部分教师由于过分投入工作,而极少参与组织活动,无形中也就减少了获得社会支持的机会。个体因缺少社会支持而导致疏离,疏离又使个体陷入更深的社会孤立中,如此相互循环,最终发展成职业倦怠。

A型人格特征或外控型的教师更易于产生职业倦怠。A型人格的主要特点是紧张,攻击性强,喜怒无常,难以面对挫折,易焦虑。人格特征有内控型与外控型之分。当个人相信某些事件是其自身行动的结果,即为内控型,而认为事件的发展结果在其控制之外,例如由命运、运气或他人控制,而不是掌握在自己手里,即为外控型。持有外控型信念的教师更可能遭受职业倦怠,特别是在情感的耗竭方面。这些人格特征都与职业倦怠的形成有关。

也就是说,在人格特质方面,避免极端竞争,有耐心,努力实现自己目标,持内控型信念,有积极的自我观念的教育工作者不容易产生职业倦怠。

2. 专业知识和专业能力欠缺

当一个人自身的实际条件与担当的工作有差距的时候,勉强承担工作任务不但做不好工作,反而容易使个体身心疲倦,对自己和所从事的工作持否定态度,丧失信心。

作为科学文化的传播者,扎实的专业知识是教师从事教学工作的资本;作为学生发展的促进者,终身学习能力、教育学生能力、教学科研能力、调节自身能力和持续创新能力等专业能力是做好教育工作的必要条件。合格的教育工作者要符合教师素质的基本要求,应"愿教""能教""会教"。"愿教"是教师对职业的态度和责任感,即教师的从教意愿,"能教""会教"是指教师的专业知识和专业能力。教师只有做到以上三点,才能胜任自己的工作,对工作产生胜任感,不会为工作所累和产生职业倦怠。然而,一些教师专业知识和专业能力欠缺,使他们在教育教学和科研工作中难以有效应对困难和压力,面对失败和挫折,出现低成就感。教师也因为教学科研等工作要求感到知识、能力不断消耗,出现才智枯竭感。由于低成就感和才智枯竭,因此厌恶工作,产生对学生不热情的去个性化现象,工作热情不断降低,最后导致职业倦怠[①]。

3. 从教意愿不强

人们只有热爱所从事的职业,即有工作意愿,才会全身心地去投入,才能将工作做好,也才能体验到工作的快乐。对教育工作者而言,只有真正喜欢、热爱教育工作且有强烈的从教意愿,才会努力去做好工作,才能产生工作的满意度,享受工作乐趣和成就感。如果教育工作者的从教意愿不强,就不会将主要精力、时间用在工作上,也不会有工作的热情和积极性。如果教育工作者不能全身心投入到教育教学工作中,自然做不好工作,由此会产生低成就感,容易受到失败的打击。另一方面,教师从教意愿不强,就会把教师工作作为一种跳板或

---

① 姚利民.高校教师心理与管理研究[M].长沙:湖南大学出版社,2013:394.

临时职业,不会认真负责地把工作做好,因此对工作没有热情,对学生没有爱心,出现职业倦怠。

此外,一些个人背景因素也与教师职业倦怠的水平相关。大量研究表明,性别、年龄、教育过程、经验、从教年限以及婚姻状况等都是影响教师职业倦怠程度的重要因素。

(二) 学校原因

1. 工作负荷

工作负荷是造成职业倦怠的重要环境因素。当教师面对太高的任务期望,接受的任务超出其知识、能力或时间的范围时,就会成为超负荷工作的承受者,从而感到焦虑和紧张,随着时间推移,不堪重负,精力衰竭,最终出现职业倦怠。从工作时间上看,据一项调查显示,某地区中小学教师人均日劳动时间为9.7个小时,比其他岗位的一般职工日平均劳动时间高出1.67个小时,年超额劳动时间为420个小时。许多寄宿制毕业班的教师,尤其是毕业班的班主任,从学生早上起床(6点左右)到晚上熄灯就寝(9点半左右),都待在学校里。从工作的内容上看,教学工作是一项重复性很强的工作,教学内容的不断重复,教学方法的不断熟练,容易使人产生"不新鲜"感,然后逐步丧失对教学内容、教学方法的探求兴趣。当一个人感觉到机械、重复地工作的时候,倦怠感就不可避免地产生了。

2. 评价制度

近年来,学校管理工作都在进行人事制度改革,给教育工作者带来了巨大的心理冲击。改革的主要特点包括:按工作任务需要设置教师职务岗位,明确岗位职责和任职要求;废除"职务终身制",设定一定的聘任期限,期满后重新考核、竞聘,不合格者将转岗分流、高职低聘,甚至"末位淘汰"。在此基础上形成了一系列评价制度。这些管理措施一定程度上对教育工作者的工作起到了督促作用。但不少学校在教师评聘管理上参照企业管理的模式,忽视了教育工作者的职业特点,职业绩效评价的简单化使教师不容易得到成就感的满足。对教师的工作评价应该是多元化的,只有这样才能真正反映出教师在教书育人方面所做的努力。而目前对教育工作者的工作评价依旧比较单一,素质教育的实施并没有改变社会对升学率的狂热追求,学生成绩依然是评价教育工作者工作业绩的核心指标。对于教师工作绩效评价的简单化,是诱发其产生倦怠感的因素之一。

3. 学校氛围和人际关系

良好的工作环境可激发教师的教学积极性,使教师能够充分施展自己的才能,有利于提高教学质量,同时有利于教师的身心健康。反之,不良的学校氛围则容易导致教师的职业倦怠,引发教师的心理不健康。具体而言,当教师能够得到管理者的支持,得到学校行政人员的尊重和协助时,教师之间可以相互学习、相互激励、相互扶持,学校为教师的工作和发展提供必要的物质、心理支持,教师就能积极高效地工作。

在教育管理工作中,为使学校不断发展,缓解教师的职业倦怠情况,学校管理者应与教师合作,创造共同的规范、价值与信念,给教育工作者参与学校决策的机会,对他们的工作给予尊重、理解和支持。研究表明,教育管理者对教师的不合理期望、不良的教师评价、权威的领导风格、缺乏行政支持、不信任教师的专业能力等都将成为引发教师职业倦怠的因素。

(三) 社会原因

1. 教育改革的挑战

教育要反映社会的变化,达到社会的要求就必须进行改革,教育改革是教育的重要主题。教育改革对教育工作者来说既是重要的机遇,也是严峻的挑战,更是职业倦怠的主要社会原因之一。教育改革使教师的地位、作用、职能等发生了变化,并向教师在知识、能力、智慧、素养等方面提出了更高要求。同时,信息技术的飞速发展推进了教育现代化、信息化进程,多媒体技术、网络技术等不断渗透到教育领域。为了适应改革的需要,与时代发展和社会进步一致,教育工作者必须重组自己的知识结构和能力结构,对教学内容、教学方法、教学手段、教学组织形式等进行改革。这些都对教师的素质提出了更高的要求,在高要求下,教师感受到的压力有所提高,发生倦怠的可能性也有所增加。

2. 多重角色的压力

当前,社会各界都关注着教育工作者的工作,对他们的要求和期望很高。从社会各界对教师角色的期望来看,教师要扮演多重角色,承担多种职责。

教师职业的神圣感导致这样一种倾向,人们认为教师必须在学生、家长甚至全社会的人们心中保持一个"完美"的形象,认为这是教师职业的必然要求,所以教师便不得不首先要求自己成为"完美主义者",一旦出现差错,内心的自我谴责往往强烈而持久。实际上,在现实生活中,教师职业的神圣感和社会地位之间存在较大反差,这种反差容易造成教师社会角色和自然角色之间的冲突。此外,教师既是知识的传授者,又要充当"学者""教育者""模范公民""爱的播撒者"和"家长的代理人"等多重角色。将教师看成是知识的传授者、学者,这些期望就要求教师的知识做到博大精深,既是专才又是通才;将教师看成是教育者、模范公民,则要求教师率先垂范,有"先天下之忧而忧,后天下之乐而乐"的奉献精神;将教师看成是爱的播撒者,则要求教师关心、爱护学生;将教师看作家长的代理人,则要求教师工作细致,对学生关心体贴。多重角色要求下,教师的压力可想而知。一些教育工作者难以满足角色的要求,感到角色负荷重,因而产生挫折感,自我效能感低,容易发生职业倦怠。

3. 社会比较后认识上的不平衡

从情绪与认知的关系来看,消极情绪的产生,往往伴随着消极的认识。教师职业倦怠作为一种消极的情绪,与教师将自己的工作及回报与他人进行比较时,出现不平衡而产生的消极认知密不可分。

市场经济的利益规则导致人们的人生价值取向向功利主义、实用主义倾斜,这些不可避免地冲击着教育工作者的精神世界。教师承担教书育人的职责,这既需要教师花费精力、时间,也需要教师贡献知识、能力、情感等资源,而教师的付出和回报并不完全相等。教师又面临着工作压力大,有时不被学生和社会认可、理解和尊重以及自我实现的需要得不到满足等问题。教师要在社会生活与教育过程中产生幸福感,避免主观的失落,产生喜欢教育事业的情感,一方面需要在全社会范围内对教师与教育具有较高的社会认可,另一方面也更需要教师行业与教师角色在全社会的职业比较中处于有利的地位。正因为如此,当全社会没有形成良好的尊师重教的风气,当教育投入与教师收入不能得到充分保证时,教师的社会比较就会出现不协调,从而产生职业倦怠。

四、教育工作者职业倦怠的缓解策略

(一)教育工作者个人层面

1. 提升人格素养

人格是构成一个人的思想、情感及行为的独特模式,这个独特模式包含了一个人区别于

他人的稳定而统一的心理品质①。个体的人格具有相对稳定性,但又不是一成不变的。教育工作者存在人格或个性缺陷会导致职业倦怠,因此缓解职业倦怠必须提升人格素养。教育工作者要坚定职业信念,要有奉献精神,当教师认识到自己工作的神圣和重要性时,就会逐渐将社会对教师角色的要求转化为个人的心理需求,在教育过程中体验到满足感和成就感,并逐渐形成坚定的职业信念。教育工作者要客观看待自己,形成正确的自我认识,虚心接受领导、同事、学生的建议和意见,也要善于总结经验教训,尽可能发挥自己的知识、能力、精力等,满足工作的需要,进而取得工作成功,只有对自己的认识越深刻,越能帮助自己有效地调整工作压力、生活挫折及内心冲突所带来的困扰。保持稳定乐观的情绪,教育工作者需要培养对于情绪的自我觉察能力,学会调整和控制自己的情绪,积极的情绪可以使教师思维活跃、反应敏捷,有利于教育教学活动的顺利开展,提高教师的教学效能感,促进教师职业人格的完善。建立良好的人际关系,教师要处理好与领导、同事、学生的关系,在和谐的人际关系中,教师才能保持心境愉快,形成积极主动、活泼上进的特性,养成良好的人格素养。

2. 提高专业知识和技能

教育工作者要缓解职业倦怠,满足职业角色的需要,必须丰富专业知识,提高专业能力。教学工作的专业性强,知识积累对教学工作的顺利进行起着重要的作用,北京大学陈向明教授将知识分为理论性知识(学科内容知识、学科教学法知识、课程知识、教育学知识、心理学知识和一般文化课知识)和实践性知识(教育信念、自我知识、人际知识、情境知识、策略性知识、批判反思知识)。教育工作者还要具备多种教育教学相关的技能。教育工作者要通过在职学习、进修、同行交流等多种途径丰富自己的专业知识,做到专业知识深厚渊博,提高专业技能,满足教学工作的需要。

(二)学校层面

1. 减轻工作压力

工作负荷重是诱发教育工作者职业倦怠的重要原因,要缓解教师职业倦怠状况,可以从降低工作负荷入手。教育工作者除了日常教学工作外,还要承担班级管理、学生教育指导、与家长交流沟通、教学改革研究、科学研究等工作,这些都需要耗费大量的课下时间来完成。一方面,管理者要合理安排教师的教学工作时间,不要随意增加,避免教学工作量过高、班级规模过大。对教师教学方面的要求与期望要合理,尽可能减轻教师的教学负荷,对教师的教学任务要求要实事求是,根据每位教师的实际情况出发,根据不同教师的教龄、教学技能等确定合理的教学工作,使他们做有余力,能处理好教学和其他工作之间的关系。另一方面,学校要充分了解并重视每位教师的实际情况和科研能力,处理好教学与科研之间的关系,确立合理的学术期望,针对性地确定教师能达到的科研指标,减轻教育工作者的科研压力。

2. 完善评价制度

学校对教育工作者考核是对其工作评价的重要依据,不完善的考核制度使教师的工作不能得到应有的肯定,降低了他们的工作成就感,增加心理压力,造成职业倦怠。在教育管理工作中,学校要科学确定评聘考核的目标,不能"为考核而考核",应深刻认识对教师进行考核评价的目的是为了激发工作动机,激励教师更好工作,承担适当的工作职责,促进其进一步发展,而不是为了监督、控制、约束教师。因此在考核评价的过程中,要将教师的职业特

---

① 彭聃龄.普通心理学[M].北京:北京师范大学出版社,2012:495.

点和科研工作特点结合起来,突出考核的激励和导向作用,本着科学化和人性化结合的原则,制定合理的考核评价制度,激励教师不断进步,更好成长和发展。

3. 营造良好的工作氛围

在教育管理工作中,要强化民主管理,赋予教师更多的专业自主权和更大的自由度,多倾听教师的意见,接受他们的合理化建议,为教师提供更多参与学校决策的机会,充分相信教师的知识、能力、责任感和敬业精神。管理者要深入到教学一线,参与教学活动,亲身体验教师的工作环境和工作状况,关心教师的工作和生活,把握教师的需要特点,建立赏罚分明的激励机制,这将有助于激发教师的工作热情与动力,从而使教师具有更强的责任感和归属感。当教师在工作中遇到困难,面对挫折和失败时,要为他们提供必要的帮助,给予支持和鼓励,减轻教师的心理负担。

(三) 社会层面

1. 完善教育改革

教育工作者是教育改革的主体,他们既是改革的参与者,也是改革的执行者,他们的工作直接影响着教育改革的效果。因此,教育改革要考虑教师的实际情况,考虑到不同层次的学校特点,不同学科教师的特点,然后有针对性地实施教育改革。要倾听教师对改革的意见和建议,让教师真正成为教育改革的主体,积极地参与改革,支持和配合改革。不能以改革为由,向教师提出过高、过重的教学和科研任务,这样不仅不能调动教师的工作积极性,反而容易使教师产生抵触和厌烦情绪,降低个人成就感和工作热情。教育改革要遵循教育的本质,符合教育的发展规律,不能盲目照抄照搬其他领域的改革措施。改革要有助于提高教育教学质量,特别是要有利于激发教师的工作动机,调动教师的工作积极性。教育改革应采取适当的方式进行,要逐步推进,不可步伐过快、范围过广、程度过深,只有这样才能提升教师在改革中的积极性和能动性,增强工作效能感和成就感,从而缓解职业倦怠。

2. 减轻角色负荷,提出合理期望

面对多重角色所带来的压力和冲突,全社会要为教育工作者创设一个宽松的人文环境,要认识到教师也是普通人,要客观地看待教师角色,对教师提出合理的期待。在教育教学过程中,不要因为教师承载着教书育人的神圣使命,就把教育出现的问题都归咎到教师身上。当出现教学质量、学生管理、科研业绩、学科发展等问题时,也不要一味指责教师的工作能力、职业道德、奉献精神和努力程度,指责他们没能达到社会的期望,要重视教育问题涉及的制度、管理等多方面、深层次的原因。同时,社会要认识到教师角色冲突的不可避免性,理解因角色冲突给他们带来的压力和挑战,帮助他们正确处理家庭——工作冲突、教师——朋友冲突等角色冲突,有效扮演好不同的角色。因此,缓解教师的职业倦怠需要社会关心并支持教师的工作,给教师应有的尊重、理解与支持,创造一个轻松、和谐的社会氛围,减少教师消极倦怠的不良心理,帮助教师渡过职业压力和困难,避免职业倦怠。

3. 提高教育工作者的社会地位和经济地位

在教师的职业倦怠部分原因中,不被理解和尊重以及待遇偏低是主要原因。因此,要将教育作为国家基础性、战略性的地位落在实处,需要切实采取措施,树立教师良好的社会形象,维护教师的利益,保护教师的合法权益,认可教师的劳动,使教育工作者感受到来自社会的信任和尊重,真正做到"尊师重教",为教师的发展提供强有力的社会承认和情感支持。这有利于提高教师的社会地位,提高教师对自己职业的热情和满意程度,使他们的能力得到充分展示和提高,对职业产生强烈的归属感和认同感。物质生活是教师生存与发展的基本条件,要大力增加教育投入,努力提高教师待遇,改善教师的工作生活条件,提高教师的经济地位,解除他们的后顾之忧。因此,应大力弘扬崇尚科学、尊重人才、尊重知识的社会风气,采取切实可行的措施提高教师的社会和经济地位。

本章小结

1. 教育工作者的心理健康水平和职业倦怠状况对教育管理工作有着重要的影响。教育管理中应采取措施,提高教育工作者的心理健康水平,避免和减少职业倦怠的发生。

2. 心理健康是指一种高效而满意的持续的心理状态,它以促进人们的心理调节、发展更大的心理效能为目标,使人们健康地生活,从而更好地适应社会,更有效地为社会和人类做出贡献。不同的研究者对心理健康提出了不同的标准。教育工作者的心理健康状况对其自身的生理健康和学生的心理健康都有影响,因此,教育管理者要关注教师的心理健康,注重对他们心理健康的培养。

3. 职业倦怠是指个体在工作重压下产生的身心疲劳与耗竭的状态,有情感枯竭、去人性化、低成就感三方面的表现。教师职业倦怠是教师由于不能有效应对教育教学活动中延续不断的压力,而逐渐发展形成生理、心理、态度与行为等多方面的消极心理反应。个人因素、学校因素、社会因素都与教师职业倦怠的产生有关。在教育管理工作中,积极采取措施,避免和减少教育工作者的职业倦怠对促进他们做好教育工作有重要作用。

练习与思考

1. 什么是心理健康?心理健康的标准有哪些?
2. 教育工作者心理健康的标准有哪些?
3. 哪些因素影响教育工作者的心理健康?
4. 教育工作者心理健康状况不良的主要表现有哪些?教育工作者心理健康的作用是什么?
5. 结合实际谈谈如何培养教育工作者的心理健康?
6. 什么是职业倦怠及教师职业倦怠?
7. 教育工作者职业倦怠的表现有哪些?
8. 教育工作者职业倦怠的影响因素有哪些?
9. 结合教育管理实际,谈谈缓解教育工作者职业倦怠的策略?

推荐阅读

1. 郭瞻予.教师心理健康与自我调适[M].陕西师范大学出版社,2005.
2. 俞国良,宋振韶.现代教师心理健康教育[M].北京:教育科学出版社,2008(09).

第六章 教育管理中的群体心理理论基础

【本章导读】

　　教育群体是教育组织与教育成员之间协调活动的集合体,是教育管理活动的主导者和参与者,决定着教育管理实施的有效性。通过本章的学习,使考生了解教育群体的特点、分类和功能;理解群体心理动力学理论和群体个性心理效应;正式教育群体和非正式教育群体的心理特点、功能,掌握教育群体的管理方法,进而更好地解决教育管理中的实际问题。在本章中,将讨论三个方面的问题:

　　1. 教育群体的内涵及其特点。
　　2. 群体心理的动力学理论。
　　3. 教育群体心理理论在管理中的应用。

【关键概念】

　　教育群体;群体动力;教育群体动力;个体心理效应

【学习目标】

　　1. 了解教育群体、群体动力、教育群体动力、认同、模仿、暗示、从众、服从、群体规范、群体压力、群体凝聚力、群体舆论、群体士气的含义,以及群体规范、群体压力、群体凝聚力、群体舆论、群体士气的形成与作用。

　　2. 掌握教育群体的概念及特点,掌握五种个体心理效应与教育管理之间的关系,重点掌握在教育管理中如何运用群体的个性心理效应解决管理中的实际问题。

　　3. 掌握正式教育群体和非正式教育群体的心理特点、功能和管理方法,重点掌握如何运用相应的知识对不同教育群体进行分析,并解决教育管理中的实际问题。

【建议学时】

　　4学时

第一节 教育群体的内涵及其特点

　　群体是指由两个或两个以上相互依赖和相互作用的个体,为了某个共同的活动目标而结合在一起的彼此之间具有情感联系的人群①。著名心理学家霍曼斯(G. G. Homans)认为任何一个群体中,都存在着相互联系的三个组成要素,即活动、相互作用和情感。大而言之,国家、民族、阶级、政党是群体;小而言之,车间、科室、班组、家庭也是群体。管理心理学主要研究的是从小而言的群体,是指介于组织与个体之间的人们为了实现特定的目标协同活动而结合起来的人群共同体。

教育群体是群体现象之一,是指在教育组织与其成员之间有共同心理指向和行为指向而协调活动的人群集合体。如学校中的教研组、年级组、科任组、处室、班级、团队、合唱团、运动队等皆可视为一个个教育群体。

一、教育群体的特点

一般认为,教育群体的特点包括以下五个方面:

(一) 群体目标

群体目标是群体形成的先决条件和原因,也是群体的重要特征。一个群体中的成员为了一定的目的而集合在一起,他们或是为了完成一定的任务,或是为了一个共同的关系网络而走在一起。群体目标反映了教育群体成员的共同要求和愿望,并且由群体成员合作来完成这个目标,它是构成和维持群体的基本条件,没有共同目标则群体就不能存在。

教育群体目标与一般群体目标不同。一般群体目标有明显的具体的指标,如产品的数量、质量或利润指标等。教育群体的产品是精神生产,不可能有确定的工艺流程和技术规范,加之精神生产周期很长,其成果往往要经过若干年后才能显示出来,其质量如何往往涉及一个社会乃至整个国家的命运。因此,教育群体在制定各个阶段、各个层级的计划时,必须要以总的目标为依据,不能简单地以数字或数据来表示。

(二) 群体结构

群体结构包括教育群体内部的角色结构、沟通结构,是保持群体稳定有序的心理基础。每一个群体成员在群体中都担当一定的角色,执行一定的任务,占有一定的地位,他们承担一定的义务并享有一定的权利。

教育群体中的成员特别是教师群体带有个体独立性的工作特点,要依靠全体教师协同一致进行工作才能完成教育群体设定的共同目标,因此与一般群体结构相比,教育群体更强调集体观念,也更强调群体内部之间的沟通与配合,如各年级、各学科的配合及后勤保障等等。

(三) 群体规范

群体规范是教育群体成员共同制定的成文的或不成文的从业准则,是教育群体存续和发展的重要心理条件。群体规范并不因其成员的去留而有所改变,群体中的每一个成员都必须遵守。例如在公共场合不吸烟,在办公室、备课室内不大声喧哗,不带酒气进学校、进教室,按时上、下课,不梳奇特发型,不穿奇装异服等。

教育工作是一项崇高的事业,教育工作者是塑造人类灵魂的工程师,工作中每时每刻都充满着教育人、培养人的因素,他们随时随地都在以自己的人格影响着受教育者。因此,以身作则、为人表率已成为教育工作者突出的群体规范。此外,教育群体规范还包括对教育领

---

① 朱新秤.教育管理心理学[M].中国人民大学出版社,2008:217.

导者和教育参与者行为的约束和管理。

（四）群体意识

群体意识包括教育群体成员的参与意识和归属感，是群体成熟的重要心理标志。每个成员都意识到其他成员的存在，也意识到他自己是群体中的一个成员，他们彼此之间相互联系、相互依存、相互作用、相互影响。

教育工作者的从业对象是一个个有思想、有情感、有个性的活生生的人，教育的成果并非任何一个教育者可以独立完成的。因此，必须意识到自己在群体中的作用和价值，也必须意识到与其他成员之间相互依存、相互影响的关系，才能协调一致共同完成群体目标。

（五）群体交流

教育群体中各成员之间需要有工作和信息上的交流，特别是心理和情感上的沟通，这是教育群体存在的重要的心理基础。那些萍水相逢偶然汇合在一起的人群，虽然在时间、空间上有些共同的特点，但是在心理上、情感上并没有什么联系和交流，不能称之为群体。

教育群体往往通过集体备课、观摩教学、教研活动、参观访问、学术研讨、交换意见等方式进行群体交流。这些交流活动的开展，均是以个体的认真准备和积极参与为前提，以个体自主性和个人劳动方式为基础，最终达到彼此切磋、相互交流、共同提高的效果。

二、教育群体的分类

（一）教职工群体和学生群体

根据教育群体中成员扮演的角色不同，可以将教育群体分为教职工群体和学生群体。教职工群体由教师、管理人员与职工构成，肩负培养学生的任务。教职工群体是一个外延很广的概念，可以分出许许多多的教工群体。学生群体由受教育的青少年组成，其责任主要是发展自己，使自己成为社会所需要的人才。和教职工群体一样，学生群体既可泛指一个社区、一个学校的学生组成的群体，也可指一个班级的学生组成的群体。

（二）正式群体和非正式群体

根据构成群体的原则、方式与群体结构的不同，可以把群体分为正式群体和非正式群体。正式群体是由官方设立并有明文规定的一种有固定的编制、明确的职责权限、完备的规章制度和确定的上下级关系的群体。正式群体是为了完成一定的任务，达到组织的特殊目标而设立的，群体成员之间有共同的目标和权益关系；群体成员有明确的分工，每个成员都要承担规定的职责和义务；群体有正式的规章制度和行为规范，群体成员须严格遵守各项规章制度和行为规范，有明显的服从心理；群体成员的关系一般比较正式而稳定。学校所辖的各单位的群体都是正式群体，如教务处群体、班级群体、党团支部群体等。

非正式群体是由人们在交往中自发形成的，没有正式组织程序和明文规定的群体。它是由一些志趣相投、信念一致、情感亲近、关系密切的个体集合而形成的。非正式群体可以满足人们的社交欲望，满足人们在归属感和情感上的需要，它同样也有自己的规范和组织纪律，拥有自己的核心人物，成员之间也具有一定的约束力，共同促进群体的持续发展。

（三）面对面群体和虚拟群体

根据群体成员之间接触和交流的直接与否，教育群体可以分为面对面群体和虚拟群体。传统意义上的群体成员有直接的相互接触和交流的机会，成员之间通过面对面的交往，形成一些交流与沟通，并在一定的规范指导下，完成一定的目标、任务。这种以直接接触为运行基础的群体称为面对面群体。

随着互联网时代的到来,一种新的群体形式,即虚拟群体开始出现。所谓虚拟群体,是指群体成员分布于不同的物理位置,可以跨地域、跨时间、跨组织甚至跨国家界线,通过计算机网络通信技术进行沟通而形成的一种群体形式。虚拟群体使得群体远距离的沟通变得方便而快捷,教育工作变得富有弹性。虚拟群体内部可以通过建立成员间稳定、积极、可持续的维持沟通行为的运作平台,制定规范的成员行为守则,以保持成员相互间的信任。例如,在线课程、网络教育、雨课堂等,参与者通过互联网之间建立起了学习共同体,形成了虚拟的教育群体。

(四)松散群体、联合群体和集体

根据群体发展水平的高低和群体成员之间关系密切的程度,可将群体划分为松散群体、联合群体和集体。松散群体是指人们只在空间和时间上结成群体,但成员之间并没有共同活动的内容、目的和意义。联合群体是指群体有共同的活动,但这种共同的活动又往往只有个人意义,活动的成败与个人利益有密切的关系。这种群体属于群体发展水平的中间层次。集体是群体的最高形式。集体是指在完成由社会的有益动机所制约的活动或共同目的时,具有组织性和心理上团结一致特点的群体。

三、教育群体的功能

(一)整合功能

群体是由不同个体组成的人群集合体,但它不是个体的简单相加,而是将个体力量整合成一股新的力量。格式塔心理学派认为,部分相加并不等于整体而是大于整体。部分整合作用的结果超过了总和,群体成员通过协作活动所产生的力量,会超过每个人单独活动的力量总和,这就是群体的整合作用,它能将分散的个体力量聚合起来形成新的力量。因此,群体并不仅仅是若干个体力量的简单相加,而是使具有不同专长、不同任务的个体有机地汇合在一起,形成一股新的力量。例如教师的劳动具有个体性,单个教师的力量是有限的,不能培养出德、智、体、美等全面发展的人才,只有联合教育群体的整合力量,才能实现教育成果的综合效应。

(二)承上启下功能

群体是介于组织和个体之间的一种人群集合体,它对组织目标的实现和组织的变革发展有重要的影响,起着承上启下的桥梁作用。

一个组织为了有效地实现其目标,必须通过不同层次的分工与协作,把任务逐层分配给下属群体,各群体分工合作、各司其职,为达到总目标而完成组织所分配的任务。群体工作任务的完成,就会促进组织目标的实现。例如,学校组织要依靠教导处、总务处、各科教研组、党、团、工会、学生会等不同群体各自完成学校分配的任务,才能完成学校的总任务。而各个群体所承担的工作任务,又要下达给群体所属的各个成员,群体工作任务的完成,是所属各个成员具体任务完成的总和,所以群体承担着承上启下的桥梁作用,以保证组织总体目标的实现。

(三)满足需要功能

群体既要组织所属成员完成工作任务,又要满足所属成员的各种合理需要。完成任务和满足需要是一个问题的两个方面,二者是辩证统一的关系,不可偏废。在满足成员需要时,不仅要满足成员合理的物质需要,还要满足成员的心理需要,这是群体对个体的重要作用。满足成员的心理需求,不仅有利于维持组织的正常运行,还可以增进管理的有效性。

群体成员有许多需求,有的是通过工作可以获得满足的,例如物质待遇、工作上的成就感、职务上的责任感、对未来职业发展的期望等;而有的需求则要通过群体成员之间的交往和情感上的交流来得到满足,例如归属、友谊和交往等。通过满足成员心理上的需要,可使成员之间增加了解,协调人际关系,从而促进合作,增强组织的凝聚力。因此,群体还具有维系组织内部正常人际关系的功能。

第二节 群体心理的动力学理论

一、群体动力的一般概念

群体动力是指群体成员在群体相互作用情境中个体行为的推动力。在群体中,只要有他人在场,一个人的思想、行为就和当他单独一个人时有所不同,会受到其他人的影响,即使与其他人不发生任何接触,也会产生相互作用。这种群体相互作用而影响个体行为反应的动力特征就是群体动力。教育群体动力是指教育群体成员处于教育群体之中,往往会受到群体氛围或群体中其他成员的影响,表现出不同于该个体独处时所表现的行为反应。例如,一位青年教师,在课堂教学时,有人听课与没人听课时的表现是不一样的;学生演算数学题,单独做与旁边有人看着他做,效果也是不一样的。

(一)群体动力学的发展历程

群体动力学(Group Dynamics),又称团体动力学,是研究诸如群体气氛、群体成员间的关系、领导作风对群体性质的影响等群体生活的动力方面的社会心理学分支。对群体动力学理论做出重大贡献的是美国心理学家库尔特·勒温(Kurt Lewin),他对群体的原动力运动进行了系列研究,为群体动力学理论奠定了科学的基础。他对群体中各种潜在的交互作用、群体对个体的影响和群体成员之间的关系进行了研究。早期群体动力学的理论研究势头迅猛,实用性研究也很快发展起来,主要是针对军队、政府或企业遇到的实际问题提供解决建议。从1945年至1955年是群体动力学的繁荣时期,各种形式的群体动力学研究机构纷纷建立,行动研究和敏感性训练被普遍应用,勒温的心理学思想得到了广泛传播。20世纪60年代开始,群体动力学的发展进入了一种"高原期",群体心理学的研究在某种程度上被人类潜能运动所取代,社会的注意力转到了个体行为和个体生长上。社会对群体动力学的关注大大减少,群体动力学内部也发生了很大的变化。从1960年至1980年,群体动力学基本上处于一种停滞状态,而勒温的心理学也几乎被人淡忘,或者至少是受到了很大的忽视。

从80年代开始,群体动力学开始摆脱它的"高原"状态,而进入一个新的发展时期。1980年,脱离群体动力学研究已近二十年之久的美国社会心理学家费斯汀格(Leon Festinger)主编了一部颇有影响的专著《社会心理学的回顾》,这本著作共有十位作者,其中八人是50年代著名的群体动力学家。80年代开始,以重视群体性为基础的日本式管理方式和东方的哲学思想愈来愈强烈地冲击着美国的传统文化,影响着美国人的思想,群体的心理学意义又重新引起他们的重视。另外,社会也表现出对群体动力学的新的需要,在教育和管理等领域,群体动力学又开始发挥新的作用。

（二）群体动力学的基本观点

群体动力学的创始人勒温援引物理学中的力学理论，研究个体行为如何受群体环境中各种有关力量的作用，试图说明群体情境会使个体行为发生变化，这种变化有无规律性，就是群体动力学要回答的问题。勒温提出一个新的概念叫心理生活空间，简称生活空间，这是勒温理论体系中的一个重要的概念。勒温认为，人的心理现象具有空间的属性，一个人的行为（B）是个体内部动力（P）和环境刺激（E）相互作用的结果，可以用函数式 $B=f(P,E)$ 来表示，这一公式即代表了一个人的生活空间。根据勒温的理论，环境刺激是否能够成为激励因素，还取决于内部动力的大小，两者的乘积才决定了个人的行为方向。如果个人的内部动力为零，那么外部环境的刺激就不会发生作用；如果个人的内部动力为负数，外部环境的刺激就有可能产生相反的作用。所谓群体动力理论，就是要论述群体中的各种力量对群体的作用和影响，勒温及其后继者通过实验研究，发现了群体动力的存在和作用。群体不是人们的简单集合，而是一个动力整体，是一个系统，其中某一部分的变化也会引起其他部分的状态发生变化。因此，不能借助于分析群体中的个体情况来达到对整个群体的分析。

美国社会心理学家费斯汀格的理论强调，人们在态度和价值观上既有相似性，对个体吸引与群体形成起到重要作用。费斯汀格的社会比较理论认为，人们与他人亲和是为了确认自身的观点、态度和信念。如果不存在可证实性的正确的现实依据，个体就会转而依赖与他人的比较获得相似性来达到这一目的。如果他人认同自己的观点，也就是说他人在态度等方面与个体相似，那么个体就会对自己观点的正确性充满信心，这就满足了个体评价自己和知道自己是否正确的基本需求。既然与他人的相似满足了人们对信息的需求，他们就是具有奖赏性的，个体就会被他们所吸引，并亲和于他们。这一观点已经成为人际吸引研究的基础。此外，费斯汀格明确指出，个体是与其他个体而不是与其他群体进行比较，态度相同的个体之间的吸引是群体形成的基础。之后，美国社会心理学家沙赫特（Stanley Schachter）拓展了这一理论，将情绪纳入其中。他认为人类的情绪体验是人的生理状态和对这一状态的认知解释共同作用的结果。任何一种情绪的产生，都是由外界环境刺激、机体的生理变化和对外界刺激的认识过程三者相互作用的结果，而认知过程起着决定的作用。沙赫特将认知因素纳入到对情绪发生的解释中，这对情绪的认识是一个进步，对理解群体成员的情绪表现和群体凝聚力的意义也起到了借鉴作用。

从历史的角度来反观群体动力学，它本身具有三个层次的意义。首先，群体动力学属于一种意识形态，即关于群体应如何组织和管理的方法和态度。在这种意义上，群体动力学十分强调民主领导的重要性，强调成员参与决策以及群体内合作气氛的意义。其次，群体动力学是一套管理技术，如群体过程中的观察和反馈等，在这种意义上，群体动力学被广泛应用于人际交往培训、领导干部培训以及工厂、企业、学校和政府部门的管理。最后，群体动力学是关于群体本质的心理学研究，旨在探索群体发展的规律，群体的内在动力，群体与个体、其他群体以及整个社会的关系等。

【专栏 6-1】

网络课堂中增强群体动力的实施策略

通过分析协作知识建构群体动力机制，结合网络课堂教学环境的特点，参考增强群体运作的动力策略，提出网络课堂协作知识建构中的群体动力实施策略。

（一）设计明确合理的教学目标，制定切实有效的群体规范

教学目标应选择明确、富有激励和挑战意义以及切实可行的群体目标。教学目标的设计可分课时、阶段和单元目标。群体规范是指课堂小组协作知识建构活动中约定的、学生必须共同遵守的"游戏规则"，如活动的内容、时间、表达的形式和记录、成员之间的配合和互助、活动后的评价方式等。可行的群体规范不仅有助于建立良好的课堂内部环境，而且有助于形成愉快和谐的群体生活，从而引发学生的成就动机与进取心，促进学生发展良好的课堂行为。

（二）激发成员对群体的认同感，营造民主和谐的课堂气氛

元讨论是关于讨论的讨论，"是一个理解并改进群体过程和群体规范的机会"，通过元讨论，小组成员对群体规范或任务更明确，因而更能加强成员参与程度，增强认同感和归属感。积极鼓励学生之间的交流和互动，强化努力后的成功体验，使成员更倾向于对群体抱有积极的态度，以创造良好的协作关系和人际氛围。不同的领导方式造成不同的群体气氛，不同的群体气氛对于群体效能的发挥起重要影响作用，民主性的领导方式可以提高群体的工作效率。建立新型的师生关系，促进师生之间、学生之间的交流，并给予学生适当的自由空间和时间，因材施教，营造民主、和谐、积极的课堂气氛，有助于学生创造思维的培养。

（三）组织网络协作知识建构活动，开展积极的协作和适当的竞争

利用网络技术开展共享、论证、协商、创作、反思等协作建构活动，并通过网络的支持减少成员对技术的紧张与焦虑，同时，通过答疑或辅导增加成员的安全感。任务驱动是推动协作互动活动的途径。任务驱动离不开提问，提问分为认知提问和元认知提问。认知提问针对学生的认知活动，指向具体的信息加工，问题的内容往往由教师精心设计，且对学生思维的自主性、独立性要求不高；元认知提问针对学生的元认知活动，指向元认知知识、元认知体验和元认知监控，它强调学生的主体地位，对学生思维的自觉性、批判性也要求较高。外在压力和威胁是增强群体内聚力的有效手段，因此，开展适当的协作与竞争，可以有效地引发组内学习伙伴间较强烈的互动需求。

（四）重视教学效果的评价反馈，强调群体绩效与发展水平

活动评价是指活动中或活动后适时的反馈和评价，如公开的奖赏、鼓励或表扬等。通过评价反馈，可以增强团队意识，促进成员之间相互认可，共享群体活动的乐趣，体验成功的喜悦，并有效促进群体发展的水平与绩效。

（资料来源：谢幼如等．网络课堂协作知识建构的群体动力探索[J]．电化教育研究，2009.02:55-58.）

二、群体动力的影响因素

由于社会环境不断变化以及群体成员之间彼此的相互影响，群体总是处在不断发展变化之中。同时，群体情境中个体行为活动的动向也受到了多种因素的影响，诸如群体规范、群体压力、群体凝聚力、群体舆论以及群体士气的影响等等。由此可见，群体动力就是在上述各种因素相互作用下，群体中个体行为不断发展变化和协调的过程。教育群体动力研究就是从教育群体的动态方面出发，研究影响群体活动方向的各种内部动因。影响群体动力的因素主要包括以下五个方面的内容：

（一）群体规范

1. 群体规范的含义

群体规范也称群体准则,是指群体公认的或自然形成的群体成员的思想、行为和评价的标准,这些标准能给群体成员提供行动的指南。群体规范一旦形成,便有一定的牢固性,对群体成员就会产生出一种无形的心理压力。群体成员的行为常常会有意识或无意识地受到这种规范的约束。群体规范包括风俗、文化、语言、时尚、乡规、家规、公约、守则等。群体规范规定了群体成员应该遵守的行为规范。这种规范,一般只规定一个可以接受和可能容忍的限度和范围,没有具体到一举一动的行为规则。群体规范可以分为正式规范与非正式规范。正式规范是指群体中正式的有明文规定的行为准则,例如教师群体的岗位职责、规章制度等;非正式规范往往是成员间相互约定的,并没有用文字明确下来,一旦大家同意,便成为共同的行为准则和态度,例如教师休息室内不许大声喧哗,上课不吵不闹等,都是学校教育管理中常见的群体规范。

2. 群体规范的形成

美国心理学家谢里夫(L. Sayles)用"暗室光点"实验证明了群体规范的形成过程。群体规范的形成,一般是通过相互模仿、暗示、服从而逐步形成的。在群体中尽可能保持一致性,这种趋同倾向就会产生成员在某种程度上的类化过程,到一定程度就会形成一种群体规范。群体规范的形成,一般可以分为三个阶段。

第一阶段:每个成员发表自己对某一事件的评价和判断,这是相互影响阶段。

第二阶段:出现一种占优势的意见,这种意见可能是大多数人意见的综合折中,也可能是群体核心人物的意见。

第三阶段:趋同倾向导致评价、判断以及相应行为上的一致性。

3. 群体规范的作用

群体规范具有群体支柱、评价标准、群体约束和行为导向四方面的作用:

(1)群体支柱。群体规范是一切社会群体得以维持生存、巩固和发展的支柱。一个群体的规范越明确,成员的活动就越协调,关系就越密切,群体也就越集中,也就越容易让人们感到它的存在,越能满足群体的归属感。

(2)评价标准。群体规范是群体成员思想和行为的评价标准。它赋予行为、语言、动作以一定的意义和评判依据,从而规定了人们在交往过程中对事物的知觉、判断、态度和行为的尺度。

(3)群体约束。群体规范不仅仅是群体成员衡量是非善恶的标准,而且也是行为动向的标准,对行为起着巨大的约束作用,使成员行为常常会自觉或不自觉地接受这种约束。

(4)行为导向。群体规范明确提出了人们需要满足的方式和相应的行为目标,从而为人们规定了日常生活的方式,限制了人们活动的范围,这就对成员的行为起了一个导向的作用。如"班级文明公约"就是一种群体规范,它使学生了解在班级活动中,应该做什么和不应该做什么,对行为起了导向作用。

应该指出的是,群体规范既有积极的一面,也有消极的一面。其主要消极的方面在于要求一律严格遵守,限制了人们的积极性和创造性。因为群体规范代表着大多数人的意见与利益,它反映的是人们共同的、普遍的,也是中等水平的要求与愿望,既不允许落后,也不允许先进。因此,严守群体规范的人往往把一些创造性行为看作越轨行为,使之受到打击和排斥。

(二)群体压力

1. 群体压力的含义

群体压力是指群体成员与群体多数人的意见、行动不一致时主观上想象或感受到的一种心理压力。群体压力往往是个体从众行为的直接因素。可以说,趋向于一定的群体,是人的一种生存方式,个体要想摆脱群体的影响是不可能的。

群体压力不同于行政压力,往往不借助有形的惩罚举动,是一种难以违抗的心理力量。一般来说,当某个成员的意见或行为与群体大多数人的意见或行为不一致时,这个成员就可能感到紧张。这种紧张来自被群体抛弃的恐惧。被群体抛弃意味着不能满足归属需要,而不能满足归属需要的人往往会感到痛苦。所以,如果一个人不想处于孤立的境地,那他就会在群体压力面前,顺应大多数人的意见。群体压力的大小与个体目标和群体目标的距离远近成正比,不同的人在同一群体中所感受到的群体压力是不同的。

2. 群体压力的形成

美国心理学家所罗门·阿希(Solomon E. Asch)的从众行为实验说明了人们屈服于群体的压力而做出错误判断的过程。群体压力来自于群体规范。群体规范形成后,就会对个人产生压力。当个人发现自己的意见与群体中大多数人的意见不一致时,会感受到一种难以违抗或难以抵制的心理紧张状态,群体对自己就产生一种压力,害怕被群体排斥,迫使自己与群体意见趋向一致。如果个人仍坚持标新立异、与众不同,就会感到孤立。

群体压力能否引起个体的从众行为与群体压力强度有关,而群体压力的强度又取决于群体一致性的特点。比如,群体中持一致意见或行为的人数及其比例影响个体的从众行为,人数越多、比例越大,群体压力也就越大,也就越容易使个别人或少数人从众。除此之外,支持不同意见者的人数及其比例也影响从众行为,若独自一人与别人的意见或行为相悖,很难顶住群体压力,但只要群体中有一个人支持不同意见者,那群体压力就明显降低,支持者越多,群体压力越小。

3. 群体压力的作用

群体压力的作用,有积极的一面,也有消极的一面。在群体意见正确时,它的作用是积极的;如果群体的意见错误时,将带来消极的后果。群体压力的结果会出现放弃个人意见而顺从群体意见的现象,这就是社会从众现象。

当然,群体压力有时也会遭到某些群体成员的抵制与反抗,以下三种情况个体不太容易受群体压力的影响:一是独立性,即一种比较理智的、经过一定思考之后表现出来的独立自主行为,盲目性较少。一个有较强独立性的人,往往不会轻易跟着别人走,并能对群体的压力作具体分析,从而审慎地决定自己的行为。二是"反从众",是一种故意与群体闹对立的情绪性执拗行为。三是集体主义自决,即在坚持集体主义原则的前提下,对群体的意见和行为进行实事求是的分析,再做出是非分明的决断。若群体的意见和行为是正确的,则服从;若群体意见和行为并不十分正确,但不涉及原则性问题,则从群体团结出发,表示服从;若群体意见和行为有原则上的错误,则坚决抵制。这是正确的态度,除抵制这种决断情形外,其他两种决断在本质上也并不是迫于群体压力而为,而是一种充分发挥自主性的表现。

(三)群体凝聚力

1. 群体凝聚力的含义

群体凝聚力是指群体对每个成员的吸引力和向心力以及群体成员之间相互依存、相互协调、相互团结的程度和力量。它可以通过群体成员对群体的向心力、忠诚、责任感、群体荣誉感等以及群体成员众志成城、齐心协力抵御外来攻击或同外群体竞争来表示;也可以用群体成员之间的融洽关系、团结合作、友谊和志趣等态度来说明。群体凝聚力是衡量一个群体是否有战斗力,是否成功的重要标志。

凝聚力强的群体,其群体成员之间交往频繁,沟通自由,相互之间传递的积极信息多,内部人际关系融洽和谐;凝聚力强的群体,其群体成员为自己在群体中工作而感到骄傲;凝聚力强的群体,其群体成员对群体的归属感较强,积极参加群体活动,而且他们不愿意离开自己的群体;凝聚力强的群体,其成员有较强的责任感和义务感,他们积极关心群体,努力维护群体的荣誉;凝聚力强的群体,其群体成员团结一致,同仇敌忾。

2. 群体凝聚力的作用

美国社会心理学家沙赫特认为群体凝聚力会提升群体生产力,促进对群体规范的遵从,促进群体内部相互沟通,提升群体成员的安全感和自我价值感。①

第一,群体凝聚力对一个群体的存在与发展有着重要的意义,是维持群体存在的必要条件。一个群体失去了它的凝聚力、吸引力,就像一盘散沙,很难维持下去,即使是名义上存在,也丧失了力量与功能。

第二,群体凝聚力与工作效率之间存在着复杂的关系,是决定组织目标是否实现的重要条件。如果群体目标与组织目标一致,则凝聚力与工作效率之间成正相关,即凝聚力越强,工作效率越高,越容易实现组织目标;如果群体目标与组织目标不一致,则凝聚力与工作效率之间成负相关,即凝聚力越强,工作效率越低,越不容易实现组织目标。

3. 群体凝聚力的影响因素

(1) 领导因素。领导者是群体的核心,领导班子自身是否团结一致、齐心协力,会直接影响群体的凝聚力。

(2) 群体同质性。群体同质性是指群体成员之间有相似性,相似会导致彼此相互吸引。一般来说,同质性越高,群体的凝聚力也越强。不过,当组织成员之间存在利益冲突时,工作性质相同、工作能力相当,反而容易出现嫉妒和攀比,从而破坏群体的凝聚力。

(3) 群体外部的压力。当一个群体受到外来的攻击、竞争或威胁时,群体内部的成员都会面临威胁或压力,这时群体成员会更紧密地结合在一起,抵御外来的压力。

(4) 群体内部奖励方式。个人奖励与集体奖励有不同的作用。西方研究表明,集体奖励有助于增加群体的凝聚力,而个人奖励可能增加群体成员之间的竞争力。我国的一些研究表明,个人奖励与集体奖励相结合有助于增强群体的凝聚力。

(5) 群体成员的荣誉感、成就感和归属感。群体在组织中的地位越高,声誉越好,成就越高,群体成员越会产生强烈的认同感、集体荣誉感、成就感和归属感,越希望保持和维护群体的荣誉。因此,群体的凝聚力越强。

(6) 群体的规模、规范与风气。从规模上看,小群体比大群体往往凝聚力更强,更趋向一致性。大的群体成员之间相互交流机会少,就不大可能有较强的凝聚力。良好的行为规范和团体气氛也有利于群体凝聚力的增强。

(7) 群体信息沟通等。群体内部成员之间的信息沟通良好,内部畅通,公开坦诚,则凝

---

① Michael A. Hogg & Dominic Abrams 著. 社会认同过程[M]. 中国人民大学出版社,2011:117-118.

聚力强,反之则凝聚力弱。另外,群体成员的个性特征、思想觉悟、价值取向、心理健康等都对群体的凝聚力也有影响。

(四) 群体舆论

1. 群体舆论的含义

群体舆论是群体内多数人对社会生活、群体活动、个人行为等事实所做出的内容一致的判断和评论。其实质是人们经过沟通之后在心理上产生的一种共鸣,它在调整人们的道德行为和道德评价中具有重大作用。舆论规模有时很大,是全国乃至世界性的,例如国际生活中的某些大事,就往往会引起全世界的舆论;有时则规模很小,只限于一定范围、一定人群的议论。社会舆论产生和传播的媒介可以是面对面的人群,也可以是通过虚拟的网络社交平台所发起的群体讨论。

2. 群体舆论的形成

社会舆论有自觉性的,也有自发性的。自觉性的舆论是在国家、政府、各级党政机关等依据一定的宣传目的施加影响的条件下形成的,是社会舆论的主体。自觉性的舆论符合社会历史发展的规律,具有广泛的群众基础,通过各种各样的宣传媒介进行社会主流价值观的宣传,充分发挥其促进社会稳定的作用。

自发性的舆论来源比较复杂,可能是传统社会舆论的自然延续,也可能是人们对实际生活经验的片面总结。尤其在自媒体十分发达的今天,群体中的每个成员都可能成为一个舆论的发起者或传播者,也有可能成为社会舆论的中心和焦点,这种自发性舆论的形成和传播变得更加复杂。自发性的舆论有正确的,也有错误的,甚至有的是故意扰乱社会秩序、混淆视听的,这就需要身处其中的每个群体成员都要有正确的是非判断力,选择合理、正规、权威的信息发布媒介或平台,不能偏听偏信,更不能做扰乱社会秩序、混淆视听的错误舆论的传播者和推动者。

3. 群体舆论的作用

(1) 教育的作用。群体舆论有着十分重要的教育作用。健康正确的社会舆论可以鼓舞人心,打击社会上的歪风邪气,制止不良行为,使正气占上风,是优良道德品质强大的支持力量。例如,教职工之间的冲突,群体舆论会使无理的一方停止争吵并作出让步;一位背离了群体规范的教师在舆论的压力下会有所收敛。

(2) 导向和推动的作用。群体舆论是人们对群体中一些重大事件所持的公正意见,最初往往是一些议论,众说纷纭,而后则趋向一致的意见。当它形成了多数人趋于一致的意见和情绪以后,就会对少数持不同意见的人产生一定的心理压力,统一他们的看法和约束他们的行为,从而对事件的发展起着导向和推动的作用。

(3) 加强组织凝聚力的作用。群体舆论对群体内少数持不同意见者施加公开压力,从而改变了他们的看法并约束其行为,因而促使群体内部成员更加团结一致,使群体凝聚力更加增强,这是形成群体心理整合的重要途径。

在教育管理中要培养健康的群体舆论,要随时注意群体舆论的倾向与性质,及时肯定正确的,否定错误的,不能对群体舆论放任不管;要通过对优秀成员的培养和树立,提高群体其他成员分析、评价、判断是非的能力,使正确的舆论拥有广泛的群众基础;要通过阅读书报杂志和观看影视等多种方式,汲取正当社会舆论的营养,并运用各种宣传方式,表扬先进,批评落后,使正确的价值观念成为舆论的中心。

(五) 群体士气

1. 群体士气的含义

"士气"一词原本是军事用语,是指军队在作战时的战斗情绪和战斗意志。古语曰:"气者,军之魂也。胜依之,溃源之。"引申到管理心理学中,群体士气是指群体奋斗的情绪意志、服务态度或工作精神。群体士气反映了一个群体的战斗力,直接影响着群体的绩效。一旦群体有了高昂的士气,就可以迸发出巨大的力量。一旦士气低落,群体也就会丧失战斗力。由此可知,群体士气不仅代表个人需求的满足感,也意味着个人接受并认可这种满足感来自于群体,因而甘愿为实现群体目标而努力奋斗,有人也将士气称为团队精神。

2. 群体士气的作用

美国心理学家戴维斯(K. Davis)在1962年研究了士气与生产率的关系。他认为士气与生产率的关系可能出现三种情况,即:高士气,高生产率;高士气,低生产率;低士气,高生产率。除了戴维斯前讲的三种情况外,还有一种情况即低士气,低生产率。群体士气代表群体的工作精神,也是成员对组织的集体态度。高昂的士气虽然不一定能保证提高组织的绩效,因为影响组织绩效的因素除了士气外,尚有诸多其他人力、物力条件的影响。但是,要想提高组织绩效,提高士气是不可缺少的重要条件。士气高就能充分发挥群体成员的主动性,在其他条件不变的情况下提高组织的工作绩效。换句话说,如果群体成员士气很低,那么即使其他人力因素、物质等条件具备,也无法真正提高组织的绩效。因此,教育领导者能否激发和保持教育工作者的高昂士气,是实现管理目标和提高教育质量的可靠保证和重要条件。

群体成员士气的高低,通常可以用以下指标衡量:

(1) 实际工作指标。如劳动生产率、工作定额完成情况、出勤率、旷工、事假、迟到发生率等。

(2) 个人态度指标。如工作动机、工作满意度、劳动愉快程度、对组织目标的认同、提高业务水平的愿望等。

(3) 人际关系指标。如群体凝聚力、干群关系等。

3. 群体士气的影响因素

影响群体士气的因素很多,主要有以下几个方面:

(1) 群体成员对群体目标的拥护程度。群体士气是群体成员对群体满意、并愿意为达到群体目标而努力的态度。群体士气的提高,关键在于群体目标的明确认识和发自内心的赞同。当群体成员的个人目标与群体目标高度一致时,士气才有可能高昂。如果群体的大部分成员并不从内心深处赞同和拥护群体目标时,群体的士气就会低落。

(2) 经济报酬的合理性。合理的经济报酬能够满足职工的基本需要,并能有效地鼓舞群体成员的士气。在管理过程中,公正公平的价值取向是调动所有成员积极性的前提条件,所以在群体成员之间实行同工同酬、多劳多得的奖励分配制度是非常重要的。否则,将会降低群体士气。

(3) 工作本身带来的满足感。如果群体成员所从事的工作正好是他们的个人兴趣所在,那么群体成员的满意度就会提高。因此,管理者就要在分配任务的时候充分考虑职工的个人兴趣,借助工作本身给员工带来的满意感来提高群体的士气。

(4) 群体领导的素质。优秀的领导往往能够采用民主的领导方式,他们善于倾听群体成员的呼声,体察群体成员的心情,乐于接受群体成员的意见,群体成员因此就会有一种自己参与、自己决定的感觉,群体的士气就会大大提高。团结和谐的内部人际关系给群体成员提供一个宽松的心理环境,群体成员在工作的时候就会感到心情舒畅,乐于为群体的各项工作尽力,从而提高群体的士气。

【专栏 6-2】

教育管理中的群体思维

Irving Janis 创造了"群体思维"(groupthink)这个词。当群体内压力导致群体成员精神状况恶化、分辨事实的能力下降、缺乏道德判断力时,群体思维就产生了。这种思维在具有高凝聚力的群体内容易产生,因为在这样的群体中,群体成员更加重视和渴望达到群体内的一致性,对于现实问题的评估和解决却比较忽略,是对群体决策过程产生破坏作用的因素之一。

Janis 将群体思维的症状归纳为八个方面:

第一,不易受伤害性。大多数甚至所有的群体成员都会产生一种错觉,认为在群体内不容易受伤害。这种感觉会让他们变得更加乐观,容易采取极端冒险的行为。

第二,自圆其说。有人会对群体决策成员提出警告,提醒他们调整自己的假设,避免再犯过去决策的毛病,但是群体决策成员会对其决策思路和方法自圆其说,从而漠视这些警告。

第三,道德规范。群体成员会在群体内部建立一套不容置疑的道德规范信念,这种道德规范信念容易导致成员在决策时忽视伦理或道德的后果。

第四,刻板印象。群体成员会对反对派的领导形成刻板印象,认为他们要么品行不端,很难保证其以真诚的态度参与协商;要么太过脆弱与愚蠢,以至于不能应对任何阻止其目的达成的危险企图。

第五,压力。群体成员会对那些强烈反对群体刻板印象、错觉或者承诺的成员直接施加压力,让这些人清楚地认识到这种反对是与所有忠心耿耿的成员的期待相悖的。

第六,自我审查。群体成员会审查任何偏离群体一致性的个人行为,并反思每个成员是否将自己的怀疑和反对降到最低。

第七,一致性。群体成员都会对全体一致性产生一种错觉,认为要顺从多数派的观点。这些观点部分是因为一种自我认识的偏差,这种偏差源于一个错误的假设——认为沉默即同意。

第八,心理防范。群体内的一些成员认为,他们要保护群体,使其免受不利信息的影响,因为这些信息可能会破坏他们因为决策的有效性所产生的自我满足感。

(资料来源:Fred C. Lunenburg, Allan C. Ornstein 著. 教育管理学概念与实践(第五版)[M]. 中国轻工业出版社,2013:195-196.)

三、群体的个体心理效应

个体心理效应是指群体中的每一个个体都受到别人的影响,同时又影响着别人,在群体中形成的这种相互作用的合力制约或影响着群体中的每个人,使之产生不同于单独个体存在时的心理反应。群体中的个体心理效应正是群体动力作用的结果,两者之间密不可分,是一个问题的两个方面。群体中的个体心理效应主要包括以下五方面的内容：

（一）认同

1. 认同的含义

认同是指群体成员在认识和评价上同群体保持行为一致的心理倾向。认同的结构相当复杂，它的基础成分是认知，经由认知、比较而确定彼此的异同。认同分为三个水平，首先是认知水平的认同，即由于发现彼此"一样"而产生的认同，将个体自己与另一对象"视为等同"；其次是情感水平的认同，即伴随"感情的移入"而产生一种"同感"；最后是行为水平的认同，即形成"有行动的感情移入"，行为与他人或群体一致，这就是完全的认同，也就是最高水平的认同。

群体成员是一种资格，这种资格有利于建立积极的社会认同。个体如果被某些群体所接纳，那么意味着该个体的价值得到了肯定，并觉得自己是其中的一员而具有某种社会地位，这种社会认同将成为自我概念的一部分。一般而言，群体的威信越高，其成员资格越有限制，个体如果被群体所接受，其自我概念便越会受到支持和肯定。

2. 认同与教育管理的关系

在教育管理中应高度重视认同的作用。要取得教育工作者对教育事业和教育目标的认同，是一个重要的管理目标。完全实现这一目标不容易，但并非不可能，这就要强化群体动力因素，使人们都能自觉、积极地同群体取得认同。

（1）教育领导者要严格按照规章制度的要求，全面提高自己的思想、政治、道德素质，为广大教育工作者提供与自己认同的基础。

（2）教育领导者要尽可能以群体成员现有的思想、情感和态度的水平为起点，避免要求过高，失去认同的可能。

（3）要对教育工作者进行有效的思想和道德教育，使他们的言行合乎要求，领导与群众的认同应建立在公共原则要求的基础之上。

（二）模仿

1. 模仿的含义

模仿是指由仿效别人的言行举止而引起的与之相类似的行为活动。模仿是社会学习的重要形式，是由非强制性的社会刺激所引起的，使人再现某一榜样的社会心理现象。模仿是一种非强制的行为，榜样的力量是诱发模仿的关键因素之一。榜样的力量即心理影响力量，这种力量涉及榜样本身的魅力与模仿者的感受能力。教育群体中的榜样通常有：优秀教育领导者、优秀教师、优秀学生等。

模仿可分为自发的模仿和自觉的模仿两种类型。自发的模仿是无意识的模仿；自觉的模仿是有意识的模仿。根据意识程度的不同，自觉模仿又分为适应性模仿和选择性模仿。适应性模仿即人们为适应新的环境而进行的普遍性模仿；选择性模仿是人们经过思考后选择对象进行的模仿。人们的行为和思想纷繁复杂，其中有合理的，也有不合理的。如果模仿者经过思考择善而从，即学习和模仿有利于个人发展和社会进步的思想或行为，那就是合理的模仿。反之，就是不合理的模仿。

2. 模仿与教育管理的关系

在教育管理中，模仿的运用主要是正面榜样的树立。正面榜样可以有社会先进榜样、群体内部的先进榜样和领导者榜样三种。

（1）社会先进榜样主要是社会范围的各行各业中的模范人物，以及由各种文艺作品塑造的先进人物形象，这无疑具有巨大的力量。

（2）群体内部的先进榜样由于其贴近群体成员，形象更加具体而真实，言行举止都可以成为学习的榜样，更具有特殊的力量。

（3）领导者榜样由于其特有的地位和作用，模范表率作用就更具有特殊的意义，会在不知不觉、潜移默化中对群体成员产生积极的影响。

因此，教育领导者可以利用"模仿"这一心理机制，在群体中树立学习的榜样，充分发挥自己在教育组织中的影响作用。

（三）暗示

1. 暗示的含义

暗示是指用含蓄的、间接的方式，对他人的心理和行为产生影响，使他人不自觉地按照一定的方式采取行动，或者不加批判地接受一定的意见或信念。暗示者可以是群体，可以是个人，也可以是受暗示者本人，即自我暗示；可采用语言，又可采用手势、表情或其他方式进行。它可使受暗示者立刻做出相应的反应，也可能是一个缓慢的、潜移默化的影响过程。俄国生理学家巴甫洛夫（Pavlov）认为暗示乃是人类最简单、最典型的条件反射；而俄国心理学家和神经学家别赫捷列夫（Bekhterev）认为暗示是每个人固有的现象，属于人类心理方面的正常特性。

暗示可以分为直接暗示、间接暗示、自动暗示和反暗示四种类型：

（1）直接暗示是指暗示者把某一刺激直接提供给受暗示者，使之迅速而无意识地接受的一种暗示。

（2）间接暗示是指暗示者凭借一定中介将刺激间接提供给受暗示者，使之迅速而无意识地接受的一种暗示。

（3）自动暗示又称自我暗示，因暗示来源于受暗示者本身而得名，如"杯弓蛇影""草木皆兵"等。

（4）反暗示是指外界刺激引起相反反应的暗示。我国古代"此地无银三百两"的笑话是反暗示的绝好例证，本来为了怕被人偷而插的暗示牌子反而起到了指导偷窃的作用。

2. 暗示与教育管理的关系

由于暗示不具有强制性的特点，因此人在接受暗示时并无知觉，但影响却很深远。教育领导者在管理上要从积极方面去运用它，需要注意以下一些方面：

（1）教育领导者要树立自己的威信，提高自己威望。教育领导者只有具备超凡的智慧、优秀的品格、榜样的力量，才能拥有崇高的威望，才能实施有效的领导。

（2）教育领导者要使自己具备容易使群体成员接受正面暗示的个人素养。教育领导者只有具备出众的能力、非凡的成就、公正的态度，才能获得下属的崇敬和钦佩。

（3）教育领导者要善于运用有助于暗示效果的客观因素。教育领导者只有具备丰富的情感、卓越的德行、个性的魅力，才能赢得组织成员的拥戴与支持。

（4）教育领导者要注意引导人们防止不良倾向的暗示的影响。暗示的内容一般是比较简明的思想和行为，对于复杂的理论思想或事物，只靠暗示是不行的，需要采用教育、说服等手段，至于一些必须要求群体成员按规则进行的活动，则需要有指示和命令。

暗示和受暗示是连续发生作用的。在社会活动中，人们可能在没有任何意识的情况下暗示着别人,也在接受着别人的暗示,这些暗示无时无刻不在发生着。教育领导者要避免不良暗示对群体成员的影响,善于从积极方面运用暗示的有关规律,使群体成员的言行统一,共同完成群体的目标和任务。

(四) 从众

1. 从众的含义

从众是指个体在群体压力的影响下,自觉或不自觉地放弃个人意见而与群体中多数人保持一致的社会心理行为。造成从众的原因主要是群体压力,即心理压力,而不是管理压力或舆论压力。一般情况下,群体一致性水平越高,群体的凝聚力越大,从众的压力也越大,人们的从众行为就越有可能发生。相反,群体的分歧越大,群体的凝聚力越薄弱,成员从众的力量也越小,从众行为越少发生。

从众行为有表面的和内心的两个不同层面。在群体中表露出来的是表面的从众,而与其内心的层面则不一定协调一致。从众的表里关系有四种表现形式:

(1) 表面从众,内心也接受。这就是所谓的"口服心服"状态。这是群体与个体之间最理想的关系,可以将多数人的看法当成正确的。

(2) 表面从众,内心却拒绝。这是口是心非的接受。口头赞成,内心却不服,相信自己没有错,只是屈从于群体压力的权宜之计。

(3) 表面不从众,内心却接受。这也是表里不一的表现。内心虽然认为多数人的要求是合理的,表示同意,但由于地位、情面和自尊心等因素,不敢公开表示。

(4) 表面不从众,内心也拒绝。这是不与群体妥协的反从众行为。有的人确信大多数人错了,真理有时掌握在少数人手里,自己有责任扭转这种错误认识。

2. 从众与教育管理的关系

(1) 积极作用。第一,从众行为可以在一定程度上帮助教育领导者实现群体预定的目标。从众行为的实质是通过群体来影响和改变个人的观念和行为,增加群体行为的相似性和一致性,提高群体的凝聚力和工作效率,从而便于管理目标的实现。第二,从众行为能够使个体达到心理平衡。在群体中,当一个人意识到与大多数人不一样时,往往会产生一种焦虑紧张的情绪,而从众行为能在一定程度上缓解或消除这种不安的情绪,满足个人的需要。

(2) 消极作用。第一,从众行为容易使群体成员产生惰性,抑制创造性,从众行为倾向于"舆论一致",这种压力容易抑制成员的创造性。第二,群体内多数成员的从众行为容易以强行通过或仓促作决定的方式,使决策出现偏差,而忽略了组织内的一些不同意见。第三,群体内的个体如果被迫的从众行为过多,可能会为群体的发展埋下隐患,成为内部动荡不安的因素,最终对群体的发展造成损失。

管理者要做的就是充分认识从众行为,趋利避害,运用和发挥从众行为的积极作用,消除从众行为的消极作用。

(五) 服从

1. 服从的含义

服从是指在他人的命令或影响下,做出同他人、社会的要求相一致的社会心理行为,即按他人的旨意行事。服从与从众不同,从众是与众人一致,自己不愿意时也要放弃个人意见。服从可能是服从群体大多数人,也可能是服从个人,通常是权威人物,服从有时是本人愿意的,但有时是本来不愿意做的行为。从众出于群体压力,而服从往往是出于纪律、规范及权威个人,具有一定的强制性。

2. 服从于教育管理的关系

关于服从,在教育管理上应注意以下几点:

(1)对于任何群体组织,服从都是需要的,尤其是对于社会要求、组织纪律、群体规范等的服从就更为必要。

(2)要提倡自觉的服从而防止搞盲目地服从,要强调对法规制度、对组织、对集体决议的服从而不过分强调对个人的服从。

(3)教育领导者对于那些事事、时时、处处对自己唯命是从的下属人员,要有一些分析,甚至要有一定的警惕,对于那些有盲目服从倾向的人要进行必要的教育和帮助。

【专栏6-3】

教育管理中的实用激励策略

应用动机理论的相关概念激励教育组织中的成员,有的时候并不是一件很容易的事情。然而,如果能够进行有效的应用,教育领导者可以帮助教育工作者成为有效的、高成就的教育者。以下几条激励策略可以促进教师顺利展开工作和成长,也可以鼓舞教育群体的士气,增强教育群体的凝聚力。

1. 个人关怀。为了显示对个人的关怀,教育领导者要亲自关注所有教育工作者所关注的问题;要肯定他们的需要;用合适的方法了解他们的一些普遍看法;每天都与教育工作者进行非正式的交流;了解做些什么可以帮助他们,并在实行新政策和新规定的过程中关注他们的感受。

2. 沟通。为了增强与教育工作者的沟通,教育管理者可以提出、公布并明确设定一些教育目标;探究影响教育工作者对改革的态度和观点;广泛听取大家的意见和建议,理解大家,而不是急于做出回应,只需要耐心地倾听并表示理解。

3. 认可。教育管理者要在每一次全体会议开始时表示对教育工作者辛勤工作的感激和认可;在与学生、家长、办公室人员、教辅人员谈话时,要赞扬专职教师的付出与贡献;告知教育工作者可能会感兴趣的一些职业发展培训或机会;经常给予教育工作者面对面的表扬和鼓励。

4. 参与。要允许教育工作者参与决策过程;在形成性评价过程中重视合作性目标的设定与考查;选举并成立一个教育管理建议委员会;允许教育工作者在教师教育发展、评估和服务项目的决策上具有主要发言权;成立一个特别小组,并采用头脑风暴的方法进行教育问题的探讨和分析。

(资料来源:Fred C. Lunenburg, Allan C. Ornstein 著. 教育管理学概念与实践(第五版)[M]. 中国轻工业出版社,2013:117.)

第三节 教育群体心理理论在教育管理中的应用

社会心理学家乔治·埃尔顿·梅奥(George Elton Mayo)在霍桑实验中发现,人们的生产率一方面受到有显著表面结构的正式群体的影响,另一方面也受制于缺乏表面结构的非正式群体的影响。正式群体是由官方组织正式设立并明文规定的一种组织形式。这种正式群体是为了组织的特定任务,达到特定目的而设定的。正式群体中的成员有固定的编制,群体内成员的角色地位都是由群体规范明确规定的,并有明确的隶属系统以及权利结构。非正式群体是自发形成的群体,是在工作和生活中自然形成的,没有明确目的和任务的组织。非正式群体中的成员间具有共同利益或在观点、态度上保持一致性,且性格相近,志趣、爱好相同。

一、正式教育群体心理与管理

正式教育群体是指为了完成一定的教育目标和任务而建立起来的,有明文规定并获得组织认可的教育群体。比如,大学中的班级和学生党团组织都属于正式群体。

(一)正式教育群体的心理特点

由于各类组织规模不同、职责各异,因而正式教育群体也是纷繁多样,其心理特点也不尽相同,主要包括以下四种类型:

1. 教学群体心理

教学群体是指各级各类学校中教学方面的群体组织,是以培养各级各类人才为目标的教育组织,是学校中的基本群体,如教研室、年级组等,在高等学校中,还有专门的科研群体,如研究所、课题组等。教书育人是教学群体成员的共同目标,是通过各学科教学共同实现的。由于教学活动是个体劳动,备课、上课多是单个人的活动,特别是不实行坐班制的大学教师,大都是伏案疾书,进行复杂的脑力劳动,教研室活动只是有限的交流,教学群体的心理特点是结构松散、凝聚力不大、人际关系淡漠、群体归属感和参与感不强。如果教学群体由于相互的合作而共同完成了某些教学业绩或取得了某些科研成果,则归属感、参与感会随之增强。

2. 服务群体心理

服务群体是指为实现教育目标,为一线教学人员提供正常运行的后勤保障系统的群体组织,如总务、财务、教材、设备、图书馆、资料室、医务、伙食、房产等群体组织。这些群体组织对实现目标有重要的辅助作用。服务群体的工作职责是有明文规定的行为规范,如规章制度、守则、程序等,也有不成文的约束,为一线服务,做无名英雄,管钱不贪,管物不沾等。由于主客观诸多原因的影响,服务群体与教学群体或其他群体之间容易发生矛盾。有些服务群体认为不被领导重视或教师知识分子要求高,容易产生轻视自身工作或不愿配合的心理;有些服务群体则会因为自己工作岗位所赋予的权利而高高在上,忽视了教育工作服务的义务和宗旨。

3. 参与群体心理

参与群体是指学校组织中的工会、共青团、少先队、学生会及各种社团组织,这些群体有的是常设机构,有的是兼职定期活动,都是学校认可的正式群体,由于成员来自不同群体,故称之为参与群体。这些群体在学校组织中,起着横向协同和纵向沟通的作用,是实现组织目标不可或缺的群体。参与群体的主要心理特点是群体成员的参与意识强烈,有奉献精神。群体内部关系融洽,凝聚力大,有良好的人际关系。但是,参与群体的目标和群体行为的活动效果,往往没有严格的规定性和量化指标,评估的弹性大,因此,成员的行为活动主要是靠个体的忠诚、良知、事业心和义务感来维系的。一旦缺乏这些心理品质,参与群体便会成为松散群体,对组织的发展起不到积极的推动作用,甚至会产生干扰作用。

4. 管理群体心理

管理群体是指教育行政机关及学校中的党政领导集体。这些群体是处在不同层次上的实现教育管理的办事机构，直接担负教育管理的决策、组织、指挥、协调、监督、检查等具体工作。管理群体成员的心理特点直接反映了教育领导的作风和形象。这就要求管理群体的群体意识和群体行为必须同社会目标和教育的管理目标相一致。管理成员不仅要有较高的政治素质，还要对学校的管理及教学、科研、政策等方面有较高的认识水平。但是，因为党政机关有职有权、工作重要、地位优越，加之受社会环境的影响，容易滋生优越感、骄傲情绪、官僚主义等不良心理倾向，应该引起重视。

（二）正式教育群体的功能

正式教育群体的功能，主要有两个方面：

1. 完成组织分配的任务

（1）正式教育群体作为教育组织的基本单位，必须为实现组织目标，承担并完成组织分配的群体任务，使全体成员一致认同，内化为成员共同努力完成的群体目标。

（2）正式教育群体要将群体任务分配给每个成员，并明确个人的责任、权利、义务、地位和作用。

（3）正式教育群体要使全体成员都了解群体目标在组织目标中的意义，明确规章制度和工作程序，并以此约束和规范群体成员的行为。

总之，组织目标、组织规范和组织行为是正式教育群体赖以生存和发展的前提，如果偏离或脱离组织轨道，正式教育群体就失去其性质，也失去了存在的必要性。

2. 满足群体成员的心理需要

正式教育群体必须充分满足群体成员的心理需要，这是正式群体自身生存发展的必要条件，但它必须以实现组织目标、完成组织分配的任务为前提条件。

（1）正式教育群体都必须根据成员不同层次的需求，尽力满足成员的合理需要，如工资、福利、安全保障等基本的需要。

（2）正式教育群体要营造良好的群体氛围，满足成员归属、交往、尊重等的需要。

（3）正式教育群体要创造条件，满足成员获得成就、实现理想的需要。

（4）正式教育群体要提供学习、培养与发展的机会，满足成员自我实现的需要。

（三）正式教育群体的管理

1. 建立群体成员认同的组织目标

当教育工作者认识到组织目标的社会意义并内化为每个成员的个体目标，并产生较强的工作动机时，组织目标才更容易实现。为此，教育管理必须通过设置正确的群体目标，把群体成员的个人目标与组织目标统一起来，才能最大限度地调动起群体成员的积极性。为保持个人目标与组织目标的统一，要实行目标管理，让群体成员参加组织目标的制订。这样，群体成员不仅能对组织目标取得认同，也能发现自己工作的价值和责任，从而保持个人目标与群体目标的一致，促进群体目标的实现。

2. 提高群体成员的工作满意度

群体成员工作的满意度是指群体成员在组织内进行工作的过程中，对工作本身及其有关方面，包括工作环境、工作状态、工作方式、工作压力、人际关系等有良性感受的心理状态。群体成员的工作满意度主要表现在成功、独立、认同、支持、工作条件、人际关系等方面。此外,还包括工资和福利待遇等。在工作中提高正式群体成员的工作满意度,主要应考虑五个方面:(1)提供富有挑战性的工作;(2)建立公平的报酬机制;(3)创设良好的工作环境;(4)营造和谐的人际关系;(5)分配相符合的工作任务。

3. 增强群体成员的集体意识

增强群体意识、培养集体主义思想是提高群体有效性的重要措施。在教育管理中,群体意识的培养必须注意它的方向性,要根据各个群体不同发展的层次,确定其发展水平与途径。高效率的群体的形成,一般都经过由松散群体到联合群体到集体的发展过程,要具体分析不同群体的现状,找出差距,不断将群体推向高层次,向高效率群体过渡。

4. 维护群体成员的身心健康

身心健康是群体健康发展的前提,正式教育群体在完成组织任务时,群体成员没有健康的体魄不行,身体保健、安全保障、防止疲劳,不仅是群体成员的切身利益问题,也关系到提高群体士气、振奋群体精神的问题。群体成员的心理健康是现代管理的热点之一。保持群体成员的心理健康和社会的适应能力,清除心理焦虑,克服心理障碍,避免心理挫折,注意群体成员的心理卫生等,都是不容忽视的课题,都直接或间接地影响着群体的存在和发展,是对正式教育群体管理的重要方面。

二、非正式教育群体心理与管理

非正式教育群体是指没有明文规定或不需组织认可、自发形成的教育群体。研究表明,在任何组织内,都会出现一些非正式群体,对组织和个人发生着或多或少的影响。因此,非正式教育群体也是教育管理必须重视的课题。比如,大学中的各种学生社团都属于非正式群体。

(一)非正式教育群体形成的基础

1. 心理基础

群体成员心理上的共同点和相似性是非正式教育群体形成的重要基础,这些共同之处是成员之间相互理解、认同、支持的重要条件。其主要的共同点或相似性有三方面:

(1)情投意合。大多数教育群体成员参与非正式群体活动,往往是为了结交朋友,获得友谊,满足归属需要。有了这样的心态,人们会自觉地迈出与别人交往的第一步。经过交往,彼此发现共同的兴趣爱好和为人处世的态度等,从而产生心理共鸣,更愿意经常聚集在一起。

(2)价值观念和利益风险相同。非正式群体成员往往有较多的类似经验和共同语言,价值观念相同,利益与风险也一致,因此能够获得彼此最大的支持与认同,容易产生相见恨晚的感受,因而一旦相识,经常相聚。

(3)共同的生活目标和兴趣爱好。非正式群体形成的原因之一是与其他成员有共同的生活目标和兴趣爱好。正当的兴趣爱好有助于陶冶情操,丰富业余生活,增长知识,促进身心平衡。一致的兴趣爱好和生活目标,会促进成员之间有更多的交流,彼此相互欣赏,更容易形成非正式群体。

2. 时空基础

这也是非正式教育群体形成必不可少的基础。只有群体成员有共同的自由支配的时间或共同工作的时间,以及相互接触的空间,非正式教育群体才可能形成。因为任何非正式群体的形成都离不开其成员的交往,而要交往就必须有特定的时空。教育群体成员主要借助教学及其前后的时空进行交往。由工作、学习上的交往发展到生活、娱乐等方面的交往,是非正式教育群体形成的基本线索之一。

3. 社会基础

非正式教育群体有共同的经济和社会背景,这里的背景主要指当前的处境、受教育程度、家庭、年龄、性别、职业、生活地域等因素,当前的处境尤为明显。一般而言,背景相似的人相互之间的共同语言较多,相互沟通比较容易,为非正式群体的形成提供了社会基础。

(二) 非正式教育群体的心理特点[①]

1. 成员感情比较融洽

由于非正式群体是以感情为纽带形成的,非情投意合者不会入内,所以感情融洽是非正式群体格外引人注目的特点。可以说,在这种群体中,"友情为重"是成员们普遍信奉的规范,在处理群体事务上,感情的力量往往超过理智的力量。不过,由于这种感情是以友谊为基础的,因而不太深刻、稳定。

2. 共同活动相对协调

非正式群体的活动大多是联谊性的活动,符合成员的心意,大多数成员愿意全力投入。除此之外,其主持者通常是成员中公认的有威信的非正式领袖,成员们对他往往是尊重的,而且言听计从。由于情谊的作用,这类领袖人物也往往能听取大家意见,尽力按大家的意愿把活动组织好。

3. 内部结构相对稳定

非正式群体是各成员自己认同,在没有任何外界压力的情况下自愿组成的,加之其领袖人物的地位及个人影响都是顺其自然的结果,因此每一个成员不在万不得已的情况下很难反悔离开。只要不遭遇意外的变故,非正式群体的内部结构是相对稳定的。

4. 彼此沟通快速有力

由于志趣的一致,所处时空的接近,群体成员的内部交往频繁,沟通快速有力,凭借非正式群体的人际沟通网络,不仅信息传递迅速,而且反应灵敏。群体成员一旦获得关于组织发展或革新的信息会迅速地与其他群体成员交流,并相互讨论、分析目前的局势,做出相应的反应。

(三) 非正式教育群体的功能

1. 非正式教育群体对成员个体的作用

(1) 补偿作用。非正式教育群体是在正式群体或组织不能满足成员需要的情况下产生的。因此,它的活动往往是有针对性的,以补充组织活动的不足,满足成员在组织中不能满足的需要,主要是归属需要、交往需要等。正式群体是基于工作关系的系统,群体成员的行为都要朝向工作目标。然而,工作不完全是为了生计,还为了与人交往,从中获得愉悦与宽慰。尤其是年轻人,希望通过各种非正式的接触,获得交往的机会,相互博得好感与认同。而正式群体中的工作过于单调、机械甚至缺少交往机会,人们要满足归属、交往的需要,往往依靠非正式群体。

(2) 控制作用。相对成熟的非正式教育群体都有自己的规范,其成员往往自觉遵守,与

[①] 熊川武.江铃.学校管理心理学[M].华东师范大学出版社,2011:139-140.

大多数成员保持一致。否则,就会受到冷遇、孤立、排斥甚至被驱逐出群体。非正式教育群体对于成员的言行发挥着控制作用,这种作用往往会影响到成员在正式教育群体或组织中的言行。例如,由一些破坏班级和学校纪律的学生组成的非正式群体成员,在老师面前宁可自己受罚也不愿说出同伴的错误,很可能就是非正式教育群体的消极控制力量在起作用。

(3) 同化作用。非正式教育群体成员在经过一段时间的共同活动之后,各自在言行以及思维方式、价值观念等方面的差异逐步减少,共同的语言、习惯、行为等越来越多,这便是非正式教育群体同化作用的结果。潜藏在这种现象之后的本质的东西是群体压力、群体规范等,而某个方面的同化一旦完成,客观上又加强了非正式教育群体的压力,充实了非正式教育群体规范,使非正式教育群体行为更趋于一致。

(4) 激励作用。非正式教育群体往往是其成员行为的激励者。这是由各个成员感情上的融洽,认识与行为上的一致性决定的。从某种意义上说,激励和支持其他成员,就是在肯定该成员自身的价值观念和行为。因此,非正式群体通常成为其成员的坚强后盾,使之满怀信心地采取行动。

2. 非正式教育群体对组织的作用

(1) 维护组织的安定。非正式教育群体是在工作和生活中自然形成的,其成员间的相互作用频繁,易于培养相同的价值观与意见,产生满足感。在非正式教育群体中,成员之间相处融洽,相互尊重,个人地位和需要得到满足,离职率也会相应降低。因此,非正式教育群体的成员有时对于维护组织的安定具有积极作用。

(2) 提高组织凝聚力。非正式教育群体是自发地根据共同的兴趣与友谊产生的,能为与之相伴相生的各种社会关系提供相互连接的黏合剂。组织通过形成一种热情友好的气氛而将群体成员团结起来,这种气氛可以让成员感到他们是属于这一群体的,凝聚力和团结自然就会产生。

(3) 增进工作时效。一般而言,正式教育群体所制定的政策、工作程序及拟订的各种工作都是事先确定的,缺少弹性,在执行的过程中可能遇到困难,问题重重,缺乏适应性。而非正式教育群体则不受正式程序的限制,具有很大的伸缩性,尤其是对工作中所发生的问题,可以不经正式的程序而及时有效地加以解决,促进正式组织工作的有效完成。

(4) 矫正管理措施。非正式教育群体的另一个功能是促使教育管理者谨慎计划和小心行事,对管理者滥用职权的行为具有制衡的作用。权力是否合理常常通过与非正式群体的相互作用来加以判定。管理者应观察权力的运用是否引起合作,产生认同。明智的管理者在执行管理措施时,必须考虑组织的计划能否得到非正式群体的认同与支持。假如非正式群体予以抵制,采取无言的反抗和消极不合作的态度,势必导致组织计划无疾而终。换句话说,非正式群体能使管理者认识到决策可能存在偏差,做出适时的修正,以遏阻不当计划的实行。

以上四个方面是非正式教育群体对组织的积极作用,也有一些消极作用在一定条件下也会出现,例如以下四个方面的消极作用[①]:

(5) 目标冲突。非正式教育群体能够满足成员的某些社会心理的需要,但它也可能导致成员远离正式群体的目标,不利于组织的发展。非正式群体的目标一般是与社会心理需

---

① 熊川武. 江铃. 学校管理心理学[M]. 华东师范大学出版社,2011:142.

求相结合的,包括交往需要、归属需要、认同需要等,当这种社会心理的需求与组织想要获得利益最大化的目标不一致时,就会对组织的发展起到阻碍作用。

(6) 抵制变革。现代教育组织大多是开放系统,无时无刻不与外部环境进行多方面的交换,并且为适应变化着的外部环境,不断进行内部的变革,维持内部平衡。教育组织变革的实质就是责、权、利的重新分配,这样的做法会打破一些传统,损害一些人的利益,破坏某些既有的社会关系,那些持抵抗心理的群体成员可能会聚集在一起形成非正式群体,成为一股力量。非正式群体抗拒改革,通常具有一致性的态度,对变革的消极反应也会因彼此的互动而增强。

(7) 传播谣言。非正式群体成员相互信任,认同感强,谣言在非正式群体中传播极快。尤其当组织存在不稳定因素,成员缺乏安全感,或成员对组织构成存在不满情绪时,非正式群体便会有意或无意地传播谣言,使许多人信以为真,从而影响组织的士气与和谐,甚至使组织遭到破坏。

(8) 结群谋私。非正式群体如果落入歧途,就可能成为徇私枉法、相互勾结、中饱私囊的群体。无论在学校,还是在其他社会部门中,单个人谋私,只能瞒天过海,偷偷摸摸地进行,而合伙谋私,则可能冠冕堂皇地进行。有些非正式群体正是以"私利"为纽带形成的,尤其是垂直型的非正式群体,其领袖往往是组织中的实权人物,他可以在本组织范围内决定普通成员的荣辱富贫。因此,与他结群的人往往利用他的权力谋私,对组织的健康发展造成极大的消极影响。

(四)非正式教育群体的管理方法

1. 正确认识非正式教育群体

非正式教育群体是客观存在的,是群体中的一个重要方面。在教育管理中,能否正确认识和对待非正式教育群体,对调动全体教育工作者的积极性,提高教育绩效和实现组织目标均有一定影响。尽管非正式教育群体有良莠之分,但不能一概否定,将它们视为与组织对立的小帮派、小团伙;也不能不闻不问,放任不管,让其自生自灭。应该认识到,完全违背集体原则和利益的非正式教育群体是极为少见的,多数非正式教育群体与正式教育群体之间没有根本的利害冲突。教育领导者应深入了解非正式教育群体的性质和动向,因势利导,发挥其积极作用,限制其消极作用。

2. 利用非正式教育群体的积极因素

对于积极型的非正式教育群体,由于其与组织同心同德,正式教育群体应利用其能量,形成合力,加速其工作进程。在教育管理工作中可以采取以下的方法:

(1) 授权核心人物,让其帮助或代替组织管理人员做好非正式教育群体成员的思想工作,配合组织开展相应的活动。

(2) 利用非正式教育群体成员之间感情密切、互相信任、凝聚力强的特点,引导他们互相学习,取长补短,不断提高业务水平和工作能力。

(3) 利用非正式教育群体内部压力大、标准化倾向强的特点,做好引导工作,规范行为准则,保证组织目标实现。

(4) 利用非正式教育群体内部信息灵通、传播迅速的特点,及时获得相关信息,形成良好的舆论氛围,促进组织凝聚力的形成。

(5) 努力使非正式教育群体的组织结构与正式教育群体的组织结构趋于一致,使群体成员获得最佳的工作心态。

3. 限制非正式教育群体的消极因素

对于消极型非正式教育群体或非正式教育群体中的消极因素应尽力做好转化工作,使它们朝积极型非正式群体转化。在教育管理工作中可以采取以下的方法[①]:

(1) 做好核心人物的转化工作。要从关心、爱护的角度出发,对核心人物加以引导、教育和帮助。要和他们交朋友,使他们感受到领导的信任与尊重。通过先与部分成员交朋友,来带动和影响其他成员的行为。

(2) 要使这种非正式教育群体目标纳入组织的目标轨道,使他们认识到只有实现了组织的大目标,才能满足其需要,才能保证小群体目标的实现,从而使其自觉地将这种非正式群体的小目标纳入或服从组织的大目标。

(3) 要重视与非正式教育群体成员的感情联络。重视感情投资,满足非正式群体的合理要求。例如,给他们公开展示自己才华的机会,以满足其社交、尊重等精神需求,从而调动他们的积极性,更好地为教育目标做出贡献。

非正式群体的性质并不是固定不变的,而是可以发生转化的。积极型的非正式群体,如果引导不利,或对其采取不正确的态度,可能使其作用发生转化;消极型的非正式群体,经过适当的工作和引导,有可能转化为积极作用的非正式群体。另外,非正式群体中的积极作用和消极作用也并非绝对化的,消极型的非正式群体中可能存在积极的部分,积极型的非正式群体也可能有消极的因素。总之,对非正式教育群体,教育领导者必须承认它的客观存在,加强调查研究,掌握思想倾向,摸清活动规律,因势利导,化消极型为积极型,化消极因素为积极因素,使之为教育目标服务。

【专栏 6-4】

学生群体的相互作用

(一) 班集体内的正式群体

班集体中的正式群体是指在校行政、班主任或社会团体的领导下,按一定章程组织起来的学生群体。它通常包括:班学生群体、班共青团和党支部等,负责组织开展全班性的活动。班集体内正式群体有以下几方面的特点:(1) 正式群体是为实现班集体目标而建立起来的,其基本职能是完成班集体的任务。(2) 正式群体是按组织的章程和规程建立起来的,列入班集体的正式机构的序列中。(3) 正式群体的成员具有明确的职权与职责。

(二) 班集体内的非正式群体

班集体中除存在正式群体之外,还存在着各种各样的非正式群体。这些非正式群体是由一些观点、兴趣、爱好、习惯、志向、态度相似的同学自发组合而成的。班集体内的非正式群体有几个方面的特点:(1) 心理相容。非正式群体是同学自发结合而成的群体,成员对某些问题的看法相同或者相似,因此彼此感情融洽、心理相容、行动一致,有较好的目标定向。(2) 凝聚力强。非正式群体往往以感情为纽带,内部的规范对其成员的约束力非常大,因而表现出较强的凝聚力,具有"自治"的特点。但是,非正式群体往往使自己从班集体中隔离出来,而这种做法可能会导致在非正式群体内部产生某些不良倾向。(3) 会产生非正式领

---

① 孙绵涛. 教育组织行为学[M]. 福建教育出版社, 2012:259-260.

导。一般来讲，非正式群体内部并没有明确的领导分工。但在非正式群体的形成和发展过程中，总有一些人因为见多识广，或者有卓越的组织才能，或者某些方面表现突出等，而在群体成员中拥有较高的威信，其言行对成员的影响相对较大，会自然而然地成为成员心目中的领导。

（三）正式群体与非正式群体的相互作用

学生中正式群体与非正式群体除了对其成员产生积极或消极的影响之外，群体间也存在着相互作用。由于学生中的正式群体是根据教育制度设立的，符合教育者对学生进行教育的需求，它对非正式群体的存在产生一定的引导和规范作用。即正式群体会引导非正式群体朝着教育者期望的方向发展。

而非正群体的存在对正式群体的影响也是多方面的，具体来讲主要表现为积极和消极两个方面：

1. 积极作用

（1）能满足大学生多方面的心理需要。大学生的兴趣、爱好各有不同，不可能每一个学生都从正式群体中得到满足，而非正式群体的存在则可以培养学生各方面的能力，丰富他们的精神生活，帮助他们塑造良好的个性。因此，非正式群体是对正式群体的有益的补充。（2）增强信息的沟通。非正式群体内的信息非常灵通，各方面的命令、指示等可以在非正式群体内迅速传递，对正式群体中各种制度的颁布、执行起着非常重要的辅助作用。

2. 消极作用

（1）阻碍正式群体工作的展开。当正式群体与非正式群体的目标不一致时，或者当正式群体的要求与非正式群体的需要发生冲突时，或者当正式群体的规范限制了非正式群体的活动时，非正式群体中就会出现抵触情绪，形成与正式群体相对立的群体力量，阻碍正式群体工作的展开。（2）传播小道消息。正确的和不正确的信息在非正式群体中都会以很快的速度传播，因此当流言蜚语产生后，会快速而且广泛地在非正式群体中传播，从而对正式群体产生较大的威胁。

正因为非正式群体既可能对正式群体产生积极影响，也可能产生消极影响，所以要协调正式群体和非正式群体的关系。如何协调呢？第一，支持、保护积极正面型的非正式群体。对有益于正式群体的非正式群体应该积极的支持，并加以保护。这样，有利于良好风气的形成，也不会挫伤学生的积极性。第二，教育、改造消极的非正式群体。首先，应该加强思想教育，提高群体参与者的思想认识；接下来就是要因势利导，根据不同的兴趣爱好将他们组织起来，开展积极有益的活动，使他们积极参与进来，化消极为积极。必要的时候，解散具有破坏性的非正式群体。

（资料来源：燕良轼主编.高等教育心理学[M].湖南师范大学出版,2015:199-201.）

本章小结

1. 教育群体是群体现象之一，是指在教育组织与其成员之间有共同心理指向和行为指向而协调活动的人群集合体。教育群体的特点包括：群体目标、群体结构、群体规范、群体意识和群体交流五个方面；群体的功能包括：整合功能、承上启下功能和满足需要功能三个方面。

2. 群体动力是指群体成员在群体相互作用情境中个体行为的推动力。教育群体动力是指教育群体成员处于教育群体之中,往往会受到群体氛围或群体中其他成员的影响,表现出不同于该个体独处时所表现的行为反应。

3. 群体动力学的创始人勒温援引物理学中的力学理论,研究个体行为如何受群体环境中各种有关力量的作用。根据勒温的理论,环境刺激是否能够成为激励因素,还取决于内部动力的大小,两者的乘积才决定了个人的行为方向,如果个人的内部动力为零,那么外部环境的刺激就不会发生作用;如果个人的内部动力为负数,外部环境的刺激就有可能产生相反的作用。费斯汀格的社会比较理论认为,人们与他人亲和是为了确认自身的观点、态度和信念。如果不存在可证实性的正确的现实依据,个体就会转而依赖与他人的比较获得相似性来达到这一目的。如果他人认同自己的观点,也就是说他人在态度等方面与个体相似,那么个体就会对自己观点的正确性充满信心,这就满足了个体评价自己和知道自己是否正确的基本需求。美国社会心理学家沙赫特(Stanley Schachter)拓展了这一理论,将情绪纳入其中。他认为人类的情绪体验是人的生理状态和对这一状态的认知解释共同作用的结果。任何一种情绪的产生,都是由外界环境刺激、机体的生理变化和对外界刺激的认识过程三者相互作用的结果,而认知过程起着决定的作用。

4. 影响教育群体动力的主要因素包括:群体规范、群体压力、群体凝聚力、群体舆论和群体士气。群体规范也称群体准则,是指群体公认的或自然形成的群体成员的思想、行为和评价的标准,这些标准能给群体成员提供行动的指南;群体压力是指群体成员与群体多数人的意见、行动不一致时主观上想象或感受到的一种心理压力;群体凝聚力是指群体对每个成员的吸引力和向心力以及群体成员之间相互依存、相互协调、相互团结的程度和力量;群体舆论是群体内多数人对社会生活、群体活动、个人行为等所做出的内容一致的判断和评论;群体士气是指群体奋斗的情绪意志、服务态度或工作精神。

5. 个体心理效应是指群体中的每一个个体都受到别人的影响,同时又影响着别人,在群体中形成的这种相互作用的合力制约或影响着群体中的每个人,使之产生不同于单独个体存在时的心理反应。

6. 群体中的个体心理效应主要包括以下五方面的内容:认同、模仿、暗示、从众和服从。认同是指群体成员在认识和评价上同群体保持行为一致的心理倾向;模仿是指由仿效别人的言行举止而引起的与之相类似的行为活动;暗示是用含蓄的、间接的方式,对他人的心理和行为产生影响,使他人不自觉地按照一定的方式行动,或者不加批判地接受一定的意见或信念;从众是个体在群体压力的影响下,放弃个人意见而与群体中多数人保持一致的社会心理行为;服从是指在他人的命令或影响下,做出同他人、社会的要求相一致的社会心理行为,即按他人的旨意行事。

7. 正式教育群体是指为了完成一定的教育目标和任务而建立起来的,有明文规定并获得组织认可的教育群体,主要包括以下四种类型:教学群体、服务群体、参与群体和管理群体。正式教育群体的心理功能包括完成组织分配的任务和满足群体成员的心理需要。正式教育群体的管理方法包括:建立群体成员认同的组织目标;提高群体成员的工作满意度;提升群体成员的集体意识;维护群体成员的身心健康。

8. 非正式教育群体是指没有明文规定或不需组织认可、自发形成的教育群体。非正式教育群体的心理特点包括:成员感情比较融洽;共同活动相对协调;内部结构相对稳定;彼此沟通快速有力。非正式教育群体的心理功能包括：对成员个体的补偿作用、控制作用、同化作用和激励作用。对组织的作用包括：维护组织的安定、提高组织凝聚力、增进工作时效、矫正管理措施四个积极方面，以及目标冲突、抵制变革、传播谣言、结群谋私四个消极方面。非正式教育群体的管理方法包括：正确认识非正式教育群体；利用非正式教育群体的积极因素；限制非正式教育群体的消极因素。

练习与思考

1. 什么是群体和教育群体？教育群体的特点和功能有哪些？
2. 什么是群体动力和教育群体动力？影响教育群体动力的主要因素有哪些？
3. 教育群体中的个体心理效应包括哪五个方面？
4. 正式教育群体的心理特点、心理功能和管理方法分别是什么？
5. 非正式教育群体的心理特点、心理功能和管理方法分别是什么？

推荐阅读

1. 熊川武．江铃．学校管理心理学［M］．华东师范大学出版社；2011．
2. Fred C. Lunenburg，Allan C. Ornstein 著．教育管理学概念与实践（第五版）［M］．中国轻工业出版社；2013．

第七章　教育组织中的人际关系

【本章导读】

　　教育组织中的人际关系是教育活动中所有参与者之间的心理关系的体现，人际关系是否融洽、和谐直接影响到教育管理的有效性和全局性，对教育绩效的影响作用也是不容忽视的。理解教育组织中人际关系的含义、类型、特点和功能，以及教育组织中人际关系的影响因素，掌握教育组织中合作、竞争和冲突的管理对策和方法，才能正确地认识和处理各种人际关系，提高人际交往能力，从而更好地解决教育管理中人际关系的实际问题。在本章中，将讨论两个方面的问题：

　　1. 教育组织中的人际关系及影响因素。
　　2. 教育组织中的人际关系管理。

【关键概念】

　　人际关系；竞争；冲突；合作

【学习目标】

　　1. 理解教育组织中人际关系的含义、类型、特点和功能，掌握教育组织中人际关系的影响因素、管理原则和方法。
　　2. 理解教育组织中合作、竞争和冲突的管理对策和方法，掌握在教育管理中如何运用这些知识解决有关人际关系的实际问题。

【建议学时】

　　4学时

　　人际关系是指人们在社会生活和实践活动过程中相互交往而形成的、伴有一定情感体验的、人与人之间比较稳定的心理关系。它是个人或群体寻求满足交往需要的心理状态，反映了人与人之间心理上的距离。家庭中的亲属关系、工作单位中的同事关系、学校中的师生关系和同学关系等，都属于人际关系的范畴。

第一节　教育组织中的人际关系及影响因素

　　教育组织中的人际关系是人际关系的一种特殊形式，是指在教育活动中通过交往与相互作用而形成的人与人之间的心理关系。如干群关系、同事关系、师生关系、班主任与科任教师、主科与副科教师、专职教师和教辅人员的关系等。它不仅反映教育成员之间的感情疏密，而且也反映教育组织凝聚力的程度，是教育组织行为的有效性指标，也是教育质量的可靠性保证。

一、教育组织中人际关系的含义

教育组织中的人际关系包括认知、情感和行为三个相互联系的成分。人际关系的建立、发展和变化是这三种成分相互作用的结果。

首先，认知成分是指与认知过程相联系的一切心理活动，包括感知、记忆、思维、想象以及人与人之间相互认同和相互理解。在教育组织中，教育成员在交往过程中彼此通过认知活动而对对方有所了解，并在这样的基础上建立起一定的人际关系。认知过程是人们产生情感体验的前提，也是人们确定是否进一步交往的根据。比如，刚入学的同学之间彼此陌生，友谊的建立并非一朝一夕之事，需要经过一段时间的共同学习和生活，才能慢慢地了解对方的兴趣爱好、性格特点等，从而判断对方是不是自己喜欢和欣赏的对象，是否能够继续发展友谊。

其次，情感成分是指主体积极或消极的情绪情感状态，是人际关系交往双方在情感上满意程度和亲疏关系的态度体验。它在人际关系中起着驱动、协调的作用，不同的情感往往导致不同人际关系。一般来说，人们之间的好恶亲疏，实际上就是情感因素在人际关系上的显现，它反映交往双方在心理上相互吸引或排斥的程度。因此，人们常将情感状态作为评价和判断人际关系的主要指标，是人际关系的基础。师生情、同学情、母校情等就是教育组织中人际关系情感成分的具体体现。教育组织相比其他组织更为纯真、质朴，教育活动的过程是人类文明和知识的传承和发展的过程，这其中少了很多利益上的冲突和矛盾，人际关系相对规范、纯洁，因此教育组织中人际关系的情感成分也更为突出。

最后，行为成分是指包括能够表现个性、表达情感、传递信息等各种行为要素，如语言、手势、动作、风度及相应的表情等；也指包括这些行为要素以一定方式组合而成的活动，如学习、劳动、游戏等。这些都是形成人际关系的复杂行为成分。它反映双方实际交往的外在表现与结果，是形成人际关系的实践因素。在教育组织中，师生之间、同学之间通过学习活动的共同参与，彼此深入了解，从而建立起深厚的情感联系。尤其是经过紧张繁忙、充斥着各种压力的学习和生活之后，教师和同学之间、同学和同学之间的人际情感更加紧密。行为是人际关系得以延续和巩固的必要成分，在行动中去了解对方、建立联系，在行动中去表达情感、传递信息，这样的人际关系才是真实而又稳定的。

（一）教育组织中人际关系的类型

教育组织与其他社会部门的群体相比，有许多共同之处，都是以"人"的活动为中心，组成人与人之间的相互关系，成为社会群体。特别是教育行政机关，与其他行政机关在群体活动的内容、方式、性质、范围等方面，没有什么差别。但是，各级各类学校的教育组织，比起社会其他群体要复杂得多，包含了教育领导者、教育工作者和学生之间的五种人际关系，具体的内容如下。

1. 教育领导者之间的人际关系

教育领导者之间的人际关系是指学校领导在教育活动中通过交往与相互作用而形成的

人与人之间的心理关系。良好的、稳定的、具有影响力的教育领导者之间的人际关系应该是：领导成员之间彼此尊重、相互谅解、相互信任、和睦相处、配合默契；而不好的、动荡的、低效的教育领导者之间的人际关系则是：领导成员之间相互猜忌，各为其政，步调不统一，或是存在以某个领导成员为中心的非正式组织，而削弱了学校正式组织的领导效能。

2. 教育领导者与教育工作者之间的人际关系

教育领导者与教育工作者之间的人际关系是指学校领导和学校教师在教育活动中通过交往与相互作用而形成的彼此之间的心理关系。教师是学校教育教学工作的骨干力量，没有他们同心协力地开展教育教学，学校领导的工作难以取得进展，工作计划难以奏效，从而陷入被动局面。学校领导与教师之间人际关系的好坏直接关系到学校正常教学活动的开展，影响学校教学质量的提高。良好的、平等的、稳定的教育领导者与教育工作者之间的人际关系应该是：学校领导对教师尊重、信任、关心、体贴、爱护；教师对领导尊敬、依赖、爱戴、拥护、支持。

3. 教育工作者之间的人际关系

教育工作者之间的人际关系是指学校教师或职工在教育活动中通过交往与相互作用而形成的人与人之间的心理关系。教育组织总体目标的达成，需要各方教育工作者的相互支持、相互配合、通力协作。良好的、和谐的、共促发展的教育工作者之间的人际关系应该是：具有正确的思想觉悟和集体观念，能够友好共事、取长补短、相互合作、共同进步。

4. 教育工作者与学生之间的人际关系

教育工作者与学生之间的人际关系是指教师和学生在教育活动中通过交往与相互作用而形成的彼此之间的心理关系，也称为师生关系。师生关系是学校人际关系中首要的、根本性的关系。良好的师生关系是教育得以有效实施的基础和手段，只有教师与学生建立和谐的关系，教师才能充分发挥积极的教育作用。良好的、积极的、和谐的师生关系应该是：教师对学生关心、爱护，能够帮助学生解决学习和生活中的实际问题；学生对教师尊敬、信赖，能够积极配合教师的教学活动，并认真对待学业。

5. 学生之间的人际关系

学生之间的人际关系是指学生在教育活动中通过交往与相互作用而形成的彼此之间的心理关系，也称为同学关系。同学关系对学生的心理发展影响很大，甚至超过父母、师长。友好的同学关系中双方接近、融洽、信任，同学之间心理上彼此相容、相互吸引，行为上相互学习、相互合作，能够促进学生的成长；对立的同学关系中双方相互排斥、讨厌、嫌弃，甚至吵架、争斗、霸凌，同学之间心理上彼此不相容，行为上不合作，导致阻碍学生的健康发展。

(二) 教育组织中人际关系的特点

教育组织中的人际关系是人际关系的形式之一，它一方面具有一般人际关系的特点，另一方面它又具有其自身的独特性。这种独特性表现在以下几个方面。

1. 教育性

教育组织以培养人和发展精神文明为目的。因此，同教育培养目标和教育活动相联系的人际关系对于教育目的、教育内容和教育手段都具有重要意义。学校的各项工作都是为了育人，教书育人，管理育人，服务育人，都显示出其教育性的特点。在学校中，全体教育成员总是按照教育目的来开展各项工作和组织各种活动，并以此来调节、评价人际关系。学校除了让学生学习和掌握知识、技能外，还要培养学生学会处世做人，掌握必要的人际关系的知识和本领,这是教育目的的组成部分之一。

教育组织中的人际关系的教育性往往是潜移默化地作用于学生的。如果学校领导与教师之间关系和谐,教师与教师之间团结合作,教师与学生之间友爱互助,那么在这种亲密友好关系的熏陶下,学生之间的关系必定也是和睦有序的。因此,良好的教育组织中的人际关系,对于培养学生良好的道德情操、形成良好的学校风气至关重要。①

2. 规范性

教育是培养人的活动,肩负着传播精神文明的责任,因此要按照国家的教育方针和社会要求的行为规范来培养受教育者。教育组织中的人际关系具有特别强烈的规范性特点,这是由教育的性质决定的。无论各项教育方针政策、各级各类教育目标、各项道德规范、公约守则,还是校风、教风、班风、学风,都具有鲜明的规范性特点。

在教育组织的人际关系中,道德规范起着主要的调节作用。学校作为教育、教学的重要单位,其所特有的组织特性,使学校必须接受社会主义道德规范的指导。与此同时,学校工作和服务的对象除了教师,大部分是处于发展中的青少年,相对于成年人来讲,他们的思想和行为都比较单纯。各种客观的规范制度对其思想和行为的要求,必然要反映到学校的各种人际关系之中,制约、指导着他们,这也使得学校的人际关系相对于其他一些领域,也更为单纯,更为规范一些。

3. 广泛性

教育的职能需要依靠多方面的力量对受教育者施加良好的影响,才能完成这项任务。在学校内,要依靠全体教育人员和各种学生组织的共同努力;在校外,要依靠教育行政机关、各种校外教育机构、家庭、社会与学校的教育要求相互配合。良好的人际关系是提高教育质量的可靠保证。由此可知,教育组织人际关系涉及面广,具有广泛性的特点。

需要指出的是,由于社会和历史的原因,家庭、社会不可避免地或多或少地存在一些与学校教育不一致的因素,因此要求学校教育人员、学生会、团队等组织把学校要求统一在教育目的之下,发挥学校职能部门的作用,与家庭、社会建立联系,统一思想,密切配合,采取措施对社会不良的影响因素加以控制调节,将社会中的积极因素纳入教育轨道。

4. 复杂性

在教育组织中,教育成员交往的总体对象呈现相对稳定的状态。但从另一个角度看,教育组织,尤其是学校组织相对其他社会组织而言,管理层次少,成员之间的时空隔离性小,交往极为方便,也极为频繁,这虽然在客观上为人际关系的丰富提供了便利条件,但也使得人际关系具有了一定的复杂性。

教育组织是传播精神文明的场所,是知识分子集中的地方,所以追求丰富多彩的精神文化生活、思想相对自由、更强调民主平等是教育成员的突出特点。教育组织中存在着教育领导者与教育工作者之间、教育工作者之间、教育工作者与学生之间、学生与学生之间的多重人际关系,各种关系交织在一起,形成错综复杂的人际交往结构。

5. 民主、平等性

民主、平等性的特点在教育组织的人际关系中表现明显。教育成员在教育组织中扮演不同的角色,他们在知识、能力、个性等方面具有差异,在岗位分工上有领导和被领导之分,

---

① 孙绵涛. 教育组织行为学[M]. 福建教育出版社. 2012:271-272.

但他们在人格上是平等的,在管理上是民主的。教育组织中虽然也存在人际矛盾,但这种矛盾一般不会从根本上影响群体成员互相尊重、互相谅解、团结共事、为实现组织目标而奋斗的大局。

学校中的师生关系,是尊师爱生、民主平等的人际关系的体现。一方面教师关爱学生,培养他们德、智、体、美等全面发展,以认真负责、诲人不倦的精神引导学生进步;另一方面,学生尊敬教师,谦恭有礼,学而不厌,虚心聆听教师的教诲,服从教师的正确指导,刻苦努力学习。教师"开道在先""术业有专攻",应当掌握教育方向、教学内容和教育进程,负责传授系统的科学知识技能,发展学生能力,帮助学生形成科学的世界观和良好的道德品质,充分发挥主导作用;学生既是教育的客体,又是教育的主体,学生也应发挥学习的积极性、主动性,在学习中发展自我、提高自我。

(三)教育组织中人际关系的功能

教育组织中的人际关系的好坏不仅影响着个体的思想、行为和心理,而且影响组织的凝聚力和教育质量,从而影响着组织效能的发挥。

1. 对个体的影响

(1)对个体思想的影响。人际关系总是与一定的情绪体验相联系,人际关系中的情绪作用有直接、持续、强烈等特点,对每个人的心理都有很大的影响。良好的人际关系有利于调动组织成员的积极性。如果一个教育组织中人际关系良好,彼此相处心情舒畅,相互关怀体贴,不仅心理上有安全感,还可以随着相互的交往获得信息与灵感,甚至可以激发出个体所蕴藏的巨大潜力,或是改变一个人的思想。组织成员积极性的提高,正是组织目标顺利实现的必要条件。

(2)对个体行为的影响。一定的人际关系表现出一定的人际关系模式或行为,其中一方的行为会引起另一方相应的行为。例如,在一个群体中恰如其分地表扬了一位领导,符合了群众的愿望,引起了群众的赞同;如果错怪了一位普通成员,则违背了群众的愿望,会引起一些人的抗议。由此可知,正确的行为会引起积极的行为反应,错误的行为会引起消极的行为反应,这就是一种最简单的人际关系的行为模式。尽管这种人际关系的行为模式成千上万,错综复杂,不过从研究中也发现,人际关系的各种行为也是具有共同性的。社会心理学家李雷(T. F. Leary)从几千件人际关系的研究报告中,将人际关系的行为划分为八种反应模式:

① 由管理、指挥、指导、教育等行为,导致信任和接受的反应;
② 由帮助、支持、同情等行为,导致信任和接受的反应;
③ 由同意、合作、友好等行为,导致协助和温和的反应;
④ 由尊敬、信任、赞扬、求助等行为,导致劝导和帮助的反应;
⑤ 由羞怯、礼貌、敏感、服从等行为,导致骄傲或控制等反应;
⑥ 由反抗、疲倦、怀疑、异样等行为,导致惩罚或拒绝的反应;
⑦ 由攻击、刑罚、不友好等行为,导致敌对和反抗等反应;
⑧ 由激烈、拒绝、夸大、炫耀等行为,导致不信任或自卑等反应。

(3)对个体心理的影响。人际关系对人的心理健康产生很大影响。人际关系不同,需要不同的心理适应,以保证心理健康。积极的人际关系,使人心情舒畅,工作关系团结协调,家庭和睦友好,有助于人的身心健康;消极的人际关系,往往使人心情消沉苦闷,工作关系紧张,家庭生活不安,这必将影响人的身心健康,甚至导致心理疾病。在教育组织中,良好的人际关系也同样有利于个体心理的健康发展,表现在以下三个方面:

首先,良好人际关系意味着人们之间交往频率高,尤其是在教育组织中,新知识、新技术、新信息等的交流范围广、内容多、速度快,更有利于个体才能的发展;

其次,良好人际关系意味着人们之间可以倾诉衷肠,共同分担工作中的忧愁,也可共同分享生活中的快乐,心情也会随之变得开朗,可在一定程度上避免心理疾病的产生;

最后,良好人际关系意味着彼此坦诚、彼此信任,在思想、观念、态度、价值观等方面相互认同、相互摄取,从而提高自身的素质修养和精神境界。

2. 对组织的影响

(1) 对组织凝聚力的影响。人际关系是团结的基础,是组织凝聚力的体现。一个组织或是一个单位,职工与职工之间、职工与领导者之间、领导成员之间的人际关系处理得好,这个组织或单位一定是一个团结的集体,一个具有凝聚力的集体。与此相反,如果人际关系紧张,内耗丛生,矛盾重重,势必破坏组织的团结和凝聚力。

在教育组织中也同样如此,如果人际关系良好,全体教育成员认同感强,才会同心同德,才有可能拧成一股绳,才有可能形成较大的凝聚力。相反,如果人际关系紧张,成员之间互不信任,安全感下降,甚至经常要提防被人暗算,要分出许多精力去应付人际纠葛,必然会影响组织的巩固与发展。日本学者调查发现,约有95%的人调动工作是由于人际关系问题。人是组织发展的核心因素,如果集体涣散没有凝聚力,又何来组织的稳固,更谈不上有较大发展了。

(2) 对教育质量的影响。教育质量是由教育组织成员合力创造的,因此人际关系对于教育质量有着很大的影响。当教育组织的人际关系处于和谐协调状态时,人们相互支持、步调一致,容易形成合力,教育质量往往较高。相反,如果人际关系紧张,各吹各的号、各唱各的调,甚至故意设置障碍,教育力量不是内耗掉,就是难以直接作用于学生。尤其是师生关系紧张时,学生的负面情绪会直接影响到其对教师的信任,导致不愿接受教育、甚至是抗拒教育,这样一来教育质量就更加难以保证。

除此之外,良好的人际关系本身就是丰富的教育内容,学生可以由信任、喜欢他人到模仿他人,获得书本中没有的知识和教益,这在客观上为教育质量的提高开辟了道路。需要指出的是,如果处理不当,良好的人际关系对教育质量也可能产生负面影响。例如,师生关系过于亲密,故而放松对学生的要求,例如考试送分等。

总之,良好的人际关系对组织有全局性的影响,在教育组织中,它是激励教育成员积极性的有效手段,也是教育成员身心健康发展的心理基础,是教育组织团结、巩固和发展的重要保证,也是影响教育质量不可忽视的因素。

二、教育组织中人际关系的影响因素

人际关系的双方是一对矛盾统一体,既相互依存又相互排斥。当相互依存占支配地位时,人际关系就表现为人际吸引;当相互排斥占支配地位时,人际关系就表现为人际排斥。教育组织中人际关系的影响因素有主观因素和客观因素两类。

(一) 主观因素

1. 认知因素

在社会交往中,由于学识背景、成长经历、兴趣爱好等方面的差异使得人们对同一事物的看法和观点不尽相同,有时甚至完全相反。这就导致人们因在认识上的分歧而产生了人际排斥。人们在观点上分歧越大,合作的可能性就越小,情绪上就越不易平静,从而导致彼此之间的相互疏远,阻碍人际关系的正常发展。教育组织是由具有较高知识水平、较高思想道德水平的教师和正在接受知识、形成价值观的学生组成的,他们的态度和观点大致类似。因此,认知方面的问题在教育组织中表现得不十分明显。

2. 情感因素

情感是建立人际关系的基础,是联结人际关系的纽带。积极的情感会加深人际吸引,消极的情感却会引起他人的反感,消极的情感是建立良好人际关系的障碍。教育工作者与学生之间的人际关系往往是建立在情感因素的基础上,很多学生是因为喜欢某位老师才开始喜欢其所讲授的课程。因此,良好健康的情感基础对于培养和促进教育组织成员之间的人际关系十分重要。

3. 个性特质因素

善良、温和、乐观等良好性格容易使人建立起广泛而和谐的人际关系,但自私、贪婪、顽固、懒散等不良性格却是发展人际关系的严重障碍,是导致人际关系相互排斥的主要影响因素。因此,和蔼可亲、平易近人的教师让学生更愿意与之接触和交流,更容易得到学生的喜爱;勤奋好学、活泼可爱的学生比那些顽固懒惰、不思进取的学生更容易得到教师的喜爱。除此之外,在性格因素中,错误的自我评价对人际交往的妨碍最大。而在错误的自我评价中自卑和自傲所起到的消极作用尤其明显。知人者智,自知者明,要克服性格因素对人际关系的消极影响,应该增强对自我的认识和了解。

(二)客观因素

1. 社会条件

社会心理学认为,人际关系的形成是社会生活中各种因素相互结合、相互作用的结果,人际关系是整个社会关系总系统中更为细微的最活跃、最基本的子系统,因而它受到社会中各种条件的制约。比如落后的经济政治制度、传统的社会习俗、畸形的意识形态等都影响着人际关系的发展。相同教育组织中的教师、学生处在同样的社会条件下,大背景上没有差异。因此,社会因素对具体的教育组织而言,不是影响其人际关系的主要因素。

2. 阶层因素

阶层是一种社会现象,每个人都处在一定的社会阶层中。从行政关系来讲,有官民之分;从经济关系来讲,有贫富之分;如此等等。阶层差距越大,相互交往就越少,职务高者与职务低者之间的交往少,收入高者与收入低者之间的交往少。不同阶层之间沟通交流的"潜规则"是阻碍人际关系发展的主要因素。在教育组织中,部分领导浓厚的"官本位"意识是阻碍人际关系健康发展的主要原因。

3. 职业因素

由于社会分工的不同,人们从事的社会工作的特点限制了人们交往的范围,大多数人的主要交往对象还是局限在本领域工作的人。比如,从事脑力工作的知识分子就很少与从事体力劳动的工人建立交往关系。由于职业的不同,人与人之间缺乏共同语言,交往难以维系,这就阻碍了不同职业群体之间进行交往。不同的是,教育组织的组成主体都是从事知识传播、科研开发等脑力劳动的人,不存在职业差异,因而职业因素不仅不阻碍教育组织人际关系的发展,反而在很大程度上起到了促进作用。

4. 年龄因素

人们的生理特点也影响着人际关系的发展。如果年龄差别过大,双方的社会阅历和经验太过悬殊,就会导致心理差别过大,精神面貌也大相径庭,没有多少共同情感体验。年轻人意气风发,朝气蓬勃;老年人行动不便,情系往昔。尤其是在当今社会变化一日千里的时代背景下,年轻人和老年人的思想观念、思维方式和行为风格等大相径庭,这使得两代人之间无法正常进行交往,因而人际关系也难以保持稳定。在年龄因素这点上,和社会其他组织一样,教育组织中人际关系的发展也受到很大的影响。比如,新来的年轻教师和年龄较大的教师交往的意愿就不强烈,学生和教师之间也容易出现观念上的代沟。

5. 家庭因素

家庭因素影响较多的是学生与学生之间的人际交往。每个学生的家庭背景差异会成为同学之间人际关系的影响因素,家庭条件优越、经济收入高的学生和家境贫寒、经济收入低的学生在心理上有明显的差距,难以正常交往。有的学生家庭经济状况不是很好,申请了勤工助学,所以可能没有时间参加班级组织的课外活动,或是不愿与同学相处,平日大多数时间自己学习,与同学之间的来往很少,所以同学或是不喜欢他,觉得他不好相处,或是觉得和他没有什么共同话题,于是会相对陌生一些。

三、教育组织中人际关系的管理原则和方法

(一)教育组织中人际关系的管理原则

1. 平等性原则

平等性原则是指人际关系的管理要在彼此尊重、相互平等的基础上进行。在我们的社会里,人与人之间只有社会分工和职责范围的差别,而没有高低贵贱之分。在教育组织中亦是如此,不论职位高低、能力大小,还是职业差别、经济状况不同,人人享有平等的政治、法律权利和人格的尊严,都应得到同等对待。教育领导者要平等对待每一位教育工作者,一视同仁,只有尊重别人,才能赢得别人真诚的对待和尊重。

2. 民主性原则

民主性原则是指人际关系的管理要坚持民主和公开。教育组织的共同目标要在民主提议的基础上相互探讨、共同商议决定,教育领导者要积极听取教育工作者的意见和建议,做到奖罚分明、信息透明;教育工作者也要经常和学生进行沟通交流,发现教学中存在的问题,及时调整和改进。

3. 主体性原则

主体性原则是指人际关系管理的主动性和积极性。教育组织的人际关系管理也包含教师对学生的管理工作。学校作为教书育人的场所,教育工作者的一言一行都潜移默化地影响着学生,他们应该主动积极地去亲近别人,协调关系,善于发现并解决人际关系中的问题,为学生建立良好的人际关系树立榜样。

4. 情感性原则

情感性原则是指人际关系管理必须以情感的融洽性为基础。人际关系不同于其他社会关系的根本特点,就在于它是建立在人们的好恶情感基础之上的。营造良好的教育组织人际关系氛围不能仅仅依靠规章制度等刚性因素,更重要的是向教育工作者、向学生表达真诚

的情感与关怀。

5. 事业性原则

事业性原则是指人际关系管理必须以教育组织的总体发展目标为指导。良好的人际关系并不是一团和气、相互吹捧,而是要以提高组织效能、实现组织目标为根本目标,建立良好的人际关系是以组织健康发展为前提的。教育组织的根本目标之一是教书育人,把学生培养成符合社会需要的全面发展的人才。因此,教育领导者要和教师同心协力、积极配合,在良好的人际关系中努力促进教育事业的发展。

(二) 教育组织中人际关系的管理方法

1. 教育领导者的示范作用

在教育组织的人际关系中,教育领导者和教育工作者之间的人际关系是其核心部分。因此,教育领导者首先要以身作则,率先处理好人际关系,特别是干群关系,如为人正派、作风民主、深入群众、平等待人,等等。这不仅会对整个组织人际关系发生导向,而且也是确保人际关系健康发展的必要前提。为此,教育领导者应做好以下几项工作。

(1) 调节人际认知,维护目标一致。在教育组织中,人们总是处于各种人际关系之中,成员之间相互作用,彼此在心理和行为上相互影响。因此教育领导者应经常观察、了解和分析群体人际关系的状态,用共同的目标和价值观来调节群体内部的人际关系,使全体组织成员识大体、顾大局,不在小事和枝节问题上纠缠,进而自觉地维护组织目标和团结,促进人际关系的和谐发展。

(2) 改进领导作风,改善干群关系。干群关系是教育组织中人际关系的核心部分。在教育管理中,教育领导者不仅要重视干群关系,而且要带头处理好。良好的干群关系的关键在于领导作风。教育领导者、管理者为人公正、作风正派、民主平等、关心群众、与群众能打成一片、走群众路线,都可以改善干群关系,促进人际关系的健康发展。

(3) 倡导精神文明,消除组织冲突。教育肩负着建设社会主义精神文明的重任,因此在教育组织中,应首先倡导精神文明,把精神文明建设落实到人际关系的调整上,即把人际关系纳入精神文明建设的轨道,积极倡导和谐相处、相互学习、共同进步的教育发展理念,营造良好的教育组织人际关系氛围,这是对人际关系进行宏观调控的基本途径。

2. 营造良好的人际关系氛围

人际关系的好坏决定于人际吸引力的大小。吸引力大,心理距离近,人际关系就密切;吸引力小,心理距离大,人际关系必然疏远。人际吸引是人际关系的积极状态,有助于满足个体的人际需要。因此,要建立良好的人际关系,教育领导者首先要创设良好人际关系的条件,使人们彼此有相互接近的机会,增进人际吸引。人际吸引的产生,与交往双方的心理特点以及他们的交往历程有关,主要有以下几个条件。

(1) 外貌吸引。一个人的外貌(容貌、体态、衣着、风度等)对人际关系有不可忽视的作用。特别是在交往初期这个因素就更起着重要作用,同时,它还可以产生一种光环作用,人们倾向于认为外貌美的人在其他方面也是好的。

(2) 相似性吸引。在人际交往中,双方若能意识到彼此具有某些相似性,则容易相互吸引,两者越相似则越能相互吸引。这里的相似包括信念、态度、价值观和个性特点,也包括教育水平、社会地位、年龄、外貌吸引力的相似性。

(3) 需要互补吸引。当双方的需要以及同对方的期望正好成为互补关系时,就会产生强烈的吸引力。例如,独立性较强的人,往往喜欢和依赖性较强的人在一起;脾气急躁的人,往往喜欢和脾气温和的人相处,从而使双方的关系更为协调,人的特点正好适合对方的需要,各得其所。

(4) 能力吸引。在人际交往中,个人在能力与特长方面比较突出,就会有一种吸引力,使人们对之发生钦佩感并欣赏其才能,愿意与其接近。

(5) 熟悉吸引。人们彼此交往次数越多,彼此越了解,越熟悉,就越有吸引力。这种人际关系的形成需要一定时间的积累,关系一旦建立则比较持久和稳定。

(6) 近邻吸引。人们倾向于喜欢邻近的人,交往双方越邻近越是有吸引力。地理位置上的接近使得相互接触的机会更多,故而容易相互吸引形成友谊,这种类型的吸引在交往的早期尤其明显。

3. 调节改善人际沟通渠道

人际沟通是人际关系形成和发展的基本条件。在教育组织中,沟通存在于教育组织的每一部分,它对于教育组织犹如血液对身体的重要性一样。沟通渠道通畅,传送者及接收者都能了解信息的意义,对教育组织传播信息、加深情谊十分有益,并且能够促进教育组织目标的实现。如果没有沟通,那么教育组织就无法存在,要调整与改善人际关系,也必须从改善人际沟通入手。

与其他群体比较起来,教育组织的人际沟通具有得天独厚的优势,也存在需要继续改进的问题。为此,提出下列策略:

(1) 重视正式沟通渠道。在人际沟通中,要充分发挥以课堂教学、课外活动为主的正式沟通的作用。在这方面,可尽量采用双向沟通、平行沟通的方式,例如与学生对话、讨论等,杜绝"满堂灌""一言堂"的单向沟通,而且在向下沟通时,领导或教师也应避免居高临下的气势,否则会破坏人际沟通的平等性。

(2) 增加有效沟通机会。要实现沟通,就要实行民主管理,让广大教育组织的成员有机会参与重大工作的讨论与决策,并尽可能鼓励组织成员直接用口头语言进行交流。在这个过程中,教育领导者应该主动地接触群众、了解群众,真诚地与组织成员联络感情,这样才能获得真实有效的沟通资料。

(3) 运用语言进行沟通。为了增强沟通效果,要巧妙地运用语言沟通,让口头语言与书面语言互补其短,各展所长;同时把语言沟通与非语言沟通结合起来。在教育组织中,无论是管理信息还是教学信息,基本上是通过语言,尤其是口头语言表达的。因此在发挥口头语言沟通优势的同时,可通过适当的书面语言补其不足,使语言沟通保持良好的状态。

(4) 消除沟通障碍。一是全面把握信息,做到情况不十分清楚时,不会贸然判断、表态,以免造成沟通中的误解。二是准确传递信息,一方面要准确地理解对方的信息,尽量减少信息失真或误解,另一方面要准确地表达自己的看法和观点。三是善意地交换意见,即双方以真诚、友好、热情的态度交换意见,与人为善地沟通。四是有准备地沟通,特别是在与交往较少、彼此不大熟悉的对象沟通或沟通的内容陌生时更需如此。准备的内容通常包括有关对方的和有关沟通内容的背景材料等。准备充分,会使双方有更多的共同语言,有利于在一定程度上避免交谈中的冷场、互不理解等尴尬局面,也可以减少由于记忆、语言表达障碍等引起的沟通不良。

【专栏 7-1】

克服沟通障碍的方法

有效的沟通需要教育领导者和全体教育工作者持续不断地共同努力,克服沟通中的障碍,从而增进彼此的相互理解,克服沟通中的障碍,在此提供五种沟通技巧:重复、移情、理解、反馈和倾听。

1. 重复。有效沟通最常使用的一个技巧就是重复(repetition)。重复就是通过不同的渠道,一遍又一遍地发送相同的信息(比如电话、面谈备忘录或者信件)。大部分的沟通中都有信息的失真,通过使用两个或多个渠道传递信息,沟通失误的可能性就比较小。

2. 移情。有效的沟通指的是信息发送者能够预知信息接收者可能做出什么样的反馈。信息发送者通过了解信息接收者的参照系等个人信息就可以做到这一点。换句话说,教育领导者应学会移情(empathy),即换位思考,站在下属的立场上去分析可能影响下属理解信息的个人以及组织因素。无论在校长和教师之间、教师和学生之间,移情对有效沟通都有很好的作用,能够减少沟通中的障碍。

3. 理解。信息发送者与信息接收者对信息理解(understanding)的一致性越高,沟通就越有效。教育领导者应该记住,有效的沟通在传递信息的同时,还传递着一种意义。不管信息传递的渠道如何,都必须使用简单、易懂的语言。教育领导者在进行信息编码时,必须使用能够被信息接收者理解的语言和符号。

4. 反馈。反馈(feedback)确保了沟通的有效性,决定了信息被接收和理解的程度。这是一种双向的沟通,信息的发送者与接收者达成了理解上的共识,这与大部分自上而下的沟通中存在的单向沟通形成了鲜明的对比。以自上而下的沟通为例,由于信息接收者没有充分的反馈机会,信息失真常常发生。

5. 倾听。有证据表明,管理者一天30%时间都花在了倾听(listening)上。更重要的是,有听力理解测验显示,这些人中只有25%的倾听是有效的。倾听技巧影响着教育组织中同事和上下级之间的关系。成功的沟通也需要信息发送者和信息接收者之间的有效倾听,信息接收者必须听到并理解信息发送者所发出的信息,信息发送者也必须听到并理解信息接收者发出的反馈。在双向的沟通中,倾听常常是一个最薄弱的环节,很多人都并不积极地去听。

(资料来源:Fred C. Lunenburg, Allan C. Ornstein 著. 教育管理学概念与实践(第五版)[M]. 中国轻工业出版社. 2013:225-227.)

第二节 教育组织中的人际关系管理

在教育组织中,人际关系的管理不仅包括教育领导者对教育工作者的管理,也同样包括教育工作者对学生群体的管理。人际关系的管理,不仅要从微观入手,研究教育组织成员如何彼此增强人际吸引和改善人与人之间的心理关系;也应从宏观着眼,从全局做好人际关系的调节与控制。这就涉及了教育组织中人际关系管理的三个方面,即竞争、冲突和合作的管理。

一、教育组织中的竞争与管理

群体竞争是指群体成员或群体之间为了己方利益,力图胜过或压倒对方的心理状态和行为的一种活动。竞争能使人精神振奋,努力进取,使人的智力、体力和情绪都处于紧张状态,从而提高学习、工作和生产效率。竞争必须遵守公认的社会规则,在平等、公正的基础上进行。反之,如果采用不公正的手段,甚至触碰法律,不仅会损害竞争双方的声誉,侵犯竞争对手的合法权益,而且也会危害社会,为法律所不允许。以下讨论的竞争,不包括不正当竞争。

教育组织中的竞争是指在教育组织中两个或两个以上的个体或组织为了达到一定目标而互相力求超过对方取得优势地位的心理状态和行为活动。一方面,群体竞争可以促进更为有效的合作;另一方面,合作又可以推动竞争,提高群体的生存能力。教育组织不同于一般的社会组织或群体,教育不是以营利为目的,教育组织中的竞争也并非单纯地为了获取更多的利益,教育组织的竞争更大的意义在于增长知识、积累学识、开阔眼界,而群体成员在此过程中相互学习、取长补短、共同进步。

(一)教育组织中竞争的基本特征

一般说来,教育组织竞争的基本特征有以下几点:

1. 竞争具有共同的争夺目标

竞争各方所要夺取的目标是确定的,可能在竞争的过程中参与的人员和采取的方法不尽相同,但追求和争夺的目标却是一致的。比如创办一流学校,争取教学名师等。

2. 竞争具有争夺较量的对手

竞争需要双方参与,相互较量。学生争取名列前茅的对手是班内其他同学;教师争取教学标兵的对手是学校其他参赛教师;学校争取在教学评估中取得优异成绩的对手是同类型的其他学校。

3. 竞争具有争夺胜负的结果

竞争的结果往往是一个或几个竞争者获得胜利,其他竞争者失败,有胜负之分。胜负的评价有时是按照参照标准的方式做出评判,例如,学生升级考试达到录取标准,意味着获得成功,而未达到录取标准则意味着考试失败;有时是按照较量双方的相对成绩做出判断,例如,一场足球赛甲队获得胜利,则乙队必是失败。

总之,教育组织的竞争具有竞争的基本特征。不同的是,教育组织的共同目标一般是和教育发展有关的,而不是单纯的利益驱使;而且较量的对手也不是站在绝对的对立面上,绝大多数情况下对手也是合作的伙伴,彼此之间保持着相互协调、相互配合、共同学习、共同进步的合作关系,而且教育组织内的竞争大部分是以共促发展为最终目的的。

(二)教育组织中竞争的意义和作用

教育组织中的竞争是普遍存在的,可以说每个人、每个群体都时刻处在各种竞争之中,由于学业表现所引发的竞争是大多数孩子从小面临的第一次竞争。因此,教育组织中的竞争对个人和教育组织的发展都至关重要。教育组织竞争既有积极意义,也有消极意义,这值得我们在教育管理中去关注和重视。

1. 教育组织中竞争的积极意义

教育组织中的竞争有着积极的作用,它既是群体所面临的心理压力,又是群体活力的源泉,对个体心理和群体行为会产生重大的影响。良性的竞争是富有活力的竞争,它的根本目的在于调动广大教育工作者的工作积极性,激发他们的主人翁责任感;增强群体凝聚力,改善群体内部的人际关系;提高教育管理工作的有效性,促进整个教育组织的共同进步。

(1) 调动工作积极性。教育组织中竞争有助于强化教育工作者的主人翁意识,充分调动和发挥他们的主动性和创造性。在竞争中,组织、群体都面临着来自外部的强大压力,直接关系到广大教育工作者的切身利益。因此,人们会把自己的前途与群体、组织的命运联系起来,把自身的物质利益与教育的神圣使命联系起来。群策群力,为群体排忧解难,焕发出高度的主人翁精神,为建立良好的个人与组织之间的契合度奠定了基础。除此之外,竞争也可促进学生不断提高学习目标,改进学习方法,激发并加强学习动机,从而提高学生的学习积极性。

(2) 增强群体凝聚力。教育组织中竞争有助于缓和群体内部的矛盾冲突,增强群体凝聚力。在群体竞争的环境下,群体成员由于感到外部的威胁和压力,会在一个共同的目标下团结起来,摒弃前嫌,一致对外,使群体在竞争中取胜。由于成员之间的一些分歧、矛盾被搁置一边,也会大大改变群体内部的人际关系。所以说,在群体之间进行的竞争,会增强群体内部的凝聚力。但在群体内部竞争的情况则有所不同,正常的有益的竞争,有利于群体成员加强团结,共同进步。

(3) 提高管理有效性。教育组织中竞争有助于提高教育管理工作的有效性。传统的教育体制缺乏教育组织应有的活力,既无被淘汰之虑,又无承担风险之忧,严重束缚了广大教育工作者的积极性、主动性和创造性,影响了教育管理工作绩效的提高。新的教育体制下,把竞争作为推动教育事业发展的杠杆,有竞争才有进步,有竞争才有发展,存优汰劣,按责任大小定系数,按贡献大小定分数,制定不同的奖励办法和绩效规定,人人有目标,人人有压力,从而打破了平均主义的桎梏,有助于教育管理绩效的提高。

2. 教育组织中竞争的消极作用

教育组织中的竞争也难免会产生一些新的情况,出现一些新的问题,影响个体和群体之间的关系,即教育组织竞争的消极作用,具体表现在以下几个方面:

(1) 增大心理压力。对个体而言,竞争的结果必然是优胜劣汰,个体为了在竞争中取胜,必须要经过艰苦的努力。在这种情况下,个人要承受较大的心理压力,会因此产生一种不安全感。这种心理感受既可能成为教育工作者努力向上、奋勇争先的内在动力,也可能成为一种巨大的精神负担,影响教育工作者的心理健康。

(2) 污染社会风气。竞争最终都会与物质利益挂钩。用经济手段来体现人们在竞争中的得失,这种情况在一些思想觉悟不高的教育工作者那里会产生副作用,滋生见利忘义、唯利是图的个人主义思想,污染社会风气,破坏公平的竞争环境。在奖励系统不完善的竞争活动中尤其会出现这种情况。

(3) 滋生小群体意识。竞争会增强群体之间的敌意与攻击性,滋生小群体意识。在群体之间的竞争中,每个群体为了自己的切身利益,往往会视对方为仇敌,减少交往,削弱相互协作、相互帮助的精神,甚至还会采取一些不正当的手段来获取竞争的优势,这种现象必定会影响和妨碍群体之间已经建立起来的合作关系。

(4) 导致认知偏差。群体之间的竞争还会导致群体的认知偏差,影响正常的人际关系。在竞争中,群体成员往往会夸大自己所在群体的优点,缩小甚至忽略其缺点,而对竞争对方的缺点却谈论过多,对其优点则视而不见,相互抱有成见,缺失了公平客观的认知评价,将竞争关系理解为绝对的敌对关系。这些都会影响正常的群体关系和人际关系。

从上述论述中可以看出,竞争有利也有弊。一方面,竞争可以促进更为有效的合作,合作又可推动竞争,提高群体竞争的能力;另一方面,竞争也存在消极作用,群体成员容易产生心理压力,群体内容易出现不良的竞争风气等。如何开展竞争,要视情况而定,并且应该采取慎重的态度。

(三)教育组织中竞争的主要影响因素

在个体或组织相互作用、相互影响的过程中,采取合作或竞争行为,是受许多因素制约的。其中主要的影响因素有需求动机、组织结构、信息占有、个性特征和竞争成败五个方面。

1. 需求动机

一个人在需求动机方面的特点对他的行为选择与确定影响很大。成就需要强、成就动机高的人,时时处处要同别人相比,要超出别人,这类人同他人相处时倾向于选择竞争。而交往需要强、交往动机高的人同他人相处时则倾向于选择合作。有些人对竞争的作用和意义认识不清,片面地认为竞争破坏了团结,竞争使得人与人之间的关系紧张;还有些人吃惯了"大锅饭",坐惯了平均主义的"安乐椅",认为竞争是富了少数人,因此对竞争有抵触和恐惧情绪,甚至由害怕竞争到反对竞争。这些不正常的心理和不正确的动机都严重阻碍了教育组织中竞争的顺利进行。

2. 组织结构

竞争能否顺利进行,在很大程度上取决于组织结构是否合理。在学校或群体外部,由于个别教育行政部门的官僚主义,有些主管人员过多地干预学校和群体的竞争权力,使得参加竞争的各方享受不到平等的权利;有些单位和地区存在狭隘的小群体主义,由组织出面,闭关设卡,这也妨碍了教育组织竞争的正常进行。在学校或群体内部,由于机构重叠、人浮于事,竞争者难以获取到必需的信息,因而影响了竞争力;有些管理者在组织内部竞争时,不能保持公正,奖励制度和绩效规则因人而异,群体成员产生对竞争的错误认知和抗拒心理,继而破坏了群体的凝聚力,影响了教育工作的有效开展。

3. 信息占有

在竞争中,信息占有的多少对于竞争的结果至关重要。俗语云"知己知彼,百战不殆。"占据信息多的一方,不仅对竞争对手有着更多了解,而且对竞争过程中自身的优势和劣势也有更清晰的认识,可以有针对性地查缺补漏,增强竞争实力。相比之下,占据信息少,或是沉浸在自己所占有的片面的信息中洋洋自得,或是由于信息的短缺不能对全局做出准确判断而焦躁不安的一方,即使能够客观地对待所掌握的信息,也会因为信息的不足而失去一定的竞争优势。信息占有的多少对于竞争结果的影响很大,但并不是说占据信息多的一方就一定能在竞争中获取胜利,其他因素也会左右竞争的结果。

4. 个性特征

在教育组织中,教育成员的个性特征对于其倾向于采取合作行为或是竞争行为的影响很大。在个性特征中,性格和能力的影响作用最为明显。在性格方面,好胜的人倾向于在各种活动中同别人竞争,竞争能使其获得对自己能力的认知,并且在竞争中能体会到自身所具有的价值;而性格温顺的人则倾向与别人合作,他们需要在组织合作中获得归属感和认同感;多疑的人也很难与别人愉快地合作;而善于妥协让步的人则容易实现更多的合作。除此之外，人们之间在能力上的差异，也是导致人们相互竞争的原因之一，有比较才有竞争，有竞争才可能有进步，教育组织中的竞争有很大一部分是来自于想要提升能力的个性需求。

5. 竞争成败

凡属竞争，都会有胜负成败之分。成败得失既有积极的一面，又有消极的一面。在竞争中取胜的群体，由于胜利而保持甚至增强了群体的内聚力，成员之间的配合也更加紧密娴熟，但也容易因为胜利而丧失竞争的动力，得意忘形而不思进取。在竞争中败北的群体，有的会因失败而使全体成员奋发向上，分析失败原因，卧薪尝胆，挽回败局；但也有不少群体会因此自暴自弃，在内部出现混乱与纷争，甚至轻易抛弃原有的组织结构，让群体彻底失去竞争的能力。对个体来说，成败也会引起不同的心理反应。竞争对一个成功的人是一种挑战，它既能使胜者充满信心，又会使他丧失警惕；竞争在一个失败者的眼中往往是一种威胁，它既会催人奋起，又会使人束手无策。总之，胜则忘乎所以，败则一蹶不振是竞争中的大忌。

（四）教育组织中竞争的管理

在教育管理工作中，如何组织好竞争是教育领导者的基本职责，也是教育管理心理学研究的重要课题。研究表明，在群体内部究竟选取竞争还是合作取决于该项工作的性质和组织成员的态度。有人综合不同学者的研究结果，得出以下四点结论：

第一，如果工作比较简单，而且群体中每一位成员都能独立完成工作所需的全部程序时，在个人竞争下的工作成绩比组织合作为优。

第二，如果工作比较困难，而且有部分成员不能各自独立完成工作全部程序时，组织合作的工作成绩比个人竞争为优。

第三，如果群体中成员的态度与感情是属于群体定向，而且又有明确的群体目标时，组织合作的工作成绩比个人竞争为优。

第四，如果成员的态度与感情是属于自我定向，而且工作本身又缺乏内在兴趣时，个人竞争的工作成绩要比组织合作为优。

群体之间的竞争及其效果，主要取决于群体内成员是否合作，这是开展群体之间竞争的基础条件。如果群体内各成员能团结合作，就会增强该群体的竞争力。反之，如果群体内各成员之间竞争激烈而不合作，则该群体对其他群体就缺乏竞争力。因此，从管理心理学的角度来看，我们提倡群体之间展开竞争，而不主张群体内个人之间的竞争。在群体内应提倡互相合作，要使每个成员个人的目标与组织的目标一致，把个人的利益与集体利益联系在一起。这样既能促进工作的开展，又能培养集体主义精神和集体荣誉感。在教育管理中亦是如此，组织好教育组织间的竞争应注意以下几个方面：

1. 强化竞争意识

教育组织之间的竞争是以发展教育事业、提高教育质量为最终目的的，这种竞争不同于其他行业群体之间的竞争，在短期内很难通过直观的利害得失体现出竞争的价值所在，因此教育组织成员对于竞争并没有太多的认知和觉悟，很容易缺少竞争的意识和观念。教育领导者要利用各种条件培养教育组织成员的竞争意识，让他们树立竞争能够促进发展的工作理念，鼓励他们以一流的教育工作保证一流的教育水平，并运用经济、行政、思想政治工作等各种手段来督促所属成员，形成竞争的风气。

2. 树立竞争道德

开展教育组织竞争的目的不是谋一己私利，而是为了提高教育管理绩效，为建设教育事业做贡献。因此,教育组织竞争既要提倡相互比较、相互争夺,又要注意社会道德对竞争的约束作用。教育组织因其教育性、规范性的特点,教育组织中的竞争也更加强调公平性和促进性,竞争的目的是为了相互促进、共同提高。就个体之间的竞争来说,应着眼于教育组织成员文化、业务素质的提高,而不能争一时之短长,为一己之利而影响群体成员间的人际关系。具体而言,要杜绝竞争中可能出现的不正之风,必须做到以下三点:一要遵纪守法,不要违法乱纪;二要平等竞争,不能弄虚作假;三要锲而不舍,敢于创新。

3. 创造竞争条件

开展竞争需要一定的基础条件作为保障,包括主观条件与客观条件。所谓主观条件,就是要做好舆论宣传工作,让群体成员认识到竞争的作用和意义,紧跟时代步伐,端正竞争意识,并营造平等、民主的竞争机会和竞争环境。所谓客观条件,主要是指物质条件,即要有能够保障竞争的基础,如教育组织成员对人、财、物有充分的自主权,能够有效利用相应的教育资源,从而提升自身竞争实力。

4. 健全竞争法规

竞争不仅要在微观层面积极促进、创造条件,还要在宏观层面加以适度的调控。从教育系统来说,基层教育领导者主要是着力于微观搞活,要在组织、群体内部实行全面的责任制,增强竞争能力。从宏观角度看,主要任务在于健全和完善各种法令、法规,对竞争加以控制、调节。因为在竞争的环境中,必然会遇到各种问题和纠纷,会出现一些不正当的竞争,因此对竞争还要有一套监督、管理程序,发挥教育管理的监督作用。

二、教育组织中的冲突与管理

冲突就是矛盾,是指两个或两个以上的需要、动机或目标同时存在而又处于矛盾中的心理状态。冲突包括个体内心冲突、人际冲突和群体冲突三种。个体内心冲突是指人们内心的动机斗争。如一个人可能面临两个互不相容的目标,感到左右为难,表现出在不同需要、动机、思想上的矛盾,这是在个体内发生的冲突。人际冲突是指群体内人与人之间的争论、争吵。如两个人对问题的认识不同、目标不同、利益矛盾等,也会发生冲突。群体冲突是指群体与群体之间的矛盾冲突,如部门与部门、单位与单位,甚至民族、阶级之间的冲突、斗争和战争,等等。

教育组织中的冲突是指在教育组织中,个人、群体以及群体与群体之间由于目标或利益上的矛盾而产生的对立过程。在教育组织活动中,由于个体差异与组织特性的存在,两个人或两个群体的目标互不相容或互相排斥,从而产生心理上的独立状态。在教育系统中,个人与个人之间、个人与群体之间、群体与群体之间,由于对客观事物的认识不同,由于目标或利益上的矛盾而发生冲突的事情屡见不鲜[1]。在一般情况下,对个人说来,冲突会给人带来一些不愉快的感受。如果这种冲突长期得不到缓解,便会造成紧张和焦虑的情绪,严重的还可能导致心理疾病。对群体而言,它不仅会严重影响人们的情绪和情感,破坏良好的人际关系,而且还会影响群体的正常活动与组织秩序,严重阻碍组织目标的顺利完成。

(一) 冲突形成的过程

1. 潜在阶段

---

[1] 熊川武,江铃.学校管理心理学[M].上海:华东师范大学出版社,2011:267-268.

此阶段是产生冲突的酝酿时期,是冲突双方潜在的对立或不相容阶段。造成这种对立或不相容的原因可能来自三个方面:

首先是沟通问题。一般认为沟通不良是产生冲突的起因。沟通的渠道是否通畅,信息交换是否正确充足,语义表述能否正确地传达思想,都会影响沟通的效果。若沟通不良,无法达到信息互换的目的,则很容易诱发冲突。

其次是组织结构。组织结构对冲突的产生也具有一定的影响。组织结构有多层含义,包括群体的大小、分配给员工工作的专门化程度、权限的明确程度、成员目标的一致性、领导风格、奖惩制度、群体间的相互依存关系等,这些因素互动的结果常常是冲突产生的根源。

最后是个人因素。人与人之间的不同也是引起冲突的重要原因。个人因素包括诸如心理动机、态度、性格、目标、欲望、人格、认知、价值观等,这些方面若无法得到满足,都是形成冲突的重要原因。个人因素中最重要也最容易被忽视的因素是个人价值体系的差异,很多偏见的产生、意见的分歧、个人的不公平感、个人价值的缺失,都是个体价值观的差异造成的。

2. 认知阶段

此阶段涉及当事者的认知与介入。当潜在对立或不相容的条件具备并不断恶化,引起挫折并被认知和感受时,冲突就会产生。这里强调认知的必要性,即当事者的双方(或至少有一方)认知到冲突因素存在时,便会产生冲突。但只是认知还不能表示个人已介入其中,还需要情绪的感受和卷入,此时可能会有焦虑、紧张、挫折甚至敌意的情感体验。冲突的存在必须被当事者认知到或感受到才行。例如,你和一位好朋友聊天,言谈中可能双方会有观点上的分歧,但这并不意味着双方就发生了冲突。虽然彼此认知到这种分歧,但也许都不以为然,一笑置之。只有当一方或双方固执己见,对对方的意见感到不满,对自己的意见不能被赞同而感到失望、挫折,甚至引起强烈的愤怒时,才可谓出现了冲突。

3. 冲突行为阶段

当冲突出现之后,会有内隐和外显的冲突行为表现。内隐冲突大多是在个人内心产生,冲突因素一旦出现,伴随着内心的焦虑、紧张,甚至是敌意、愤怒难以释怀,转向内在的情感体验,外在表现出退缩、回避、拒绝的现象。不同的是,外显冲突大多数是向外的,是在人与人之间或群体与群体之间出现的能够观察到的直接的行为表现,其形式各样。从最温和的、间接的言语对抗、态度对抗,到更为直接的身体对抗、攻击对抗,再到失去控制的威胁、抗争或暴力,甚至是更大范围内战争的爆发,都是冲突的外显行为。内隐冲突对自身的危害较大,而外显冲突则牵扯到了冲突的双方,涉及的人员更多,造成的影响也更为广泛。

4. 解决冲突阶段

一旦冲突表面化,双方就会寻找各种解决冲突的方式,美国心理学家肯尼思·托马斯提出了五种处理方式。

(1)竞争。当一方只追求自己的目标和获取利益而不顾给对方造成的影响时,其行为叫做竞争。在正式群体中,非赢即输的生存竞争常导致追求满足自己的利益。

(2)合作。当双方都能考虑到对方的需要时,便会合作而寻求对双方都有利的解决方法。此时,双方着眼于解决问题,澄清彼此的异同,求同存异,而非简单地顺应对方的观点。

(3)退避。当看到冲突时,采取漠不关心的态度,逃避外显的争执或对抗的行为,即为退避。与他人保持距离、划清界限、固守领域,也属于退避的行为。如果无法采取退缩的行为,还可以压抑、掩饰双方存在的差异,尤其当群体成员之间存在相互依赖、交互作用的关系时,压抑可能比退缩要好一些。

(4) 顺应。当一方牺牲自己的利益,以把对方利益置于自己利益之上的方式来满足对方需要时,便是顺应。显然,为了维持彼此的关系,一方做出了自我牺牲。

(5) 妥协。冲突双方都必须放弃部分利益以便能够在一定程度上满足对方需要时,便可达成妥协。此时,谈不上谁赢谁输,双方都付出了一定代价,也都有所得。

总之,没有哪种处理方法能适用于所有的冲突,要看具体的冲突情境。而且每个人都有自己独特的处理冲突的方式或潜在倾向,也会直接影响到对冲突处理方式的选择。上述的五种冲突的处理方式各有其使用的时机,例如,冲突双方想要学习、获得知识的时候,合作是一个很好的解决冲突的方式;而当冲突双方实力均等又各自占有优势时,那么妥协会是一种更为合适的解决冲突的方式。

5. 冲突结果阶段

冲突的结果可分成具有良性结果的建设性冲突和具有恶性结果的破坏性冲突两种。建设性冲突对于群体发展具有积极的促进作用,而破坏性冲突会扰乱群体内或群体间的人际关系,对组织的长远发展造成不良影响。建设性冲突对群体的促进作用表现在以下几个方面:

(1) 提高管理质量。管理者可以从冲突中了解成员的不同意见,集思广益,凝聚共识,作为决策的参考。建设性冲突可以增进决策质量,激发创造力,鼓励成员的兴趣和好奇心;建设性冲突还可以提供一个自我评价与改善的机会。在决策过程中,一定的分歧、冲突,有利于发掘各种不同的方案,扩大可能性,从而提高决策质量。

(2) 打破沉思僵局。冲突可以打破群体沉思的僵局,防止不周全的决策出台。冲突的过程是对现状提出挑战的过程,增加了变革的可能性,从长远意义上对生产力的提高大有帮助。因此,为了使组织更具活力更具革新性,维持一定水准以上的冲突是必要的,只要是不足以影响组织成员的情绪与工作的冲突,都是具有一定建设性的良性冲突。

(3) 纠正不正之风。建设性的冲突能够批判、抵制和纠正不正之风及不良现象。群体或组织中出现冲突,意味着双方在价值观念、行为方式等方面出现了潜在对立和不相容的情况,如果冲突的一方是本着顾全大局的想法捍卫和坚守集体利益时,那么出现分歧并不一定是坏事,这种坚定勇敢的态度震慑了不正风气和不良现象,是一种正义的勇敢的举动,对组织目标的实现意义重大,起到了良好的监督促进作用。

(4) 发扬民主精神。建设性的冲突是为了实现群体目标、促进群体发展,而非针对个别人或个别群体产生的消极情绪,冲突的过程可能带有一定程度的辩论、争吵和不理解,但随着相互沟通的深入展开,双方寻求共同的解决策略,这个过程无疑是民主精神最好的体现。如果群体成员人人自危,因为害怕冲突而不敢表达自己,即使遇到问题也选择视而不见,那么,看似其乐融融的群体内隐藏着众多对立或不相容的思想,长此以往会对组织的发展造成巨大的影响。

综上所述,冲突过程的模式可用图 7-1 来表示。

(二) 教育组织中冲突的主要影响因素

在冲突酝酿的初始阶段,造成对立或不相容的原因前文已经具体论述过,主要是沟通问题、组织结构和个人因素三个方面。教育组织冲突因其群体成员和组织结构的教育性和特

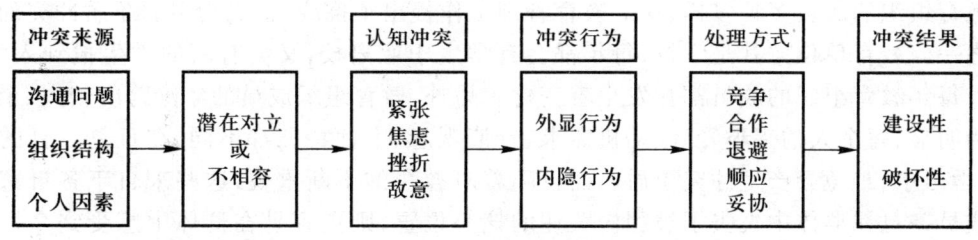

图 7-1　冲突过程模式

殊性,在冲突发生、发展、激化到解决的全过程中,受到了更为具体更具特色的因素影响。

1. 教育资源的有限性

不同区域不同组织所占有的教育资源是不均等的,有些发达区域占有的教育资源较多,相对落后的区域占有的教育资源较少。资源占有较多的区域,分配到每个教育组织或个人的教育资源也相应地更为丰厚,矛盾冲突不容易出现。相反,在教育资源有限的情况下,组织成员在相互竞争中往往因为教育资源的分配问题出现矛盾冲突。教育资源的获得意味着教育事业开展更为便利,基础更为坚实,没有教育资源作为保障和支撑,发展教育事业举步维艰,因此有限的教育资源便成为教育组织冲突的诱因之一,个人之间、群体之间会因为争夺教育资源而产生矛盾冲突。

2. 沟通交流的局限性

沟通交流的局限性也是诱发教育组织冲突的另一个重要因素。群体与群体之间或群体与个人之间,或是个人与个人之间由于沟通交流的不对等性所产生的矛盾冲突也是时有发生的。信息在交换过程中是否被正确地表达和理解,沟通的双方是否能做到坦诚平等地互通有无,沟通交流是否能推动彼此互助互利的良好局面,这些都是沟通中容易出现的问题。教育组织相对于其他群体的教育性更为凸显,而教育的传播绝大多数是要通过语言的表达,或是潜移默化的行为传递,沟通在这个过程中起到了非常重要的作用。例如,如果一位学生把老师劝勉激励的语言理解为故意刁难的话,那么这就出现了在沟通交流过程中由于个人理解错误的局限性所引发的矛盾冲突。沟通交流的局限性还体现在沟通双方在价值观、信念、习俗、性格、兴趣、动机、需求等多方面的差异,这些都能影响到沟通交流的有效性,而一旦沟通不畅通,矛盾和冲突便很容易出现。

3. 管理制度的滞后性

教育组织中的冲突有的时候来自于管理制度上的滞后。教育组织的管理制度包括人事制度、奖惩制度、绩效考核制度等,这些都和教育工作者的切身利益息息相关。管理制度能否符合社会大环境、发展大趋势的需要,能否作为公平公正对待每一位群体成员的管理依据,直接影响到群体成员的工作态度和工作热情。如果管理制度落后于发展的要求,那么教育组织中难免会滋生一些消极的情绪,虽然提倡按劳分配,多劳多得,少劳少得,但是工作量的多少、工作质量的高低都是要依靠工作标准做出评价的,管理和分配制度中是否包含了完善的评价机制和操作规范,会在根本上影响到组织的公平性。如果群体成员没有感受到管理制度能够保障他们的切实利益,或是感受到了管理制度的滞后和不公平,那么教育组织内的冲突就会不断发生,这将影响组织的长远发展。

4. 组织成员的多样性

教育组织的成员多种多样，这对教育管理工作提出了挑战，也成为引起矛盾冲突的主要原因之一。教育单位尤其是学校，每年都会有学生毕业离校，又会有新的学生报到入学，这意味着每年教育组织的成员都在发生着变化。另外，教育组织成员的年龄跨度较大、个体差异较为明显，每个人的兴趣爱好、动机需求、价值观念、个性特征都不同，在日复一日的共同生活、学习中，难免会产生冲突矛盾。而且随着对教育的不断重视，这些来自于各自家庭的核心成员一旦在群体中失去了被积极关注的核心位置，则更容易在群体中感受到个性的挫折，从而引发矛盾冲突。这种冲突有些是隐性的，产生紧张、焦虑、挫败等，向内伤害自己；有些是外显的，指向其他同学或老师，从言语对抗到身体对抗，从攻击对抗到暴力对抗，都是有可能发生的。教育组织成员数量越大、个体差异越大，相互之间的关系就更加错综复杂，矛盾冲突也更容易产生，对教育管理的影响也就越大。

（三）教育组织中冲突的管理

1. 建设性冲突的特点与管理

凡是双方目标一致，而手段、方法或途径认识不同所产生的冲突属于建设性冲突。一般来讲，这类冲突具有以下几个特点：① 双方对实现共同目标都很关心；② 彼此愿意了解和听取对方的观点和意见；③ 大家都以争论问题为中心；④ 互相积极交换情报资料。

在教育组织中，由于人们的认识水平、觉悟程度不一样，难免会在许多问题上产生不一致。为了实现组织目标，统一认识、统一行动，就必须积极地发展建设性冲突，在平等互利的基础上，集思广益，推动教育事业的发展。为了积极发展建设性冲突，群体成员要敢于并充分发表自己的意见，使上下左右信息畅通，积极平衡群体成员之间的认知差异和心理差异。这样做既有利于群体决策，也有利于激发教育人员的工作热情，保证教育目标的完成。为了积极发展建设性冲突，教育领导者通常要注意以下几个方面：

（1）领导者发表意见时不要一言堂，不要给群体成员造成心理压力，要警惕防止对领导的言论表面上"顺从"，而实际却有不同意见的情况出现。

（2）强调团结合作的同时，要警惕不要把正常的意见分歧、不同的见解和看法，与无原则纠纷、不团结合作等同视之。

（3）在研究讨论工作时，要防止"冲突"刚开始，各种意见尚未充分发表，就忙下结论，使建设性的冲突得不到深入的发展。

（4）在发生严重分歧时，领导者不要害怕冲突，更不能把大事化小、小事化了，那些怕伤感情、维护表面的所谓相互支持与合作的看法是不可取的。

（5）在实施模棱两可、具有分歧的解决方案时，要警惕矛盾双方可能对决定或方案做出不同的解释，由此而带来进一步的冲突和矛盾。

（6）要特别警惕利用分歧扩大矛盾，以增加个人的影响，削弱别人的地位，从中谋取个人利益的现象发生。

总之，对建设性冲突要采取充分发扬民主的办法，让每一位成员都有说话的机会，并且要有充分发表个人意见的权利。领导者要努力营造平等、民主的沟通氛围，在重大的组织决策和改革中，要积极听取广大教育工作者的意见和建议，不能为了表面的和谐，故意排挤或压制群体成员的正当诉求。否则，即使是建设性冲突，如果处理不当或者处理不及时，也可能因发生对抗而转化为破坏性冲突。

2. 破坏性冲突的特点与管理

凡是由于双方目标不同而造成的冲突,往往属于破坏性或对抗性冲突。一般来讲,这类冲突都具有以下几个特点:① 双方对自己的观点都十分自信;② 不愿听取或者根本不听对方的观点和意见;③ 由对问题、观点的争论,进而转为人身攻击;④ 互相交流减少,以致完全不交流。

在教育组织中,破坏性冲突出现的频率并不多,但是一旦出现,就会带来十分消极的后果。因此,对于各种破坏性冲突最好能在一开始就努力避免它的发生或扩大,即"防患于未然"。为了预防和避免破坏性冲突,教育领导者通常要注意以下几个方面:

(1) 强调全局意识。领导者要加强对组织成员的全局观教育,强调对组织目标积极的贡献,培养组织意识,建立集体主义观念。

(2) 加强信息沟通。在教育组织中要保证信息的公开、透明,加强组织成员之间及时有效的相互沟通交流,并建立行之有效的奖惩机制。

(3) 提高管理水平。领导者要提升自身的管理能力,提高自身的专业素养,发挥管理者的榜样力量和带头作用,从而增加组织的凝聚力。

(4) 发展建设性冲突。鼓励组织成员敢于讲话,敢于发表意见,真正营造一种既有民主、又有集中,既有统一意志、又有个人情怀的和谐局面。

(5) 杜绝破坏性冲突。管理者要积极关注组织成员的思想动向,有意见及时处理和疏导,一旦发现破坏性冲突的苗头,要将它消灭在萌芽状态之中,做到防微杜渐。

在实际工作中,一般来说建设性冲突比较容易处理,而破坏性冲突较难解决。但两者并非是绝对的,它们可以互相转化。无论哪一种性质的冲突,如果不及时进行妥善处理,都会给组织活动带来不利的影响,甚至造成严重的事端。如果出现了这种情况,那也不是冲突本身的问题,而应归咎于管理者的处理不及时或处理不妥当。因此,对于教育组织的管理者来说,重要的责任之一,就是及时而正确地处理好两类不同性质的冲突,以激发组织成员的工作积极性,不断推动组织向前发展。

总之,教育组织中的冲突总是客观存在的,有冲突就有矛盾,有矛盾就有斗争,而矛盾和斗争是推动事物前进的动力所在。一味地回避、压制、平息矛盾和冲突,对组织的长远发展并无裨益。教育组织不同于其他组织,立德树人是教育的本质,一定要清楚教育管理中的矛盾和冲突绝大多数是建设性的冲突,不要武断地将教育冲突理解为破坏性的冲突,对其要正确地认识、正确地疏导、正确地处理,以"促进合作"作为发展的基础,以"鼓励竞争"作为发展的动力,以"化解冲突"作为发展的契机,营造良好的教育环境,建立完善的管理制度,从而推动教育组织朝着更好的方向发展。

【专栏7-2】

群体间问题的解决

群体间冲突所带来的负面效应使学校管理者不得不寻找办法来解决这一问题,一种方法便是群体间问题的解决。下面的步骤代表了此活动的一般模式。

第一步:会谈。两个群体的管理者(或全体成员)都与顾问会谈,从而确定双方是否存在敌意以及双方的关系是否能够得到改善。如果回答是肯定的,那么群体间的问题解决过程就开始了。(如果能够请外界的人介入就更好了,因为外界的影响更容易使双方达成一致意见。)

第二步：识别问题。两个群体在一个单独的房间里会面，并且分别填写两张单子。在一张单子上写上他们对另一个群体的印象、态度、情感和意见，以及对以下问题的回答：对方怎么样？他们的哪些行为干扰了我们？在另一张单子上预测一下另外一个群体会怎样评价他们，包括对以下问题的回答：在哪些方面对方不喜欢我们？对方怎样看我们？

第三步：分享信息。两个群体坐到一起共同阅读两张单子。A组先阅读B组那张如何看待他们，在哪些方面不喜欢他们的单子，B组也一样。在这个步骤中，中间人不允许他们相互交流，双方可对问题做出反应。接着，A组阅读B组预测他们会如何评价自己的内容，B组也同样。

第四步：分析信息。两个群体回到各自的房间讨论他们从中学到了什么。此时双方经常会发现，他们之间的敌意和冲突是由于误解和缺少沟通而产生的，双方的问题并没有想象中的那么严重。讨论完之后会布置给每个群体一个任务，让他们考虑自身仍存在的问题。

第五步：解决问题。两个群体再坐到一起相互讨论他们的单子，讨论完之后，双方把还没有解决的问题列出来，然后再一起决定如何解决这些问题，并搞清各自应承担的责任。这一步是表明谁在什么时间会做什么。

第六步：反馈。根据群体间问题的解决策略，两个群体或他们的领导应再次会面，看看双方是否都采取了行动。

（资料来源：Fred C. Lunenburg, Allan C. Ornstein 著. 教育管理学概念与实践（第五版）[M]. 中国轻工业出版社，2013：253-254.）

三、教育组织中的合作与管理

组织合作是指组织中两个以上的个体或与其他组织之间，为了共同的目标一起工作，相互配合，以求共同完成某项任务的心理状态和行为。组织合作是人们为了共同目标而实现的共同活动。例如，许多纤夫共同拖拽船只，不同工种的建筑工人共同协作建筑房屋，这些活动都是合作行为。合作有两种形式，一种是许多人共做一件事，每个人承担其中的一部分，叫做分工；另一种是几个人相互补充，共同完成同一活动，叫做互助。分工和互助是合作的两种具体行为方式。

教育组织中的合作是指在教育组织中，为了共同的教育目标而由组织成员团结协作、共同完成某项教育任务的心理状态和行为，它是组织成员或组织与组织之间最高水平的一种心理和行为协同一致的体现。例如，各班级各部门共同合作完成学生艺术节活动；不同专业的教师共同完成对学生的教育和培养；两个班级共同布置会场；几个学生分工打扫教室等，都属于教育组织的合作行为。教育组织的合作除了在行为上的协同一致，还包含心理状态上的积极配合，这种内在的一致性的追求能够保证行为的有效性和协调性。如果合作只是限于行为上的表现或形式上的合作，组织成员没有发自内心地为了组织的共同目标而团结协作的意愿，合作行为的效果就会大打折扣。

（一）教育组织中合作的基本特征

一般来说，教育组织中合作的基本特征有以下几点：

1. 共同的目标

合作的目的是为了实现共同的目标。没有目标的合作是一种盲目的无效的行为。合作者必须有共同的目标、利益或兴趣，才能在心理和行为上真正实现合作共赢，从而有效地完成组织的共同任务,实现组织利益的最大化。

2. 双方的活动

合作不是一个人或一个群体单方面的活动,必须是两个或更多人的协同活动。合作行为的出现就意味着一个人或一个群体难以胜任,只有单方面的活动而无双方的协助是没办法完成共同目标或组织任务的。

3. 相互的协调

合作要求有较高水平的认知能力,在合作中每个成员不仅要参与并检测自己的行为,而且也必须参与并检测合作者的行为,也就是说,合作双方必须有对目标的共同理解和认识,相互配合默契,才能朝着共同的方向努力。

总之,组织合作既不是无目的的协同活动,也不是有目的的单方面的协助活动,而是合作双方有共同目的、配合默契的协同活动。群体成员必须有一个共同的目标,而且每个成员都要充分了解其他人要做什么,双方相互协调、相互配合、从而实现群体的共同利益。

(二) 教育组织中合作的意义和作用

合作对教育组织的发展至关重要,组织目标的实现绝不是一个人或一部分人的贡献,而是全体组织成员相互协同、相互配合、共同创建的结果。教育组织合作的意义和作用可以总结为以下几个方面:

1. 合作有助于提高教育绩效

有效的组织合作需要公平的分配原则作为基础和保障,按劳分配、多劳多得的分配原则也同样需要在组织合作的背景下实现。教育工作本身就是一项合作的事业,每一位教育工作者在合作中体现自身的劳动价值,获得相应的收入,这种公平公开、相互监督、相互促进的合作形式有效地提高了教育的绩效。

2. 合作有助于协调人际关系

在组织合作的过程中,因工作联系会产生大量的意见交流,促进彼此的相互了解,容易形成融洽的人际关系。因为在合作环境下,大家都围绕一个共同的目标,都为群体工作献计献策,又为其他成员排忧解难,从而产生较强的心理相容性,营造群体协调一致的气氛。[1]

3. 合作有助于增强集体凝聚力

在合作形式下,组织和组织成员之间是共存共荣的关系,组织为成员提供发展的空间和机会,成员对组织产生强烈的认同感和责任感。尤其是当组织成员通过共同努力、相互合作取得一定成绩和社会地位时,会产生强烈的自豪感和荣誉感,这为增强集体凝聚力创造了有利条件。

4. 合作有助于实现心理契约

合作的出现是以达成组织共同目标为动力和基础的,合作伴随着双方承诺和双方责任的确立,这势必会带来组织和个体双方之间的融洽和信任关系,组织的亲和力、内聚力和向心力也会在合作过程中有所提升。这种以承诺、信任和知觉为基础而形成的关于双方责任信念的建立和组织凝聚力的提升,即是心理契约的实现。

(三) 教育组织中合作的主要影响因素

合作是一种基本的管理形式。但是,并非所有的工作都必须采取合作形式,也并非所有

---

[1] 姜文义. 教育管理心理学[M]. 辽宁师范大学出版社,1999:111-112.

的群体与成员都能被顺利地组织起来参与合作。群体之间以及成员之间的合作行为受到各种因素的影响,一般说来,影响教育组织合作的主要因素有以下几点:

1. 组织目标

教育组织的目标是影响教育组织合作的重要因素,必须使所有教育参与者都能了解,并得到大家的支持。每个人都应该清楚个人在群体中的位置和角色,清楚群体对个人的期望和要求,明确个人与群体组织之间的关系等。除此之外,组织目标必须以利益一致为先决条件,利益是否一致,对完成某项工作目标是至关重要的。如果只是为了某一部分人的利益,甚至因此加重了其他人的负担,则合作的行为就会受到影响而难以维持。

2. 工作性质

教育组织的工作性质也是影响组织合作的重要因素之一。有的工作从本质上讲就是合作性质的,必须通过成员的相互依赖、相互支持才能完成。例如,一堂面授的教学课程,就需要教师和学生之间的相互配合、共同参与,才能实现课堂的教学效果。而有的工作从性质上讲则更多地需要个人的智慧和努力才能完成,难以产生合作行为。例如,教师教案的撰写工作、作业的批改工作等,更多是需要自己独自完成的。因此,教育领导者要根据工作性质的不同组织好成员之间的合作。

3. 信息沟通

教育组织中的信息沟通是否顺畅也是影响组织合作的另一重要因素。信息畅通不仅可以增进成员对工作任务及群体内各部门成员之间的相互了解,而且有助于群体成员在心理上感受到信息的公开化和透明化。如果信息不畅通,大家对工作任务缺乏认识和了解,对工作茫然不知所措,则难以产生积极的合作行为。所以联系密切、相互沟通对组织合作是必不可少的,特别是共同生活、学习或工作过的亲密战友和伙伴,他们彼此关系密切,有共同语言,能够坦诚地沟通与交流,这对群体的合作更为有利。

4. 组织规范

教育组织的规范性也是影响组织合作的重要因素之一。如果群体的各项规章制度明确而具体、公平而有效,那么在合作中群体成员就会清楚自己的岗位职责和工作任务,也会明确自己的行为准则和行事规范,这对于组织合作得以顺利进行意义重大。具有组织规范,群体成员则更容易分工协作、相互配合、步调一致,也容易形成良好的群体凝聚力;缺乏组织规范,则会出现岗位责任不明、工作任务不清的状况,群体成员缺乏合作,无所事事或相互推诿,工作效率低下,必然会影响群体的长远发展。

5. 奖励原则

教育组织的奖励原则也是影响合作的另一个重要因素。奖励的目的是为了提高工作效率,调动教育工作者的工作积极性,而奖励原则是否公平合理,对教育工作者的工作态度有很大影响。如果奖励是针对整个组织中的每位成员,并且奖励原则是在民主、公平的前提下确立的,当组织成员因优异的合作表现获得奖励时,就会在组织中形成正向的价值导向,并会诱发其他成员积极的合作行为。相反,如果奖励针对个人,或是因人设奖,缺乏评价的公平性和民主性,成员的合作热情就会受到损害,之后就很难继续维持积极有效的合作行为。

6. 管理方式

教育领导者的管理方式是否恰当,也是影响组织合作的重要因素。一般而言,民主式的管理方式,组织合作的成效较好,而放任式或专制式的管理方式,容易造成紊乱,影响组织合作。教育领导者自身的专业素养和领导能力决定了其管理的有效性,一方面教育领导者要顾全大局,营造出良好的合作氛围,提供组织合作必要的基础和条件;另一方面在教育管理的细节上,要注意工作分配的合理性和科学性,做到物尽其用、人尽其才,建立民主、平等、公开、透明的管理制度和评价机制,才能更好地促进组织内部的合作行为。

四、教育组织中合作的管理

教育组织合作是实现教育目标的重要前提条件。教育领导者对于促进教育组织之间和教育组织成员之间的合作,一般应注意以下几点:

(一)深化组织合作的意识

教育组织合作对于教育目标的实现意义重大,绝大多数的教育工作都需要协同合作来完成,教育领导者要深化对组织合作的意识,端正组织合作的认识,明确组织合作的意义,提高组织合作的觉悟。

1. 端正组织合作的认识

教育组织合作是一个互通有无、取长补短、共建共荣的组织活动,要明确教育工作从本质上就是一种合作性质的工作,要通过全体教育工作者共同努力才能达到人才培养的目的,单个人或单个部门只能从一个方面进行教育工作。例如,学生德、智、体、美、劳方面的全体面发展不能仅限于一个教师或一个教学组的教师来完成教育培养,而要依靠学校、家庭甚至是全社会多部门共同参与、相互协同的全程全员教育来实现。

2. 明确组织合作的意义

教育组织合作对组织目标的实现和长远的发展意义重大。组织合作不仅意味着在工作上的共同参与、相互配合,更重要的是群体成员在合作的过程中,通过认真履行工作职责、参与完成组织总体目标、实现组织共同利益而获得成就感和满足感,这不仅能增加群体的凝聚力和群体成员的归属感,也能建立起群体和个人之间良好的心理契约,还能在一定程度上避免组织内部人员的流失,保障组织发展的核心人力。所以,组织合作为群体成员提高了从行动到心理上对组织的认同感,对于群体的发展具有深远的影响。

3. 提高组织合作的觉悟

教育组织的合作不仅是教育领导者的工作职责,也是教育工作者的分内之事。教育工作的参与者要理解组织合作的意义,特别是对于教育工作的促进作用。在倡导创新创业的时代背景下,教育首先应该具有创新合作的觉悟和理念,在日常的教育活动中,要协同多学科、多部门共同参与制订学生的培养方案,创建具有特色的校本课程,并发挥学生的主观能动性,让受教育者也参与到教育目标的设定上。要将教育组织的合作从一个外在的制度规定,转变为一种常态化的教育方式和教育理念,要提高组织合作的自觉性和主动性,这样才更符合这个时代对于人才培养的要求。

(二)创设组织合作的条件

1. 建立组织合作的制度规范

教育组织合作需要一定的制度保障和准则规范。合作是人与人共同参与、协同配合的行为模式和心理模式,有人参与的活动必然要有规章制度。首先,要明确群体成员在合作中的角色定位和工作职责;其次,要规范群体成员在合作中的操作流程和工作标准;最后,要规避群体成员在合作中的消极反应和不良影响。这样才能确保合作顺利、有效地进行。

2. 明确组织合作的分工细则

教育组织合作还需要明确群体成员的工作分配情况。分工细则是创设组织合作的另一个保障性的条件。群体成员只有明确了自己的工作范围和工作要求,并且大体了解其他人的工作内容和工作职责,才能端正态度,以平和之心相互配合,从而保证组织合作的顺利展开,促进群体目标的实现。

3. 遵守组织合作的分配原则

教育组织合作的分配原则是按劳分配、多劳多得、少劳少得、不劳不得,且分配原则必须公平、公正和公开。群体成员有权知晓群体的分配原则或奖励措施,这有利于在群体中树立榜样,引导积极的群体价值导向。分配原则一旦建立就要认真履行和遵守,绝不能在利益的趋势下违背分配原则,这样才能促进合作行为的保持和发展。

4. 确保组织合作的信息畅通

教育组织合作还需要保证信息的畅通。无论是内部信息,还是外部信息,群体成员都应该是信息往来的参与者和信息内容的知情者。信息的通畅一方面是组织良性发展的具体体现,另一方面也是减少群体成员相互猜测、相互怀疑的最好途径。确保信息的通畅,能够有效地提高群体成员的行动效率,促进群体目标的实现。

(三)营造组织合作的氛围

1. 外部竞争对组织合作的积极作用

当一个群体遭受到外界压迫,或遭受攻击以致陷入危机时,该群体的每一个成员就会为了群体的共同利益团结合作,共渡难关。因此,要善于利用外部的竞争环境,使成员意识到所面临的危机,或使其意识到群体存在着的重大问题和由此可能带来的严重后果,这样便会激发起群体成员团结一致、共同克服困难的愿望和决心。因此,外部的竞争环境对群体或组织来说并非只有压力,也存在着促进内部合作的动力。

2. 内部协同对组织合作的积极作用

教育领导者是教育组织的核心,应该具备必要的管理能力,而且要努力成为凝聚组织成员共同努力、相互协作的推动者。管理者的一切行动,都应考虑到组织的目标与组织成员的利益,要经常与下属保持密切联系,急群众之所急,想群众之所想。此外,管理者还要多组织各种有益的合作式的活动,增强组织成员之间的相互接触、相互沟通和相互了解。有了共同的兴趣爱好和共同的事业志趣,组织成员之间自然会出现共同的话题,随之而来的便是集体荣誉感和集体归属感的产生,这为日后工作上的协同与合作提供了坚实的保障。

【专栏 7-3】

高效团队建设 5W1H 方法

团队建设在实际运行过程中虽不是一件轻松的事情,但也不像大多数人认为的那样是一件非常困难的事情,常常感觉好像无从下手。通常我们可以借助一些常见的管理工具来简化团队建设工作。高效团队建设中的 5W1H 是指:who(我们是谁)、where(我们在哪里)、what(我们成为什么)、when(我们什么时候行动)、how(我们怎样行动)、why(我们为什么行动)。通过明确这几个方面的问题来建立高效团队。

我们是谁(who):团队成员自我深入认识和明确团队成员具有的优势和劣势、对工作的喜好、处理问题的方式、基本价值观的差异等。通过这些分析,最后获得在团队成员之间形成共同的信念和对团队目的的一致看法,以建立起团队运行的游戏规则。

我们在哪里(where):每一个团队都有其优势和弱点,而团队要完成任务需要成功应对困难与挑战。通过分析团队所处环境来评估团队的综合能力,找出团队目前的综合能力对要达到的团队目的之间的差距,以明确团队如何发挥优势、回避威胁,提高迎接挑战的能力。

我们成为什么(what):以团队的任务为导向,使每个团队成员明确团队的目标、行动计划。为了能够激发团队成员的激情,应树立阶段性里程碑,使团队对任务目标看得见、摸得着,创造出让团队成员兴奋的幻想。

我们什么时候采取行动(when):利用合适的时机采取合适的行动是团队成功的关键。团队当遇到困难或障碍时,应把握时机进行分析与解决。团队在面对内、外部的冲突时,应在什么时机进行舒缓或消除,应在何时与何地取得相应的资源支持等,都必须因势利导。

我们怎样行动(how):怎样行动涉及团队运行问题,即团队内部如何进行分工,不同的团队角色应承担的职责、履行的权力、协调与沟通等。因此,团队内部各成员之间也应有明确的岗位职责描述和说明,以建立团队成员的工作标准。

我们为什么行动(why):对于这个问题,目前在很多团队建设中都容易被忽视,这可能也是导致团队运行效率低下的原因之一。团队要高效运作,必须要让团队成员清楚地知道他们为什么要加入这个团队,这个团队运行成功与失败对他们带来的正面和负面影响是什么,以增强团队成员的责任感和使命感。应将激励机制引入团队建设,包括团队荣誉、薪酬或福利的增加以及职位的晋升等。

(资料来源:范逢春.管理心理学[M].四川大学出版社,2009:250-251.)

本 章 小 结

1. 人际关系是指人们在社会生活和实践活动过程中相互交往而形成的、伴有一定情感体验的、人与人之间比较稳定的心理关系。人际关系是个人或群体寻求满足交往需要的心理状态,反映了人与人之间心理上的距离。

2. 教育组织中的人际关系是人际关系的一种特殊形式,是指在教育活动中通过交往与相互作用而形成的人与人之间的心理关系,包含认知、情感和行为三种成分;分为教育领导者之间、教育领导者与教育工作者之间、教育工作者之间、教育工作者与学生之间、学生之间的五种人际关系类型;具有教育性、规范性、广泛性、复杂性和民主平等性五个特点。

3. 教育组织中人际关系的影响因素有主观因素和客观因素两类。主观因素包括认知因素、情感因素和性格因素三个方面;客观因素包括社会条件、阶层因素、职业因素、年龄因素和家庭因素五个方面。教育组织中的人际关系的好坏不仅影响着个体的思想、行为和心理,而且影响组织的凝聚力和教育质量,从而影响着组织效能的发挥。主要包括对个体的影响和对组织的影响。

4. 教育组织中人际关系管理的原则包括平等性原则、民主性原则、主体性原则、情感性原则和事业性原则。教育组织中人际关系管理的方法包括教育领导者的示范作用、营造良好的人际关系氛围、调节改善人际沟通渠道三个方面。

5. 教育组织中的竞争是指在教育组织中两个或两个以上的个体或组织为了达到一定目标而互相力求超过对方取得优势地位的心理状态和行为活动。教育组织中竞争的主要影响因素有需求动机、组织结构、信息占有、个性特征和竞争成败。教育组织中的竞争既有积极意义，也有消极意义。教育组织中竞争的积极意义为：调动工作积极性、增强群体凝聚力、提高管理有效性。教育组织中竞争的消极意义为：增大心理压力、污染社会风气、滋生小群体意识、导致认知偏差。在教育管理中，组织好教育组织间的竞争应注意以下几个方面：强化竞争意识、树立竞争道德、创造竞争条件、健全竞争法规。

6. 教育组织中的冲突是指在教育组织中，个人、群体以及群体与群体之间由于目标或利益上的矛盾而产生的对立过程。教育组织中冲突的主要影响因素包括：教育资源的有限性、沟通交流的局限性、管理制度的滞后性、组织成员的多样性。在教育管理中，为了积极发展建设性冲突，教育领导者通常要注意以下几个方面：警惕表面的"顺从"；警惕不要把正常的意见分歧与无原则纠纷等同视之；警惕匆忙做出结论；勇于直面冲突；警惕矛盾双方对有分歧方案的不同解释；警惕浑水摸鱼、谋取私利。为了预防和避免破坏性冲突，教育领导者通常要注意以下几个方面：强调全局意识；加强信息沟通；提高管理水平；发展建设性冲突；杜绝破坏性冲突。

7. 教育组织中的合作是指在教育组织中，为了共同的教育目标而由群体成员团结协作，共同完成某项教育任务的心理状态和行为，它是群体成员或群体与群体之间最高水平的一种心理和行为协同一致的体现。教育组织中合作的意义和作用包括四个方面：有助于提高教育绩效；有助于协调人际关系；有助于增强集体凝聚力；有助于实现心理契约。教育组织中合作的影响因素包括六个方面：组织目标、工作性质、信息沟通、组织规范、奖励原则和管理方式。教育组织合作是实现教育目标的重要前提条件。教育领导者必须促进教育组织之间和教育组织成员之间的合作，一般应注意以下几点：深化组织合作的意识；创设组织合作的条件；营造组织合作的氛围。

练习与思考

1. 什么是教育组织中的人际关系？它包括哪几种不同的类型？
2. 教育组织中的人际关系有哪些特点？遵循的原则有哪些？
3. 结合实际的教学管理工作，谈一谈如何对教育组织中的人际关系进行管理。
4. 什么是教育群体的合作、竞争和冲突？
5. 教育群体合作、竞争的意义和作用是什么？
6. 影响教育群体合作、竞争和冲突的主要因素有哪些？
7. 教育群体合作、竞争的管理方法是什么？
8. 建设性冲突和破坏性冲的特点和管理方法分别是什么？

推荐阅读

1. 张东娇，程凤春. 学校管理学[M]. 北京师范大学出版社，2014.
2. Fred C. Lunenburg, Allan C. Ornstein. 教育管理学概念与实践（第五版）[M]. 中国轻工业出版社，2013.

第八章　教育组织中的领导者

【本章导读】

领导行为的科学化是实现教育管理目标的决定性因素,因此,领导心理是教育管理心理学中比较核心的问题。本章从教育领导和教育领导者内涵、角色、职责、心理品质的分析,通过领导理论的介绍和教育领导影响力的讨论,来研究教育领导心理的科学化问题。在本章中,将讨论三个方面的问题:

1. 领导、领导者、教育领导、教育领导者的各自含义和教育领导者的角色、职责、心理品质。
2. 国外经典的传统领导有效性理论和当代领导有效性理论及教育领导理论。
3. 教育领导影响力的内涵、结构及提高策略。

【关键概念】

领导;领导者;教育领导;教育领导者;教育领导者角色;校长角色;教师共同体;教育领导者职责;教育领导者心理品质;领导特质理论;领导作风理论;领导权变理论;魅力型领导理论;服务型领导理论;理想与非理想模式;影响力;领导影响力;教育领导影响力

【学习目标】

1. 了解领导和领导者的含义,理解领导和领导者、领导(者)和管理(者)的区别。
2. 了解教育领导和教育领导者的含义,理解教育领导者的特点和教育领导的职责,掌握教育领导者的基本角色、校长的角色和教育领导者的心理品质。
3. 了解领导特质理论、领导作风理论、领导权变理论等国外经典传统有效性理论,理解国外当代领导有效性理论和教育领导理论。
4. 了解教育领导影响力的内涵;掌握教育领导影响力的结构;理解并运用教育领导影响力的提升策略。

【建议学时】

4学时

自20世纪30年代起,领导学被纳入科学领域并得到系统的研究①,领导作为有效管理的重要因素,其研究一直是组织管理领域研究中的中心问题,在教育管理的领域也不例外,领导心理也成为教育管理心理学研究的重要内容。

第一节 教育领导的角色和职责

一、领导者和教育领导者

(一) 领导者和领导

领导者(leader)是指能实现领导行为的人或集体。即领导者是指经合法途径被正式组织任用而履行特定职能对组织成员施加影响并承担责任,以更有效地实现组织目标的个人或集体。其中,集体领导者通常被称为领导班子,个体领导者常被成为领导人。**按领导者所处组织的属性,可分为工业组织领导者、商业组织领导者、军事组织领导者、教育组织领导者等**②。其中教育组织领导者也被称为教育领导者。

在日常生活中,人们常把领导和领导者等同起来,也往往将领导(者)与管理(者)混为一谈,这既有人们日常用语便捷性的原因,也存在着人们在概念认识上的误区。

1. 领导和领导者的区别

汉语中的"领导"既是名词(指领导人),又是动词(指领导行为),需要在不同语境中具体区分。但在科学概念上,领导和领导者是两个不同的概念。

领导(leadership)指特定的人在一定的环境条件下,为努力实现某种既定的组织目标,对他人、群体或组织进行引导、鼓动、激励和施加心理影响的行为过程。国内外的学者对领导进行了不同的论述,如泰瑞等学者认为"领导是一种行为过程"(G. R. Terry,R. M. Stogdill,J. K. Hemphil,T. Haimann);坦南鲍姆等人认为"领导是一种影响力"(R. Tannenbaum,C. Argyris,K. Davis,Richard L. Daft,Martin M. Chemers);杜平等人认为"领导是一种权力"(R. Dubin,K. Young,J. French&P. Raven);当然,也有学者认为"领导是一门艺术"(H. Koontz);国内的学者一般都倾向于认为"领导是一种行为过程"(俞文钊,刘永芳)。这些对领导的界说各有特点,但西方学者更为关注人、过程和系统三个基本要素,中国学者则更为强调人、过程和组织目标三个基本要素,因而也更为注重定义的完整性和严密性。因此,关于领导的内涵和实质可以包括以下几点:

(1) 领导的本质是人与人之间的关系。即领导者与组织所属成员间的人际交互作用激发集体和个人努力的过程,是一种典型的人际关系。心理距离越近,越利于领导。而发生在组织与组织,组织与个人之间的领导则表现为一种组织关系,如下级服从上级或组织原则等,是顺利领导的基本保证,但不是领导的本质。

(2) 领导是施加心理影响的过程。即获得人心、驾驭人心的过程。心理影响是领导者可对被领导者施加的多方影响中最深刻、最让人心悦诚服的。主要包括思想态度、情感意志、行为习惯等方面。

---

① 刘永芳. 管理心理学简明教程[M]. 清华大学出版社,2015:201.
② 吴志宏,冯大鸣,周嘉方. 新编教育管理学[M]. 上海:华东师范大学出版社,2000:168.

（3）领导是有目的的过程。即领导者引导影响成员努力实现组织目标的过程。组织目标是行为的预期结果和成员需要的集中体现。领导行为的产生是组织目标的切实所需，反映了领导者的理性和能力。

（4）领导是动态统一的过程。所谓动态过程即领导者、被领导者、组织环境这三个过程因素相互作用的结果，其关系可用公式表示：领导行为 $=f($ 领导者 $\times$ 被领导者 $\times$ 组织环境 $)$，其中领导者起主导作用。所谓统一过程即领导是人际关系和组织关系统一、组织和环境一致的过程。在研究领导行为时，必须充分考虑各种因素的作用及相互关系。

综上，可以看出，在科学的概念上，领导是一种行为过程，即领导者实施领导行为的过程；而领导者则是致力于这一过程的主体，是一个被委派到某一职位上，在组织共同活动中具有职权、责任和义务来组织、带领、引导、指挥、协调、控制被领导者完成组织目标的个人和集团[1]。在这里，领导行为是关键，只有真正实施领导行为的人才是领导者。

2. 领导（者）与管理（者）的区别

在日常组织情境中，大多时候人们经常把领导和管理（Management）混同在一起，在教育组织中尤其如此。实际上，两者在功能、目的等方面是有所差异的。

从广义来看，领导属于管理活动的范畴，而具体管理行为又是领导行为的组成部分，从这个意义上说，二者可以等同。

但从狭义来看，二者是不同的。管理侧重于具体负责执行决策、组织力量完成组织目标，因而更多地关注解决效率与效益问题，在过程中更加强调秩序和规律，在方式上更多地强调控制和服从；领导则偏重于全局战略性的决策和用人，在过程中更多地强调变革，在方式上更多地采用激励和鼓舞。管理是建立在合法的、有报酬的和强制性权力基础上对下属下达命令的行为，而领导除这些外，更多的是建立在领导者影响力、专长及模范作用等基础上[2]。此外，管理者的人数及范围要多于领导者，领导者是在组织中具有权力、地位和相当影响力的人物，是在组织中拥有绝对决策的少数人；而管理者除领导人外，还包括从事管理工作职能的人员，如会计员、统计员、劳资员等。

（二）教育领导者和教育领导

1. 教育领导者的界定

教育领导者指能实现教育领导过程的人或集体，即指某一教育组织中对成员施加影响的领导活动主体。按照教育组织的范围和规模，教育领导者可分为两大类，一类是各级教育行政机关的领导者，如教育部部长、教育厅厅长、教育局局长及班子成员；另一类是以学校校长为代表的学校领导者。学校领导者是指在学校中富有最高决策责任的管理人员[3]。在我国，高校实行党委负责制，而大部分中小学校实行校长负责制，因此，中小学校的校长、副校长、书记和副书记均属于决策人员，即学校的领导者。但在一些小规模的学校只设一名校长和一名书记，因此将学校各部门主任也吸纳进决策层，在此类学校，主任也被认为是学校领导者。在两大类的教育领导者之中，尽管都是在教育组织中实施领导行为，面对的领导环境具有很多共性特征，但在组织机构设置、人员分工、权限范围、组织内沟通方式、组织成员工

---

[1] 胡月星. 现代领导心理学[M]. 山西经济出版社，2005：3.
[2] 刘永芳. 管理心理学简明教程[M]. 清华大学出版社，2015：202.
[3] 陈孝彬，高洪源. 教育管理学（第三版）[M]. 北京：北京师范大学出版社，2008：445.

作行为等方面也存在一定的差异。这使得教育行政机关的科层化管理倾向明显,而学校作为办学实体,更多体现为行使育人功能的专业化管理倾向。这对两类教育领导者的领导方式和领导策略必然提出了不同的要求。本教材则主要探讨中小学校的教育领导者的领导行为。

2. 教育领导及其特点

教育领导指教育领导者以道德权威为基础,引导、激励并服务所属教育组织及成员,并通过行使权责和施加心理影响促使其共同实现教育目标或教育任务的过程。相比于其他领域的领导行为,尤其是企业领导,教育领导具有其独特的特点,主要包括以下几点:

(1) 教育领导的本质是道德领导,而其他行业更多的是权力领导。在企业领导中,员工必须服从领导者所属的法定权力,而教育领导则不然。教育领导最根本的特征是"道德领导"或"伦理领导",遵循道德价值、道德权利和道德责任的原则,办学以教师为本,育人以学生为本,关怀其需要与发展,强调服务意识,更多地运用自身魅力品德去影响组织成员,并建构学校的共同愿景和理念,使全体成员基于责任而共谋学校的持续发展。教育领导完全使用权力性影响力进行领导的情况是很少见的。

(2) 教育领导的目标是人,其他行业领导的目标更多的是物。从领导行为的目标来看,企业领导实现的目标是生产,产品是物,所以企业领导更多的是程序性的加工改造,强调规范性、系统性和工作绩效。而教育领导要实现的是培养社会所需要的人才,产品是人,是活生生的受教育者,且领导的内涵更多地就是体现在人对人的关系上,所以教育领导不能用对物的方法去对待人,要充分考虑到受教育者的自觉能动性,因材施教,这是教育领导的基本特点。

(3) 教育领导主要用人来从事脑力劳动,而其他行业领导更多用人来实现体力管理。用人是领导者一个重要的领导行为手段。在企业,领导主要依靠人去处理原料、货物、客户、产品等体力管理的工作,下属只要具有迅速的执行力即可。教育领导则依靠人去培养塑造人,所依靠的人相对来说是具有高文化水平的人,并需要其带有主动意识和理智的情感来从事教育人的脑力劳动,可以说,既是被领导者又是领导者。

综上,在具有领导的一些共性特点的基础上,教育本身的特殊性必然赋予教育领导相对独特的特点,而在教育现实中,从科层组织的教育管理模式走向民主、开放、沟通、合作理念的专业化教育领导正是教育的大势所趋。

二、教育组织中领导者的角色

角色原指戏剧、影视剧中的人物,后用来指代一种社会身份,如教育局长、校长、教师、学生等。20世纪60年代末,美国学者亨利·明茨伯格(Henry Mintzberg)最早在管理学中借用了这一概念,提出了有效管理者所扮演的10种角色,并创立了经理角色学派。"角色"通常以承担的职责来表示人与人间的交互关系,而角色的权利、义务和行为规范都是社会或组织所规定或期待的。教育领导者角色即指与教育领导者的某种地位、身份相一致的一整套权利、义务的规范与行为模式,是教育领导角色规范、角色期待、角色知觉和角色实践的统一体。

(一) 教育领导者的角色

作为教育组织领导活动的主体,由于教育组织存在范围、规模和类型的不同,即使同一个教育组织也因发展时期不同而存在不同程度的动态变革。教育领导者和其他组织的领导者相比,往往担当着多方面的重要角色,可以说,教育领导角色是一个"角色丛",这种角色多样性也是教育组织的一个鲜明特点,而每一种角色对领导者都有着社会心理所接受的独特规范要求。在诸多形态各异的教育领导角色中,教育组织发展的引导者、教育组织运行的指挥者、教育组织沟通的促进者、教育组织的示范者四种角色,乃是现代教育领导者必须要担当的基本角色。

1. 教育组织发展的引导者

引导是领导者对组织成员施加影响使其心甘情愿为实现组织目标而努力的过程,是领导者影响力的体现。教育领导者首先要担当的重要角色就是教育组织变革和发展的总设计师和"舵手"。教育领导者应当具有强烈的时代意识和正确的管理理念,必须能客观地分析教育组织面临的内外环境和各种条件,善于审时度势,不失时机地提出组织的发展方向,规划组织未来,制定既符合社会主义教育事业发展要求,又有利于所在组织发展的奋斗目标和具体规划。同时,教育领导者还应是知识、经验、智慧、领导技能的传播者,这种"导师"类的角色增加了领导者的魅力,扩大了影响力,强化了对组织发展的引导,并可以培养组织潜在的领导者,增强组织可持续发展的活力。

2. 教育组织运行的指挥者

指挥者角色在这里着重强调的是教育领导者具体统领所在组织事务的能力。即主要是用人、管事两项具体职责。教育领导者是教育组织成员的主心骨,是组织运行的总指挥。这是在组织目标和发展规划确定后的具体实施过程中需要承担的角色。教育领导者要对本组织的人、财、物、事各种资源进行合理组织与科学配置,要全面协调统筹各项组织活动。要管好方方面面的工作,并不代表教育领导者要事无巨细,也不能做甩手掌柜。承担指挥者角色的教育领导者要成为知人善任的"伯乐",做到"会管"和"敢管",方能营造风清气正的组织环境,做到人尽其才,事尽其功。

3. 教育组织沟通的促进者

沟通是现代领导的特点,沟通到位了,工作才能落实,组织才能有效运行。因此,沟通是确立组织目标、制定组织规划的前提,也是组织运行的基本条件,这对重视人的教育组织尤其重要[①]。教育领导者的沟通协调能力的提升对组织工作的顺利开展意义重大。教育领导者应通过建立各种组织制度、运用各种形式加强组织内成员间的联系和交流,做好组织的催化剂;教育领导者保证信息沟通渠道的畅通,要协调好成员与其他部门的关系,并推进组织与外界的沟通与联系,做好组织的黏合剂;教育领导者要做好领导集体间、领导者与成员间思想的及时沟通,消除分歧,防止内耗,做好组织的润滑剂。保证组织内部思想更为统一,内聚力更为向心,分工合作更为协调,组织活动更为有效。

4. 教育组织育人的示范者

由于教育是一项培育人的事业,教育领导者在担任组织发展的引导者、指挥者和促进者三种基本角色的同时,还必须担当起组织示范者的角色,在思想作风和道德品质方面成为广大教育工作者和受教育者的楷模。在教育组织中,由领导者本人素质和行为构成的非权利影响力对组织成员的影响更为有效。正所谓"其身正,不令而行;其身不正,虽令不从。"教

---

① 吴志宏,冯大鸣,周嘉方.新编教育管理学[M].上海:华东师范大学出版社,2000:167.

育领导者自身端正,做出表率,方能感召成员心悦诚服地完成组织目标。"欲治其国者,先齐其家;欲齐其家者,先修其身;欲修其身者,先正其心;欲正其心者,先诚其意;欲诚其意者,先致其知,致知在格物。物格而后知至,知至而后意诚,意诚而后心正,心正而后身修,身修而后家齐,家齐而后国治,国治而后天下平。"可见,想成为卓有成效的教育领导者,"正心修身"是根本。教育领导者要做坚持学习、促进团结、务实肯干的楷模,只有德才兼备的教育领导者才会赢得组织成员的心,成就组织发展之大业。

(二) 校长的角色

校长角色就是指一个人在被任命为校长之后所具有的社会地位与身份,以及社会、他人和校长本人对于校长行为的期待[①]。可见,校长不仅是职务的概念,还是一个社会角色的概念。王铁军教授在1993年出版了我国了第一本《校长学》,比较早地将角色之概念引入教育管理研究领域。

职务上校长是"一校之长",这一职务角色就被赋予了共同的历史使命与时代特点。但由于学校级别、类别、规模、历史与现实状况的不同,不同时代的校长和同一时代的每个校长实际承担的具体"角色"却区别甚大,一位校长可能不仅仅是领导者、管理者、同时也可能是特级教师、教育者等,这是教育领导者角色多样性特征在中小学校管理情境中的具体呈现。因此,目前对校长角色的认识并不统一,对校长角色的关注和探讨比较活跃的大多是来自一线的校长,如认为校长应该是探讨者、学习者和合作促进者(李培明,2007),认为校长角色主要包括教育者、管理者、领导者(王延宁,2010),认为校长是示范者、领导者、引跑者(陈文伟,2012),认为好校长的角色有搭建者、引领者、服务者、开拓者(卢纯军,2015)等。也有学者认为校长角色最重要的就是领导者,并可以将其划分为发展战略的引领者、管理机制的创设者、人力资源的开发者、教学活动的引领者、内外资源的保障者[②]等,解释不一而足。其实校长首先是作为教育组织的领导者出现的,所以教育组织领导者的基本角色也是校长的基本角色,在此基础上,校长角色是伴随着时代的发展在学校的具体发展阶段不断演变的。对于充满变革、发展和转型挑战的学校,校长需要承担的角色主要有以下几种:

1. 时代声音的聆听者

任何组织都存在于社会中,都必然要通过不断地变革来适应社会的变化和发展,教育组织(尤其是学校)也不例外。这种教育变革的诉求对处在社会转型期的中国尤为迫切,中国特色社会主义新时代提出的新特点、新矛盾、新措施已经对教育发展提出了新要求,且这种诉求会在未来一段时间更为迅捷频繁地出现。如何办人民满意的教育? 如何更有效地解决升学压力过重、择校压力过重、学生学业负担过重、家长陪读负担过重等教育不均衡、不充分的发展的主要矛盾和现实问题? 显然,校长对时代发展强音的准确捕捉非常重要。

校长作为学校发展方向和方略的规划者,其教育思想和理念是一所学校的灵魂和旗帜。也正因为这一层含义,陶行知先生才提出:"校长是一个学校的灵魂。要想评论一个学校,先要评论它的校长。[③]"当然,让每一位校长都能引领时代是不现实的,但校长必须能把握时

[①] 苏令. 校长角色的定位及其服务功能[J]. 教育理论与实践,2003(1):38.
[②] 褚宏启,张新平. 教育管理学教程[M]. 北京:北京师范大学出版社,2013:229-230.
[③] 江苏省陶行知教育思想研究会,南京晓庄师范陶行知研究会. 陶行知文集[M]. 南京:江苏人民出版社,1981:106.

代则是必然的。这意味着学校变革不是时髦与随性而至的冲动,而是在对过去和未来的审视中,面对当下发展的一种组织智慧,而智慧的承担者自然是非校长莫属。校长对这一智慧的学习,会让他在学校变革的涡流中找到工作的根基和扶手,如学校办学品牌的创新建设会把学校带入发展的快车道。

2. 教育理念的践行者

教育理念的践行者是对校长的领导者、教育者、引领者等角色的有机统合,是对校长胸怀、智慧、行动力的综合考验,并在校长对时代声音的解读、对新教育思想与理念的把握,及对未来教育走向的展望中得到体现。校长需要对学校发展现状有清晰的认识,对国家教育方针政策了然于胸,对新的教育理念有深刻理解,能在纷繁的教育理念中找到一种标准,并将其和学校现行的教学管理现状进行链接实施,并最终指向学校发展的美好愿景。

例如,在2015年,时任四川省宜宾市翠屏区教育局李庄镇中心校校长的凌继端,就坚持通过开设"特色课程"的基础课程改革理念为学生成长搭建平台,并最终将学校建设成为一所具有文化底蕴和高教学质量的特色乡村学校。他结合当地的地域文化,领着教师开设"古镇小导游"特色课程,把省级非物质文化遗产"舞草龙"引进大课间;并提炼出课堂教学"2+2自主课堂教学模式",使学生在有限的空间里接受了"无限的教育"。

再如已建校60年的辽宁省实验学校,历经几代学校领导的合力,始终秉承"实验创新、整体育人"的办学思想并坚持推行素质教育,实现了"提质减负",成为辽宁省基础教育的一面旗帜。2017年,在孟宪彬书记带领下的学校领导集体则以"尊重教育"的理念,以"立德树人"为核心价值取向优化教育要素,将"体验式·序列化"的德育、"自主实现"的课程体系、"学本·尊重"的文化课堂作为学生核心素养发展的有力支撑;以"学术引领、自主发展、同伴互助、团队共进"的教师成长模式促进教师专业化发展,并以"联动、共享、互促"的共生型集团式发展格局打破了原有的单一办学格局。构建了和谐的学校教育生态,整体提高了学校的教育效能,在促进辽宁义务教育高位、优质和均衡发展过程中发挥了引领、示范和辐射作用。

教育理念践行者是每一位校长应该永远扮演的角色,承担这一角色对校长来说责无旁贷。因此,校长要加强学习,并灵活运用领导方式,简政放权,把自己从繁忙的事务性工作中脱离出来,追求做一个学者型、专家型的校长。

3. 教书育人的示范者

教书育人的示范者是围绕校长的个人德才素质对有效领导力的影响所赋予校长的一个角色。有别于已经从企业实际生产中半脱离或全脱离的企业领导,基础教育阶段的学校校长既是一个管理者,又是一个实际承担教书育人工作的"教师"。校长既可以通过"教师"这个角色亲自体验和修正教育理念在教学实践中的应用效果,又可以通过教育教学专家型的权利以及在教书育人中展现出来的廉洁、公正、宽和、仁爱等品德和个人魅力来增加作为"领导者"和"管理者"的权重和威信。校长只有对学校充满感情,对工作充满热情,率先垂范,以身作则,全身心投入到学校的发展与建设中,才能够带动和感染教师和学生,并在这种同师生、上级领导、家长、相关社会成员的不断交往和共同实践中,获得相近甚至是相同的教育体验。教书育人的示范者角色要求校长必须在学校的实际教学工作中全身心投入,这也会使校长的话语权在相应领域充分诠释并发挥光彩。

4. 学校管理的服务者

从广义上看，校长的管理服务者角色就是指为他人做有益的事情。若从更具体的角度分析，校长的服务者角色则是指校长在适应社会及教育规律的前提下，把教育的经营性和公益性进行有机结合，尽量满足学校的利益相关者需要的一种高尚活动的身份。在理论和实践上，人们对校长的服务者这一角色的认识并不充分。国内是在20世纪初的时候才开始出现关于校长角色服务的相关研究，比较早对校长角色进行系统研究的是苏令。他提出校长的角色服务能力是校长具有较强的从事教育经营活动和教育公益事业活动的身心特征，并具备在学校及其弥漫场域之中为他人服务所必需的心理特征[①]。

教育组织的属性决定了学校的一切工作最终都要落实到育人上，从这个意义上说，管理工作的出发点和落脚点都应该是为师生成长服务，说明管理和服务是共通互融的。学校的管理和教育教学是需要脚踏实地做出来的，不是喊出来的，只有设身处地为教师、学生和相关利益组织服务好，才是干好事业的根本。校长应该秉承"全面、全程、全员"育人的服务理念，有能力激励师生、赞赏师生、关心师生，发挥"满足教师切实需要"的心理服务功能，并提供"为学生创造良好学习条件"的功能性服务，当好学校教育管理的服务者。

5. 合作团队的打造者

团队在这里不仅指学校中长期稳固存在的学科组、年级组等团队，也包括学校为教学科研或临时活动组成的课题小组、活动筹备组、项目评估组。随着学习型学校组织的提倡，随着全社会和教育领域合作观的凸显，校长合作团队打造者的角色跃然而上。詹姆斯·库泽斯（James M·Kouzes）把领导过程视为"想领导别人的人与选择追随他的人之间发生相互作用的一个过程"[②]。在这种相互作用的过程里，所期待的结果就是一个具有明晰目标、高度负责的合作团队的形成。

教师是学校发展的核心资源，这就决定了校长在诸多的合作团队中应着重打造教师团队。有学者认为，从关注教育个体，到关注教师团队，再到建设教师共同体，已经成为教师管理工作的基本走向，这是基础教育改革和教师教育改革的必然趋势。教师共同体是学校内部旨在促进教师专业发展的组织形式，是一种由学校推动的或教师自发组织的以本校为基地的新的在职教师专业发展形式。与中小学校相关的教师共同体有多种组织形式，如区域合作的教师共同体、校际合作的教师共同体、"大学—中小学"合作共同体和校内教师共同体等[③]。校长通过终身学习和知识共享理念的传播激发教师合作学习研究的热情，通过主动构建或鼓励教师主动构建的方式促进共同体的建设，并通过选举适宜的团队领导者、感情凝聚和制定团队良性运行的激励运行规范等形式加强团队建设和管理，这些举措有助于校长打造更好的教师团队。教师团队作为学习型学校的基本组织形态，是实现学校组织从金字塔式科层结构向扁平化发展的有效途径[④]，合作团队打造者的角色职能最终必然实现学校向学习型学校变革发展的结果。

综上，教育组织对领导者（尤其是校长）的角色要求，不仅包括了业务能力方面的内容，

---

① 苏令. 校长服务论——校长角色定位和服务能力研究[D]. 南京师范大学硕士学位论文. 2004.
② Kouzes J&Posner B 著. 李丽林，杨振东，译. 领导力（第3版）[M]. 北京：电子工业出版社，2004：25.
③ 孟繁华. 学校发展论[M]. 北京：教育科学出版社，2011：129-130.
④ 陈雅玲. 学习型学校建设中的教师团队研究[D]. 首都师范大学教育硕士学位论文，2005：30-31.

也包括了心理素质和思想品德方面的内容,因此,当教育领导者进入一个新的角色时,无论是从心理还是行为上,都必须尽快完成角色转换,用新的角色规范要求自己,否则就会违背社会和人们的角色期待,产生角色冲突,遭到挫折和失败。这种角色认知和角色变换能力的高低受到社会环境、历史文化底蕴、政治经济等多种因素的影响,可以通过培训增强教育领导者这方面的意识与能力,成为一个有态度、有温度、有深度的教育领导者。

【专栏 8-1】

校长在"基础教育课程改革"背景下应扮演什么角色?

有学者以"在基础教育课程改背景下,您认为校长应扮演什么角色"为题目,对36名28~50岁且任职3年以上的校长进行了开放问卷调查。其中男校长31人,女校长5人;城区校长16人,农村校长20人。校长们在填写问卷中提出了先行者、实践者、组织者、支持者、服务者等角色,对回答结果进行归类,如表8-1所示。

表 8-1 校长在"基础教育课程改革"背景下扮演的角色

类别	比例	要点
领导类	100%	校长们使用了课程改革的促进者、领导者、引导者、指导者、引领者、带头人等表达了校长的领导者作用
管理类	97.22%	大多数校长都意识到这一角色重要作用。他们使用不同的词语,如管理者、规划者、决策者、管理制度的重建者、组织者、评价者等来表达等同于管理的角色赋义
实践类	66.67%	认为校长应参与课程改革实践,做课程改革的实施者、参与者
示范类	33.33%	认为校长应该率先示范,做课程改革的行家里手
服务类	8.33%	有校长提到了在课程改革背景下应担当服务者角色,这个比例较低,说明校长的服务意识还是有所欠缺,或者说虽然校长做了很多服务性工作,但在思想上服务观念还是不够强

(资料来源:徐洁.基础教育课程改革背景下校长角色研究[D].山东师范大学优秀硕士学位论文.2005(7).)

三、教育组织中领导者的职责

教育领导者的职责即教育领导者的职务责任,是教育领导者在行使领导职能的同时应该承担的责任,包含了职务、权力、责任和利益的统一。

职务是领导者身份的标志,以及由此产生的引导、指挥、协调、监督、教育等基本职能;权力是指领导者职责范围内的支配力量,是实施领导和发挥领导者影响力的有效工具;责任是指领导者行使权力所需要承担的任务和后果;利益是指领导者因行使职责而得到的报偿和奖惩。四者的统一,是教育领导者实现有效领导的必要条件。

由于领导行为的侧重或重心会因为教育组织的动态发展而不断变化,所以教育领导者的职责也会发生与之相应的改变。教育领导者的职责通常包括制定战略目标、建立组织机构和规章制度、选人用人、合理决策、调查研究和学习等,其中前三项是领导者的根本职责。具体到学校这一组织环境,根据1991年国家教委颁发的《全国中小学校长任职条件和岗位要求（试行）》，中小学校长的职责主要表现为以下内容：

（1）全面贯彻执行党和国家的教育方针、政策、法规，自觉抵制各种违反教育方针、政策、法规的倾向。坚持社会主义办学方向，努力培养德、智、体全面发展的社会主义事业的建设者和接班人。按教育规律办学，不断提高教育质量。

（2）认真执行党的知识分子政策和干部政策，团结、依靠教职员工。组织教师学习政治与钻研业务，使之不断提高政治思想、职业道德、文化业务水平及教育教学能力，注意培养班主任、中青年教师和业务骨干，努力建设又红又专的教师队伍。依靠党组织，积极做好教师和职工的思想政治工作。自觉接受党组织的监督。充分发扬民主，重视教职工代表大会在学校管理中的重要作用，注意发挥广大教师和职工工作的主动性、积极性和创造性。

（3）全面主持学校工作。

① 领导和组织德育工作。把德育放在首位，坚持教书育人、管理育人、业务育人、环境育人的工作方针，制定德育工作计划，建设德育工作骨干队伍，采取切实措施，坚持不懈地加强对学生的思想、政治、品德教育。

② 领导和组织教学工作。坚持学校工作以教学为主，按照国家规定的教学计划、教学大纲，开齐各门课程，不偏科。遵循教学规律组织教学，建立和完善教学管理制度，搞好教学常规管理。深入教学第一线，正确指导教师进行教学活动，努力提高教学质量。

③ 领导和组织体育、卫生、美育、劳动教育工作及课外教育活动。确保学校体育、卫生、美育、劳动教育工作及课外教育活动生动活泼、有成效地开展。努力开展勤工俭学活动。建好学生劳动教育及劳动技术教育基地。

④ 领导和组织总务工作。贯彻勤俭办学原则，坚持总务工作为教书育人和教职工服务的方向。严格管理校产和财务。搞好校园建设。关心学生和教职工的生活，保护他们的健康。逐步改善办学条件和群众福利。

⑤ 配合党组织，支持和指导群众组织开展工作。充分发挥工会、共青团、少先队等群众组织在办学育人各项工作中的积极作用。

（4）发挥学校教育的主导作用，努力促进学校教育、家庭教育、社会教育的协调一致、相互配合，形成良好的育人环境。

在2017年1月实施的《中小学校领导人员管理暂行办法》第四章第十八条对中小学校的领导班子提出的"任期目标制"，是对中小学校长岗位职责的有益补充。具体内容表述为：中小学校领导班子和领导人员一般应当实行任期目标责任制。领导班子的任期目标，应当贯彻党和国家对基础教育改革发展的要求，体现学校办学规划、课程建设、教学质量、德育建设、教师队伍、管理创新、安全稳定和党的建设等内容，注重打基础、利长远、求实效，具体内容根据学校实际确定。领导人员的任期目标，根据领导班子任期目标和岗位职责确定。

综上，中小学校长职责的行使必须在国家要求的规范下进行，但是伴随社会发展和教育的变革，教育领导者角色的多元化趋势日益明显，在实际的中小学校管理情境中，在国家政策大的框架下，校长角色变化会在具体工作上进行适宜的灵活变通，这是校长应对多变的管理情境的必然适应。

四、教育领导者的心理品质

领导者的心理品质是影响领导效能的重要因素之一，了解教育领导者应具备的心理品质在选拔、培育学校领导人才工作中具有重要作用。教育领导者的心理品质是指教育领导者(尤其是学校领导者)在领导行为中所表现的固有的心理特征。通常来说,凡能增进教育领导者领导效能的自身心理因素均应看成是必须具有的心理品质,这些心理因素可分为道德、智力、性格、能力四个方面。

(一)道德品质

领导者通常是通过自己所掌握的权力来影响所辖成员的,而相对于法定的权力来说,威望权力更容易获得个体内心的认可,在知识分子密集的学校尤甚。因而,相比于玩弄权术和耍权威,品德高尚的教育领导者才会众望所归,才能充分调动全校教职员工的积极性。在品德方面心理品质主要包括:

1. 克己奉公

克己奉公和"以权谋私"是根本对立的。"奉公"就是从国家、人民的根本利益和学校全局的利益出发来考虑问题,在公私关系上,可兼顾公私利益,但不能兼顾时,要公事为先,敢于牺牲个人利益;"克己"即严于律己,以身作则,率先垂范。只有这样,才能使教职员工产生敬佩感,才能形成教育领导者的道德感召力,从而调动教职员工的心理功能,心悦诚服地为实现组织目标而奋斗。

2. 公正担当

"不患多寡患不均",公平担当是教职员工内心中对教育领导者信服的一杆秤。"公平"就是教育领导者办事公道,奖惩分明,不分亲疏,不分远近,坚持标准,平等待人;"担当"就是教育领导者敢于决策,敢于承担责任,在困难面前不推诿、不塞责,在错误面前不文过饰非。这样的教育领导者才能提高集体的心理相容水平,才会带动起教职员工的事业心、责任心和积极性,才会让每人各司其职、各尽其能、各得其所,才会感染教职员工愿意严正组织纪律,并能在困境面前迎难而上,敢于创新,奋发进取。

3. 宽容谦和

"宽容"是指教育领导者心胸的开阔度,是对人体谅、爱护、包容的高尚品质。"谦和"是指教育领导者不自恃、不自矜,谦逊谨慎,亲和内敛的心理品质。教育领域(学校)是知识分子云集之处,喜欢评论建议是知识分子的典型特征,难免会有言语偏激之时,也会有消极倦怠之处。教育领导者要能容人之才、容人之异、容人之短、容人之言、容人之过,要能放下架子、俯首倾听、谦恭亲和、戒骄戒躁、礼贤下士、从谏如流。这样不仅会增强领导者的个人魅力,还会转化为感化人心的力量,通过"心理位置互换"给教职员工带来良好的心理影响,使其感到温暖、友好,并获得心理的安全感,提高群体凝聚力,一些消极因素也更容易转化为积极因素。

(二)智力品质

美国著名心理学家斯腾伯格提出的教育领导力模型(简称 WICS 模型)对理解当下教育领导者在智力方面的心理品质提供了有益的借鉴。WICS 模型包括智慧(Wisdom)、成功智力(Successful Intelligence)、创造力(Creativity)和综合能力(Synthesized)四个因素[①]。和教育领导者良好的智力因素相对应的心理品质主要包括:

1. 敏锐性

---

① 胡中峰,王红.斯腾伯格的 WICS 教育领导力模型述评[J].中小学管理.2015(9).

敏锐性是教育领导者在捕捉信息、信息联想、推理和反应方面的心理品质,和观察力、学术智力(记忆力、分析力)及实践智力(发现及改变能力)相对应。敏锐的领导者可以及时觉察稍纵即逝的各种信息,可以全面了解有关教育、教学以及课程改革、教育科研等各方面的信息[1],可以准确了解信息内容和本质,避免做无用功。教育领导者可以通过进行一般追踪、静态、动态、随机、定向、短期、长期等观察形式来进行敏锐性心理品质的训练,同时能采用先进的教育信息技术手段记录数据,用以总结教育教学的规律,并迅速联动,采取有效措施,来推进学校目标的实现。敏锐的心理品质的培养还可以促进教育领导者的预见性心理品质,有益于实现近、远景教育目标的结合发展。

2. 智慧性

智慧性是教育领导者在思维上对丰富的知识、正确的社会认知和良好的表达等方面综合运用的心理品质。思维力是智力的核心,也是影响教育领导者工作的重要智力之一,对正确决策具有重要意义。斯滕伯格认为,不成功的领导者通常存在自以为是、自我中心、自认为全知、自认为全能、自认为无弱点五种盲目乐观的思维局限性[2]。而智慧领导者则可以在对自己有正确自我知觉、社会知觉、人际知觉的基础上,综合自身丰富的学识,运用分析、比较、判断、抽象、概括等能力,进行适时、适度、幽默、准确的表达,从而达到完美的领导行为。智慧的领导者是很少的,因而也是值得广大教育领导者孜孜以求而力求完善的心理目标。

3. 创造性

创造性是教育领导者在消化吸收、融会贯通的基础上产生和包容独特的新理念、新制度、新方法的心理品质。以创造性发散思维为核心,是领导者最宝贵的智力品质,更有利于领导决策。知识和技术的不断更新,决定了教育工作是一项对创造性要求极高的工作,因为教育的产品是人,教育的创造又有别于其他工作。因此教育领导者的创造性品质实质上是以教育者的眼光吸收一切知识、加以整合与改造的本领。不管是科技领域的教育领导者,还是教育教学一线的领导者都应该学会这一本领,根据自身领域的未来趋势和发展动向,及时汲取相关信息,融合改造,提出设想,以不断改革领导方法,提高领导艺术,更好地实现教育目标。

(三)性格品质

20世纪30年代的领导理论研究多集中在领导者特质上,认为具有某种特质者相对来说能做好领导工作。尽管单纯依靠性格特征并不能充分理解领导的有效性,但毋庸置疑,某些性格特征确实与有效领导存在联系,主要包括以下方面:

1. 高度的事业心

事业心是指教育领导者对所从事的教育事业执着追求的情感、坚定不移的信念。教育事业是一个相对清贫的事业,但却是国家发展的基石,事关民族兴旺和人民福祉。这就要求教育领导者要具备比其他领域的领导者更高的事业心,这样才能产生进取心和自信心,才会激发主动性和创造性,才会有干事的激情、创业的豪情、敬业的痴情,才能为教育事业殚精竭虑。

2. 强烈的责任心

责任心是指教育领导者对自己、他人、集体、国家和社会所负责任的认识、情感和信念,以及承担责任的自觉态度。具有责任心的教育领导者,会认识到自己的工作在组织中的重

---

[1] 朱新秤. 教育管理心理学[M]. 北京:中国人民大学出版社,2008:343.

[2] Sternberg R. J. (2003a) WICS:A model for leadership in organizations. Academy of Management. Learning.

要性,把实现组织的目标当成是自己的目标;会促使自己带领组织成员不断提升各项能力,适应新形势的要求。

3. 强大的自信心

自信心是一种积极、有效表达自我价值、自我尊重、自我理解的意识特征和心理状态。教育工作是以培养人为己任的,而教育领导者面对的对象也是有思考能力、充满心理变数的人,教育领导者自信心的差异程度则直接影响他们工作的心理和行为,只有拥有强大的自信,相信自己和集体的力量,才能坚定信念,才能无所畏惧,才能不断地超越自己,才能有效地影响被领导者,并在遇到阻碍和困难时能够勇敢地坚持和不懈努力,这是提高教育绩效的主要内在条件。

4. 良好的抗逆力

抗逆力也被称作心理弹性,这里指教育领导者在处于困难、挫折、失败、压力等逆境时保持健康、正常的心理和行为的能力,这是教育领导者非常重要的积极适应环境的个性心理品质,它总是和教育领导者稳定的情绪密切联系在一起的。教育工作情境瞬息万变,来自社会、文化、上级各层面的压力真实存在,具备良好的抗逆力,有助于教育领导者在处理不确定性因素时做出一些有难度的决策,也有助于领导者在群体压力情境下保持冷静理性,从而树立可靠的形象。

5. 广泛的兴趣

兴趣是指教育领导者力求认识事物或从事某种活动的心理倾向。它能促使教育领导者积极主动地寻找满足自己认识需要的途径和方法,并深入钻研、创造性地工作和学习。具有广泛兴趣的教育领导者,能更及时地掌握最新的教育政策,根据政策指导来调整工作计划,提高领导的有效性;能更及时地了解国内外教育事业的发展动向和未来趋势;能最快速地获得本领域最前沿的理论与方法,及时更新知识储备,避免领导无力无方的混乱局面;而且能够感染组织成员,使其工作目标明确,工作积极主动。

当然,好的教育领导者的个性心理品质不一而足,也没有哪一种理论能够证实哪些特质就是成功领导者必须的条件,但是这些个性特征一定是和稳定积极的情绪情感心理过程紧密联系在一起的,并让教育领导者有更大的机会有效地领导和影响组织成员。

(四)能力品质

1. 知人善任的组织能力

组织能力是有效领导者的基本能力,体现出多因素、多维度的特征,但主要包括组织设计能力和具体指挥运筹能力。对于教育领导者来说,知人善任,充分发挥教职员工的积极性则是其主要组织能力的体现。教育领导者对所属的每一个教职员工的长处、短处、工作能力、个性特长、人际关系等都要了如指掌,这样才能用其所长、帮其所短、坚持人事所适,让更多的教职员工在合适的岗位上最大限度地发挥聪明才智,实现人生价值,创造集体绩效。

2. 灵活应变的社交能力

社交能力是教育领导者必须具备的一种外向型能力。教育国际化趋势使得各大中小学校的开放性日益显著,任何学校离开社会协作、信息交流、人才交往就无法生存下去,因此,教育领导者的社交能力就成了提高领导绩效、增强教育组织活力不可或缺的能力。教育领导者要善于调节正确的人际关系,通过与所属成员的交往获得工作信息并掌握集体心理气氛,了解群体需要、建议和设想;通过敏锐的洞察力和谈话艺术灵活机动地监督、参与、指示和处理各项工作。同时还要善于通过与外界社会的交往及时了解最新信息,获得政府支持、社会支援、家庭理解,以通观全局的视角审时度势地应变教育困境和适应教育变迁。

3. 多谋善断的教育决策能力

决策是领导者的头等任务,因此,决策能力是一切领导者应普遍具备的特殊能力。决策是组织或个人为实现某种预定目标选择并实现一个最优化方案的判断活动[1]。决策能力是教育领导者的知识经验、观察力、思维能力、意志等因素的高度综合表现[2]。学校的管理、教育、科研和为社会服务等目标的制定及整个组织的发展远景的制定过程都是决策过程,教育决策也从确定型和战术性决策逐渐倾向于风险型决策、非确定型决策及战略性决策。一名合格的教育领导者必须具备独立进行各种教育决策的能力,要做到民主科学,以理聚人,敢断、善断,及时抉择,不误时机。

第二节 教育领导理论

国外对领导人才的培训一直都非常重视。如美国联邦政府于1883年设立文官委员会(CSC),负责联邦政府文官培训的管理工作[3]。为更好地研究优秀领导者的选拔标准和领导有效性问题,心理学家一直进行着大量工作,研究成果丰富。西方领导理论的发展线索比较清晰,包括领导特质理论、行为理论、情境理论和风格理论。按照时间纵线,可以把其分为传统领导有效性理论和当代领导有效性理论,这些理论同样适应于教育领导情境,值得借鉴。在教育领导领域,则主要有非理性领导模式、文化与符合理论、成就需要理论等。

一、国外领导理论

(一)经典的传统领导有效性理论

1. 领导特质理论

20世纪30—50年代,是领导者特质理论研究的鼎盛时期。领导特质理论(Traits Theories Leadership)又称为素质理论,是通过研究领导者个人特征来预测和选拔最合适领导的理论。该理论假设为:领导者技能可以通过对个性心理品质的鉴别反映来予以解释。由于个性理论研究各有不同,所以有传统理论和现代理论之分。

传统观点认为,领导者个人的品质特性决定其领导行为。如古希腊哲学家亚里士多德就提出"人从出生之日就注定了是治人还是治于人。"[4]传统领导特质理论研究可追溯到20世纪初,研究者们认为决定领导成功的决定性因素是遗传因素,即领导者的特质是生而有之的。正如中国俗语所说的"3岁看小,7岁看老",精神分析学派代表人物弗洛伊德也最喜欢引用"从小看80"的说法。美国心理学家吉普(C. A. Gibb)将这种生而具有的领导特质总结为"善于言辞、外貌英俊潇洒、智力过人、有自信心、心理健康、有支配他人的倾向、外向而敏感"7项。斯托格蒂尔(Ralph M. Stodgill)1974年总结出领导者的10个显著特征,即"成就

---

[1] 孙时进,颜世富. 管理心理学[M]. 上海:立信会计出版社,2000:57.
[2] 肖声馥. 论学校领导者心理品质[J]. 湖南师大社会科学学报,1988(6):84.
[3] 杨光富. 国外领导人才培训模式比较研究[M]. 北京:光明日报出版社,2010:5.
[4] 俞文钊. 现代领导心理学[M]. 上海:上海教育出版社,2004:25.

欲、坚忍性、洞察力、创新精神、自信心、责任感、合作精神、忍耐力、影响力、社会交往能力"，成为传统领导特质理论最为深入的研究。

现代特性理论则更加注重实践中形成的领导者特性和品质。认为领导品质可通过培养和训练形成并加强。明确的领导选择标准，具体的领导培训方向，严格的领导考核指标，都是提高实际工作效率所必需的。如柯克帕特里克（Snelley A. Kirkpatrick）和洛克（Edwin A. Locke）认为由"内驱力、领导欲望、诚实与正直、自信心、认知能力、任务知识"6种特质是区别于非领导者的领导者构成要素，这些特质既可以是生来就有的，也可以通过学习得来，或者两种可能都有。日本企业界则认为，有效的领导者应当具有10项品德、10项能力，美国企业界则发现成功的管理人员一般具有20种品质和能力。但始终也没有得到领导者品质培养促进领导有效性的确切结果。因此，领导者特质与领导效能之间的因果关系仍旧存疑，且不易评估。可见，特质并非一个成功领导者的决定要素。

2. 领导作风理论

从20世纪40—60年代，领导理论研究转向研究领导者的领导方式、领导作风和领导方法，以探索领导有效性的真正根源，形成了领导者的作风理论和行为方式理论。领导作风理论中比较有代表性的是伦西斯·利克特（Rensis Likert）的"工作中心"与"员工中心"理论、库尔特·勒温（Kurt Lewin）的领导风格理论。

领导作风理论是通过研究领导者的工作作风类型以及不同领导作风对职工的影响，来寻求最佳的领导作风类型。关于领导作风的分类，心理学家的观点并不统一。从领导者对被领导者的态度来说，狄特将其分为专制领导作风与自然领导作风两种；从权力定位角度来说，勒温把领导者在领导过程中表现出来的工作作风分为专制型、民主型和放任型三种；1961年，密执安大学社会研究中心的利克特出版了《管理新模式》一书，在"工作中心"与"员工中心"理论中将企业管理领导方式分为专制式的集权领导、仁慈式的集权领导、协商式的民主领导、参与式的民主领导4种类型。一般认为，勒温的领导风格理论（Average Leadership Style, ALS）比较突出，更具代表性。现简要介绍如下：

勒温的领导风格理论把领导者在领导过程中表现出来的工作作风分为专制型、民主型和放任型三种。勒温认为，三种典型的领导作风在实践中并不常见，大量领导者的工作作风往往是处于两种类型之间的混合型。具体见表8-2。

表8-2 勒温的领导风格理论

	专制型	民主型	放任型
权力分配	权力集中领导者个人手中	权利在团体之中	权力分散在员工手中，采取无为而治的态度
决策方式	领导者独断专行，所有决策由领导者自己做出，不重视下属成员的意见	让团队参与决策，所有方针政策由集体讨论做出，领导者指导、鼓励和协助	团队成员具有完全决策自由，领导者几乎不参与
对待下属的方式	领导者介入到具体工作任务中，对员工在工作中的组合加以干预，不让下属知道工作的全过程及终极目标	员工可以自由选择与谁共同工作，任务的分工也由团队来决定，让下属员工了解整体目标	为员工提供必要的信息和材料，回答员工提出的问题

	专制型	民主型	放任型
影响力	领导者以权力、地位等因素强制被领导者	领导者以能力、个性等心理品质影响被领导者,被领导者愿意听从领导者的指挥	领导者对被领导者缺乏影响力
对员工评价和反馈的方式	以个人化方式根据个人情感对员工的工作进行评价,采用惩罚性的反馈方式	根据客观事实对员工进行评价,将反馈作为对员工训练的机会	不对员工的工作进行评价和反馈

不同工作作风的领导会带来不同的组织心理气氛,专制型领导只注重工作任务和工作目标,独裁专断,容易导致组织成员盲目服从、不负责任或内心不满的心理效应,执行目标机械被动,气氛紧张;民主型领导通过一定方式协助组织成员达成其合理需求,容易引起组织成员积极参与管理的心理效应,执行目标积极主动,社会气氛融洽;放任型领导则是无政府主义的领导方式,领导者不关心下属,对所属成员不做任何评估,组织成员各自为政、人自为战,愿意怎么干就怎么干,工作效率很低,社会气氛疏远。

【专栏 8-2】

领导风格理论案例分析

某校新来了一位安校长,他的做法和前任校长反差很大。前任校长比较专断,大事小事都一个人说了算。而安校长到校后就和四位副校长开会。他说:论教学,我不如老赵;论后勤,我不如老钱;论小学部,我不如老李;论初中部,我不如老孙。今后你们要各司其职,大胆工作,干好了是你们的成绩,出了问题,大家研究。这时,大家面面向看,心里都在问:那校长你干什么?

3 个月后,安校长在细致调查研究的基础上,启动改革措施,使学校发生了很大的变化,而安校长也受到了教师们的尊敬和好评。

运用领导风格理论分析,安校长为什么会"安乐"而又有成绩呢?

分析思路要点提示:

1. 需要简要说明专制型、民主型和放任型三种不同的领导风格的表现。
2. 确定本案例中安校长属于哪一类型的领导风格,显然是民主型领导作风。
3. 要运用前后学习内容的迁移,可联想安校长能看到几位副校长的优势,采取的是支持型和集体讨论决策的民主方式,还可迁移到安校长所具有的领导者心理品质。

3. 领导行为理论

领导行为理论将研究重心从领导者个人品质转向领导者的个人行为。比较典型的领导行为研究有俄亥俄学派的领导"二元"理论、罗伯特·布莱克(Robert R. Blake)和简·莫顿(Jane S. Mouton)的管理方格。

(1)俄亥俄学派的领导"二元"理论。1945 年,美国俄亥俄州立大学领导行为研究者们通过对一千多种领导行为因素的概括归纳发现,领导者行为可以用结构维度和关系维度来加以描述,即有效的领导者应具有两种行为:着手组织和体贴精神。这一研究成果一般被称为俄亥俄学派理论或领导"二元"理论(Two Dimension Theory)。

研究者们用四分图的形式对这一理论加以表示,他们认为:"领导者行为是组织与体贴精神两个方面的任意组合,可用两个坐标平面组合来表示,如图8-1所示。

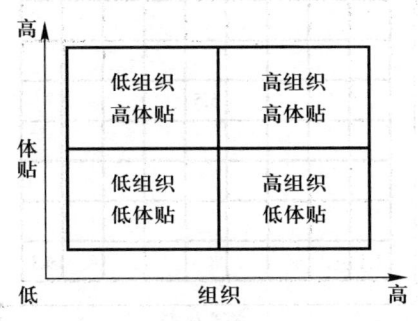

图8-1 领导行为四分组①

(2)管理方格图理论。管理方格图理论(Management Grid Theory)是美国德克萨斯大学的布莱克和莫顿于1964年提出的,他们把领导行为趋向分为"关心人"和"关心生产"两大方面,并以图示和量表方式来衡量企业领导人的管理方式是否高效率②。

管理方格图是一张横竖都九等分的方格(见图8-2),横坐标是关心生产,纵坐标是关心人。评价管理人员时,就按其这两方面的行为寻找交叉点,该交叉点便是他的领导行为类型。例如领导者关心人的程度很高,达到9,而关心生产的程度很低,只有1,两者的交叉点就在1.9,这个交叉点就是他的领导行为类型。

关心生产和关心人这两个方面,可能是互补的,也可能是互斥的。一个领导者在这两个坐标上可能得分都很高或都很低,也可能在一个坐标上得分高,而在另一个坐标上得分低。据此,布莱克和莫顿列举了5种典型的领导行为。

① 1.1型(贫乏型管理):管理者对生产和职工都不关心,领导做出最低限度的努力以完成工作,是维系群体的一种方法。

② 9.1型(任务型管理):管理者只抓生产任务,不关心职工,只集中注意于生产的效率。

③ 1.9型(乡村俱乐部式管理):管理者集中注意对职工的支持和体谅,对职工的需求相当关注,企业中充满轻松友好的群体氛围,但生产任务得不到关心。

④ 9.9型(团队型管理):管理者信任、尊重职工,企业生产任务完成得好,职工关系协调,士气旺盛,职工利益和企业目标相一致。

⑤ 5.5型(中庸之道型管理):管理者对生产任务和对职工的关心都一般化,能保持二者之间平衡,能完成生产任务,成绩不突出,但企业内部人际关系稳定,职工也基本满意。

在上述五类领导行为中,最有效的是9.9型,以下顺序排列为9.1型、5.5型、1.9型、1.1型。但要实现9.9型,必须经过一定的努力。

4. 领导权变理论

领导权变理论(Contingency Theories of Leadership)"又称为情境理论,这类理论主要集

---

① 刘永芳.管理心理学简明教程[M].北京:清华大学出版社,2015:209.
② 胡月星.现代领导心理学[M].山西:山西经济出版社,2005:32.

高
1.9
9.9
关心人
5.5
1.1
9.1
低
关心生产
高

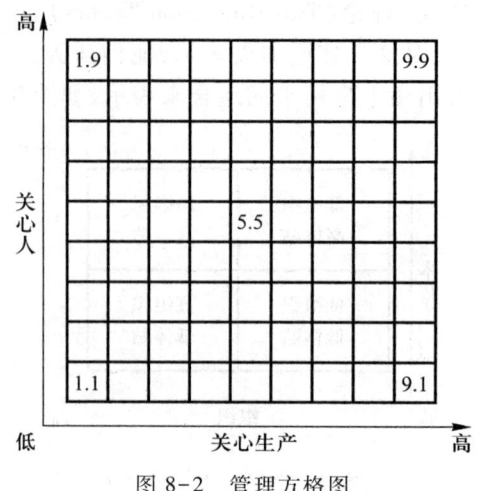

图 8-2　管理方格图

中在特定情境中研究最有效的领导作风和领导行为。

20 世纪 60 年代以来，不少研究者认识到领导效率的高低决定于领导者和被领导者的条件、工作性质、时间要求、组织气氛及当时所处的具体环境等因素。在积累了一定经验的基础上，研究者们提出：有效的领导并不是由领导者不变的品质和行为决定的，而是取决于领导者、被领导者和环境条件三者的配合，并用公式表示为：领导有效性 =*f*(领导者 · 被领导者 · 环境)。

领导权变理论最流行的是弗雷德 · 费德勒(Fred E. Fiedler)的领导权变模型理论和卡尔曼(A. K. Karman)等提出的领导生命周期理论。

(1) 费德勒的领导权变模型理论。美国华盛顿大学的费德勒是第一个把人格测量与情境分类联系起来研究领导效率的心理学家。他通过 15 年的调查研究，于 1967 年提出了一个有效领导的权变模式，通常叫费德勒模式。费德勒指出，有效群体绩效取决于两个因素的合理匹配：与下属相互作用的领导者的风格；情境对领导者的控制和影响程度①。两种领导因素的效能依赖于三个方面的情境分配：领导者与被领导者之间的关系(支持或不支持)，如图 8-3 所示。

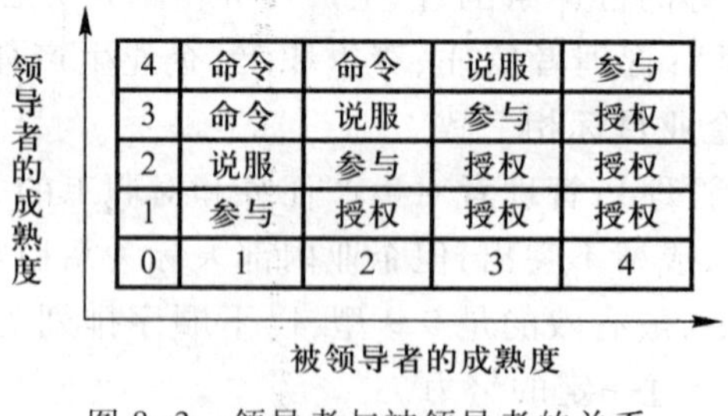

领导者的成熟度
4 命令 命令 说服 参与
3 命令 说服 参与 授权
2 说服 参与 授权 授权
1 参与 授权 授权 授权
0 1 2 3 4
被领导者的成熟度

图 8-3　领导者与被领导者的关系

费德勒对三个情境变量进行综合分析后，得到了 8 种领导情境，每个领导者位于其中之

① 斯蒂芬 · P. 罗宾斯. 组织行为学(第七版)[M]. 孙健敏，李原译. 北京：中国人民大学出版社，1997：327.

一,如图 8-4 所示。

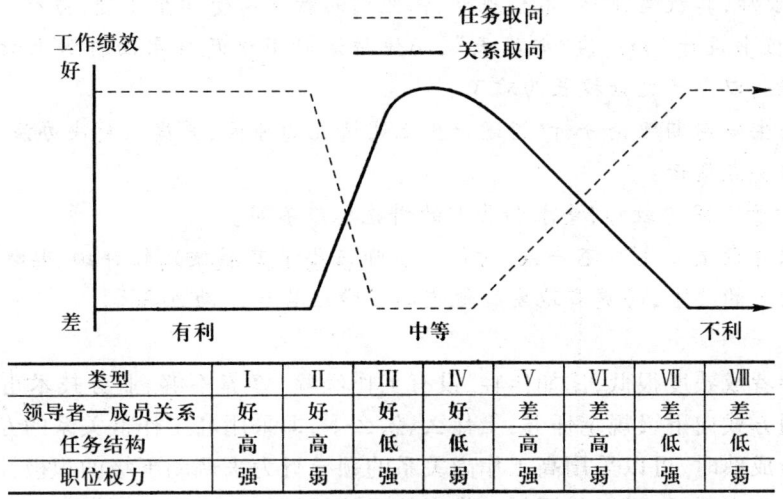

图 8-4　费德勒模型图

（2）领导生命周期理论。领导生命周期理论（Leadership Life Cycle Theory）最早由美国俄亥俄州立大学心理学家卡尔曼在 20 世纪 60 年代中期提出,后由保罗·赫西（Paul Hersey）和肯尼斯·布兰查德（Kenneth Blanchard）予以发展,也称情景领导理论或领导寿命循环理论,这是一个重视下属的权变理论。

领导生命周期理论认为:有效的领导行为应综合工作、关系和被领导等三种行为的成熟程度。要根据被领导者的年龄、成就感、责任心与能力等因素的个体差异性条件,采取不同的领导行为。

一个教师随着教龄的增长、业务水平的提高,由不成熟逐渐向成熟发展。在教师成熟过程的不同阶段,领导行为也应该按照下列顺序逐渐推移:高工作低关系—高工作高关系—低工作高关系—低工作低关系。

【专栏 8-3】

领导生命周期理论案例分析

案例 1:某校校长管理教师分三种情况:对青年教师,尤其是新来的教师,他每月交代一次任务,并告诉他们怎样去具体完成。对中年教师,他注意关心他们的生活困难,教学工作上喜欢听取他们意见。对老教师,除关心身体外,对日常教学工作一概不问。

你赞成这位校长的做法吗？为什么？试用所学理论进行分析。

分析思路要点提示:

1. 按照提问内容依序回答,首先要明确是否赞成,依据是校长做法的正确程度。联想所学习的领导理论,生命周期理论适合说明这种情况,因此,首先表明的态度是:这位校长的做法是可以肯定的。

2. 原因的解释需要用领导生命周期理论分析解释。

案例 2:一所学校领导决定用展览教案的方式检查教师的教学质量,却出现了一场不大不小的风波。有两位年轻教师,其教案条理分明、语言漂亮,可称一流,但他们的教学效果不好;有两位老教师,其教案简单、不合规范,但他们的教学深受学生欢迎;另有一位教师,其教案只有一份"板书设计"和一份"归类表",而他讲课时用这两样东西再加上教学参考书,教学效果非常好。以上情况让校长为难了。

试用领导生命周期理论分析、论述产生上述情况的原因,并提出解决办法。

分析思路要点提示:

1. 领导对于不同的教师,要求和管理的措施也应不同。

2. 对于教案的要求也应不一致,对待新教师应要求其教案比较详细、具体,而对待老教师可放宽对教案的要求,而更多地发挥他们的教学经验和能动性。

当被领导者成熟度很低,比如年轻、没有工作经验、修养不够、业务技术也差时,可通过单项信息沟通方式向下级规定任务:干什么、怎么干,即采用高工作低关系的专制型领导;当被领导者初步成熟时,可以采用高工作高关系的领导行为来调动下级的积极性;当被领导者处于中等成熟度水平时,可以采用低工作高关系的领导行为来调动下级的积极性;当被领导者的成熟度达到相当高的水平时,就要通过充分授权、高度信任来调动下级的积极性,采用低工作低关系的领导行为。如:某校校长管理教师分三种情况:对青年教师,尤其是新来的教师,他每月交代一次任务,并告诉他们怎样去具体完成。对中年教师,他很注意关心他们的生活困难,教学工作上喜欢听取他们的意见。对老教师,除关心他们的身体外,对日常教学工作他一概不问。这位校长的做法是可以肯定的。因为青年教师还处于不成熟阶段,校长对他们采取的是"命令式"领导行为;中年教师已进入比较成熟阶段,校长对他们采取的是"参与式"领导行为;老教师已进入很成熟阶段,校长对他们采取的是"授权式"领导行为。

传统领导有效性理论究竟哪一个更有效,其说不一,一般倾向认为权变理论更符合辩证法。这些理论对于教育领导者的管理有重要的指导意义,可根据学校实情选择使用。

(二) 当代领导有效性理论

1. 归因理论

归因理论(Attribution Theory)主要用于了解原因和结果之间的关系。领导的归因理论是指人们对其他个体的归因。通常人们说领导具有这样一些特质:智慧、随和的性格、很强的语言表达能力、上进心、理解能力和勤奋性。前文多有叙述,本节不再赘述。

2. 魅力型领导理论

魅力型领导理论(Charismatic Leadership Theory)是归因理论的延伸。指的是当下属观察到领导者的某些行为时,会把它们归因于伟人式的或杰出的领导能力。该理论源于20世纪20年代由德国社会学家韦伯(Max Weber)提出的"领袖魅力"概念,后来,豪斯(Robert House)提出了"魅力型领导理论",并成为20世纪90年代领导学研究的热点。

"魅力型领导理论"有三个重要的模型,即豪斯模型、巴施模型、康格和卡纳果模型。三种模型所强调的魅力型领导者的行为特征如表8-3所示。

表 8-3　魅力型领导者的行为特征①

模型名称	行为特征
豪斯模型	角色模拟,形象塑造,阐明目标,表达较高的期望和信心激发行为动机
巴施模型	擅长印象管理,把工作和价值观联系起来,描绘有吸引力的愿景,梳理角色榜样,富有表现力的行为、雄辩的口才
康格和卡纳果模型	倡导理想化的愿景,承担个人风险,展示非常规行为,对环境敏感,行为方式富有表现力

豪斯提出了魅力型领导者的三项因素:高自信、高支配力及对自己信仰的坚定信念。杰出的领导者有四种共同的能力:令人折服的远见和目标意识;表达清晰,目标明确;专心致志地投入;认清自己,了解自己。魅力型领导者对他们的愿景充满了激情和热情,并将他们清楚地传达给下属。后来,康格和卡纳果也提出了魅力型领导者的主要特征,包括自信、设立远景、阐明远景的能力、行为不落俗套、被认为是变革的代表、对环境的敏感性这几个重要的方面。

魅力型领导在组织遇到突变之类的困难时期或危险情境中能更有效地发挥作用,但这并不意味着魅力型领导就是一个积极力量。如根据韦伯的分析,甘地和希特勒都是非常典型的魅力型领导,但显然希特勒的领导对全世界来说,就是一种消极的、极具破坏的力量。与魅力型领导相对应的是工具型领导,工具型领导具有结构化、控制、一致的回报三个特征。

3. 变革型与交易型领导理论

变革型领导理论(Transfor-mational Leadership Theory)和交易型领导理论(Transactional Leadership Theory)是领导权变理论在最新发展过程中提出的概念,在 20 世纪 70 年代末成为研究的热点。其中变革型领导概念是唐顿(Downton)1973 年首次提出的,同年被伯恩斯(Burns)作为领导学重要概念使用在领导理论中;交易型领导理论则是贺兰德(Hollander)在 1978 年提出的。

变革型领导理论把领导者和下属的角色相互联系起来,并试图在领导者与下属之间创造出一种能提高双方动力和品德水平的过程。

交易型领导是传统领导的新称,是一种契约式领导,即在一定的体制和制度框架内,领导者和被领导者总是在一种"默契契约"的约束下完成获得满足的交换过程,就像一场交易,因此得名。交易型领导鼓励追随者诉诸他们的自我利益,权变奖励是努力与奖励相互交换原则,良好绩效是奖励的前提,承认成就。但是以被领导者对领导者的顺从为前提,并没有激发被领导者内心积极的热情,工作的内在动力是有限的,因此,交易型领导不能使组织获得更大程度上的进步。

拥有变革型领导力的领导者通过自身的行为表率以及对下属需求的关心来优化组织内的成员互动。同时通过对组织愿景的共同创造和宣扬,在组织内营造起变革的氛围来完成组织目标。变革型领导者的领袖魅力是有远见和使命感,逐步灌输荣誉感,赢得信任和尊重,能激发被领导者由内而外的认同,因而有很大的感召力。变革型领导试图培养属下的能

---

① 于瑮,宋凤宁,宋书文.教育组织行为学[M].北京:北京师范大学出版社,2009.

力,解决了那些由观念产生的问题,而且属下完全能解决那些需要解决的问题。可见,变革型领导在富有效率地完成组织目标的过程中推动了组织的适应性变革。

4. 伦理型领导理论

伦理型领导理论(Ethical Leadership Theory)也称为道德型领导理论,界定了伦理型领导的标准,包括个人价值观、道德发展阶段、有意识的个人意图、自由选择、表现出的伦理或非伦理的行为,以及使用的影响力类型。伦理型领导的影响因素主要是情境。动态、不稳定的环境以及缺乏强有力的政府机制都会鼓励领导者为提高财务绩效而制定高风险决策,从事违法活动。而正式的奖励能鼓励和支持领导者及成员的伦理或非伦理行为。

伦理型领导理论是美国学者托马斯·J.萨乔万尼首先提出的,他继承了伯恩斯变革型与交易型领导理论中的道德元素,如信念、价值观等。并在此基础上,将学校组织定性为学习共同体,并扩展了传统的权威理论。萨乔万尼将领导的权威分为科层权威、心理权威、技术—理性权威、专业权威、道德权威五种。其中,心理权威来自于人际关系。领导者采取酬赏和鼓励的方式,让被领导者心理获得满足,这样的权威方式容易养成功利心理。萨乔万尼提出要将专业权威和道德权威扩充到学校领导方式中去,提出了学校道德领导的观点。道德领导的目的是完成学校从一般组织发展到学习共同体的转化过程,最终实现学校的培养目标。

5. 服务型领导理论

服务型领导理论又称为仆人型领导理论,是指超越个人利益,努力去满足追随者的生理、心理和情感需求的领导活动。罗伯特·K.格林里夫(Robert K. Greenleaf)最早提出了"服务型领导"概念,这是一种存在于实践中的无私的领导哲学。服务型领导者以身作则,乐意成为仆人,以服侍来领导,鼓励合作、信任、先见、聆听以及权力的道德用途,其领导的结果亦是为了延展其服务功能。

二、教育领导理论

近一二十年来,国外有关教育领导理论的研究很多,如非理性领导模式、文化与符合理论等,多强调要重视组织环境的变化和组织文化。现简要介绍如下:

(一)非理性领导模式

佩特森(J. L. Patterson)等人认为学校环境已日趋多元化,而且学校文化也逐渐受到重视,这是非理性现象。但这种非理性并非不要理性或失去理性,而是指教育领导者根据学校中的各种情况,不断地适应社会的变迁,使学校不再只是因循传统的理性规则与不变的目标行事。

佩特森等人认为理性模式与非理性模式对组织分析的主要差别在于:

(1)理性模式主张组织目标是由领导者所制定的,是明确、一致、不可改变的;而非理性模式则主张组织改变,其目标也随之改变,组织目标的制定应视组织内外环境的变化,并经由群体商讨后制定。

(2)理性模式认为权力在于领导者,教师只是被动的执行者;非理性模式认为权力遍及所有的组织,教师对上级的要求可影响其达到目标的程度。

(3)理性模式的决策过程是属于合理性的最佳决策;非理性模式的决策过程则考虑各种内外在因素的影响,以及其与群体磋商、妥协的情况,达到满意即可。

（4）在组织的外在环境方面，理性模式认为组织外在环境是稳定的、可预测的，组织的决策过程不受外在环境的影响；而非理性模式则认为组织的外在环境是不稳定的、不可预测的，并会影响组织的决策过程。

（5）在学校的教学方面，理性模式认为教育政策的拟定直接影响教学与学习，有一套最佳的教学方法可以改善学生的学习，使组织目标易于达成；而非理性模式则认为教育政策的拟定与教学没有明显的直接关系，没有一套固定的最好的教学方法可达成组织目标。

非理性模式的领导者处在变动与冲突的环境中，其对组织的领导首先在于了解及评估组织内外的环境，并对组织的全貌及各项事项的意义（组织目标、权力运用、决策过程、内外在环境的交互作用、教学活动等）有所认识；在此基础上形成假设及结论，规划出组织的前瞻性愿景；并善于运用适当的领导策略，使领导心中的愿景贯彻到组织日常的实际生活中去。也就是说，非理性模式的领导者扮演着文化经营者的角色，他将其对组织的愿景转化在组织的校园文化中（见图8-5）。

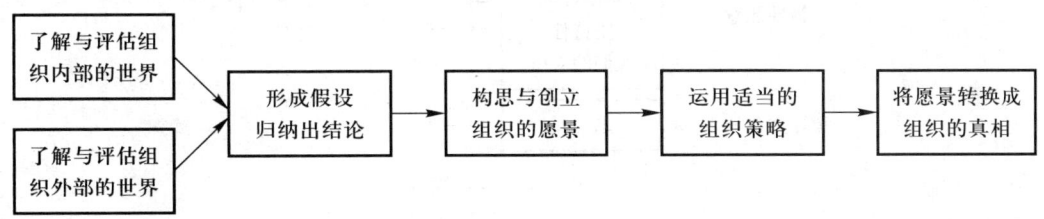

图 8-5 非理性领导模式图

（二）文化和符号理论

文化和符号理论是美国学者塞吉范内（T. J. Sergiovanni）在1984年提出的，它代表了领导理论研究途径的一种新变化。

塞吉范内认为，领导最终的意义表现在组织文化上。领导的主要目标在于引导组织文化。任何一个社会群体中的人们，经由长时间的相互作用，发展并创造出足以影响他们知觉和行为的各种共识，这种共识就是这个组织的组织文化。组织文化在学校中也称为校园文化，是指一所学校所具有的自己独特的指导思想、管理哲学和办学宗旨。校园文化有明确的为每一个成员所接受和承认的价值观、道德行为规范、生活信念和理想，它能帮助学校开展有效的管理活动。

符号力是指学校领导者对标志学校符合所象征的意义有深刻的认识和提升能力。有人将它称为象征性的意义管理。教育领导者可以组织各种活动，提出激励人心的口号，宣传先进工作者的事迹，举办庆功、授奖大会等，用一些礼仪活动使组织成员接受符号所标志的意义。此外学校的校名、校旗、校徽、校服，学校成员的言行举止、服饰仪表，学校具有一定历史传统意义的雕塑、景物、奖杯和锦旗等，都是看得见、摸得着的象征性符号，会对人们产生潜移默化的影响。学校领导者要有意识地寻找资源，提升并创造新的象征性的符号。

文化力是指学校领导者能阐明学校成员共同承认的价值观念、信念及办学宗旨，激励部属共同维护和创造校园文化的能力。一个卓越的学校领导者要能阐明并影响学校的规范和价值观念，挖掘学校沿革中的传奇故事，塑造校园文化。

塞吉范内认为，技术力和人群力是领导力阶层的基础，只具备这两种能力虽能维持学校工作的开展,但并不能使学校达到卓越的地步。具备教育力则无疑会使学校向卓越的方向迈进一大步。但要使学校真正达到卓越的地步,还必须有符号力和文化力的推动。学校领导者的主要任务就在于导引和管理文化,使之适应组织目标。一位领导者如果不对校园文化有所鉴赏、期望及运作,也就失去了领导影响力的权威。为此,他提出提高领导者品质的 10P 模式,这个模式包括领导技巧、领导前提、领导涵意等 10 个不同的层面,如图 8-6 所示。

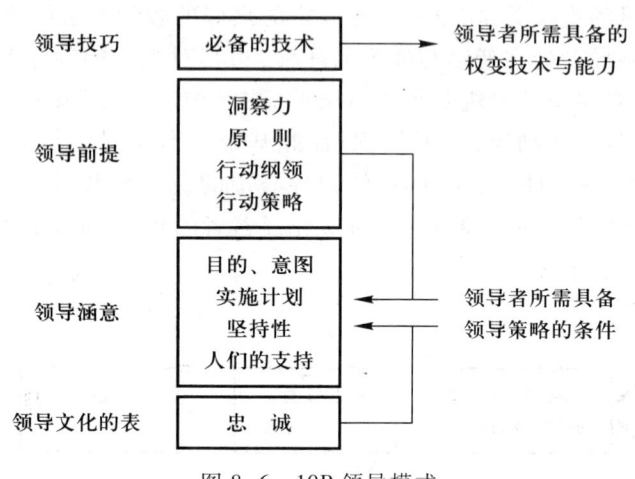

图 8-6　10P 领导模式

（1）必备的技术（Prerequisities）:指领导者在领导和管理中所必须具备的领导技巧,如应用权变领导理论、解决冲突的方法、组织群体参与决策等。领导者要善于处理组织中经常或例行发生的人、事、物等方面问题。

（2）洞察力（Perspective）:敏锐、深刻的观察能力是领导者获得真知灼见、提高领导效能的重要条件。要善于及时从纷繁复杂的现象中发现和抓住本质,能在浩如烟海的信息中敏锐捕捉自己所需要的东西,哪怕是转瞬即逝的现象或特征。

（3）原则（Principles）:指领导者在实施领导时所遵循的政策、原则与所持的理想、态度与价值观。

（4）行动纲领（Platform）:指领导者的政策宣言和施政纲领,是上述原则的具体化。

（5）行动策略（Politics）:指领导者运用权威与影响力解决组织中所发生的问题,以正当手段实现组织目标的行动方针。

（6）目的、意图（Purposing）:指领导者对其组织工作所要达到的管理目标与宗旨。

（7）实施计划（Planning）:指领导者要将组织工作的目的、意图纳入日常的具体的实际工作计划中去。

（8）坚持性（Persisting）:指领导者对重要原则、主张、目标与成果的专注和毅力,能持续地坚持下去。

（9）人们的支持（Peopling）:领导者在贯彻实施工作计划时,必须使组织成员理解并得到他们的支持。领导者在缺少别人的支持与鼓励时,将很难成就大事。

（10）忠诚（Patriotism）:即事业心。忠诚于自己的事业,是领导者的一个重要素质,它是投入、奉献的最高表现形式。

(三)成就需要理论

成就需要理论又称"三种需要理论",是20世纪50年代由美国哈佛大学的戴维·麦克利兰(David McClelland)在对人的需求和动机进行研究的基础上提出了这一理论。

戴维·麦克利兰认为在生存需要基本得到满足的前提下,人有最主要的三种平行的需要:成就需要、亲和需要和权力需要。这三种需要是有主次之分的,成就需要是指争取成功、追求优越感、希望做得最好的需要。成就需要可以创造出富有创业精神的任务,成就需要强烈的人由于时时想着如何把工作干得更好,所以往往能够做出成就。因此,成就需要的高低对人的成长和发展起到特别重要的作用,领导者成就需要的高低可以通过培训来实现。

鲁伯特·伊利斯文·怀特说过:"如果你没有目标,你就无法瞄准。"想要进行有效的领导,就要有坚定的目标。麦克利兰认为,具有成就需要的领导者就形成了实现目标的内驱力,接受具有挑战性工作的可能性大大提高,有更高的事业追求。这类领导者善于克服工作中的困难,调整自己的状况,更好地带动下属工作,因而大多是进取的现实主义者。但这并不意味着成就欲望越强烈的领导就更容易完成工作,这种看法是有逻辑偏差的,也是我们尤其要注意的地方。事实上,成就需要强烈的人无法成为有效的领导者,因为作为领导者,不可能自己完成所有的任务,要通过他人将事情做得更好,而不是自己做得更好。所以,有效的领导者往往需要压抑自己的个人成就欲望。

第三节 教育领导影响力

影响力是一个领导者实现领导作用的关键,也是进行有效管理的前提,这是一切组织管理都显而易见的事实,教育领域也不例外。

一、教育领导影响力的内涵

影响力是指个人在与他人交往中,影响和改变他人心理与行为的能力。[①] 在社会生活中,任何组织或群体中的成员都会对他人产生影响力,但影响力的大小、方向和性质各有不同,还会随着个人素质、对象、环境的变化而变化。诸如一个人的品格、素养、知识、能力、权力、地位等,都会成为决定个体在与他人交往中影响力大小的因素。显然,一般成员和领导者相比,领导者的影响力在组织中的作用就要起到更为决定性的作用了。

领导影响力指领导者在达成组织目标的领导过程中,改变和影响被领导者心理和行为的能力或力量。领导者的影响力是实现领导作用和决定领导效能的关键和保证条件,是领导者的生命力。从心理学的角度来说,领导工作的本质是人际交往过程中的一种互动关系,任何领导活动都是在领导者与被领导者的相互作用中进行的,领导行为的实质是"实施心理影响"的过程。在这一过程中,领导者如果不能有效影响或改变被领导者的心理或行为,那他就很难实现领导的功能,组织目标也就无法实现。

所谓教育领导影响力,是指教育领导者有效地影响和改变被领导者的心理和行为的能力。教育领导者的根本任务是发动教职员工实现组织目标,除了目标本身要制定得合理和科学外,更重要的是使群体和个人的目标与组织目标保持一致,但这两者显然不是天然一致

[①] 车文博.高等学校管理心理学[M].北京:北京师范大学出版社,1995:236.

的,这就需要通过领导影响力来加以调整和统一。因此,有效的影响是指教育领导者对被领导者施加的能促进工作目标实现的一种积极影响力。如果一个领导者凭借其权力地位,强迫教职员工接受或执行一些与工作目标背道而驰的行为,就会形成消极的影响力,在人们心目中也就失去了领导的意义,就不能称之为有效影响力。可以说,教育领导有效的影响力更多地表现为一种使教职员工做出预期反应的心理力量、精神力量。

美国教育管理学家托马斯·J. 萨乔万尼认为,领导力可以被隐喻为一切力量的组合。校长可以运用其中任何一种力量来推动学校朝有效的方向前进或倒退,而对他人施加有利于组织目标实现的影响才被称为有效的领导,这就意味着就学校的效能而言,教育领导不同的领导力会导致不一样的后果。托马斯·J. 萨乔万尼认为技术力、人力、教育力、象征力和文化力五种主要力量可以帮助教育领导对成员施加有效影响。

二、教育领导影响力的构成

教育领导者的影响力主要由权力性影响力和非权力性影响力构成。

(一)权力性影响力

权利性影响力是强制性影响力的一种,其特点是:主要以外部压力的形式起作用;对被领导者的影响力带有强迫和不可抗拒性,使其心理与行为表现为被动、单向、关系紧张;影响具有时效性。因而,这种影响力的激励作用是有限的。构成权力性影响力的主要因素有传统因素、职位因素和资历因素。

1. 传统因素

这是人们在社会生活中对领导者逐渐形成的一种观念性因素,会让组织成员产生服从感。

在传统观念中,领导是强于常人的大智大勇类的人物。如封建统治者的金口玉言,教育界流行的"一所好的学校必然有一个好的校长"的说法等,这些传统观念长期积累下来,就会变成某种无形的社会规范,产生一种服从感。这种服从的影响是不以人的意志为转移的,它并非领导者自身条件的影响,而是传统势力强加给人的一种潜在影响力量。如某中学某班,上某节地理课纪律很差,学生随便说话,甚至打打闹闹,任课教师屡次管理无效,但教导主任一出现,不用讲一句话,整个教室就鸦雀无声了。

服从感作为一种传统的观念,从小就影响着每个人的思想,且普遍存在于每个领导者担任领导职务之前,一旦正式担任了领导职务,就自然会获得这种传统所附加给领导的力量,从而使领导者的言行增加了影响力。

2. 职位因素

这是社会赋予教育领导者的职位权力形成的一种社会性因素,会让组织成员产生敬畏感。

职位指教育领导在组织中任职的具体工作岗位,它是职务、职权和职责的统一体,是一种社会分工。身居领导岗位的领导者会对下级产生一种强制性力量,因这种力量左右着被领导者的提升、奖惩等处境,从而使被领导者产生敬畏感。教育领导者的职位越高,权力越大,被领导者的敬畏感就越强。在一个学校中,校长比副校长的影响力大,副校长比教导主任的影响力大。

职位因素所造成的影响是以教育领导者的合法权力为基础的,与领导者的素质并无直接关系,纯粹是由社会组织赋予领导者的力量大小决定的,也是在领导者施行领导行为前就存在的。

3. 资历因素

这是由教育领导者自身的资格经历带来的一种历史性因素,会让组织成员产生敬重感。

资历是一种历史的产物,反映了一个人的生活阅历。教育领导者的资历反映了其过去的历史情况,资历的深浅又会影响教育领导影响力的大小,这是历史赋予的一种强制性权力因素。通常领导者的资历越深,越容易使被领导者敬重。例如,一位在学校工作多年并取得显著成绩的老校长显然比刚调来的一位年轻新校长更能得到教职员工的敬重。

资历因素在一定条件下有助于教育领导行为的有效性,但能否真正获得教职员工的敬重,还要看领导者在实际活动中的表现。尤其是随着人才观念的转变,资历因素的影响力已越来越小。也就是说,不能割断历史,但也不能总用过去说明现在。

(二)非权力性影响力

非权力性影响力属于自然性影响力,它是由领导者本人素质和行为构成的,它与领导者的权力没有必然的联系。其特点是:影响力是自然非权力的;不是合法权力那种明显由单纯外力带来的约束,而是被领导者在心悦诚服基础上的自愿顺从和依赖;领导者与被领导者的关系和谐、心理相容;比权力性影响力更强、更持久。构成非权力性影响力的主要因素有品格因素、能力因素、知识因素、感情因素。

1. 品格因素

这是反映在教育领导者言行中的品德、品行、人格和作风等本质性因素,会让组织成员产生敬爱感。

良好的品格会给教育领导者带来巨大的影响力,能吸引他人不自觉地进行认同模仿。"学高为师,身正为范。"教育过程中为人师表作用的发挥,首要体现的就是品格因素。教育领导者以身作则,时刻表率,作为榜样成为教职员工的精神支柱和行为楷模,就会产生人际吸引,从而具有强大的影响力。

2. 才能因素

这是指教育领导者表现出的聪明才智和工作能力等实践性因素,会让组织成员产生敬佩感。

才能因素是教育领导者能否成功完成领导工作所必备的自身条件。教育领导者表现出来的才能是学校的成功和希望所在,会产生一种心理磁力,吸引教职员工自觉接受领导。教育领导者的才能主要体现在管理工作、业务工作和善于处理人际关系等方面,但德才结合才能更好地发挥影响力。在学校,具有真才实学的领导容易得到教职员工的信任,位高才低和才高德浅的领导则会因无法获得敬佩而难以顺利开展各项工作。所以德才兼备是选拔教育领导干部的主要标准。

3. 知识因素

这是反映在教育领导者知识水平上的科学性因素,会让组织成员产生信赖感。

知识是实践经验的概括与总结,其本身就是一种力量和财富。教育领导者知识水平的高低表现在认识的广度和深度上,会产生较大的影响力,由知识产生的影响力被称为专长权利,具有专长权力的教育领导者在行使权力时更具优越性。如学校的校长要树立真正的权威,就必须掌握教育学、心理学、管理学、教学及课程改革、教育科研等方面的知识,还要勤学、善学、多学,这样才会增加更多的威信。

4. 感情因素

这是指教育领导者与教职员工之间相处亲疏关系的精神性因素,会让组织成员产生亲切感。

感情是个体需要是否得到满足而引起的心理体验,有积极和消极之分。如果教育领导者对教职员工和蔼可亲、体贴入微、心理相容,就会增加吸引力、强化影响力;反之则会形成排斥力、对抗力,产生心理距离等负面影响力。

权力性影响力和非权力性影响力单独出现时其作用很小,只有统一使用,才能发挥更大作用。通常来看,权力性影响力受非权力性影响力所制约,特别是品格因素尤为重要。如品格不好,则其他因素必然受到严重影响,甚至可能让影响力为零。品格合格,则主要由才能决定非权力性影响力的大小。当品格与才能达到一定水平时,感情因素将是十分重要的,知识因素也不容忽视。当然这种关系也不是一成不变的,我国教育管理学家吴岩研究表明:校长和教师的趋向认为能力、品格非常重要,而传统因素则不重要。而当代的教师也并不认为领导就更强、更有才能,这说明传统因素的影响正日渐削弱。因此两种影响力的相互结合,对教育领导者影响力的发挥才是最佳的选择。

三、提高教育领导者影响力的方法

(一)正确使用、保护和维持权力性影响力

1. 获得上级的任命和支持

教育领导者是在获得合法职位的同时获得相应的法定权力,合法的权利无疑是组织权力的基石。在学校中,教育领导者通常指校长和教育行政人员,他们通常是上级教育行政机构通过选任制、委任制、考任制和聘任制的方式产生的,不管哪一种产生方式,都需要获得上级部门的任命,也要在工作中接受上级部门的组织考核和工作监管。以自身的素质和业绩获得上级部门的持续关注和支持对保护和维持权力性影响非常重要,超出组织法规和学校规范的约束,轻则失去民心、减弱影响力,重则违法乱纪、自毁长城。

2. 妥善运用权力

行使合法权力更多带有执法性质,要正确使用这些权力,才会有好的影响力。在西方,学校领导者的权力正在日渐削弱。在我国,随着各级政府统筹发放教师工资和实际教育收费"一费制"等政策的实行,部分学校领导者的权利影响也有所下降。但某些特定因素下的权力还是有所提高的,如学生能否接受优质教育和教师招聘录用的决定权等。教育领导者要在职权范围内正确发布命令、提出要求和进行奖惩,要按章办事、秉公处理,如畏首畏尾、滥用权力,则影响力会衰减。

3. 善于授权

在教育领导的过程中,要善于授权、敢于授权,辅以监督指导,才能更好地发挥权力的作用。分享权力,可以增进学校发展的契机。教育领导者要充分相信教职员工,鼓励他们探索,为他们提供更多的机会。对组织成员有高期待,相信每一位成员都是出色的,善于以合作分析的方式和组织成员一起努力发现并解决问题的教育领导者,才能真正赢得教职员工的尊重。

（二）提高威信，保护和维持非权力性影响力

1. 加强教育领导者自身素质

教育领导通常是专业与行政融合的领导。正所谓"教育的外行并不等于教育管理的外行，管理的内行并不等于教育管理的内行。"因此，有领导称号的教育行家，不仅需要更加努力地去修炼自己的管理知识和能力，更关键的还需要提升自身的素质。教育领导者自身素质的提升需要注意两点，一是提高品德领导能力。即不仅要具备道德意识，更重要的是要把内在的道德意识转化为外在的道德行为，不断长善救失、自我修正，只有这样，才能把权力和威信联系起来，形成道德威信。二是提高自我意识水平。即要尽力缩小自己心目中的"我"与他人心目中的"我"的距离。

2. 缩短教育领导者影响力的力距

教育领导者的自身素质要通过在实际工作中做出成绩并为群众所认识，才能发挥应有的领导影响力。领导者影响力的力距，取决于领导者与被领导者之间交往的层级，交往层级越多，影响力的力距越大。如教育局长对教师的影响力就小于校长对教师的影响力。因此，教育领导者应该深入基层、与一线的教育工作者打成一片，尽力缩短领导与群众距离。

3. 增加信息沟通，激发教职员工的工作认同

教育管理中，学校的教职员工只有和领导具有心理相容，对领导和组织的工作理解并认同才能愿意为学校做贡献。教育领导者的信息沟通能力的十分重要，这是和教职员工接触的重要窗口。信息沟通的方式很多，但在诸多的沟通方式中，面对面的直接交往与口头传递的影响力最大。如校长亲自给教职员工做报告，一般就比让别人念校长的讲话稿影响力大。所以，教育领导者只有与教职员工保持经常接触和直接对话，才会使自己成为有威信的领导者。

4. 提高教育领导者自身的工作效率

提高教育领导者自身的工作效率是提高领导影响力的重要因素，这是一项十分重要的领导艺术。教育领导者要明确自己的工作职责，不越位，不抢位；要做好自己的事，不干预下一层次的事，不能"种了别人的地，荒了自己的田"；要做到不颠倒工作主次，多深入一线，多调研、多活动，抓住主要矛盾，解决重点问题；要做到工作前问一下三个"能不能"，即①能不能取消它？②能不能与其他工作合并？③能不能用更简单的方法代替？要善于总结经验教训，对日常工作及重要的事情都要善于总结；还要善于利用时间，避免浪费时间、合并"自由时间"，就可以获得较集中的长时间加以利用。

总之，教育领导既是一门科学，也是一门艺术。教育领导者既要善用权力性影响力，也要善于建立和扩大非权力性影响力。但不论如何，都要牢记心中有群众，这才是影响力的核心所在。

【专栏 8-4】

榜样和领导者行为激励

法约尔认为，领导做出榜样是最有效的工作方法之一，其道德修养、专业能力和个性品质等对下级将产生强烈影响。因此，加强领导的行为示范，能有效地提高下级的认识水平和规范下级的行为方向。领导者的行为要起到示范作用，首先是在工作中要有强烈的事业心和责任感，严于律己，宽以待人，谦虚谨慎，身先士卒。其次是在生活上要为政清廉，克己奉

公。古人云:吏不畏吾严而畏吾廉,民不服吾能而服吾公;公则明,廉生威。领导者清正廉明,才能令下级信任、佩服、拥护、尊重,这样在下级中才有威信,有号召力和动员力。

常言说得好:"喊破嗓子,不如干出样子。""做得好,说话才有分量。""只会马列朝外,好经也会念歪。"这就是所谓其身正,不令而行;其身不正,有令不从。领导者的模范和带头作用,是一种无声命令,也是一股巨大的精神力量。

作为各级领导者,想要激励被领导者,就要更严格要求自己,自觉加强锻炼和修养,努力提高学科素养和专业技能,这样才能充分发挥领导者行为激励的效力。

(资料来源:胡月星.现代领导心理学[M].太原:山西经济出版社.2005:321-322.)

本 章 小 结

1. 领导指特定的人在一定的环境条件下,为努力实现某种既定的组织目标,对他人、群体或组织进行引导、鼓动、激励和施加心理影响的行为过程。

2. 领导者是指能实现领导行为的人或集体。即领导者是指经合法途径被正式组织任用而履行特定职能对组织成员施加影响并承担责任,以更有效地实现组织目标的个人或集体。

3. 教育领导指教育领导者以道德权威为基础,引导、激励并服务所属教育组织及成员,并通过行使权责和施加心理影响促使其共同实现教育目标或教育任务的过程。

4. 教育领导者指能实现教育领导过程的人或集体,即指某一教育组织中对成员施加影响的领导活动主体。可分为各级教育行政机关的领导者和以学校校长为代表的学校领导者。

5. 领导的本质是人与人之间的关系,教育领导的本质是道德领导。

6. 教育领导者角色指与教育领导者的某种地位、身份相一致的一整套权利、义务的规范与行为模式,是教育领导角色规范、角色期待、角色知觉和角色实践的统一体。

7. 教育领导者必须要担当的基本角色有:教育组织发展的引导者;教育组织运行的指挥者;教育组织沟通的促进者;教育组织的示范者。

8. 校长角色指一个人在被任命为校长之后所具有的社会地位与身份,以及社会、他人和校长本人对于校长行为的期待。

9. 校长需承担的角色主要有:时代声音的聆听者;教育理念的践行者;教书育人的示范者;学校管理的服务者;合作团队的打造者。

10. 教育领导者职责即教育领导者的职务责任,是教育领导者在行使领导职能的同时应该承担的责任,包含了职务、权力、责任和利益的统一。

11. 教育领导者的心理品质是指教育领导者(尤其是学校领导者)在领导行为中所表现的固有的心理特征。道德、智力、性格和组织管理四个方面的心理因素构成了教育领导者的心理品质。

12. 教育领导者的道德心理品质包括"克己奉公、公正担当、宽容谦和"三个方面;智力心理品质包括"敏锐性、智慧性、创造性"三个方面;性格心理品质包括"高度的事业心、强烈的责任心、强大的自信心、良好的抗逆力、广泛的兴趣"五个方面;能力心理品质包括"知人善任的组织能力、灵活应变的社交能力、多谋善断的教育决策能力"三个方面。

13. 西方领导理论的发展线索比较清晰，按照时间纵线，可以把其分为传统领导有效性理论和当代领导有效性理论。传统领导有效性理论主要包括：领导特质理论；作风理论；行为理论；权变理论。当代领导有效性理论包括：归因理论；魅力型领导理论；变革型与交易型领导理论；伦理型领导理论；服务型领导理论。在教育领导领域，主要有非理性领导模式、文化与符合理论，还有需要层次理论等。

14. 影响力是指个人在与他人交往中，影响和改变他人心理与行为的能力。

15. 领导影响力指领导者未达成组织目标的领导过程中，改变和影响被领导者心理和行为的能力或力量。

16. 教育领导影响力指教育领导者有效的影响和改变被领导者的心理和行为的能力。

17. 教育领导者的影响力主要由权力性影响力和非权力性影响力构成。权力性影响力的构成因素主要有：传统因素、职位因素和资历因素。非权力性影响力的构成因素主要有：品格因素、能力因素、知识因素和感情因素。

18. 提高教育领导者影响力的方法包括"正确使用、保护和维持权力性影响力与提高威信、保护和维持非权力性影响力"两个方面。正确使用、保护和维持权力性影响力包括"获得上级的任命和支持、妥善运用权力、善于授权"三个方面；提高威信、保护和维持非权力性影响力包括"加强教育领导者自身素质、缩短教育领导者影响力力距，增加信息沟通、激发教职工的工作认同，提高教育领导者自身的工作效率"四个方面。

练习与思考

1. 如何理解领导的内涵？
2. 领导和领导者的区别是什么？
3. 教育领导的特点是什么？
4. 校长的角色有哪些？
5. 简述教育领导者应具备的心理品质。
6. 简述国外领导行为的理论的提出者及其基本观点。
7. 如何提高教育领导者的影响力？
8. 结合领导有效性理论的学习，谈谈有何启发。
9. 如何辨别各种领导作风？

推 荐 阅 读

温恒福，顾明远. 教育领导学[M]. 中国人民大学出版社，2011.

第九章 教育组织中的领导决策

【本章导读】

教育决策贯穿于整个教育管理过程的始终,特别对教育政策制定者的学校领导者来说,一个正确的决策往往是教育目标实现的开始。教育领导的决策心理过程和个性心理等因素都会对领导者制定正确决策起到至关重要的作用。本章主要介绍教育组织中领导者个体决策的含义、类型、任务及决策过程中的心理因素的分析,并对中小学校长负责制、领导集体决策内容进行介绍,对教育领导决策的一些理论和方法进行了比较分析。在本章中,将讨论四个方面的问题:

1. 教育领导决策的内涵、原则、类型、任务及中小学校长负责制。
2. 教育领导决策的理论和方法。
3. 影响教育领导决策的心理因素和容易产生的心理误区。
4. 教育领导集体决策的概念、心理学意义和有效促进。

【关键概念】

决策;教育领导决策;决策树;期望效应;专家会议决策法;德尔菲技术;从众效应;乐队效应;黄灯效应;情感对立效应;框架效应;教育领导决策心理

【学习目标】

1. 了解决策、教育领导决策、教育领导决策心理的内涵;掌握教育领导决策的原则、类型和任务。
2. 了解教育领导决策的相关理论;理解并运用决策树、矩阵相关等理论选择最优方案。
3. 了解影响教育领导决策的心理因素和误区,掌握教育领导者心理因素和群体决策心理效应。
4. 了解教育领导集体、教育领导集体决策的内涵;掌握教育领导集体有效促进的管理措施。

【建议学时】

4 学时

决策通常被定义为从多个备选方案中做出判断选择的过程,是决策者丰富思维活动的重要部分,并受到个人、群体、组织等多种因素的影响。西蒙认为:"决策的任务贯穿于整个管理组织中[①]"。教育决策在教育管理中也占据着同样的地位,成功的教育决策会带来教育的发展,反之,则阻碍教育的进步。要保持一个有效的教育决策过程,是教育领导行为成功的关键。

第一节 教育领导决策的性质、类型与任务

在任何组织,决策都是最重要的管理活动之一,教育组织中的决策也不例外。无论是教育领导者,还是教师都会存在决策行为,并对整个教育组织的运行和发展产生影响,本教材则主要探讨教育组织中领导者的决策问题。由于受教育体制、组织特征、社会文化等因素的影响,我国的教育领导决策和西方国家及企业的决策相比存在着一定的差别,在决策体制和决策内容上体现出鲜明的中国特色。

一、教育领导决策的概念

(一) 教育领导决策的含义

教育领导决策即教育决策,是教育领导者为实现教育组织目标,在运用科学方法的基础上,从若干备选方案中选择优化(满意)方案的过程。

对教育领导决策内涵的理解,一直存有两种观点。一种观点认为是对教育行动方案的最后抉择,是"拍板"的过程。另一种观点则主张是对教育未来行动确定目标,并选择一个能实现预期目标的行动方案的过程[②]。

这两种观点既有联系也有区别。二者都共同反映出教育领导决策的基本内涵,即教育领导为实现一定时期的教育目标,完成特定的教育任务而对教育组织中的各项活动、事务所进行的方向性的规定和安排;区别在于前者将教育决策视为一个点,具有即时性,而后者将教育决策视为一个过程,具有持续性。本教材倾向采用第二种观点。具体阐述如下:

1. 主体

教育领导决策的主体是指各级教育政策的制定者,其中包括党和国家的各级机关、学校领导者以及参与教育决策的各相关利益群体。本教材重点探讨中小学校长的决策问题。

2. 内容

教育领导决策的内容是教育组织中的各项活动、事务。广义教育决策指教育领导者对教育组织中的各项事务、活动的制定和安排,强调内容的全面性、过程性;狭义教育决策指教育领导者对教育组织未来发展中的各项事务、活动所做的决定[③],强调内容的前瞻性、即时性。

3. 目的

教育领导决策的目的是实现一定时期的教育目标,完成特定的教育任务。决策总是为了达到一个既定的目标而做出的决断。实现教育目标是一切教育领导决策最根本的任务。

---

① H. A. simon. Administrative Behavior(4th Edition). New York: The Free Press, 1997.
② 杨颖秀.教育决策的科学化民主化研究[M].长春:东北师范大学出版社,2001.
③ 吴志宏,冯大鸣,周嘉方.新编教育管理学[M].上海:华东师范大学出版社,2000:179.

(二) 我国教育领导决策的背景

1. 中西方不同的教育管理体制决定了教育领导决策的自主权限的差异

20 世纪 80 年代,受发端于美国的国际学校管理改革运动影响,我国也开始了学校管理体制改革[①],主要强调扩大学校办学自主权和在中小学推行校长负责制。但我国作为中央集权制国家,并受教育发展水平的限制,在改革措施、改革理念和权力下放的范围上都具有不同的特点。西方国家多将办学自主权下放给学校的校长、学校委员会或是各专业小组,我国则主要是中央、省级政府把基础教育的部分权力下放到地方政府(区、县级政府),分级管理,扩大中小学校的办学自主权主要是人事管理权、财务管理权、教学管理权等。整体来看,我国中小学校的教育领导还是在国家教育方针和教育政策允许的范围行使决策权。

2. 教育组织与企业组织的区别决定了教育领导决策的独特性

教育组织的目的是为了培养德、智、体等方面全面发展的各级各类社会主义建设人才,最终向社会输出的产品也是人或社会公共服务,这些并不是一般意义上的商品,是不能在市场上通过等价交换来获得的,而教育组织运行的经费来源主要是国家的财政拨款,无需偿还,因而权能也受到政府的限制,人才质量则成为教育组织的发展动力。而企业是以追求剩余价值的最大化,即盈利为组织目标的,其经费主要来自于自身所具有的直接从事经济活动的资产或借贷资金,因而更多地受到市场影响,拥有更多的经营自主权。教育组织和企业组织在设置目的、经费来源、与政府关系、组织产出等方面的不同,就决定了决策特点的不同。

(三) 教育领导科学决策应遵循的原则

1. 方向性原则

方向性原则指任何领导者个人或领导集体所做的决策,都必须保证社会主义方向,从国家、民族和社会发展的整体利益考虑,符合党和国家政策法令的规定。例如,基础教育的发展目标不能只围绕"中考""高考"这些指挥棒,而应把提高国民素质、提高未来生存发展能力作为目标,重视培养学生适应不断变化发展的社会的知识技能、情感态度和行为习惯。

2. 信息原则

信息是决策的基础,决策是信息的积累。准确、全面、及时、适用的信息,是科学决策的依据。信息原则的三个步骤是科学决策的重要前提,准确收集获取信息是第一步,加工整合是第二步,挖掘价值是第三步。

3. 系统性原则

运用系统工程的理论和方法进行决策,是现代科学决策的主要特点,是决策科学化的重要保证。决策时,必须考虑决策所涉及的整个系统和相关系统、决策对象和外界环境的相互联系和相互作用。只有这样,才能实现决策的整体化、综合化、最优化。

4. 可行性原则

可行性原则是指决策推行具备时间、空间、人员等各种主客观条件。决策必须符合规律和客观实际,能够"量力而行""量入为出";既要强调事物发展的需要,又要考虑可能性;既要考虑成功的概率,又要考虑失败的风险,这样才能使决策建立在可靠、可行的基础上。

5. 选优原则

选优原则是指决策要从两个或以上的不同方案中,经过分析对比,选出最佳方案。对比

---

① 黄德平.西方校本管理与我国学校管理体制的比较[J].外国中小学教育.2003(8):43

选优是决策的关键所在,没有对比,就没有优劣辨别。对比包括方案之间的比较和方案同客观实际的比较,要考虑各种方案的人力、物力、损益等各种因素,择出最优方案。

6. 民主原则

民主原则实质是参与式决策的形式。决策民主是科学决策的基本特征之一,是决策科学化的保证和前提。领导者决策时要广泛征求和听取意见,要创造民主、平等、协商的讨论环境,要建立民主决策制度和程序;领导者还要充分发挥决策咨询机构作用,发挥群体成员的参与和监督作用。

7. 法治原则

法治原则就是要依法决策,这是健全教育领导决策机制的总体要求。学校中的依法决策就是运用法律规范调控学校决策过程,使决策在法律和规章制度许可范围内进行。依法健全科学民主决策机制,可以更好地从决策方案、决策过程和决策效果等方面推动社会和谐,这也是依法治国的重要内容。领导者决策时要对国家教育政策规定的领导的职、责、权、利有清晰的认识,不能越界,不可违法,这样才能更好地保证决策的科学民主。

二、教育领导决策的类型

依据不同划分标准,教育领导决策可分为以下几种类型。

(一)程序型教育决策和非程序型教育决策

依据拟解决教育问题的性质,可分为程序型教育决策和非程序型教育决策。

程序型教育决策涉及教育组织管理中的重复性和例行性问题,也是教育领导者熟悉或经常遇到的教育问题,又称常规性决策。决策者可以凭借经验按照例行规章进行确定性和程序性的决策。如:学校处理学生休退学、资助特困生及课程时间表更替程序等。

非程序型教育决策涉及教育组织管理活动中不重复出现的非确定的、突发的、新的非例行性活动的决策,又称非常规性决策。这类问题因不能提前预知与掌控,又无经验可循,往往需要发挥决策者的洞察、分析、创造力和魄力等因素。如对学校突发安全事件的处理。战略教育决策也是非程序型决策的一种,这类决策与教育组织的长远发展有关。

这两种决策主要有三个方面的不同:一是决策者不同,程序型决策通常一般教育行政管理人员也可以完成;非程序型决策则更多需要由教育领导者亲自完成。二是任务不同,程序型决策是常规的重复性问题,非程序型决策则是独特任务,所以学校的学年、学期工作计划尽管经常拟制,但因每次的计划目标不同,则应属于非程序型决策。三是对教育组织政策的依赖程度不同,程序型决策对教育组织政策制度的依赖性更强,非程序型决策则更多依赖教育领导者的创新性。

(二)确定型教育决策、非确定型教育决策和风险型教育决策

依据教育决策环境控制因素和不确定程度,分为确定型、非确定型和风险型教育决策。

确定型教育决策是指在稳定可控条件下进行的决策。即影响决策的有关因素和决策结果都是确定的,再无重大变化情况下,教育领导者只需比较方案,就可做出决策。如某校办企业可向三家银行借款,第一家利率为20%,第二家利率为20%,第三家利率为18.5%。显而易见,选第三家是借款的最优方案。

非确定型教育决策是指在决策环境不稳定条件下进行的决策。即影响决策的有关因素是不以领导者主观意志为转移的,且无法加以预测出现概率的客观状态,教育决策者难以确

定解决问题的方案及各种方案的结果发生的可能性,只能凭经验和主观感觉来判断。如某校首次实行聘任制改革,过程中将会出现的情况很难预料,结果都无绝对把握。

风险型教育决策是指在不稳定的决策环境但可知决策结果发生的概率下进行的决策,也叫随机性决策。即决策事件在未来多种形态的发生是随机的,无法判定某个结果一定出现,但可以预测出结果出现的概率,做出决策具有一定的风险性。如某小学要申请省级青少年心理健康基地,同一时期内没有其他学校与其竞争,但本校的实力也不是很强,如要求严格也有落选的可能。校长此时所做出的是否申报的决策则依据选上和落选的概率,这就是风险决策。

由于不确定型教育决策意味着高风险,所以并不受教育领导者欢迎,然而这又是会经常出现的。通常教育领导者通过广泛建立联系获得更多的信息来降低不确定性,增加预测可能性。教育决策越科学,对风险的论证越充分,成功概率就会高一些。

(三)宏观型教育决策和微观型教育决策

依据决策的范围或对象来划分,可分为宏观型教育决策和微观型教育决策。

宏观型教育决策是指涉及国家和地区教育发展大事的全局性重大决策。如全面推进素质教育、高考制度改革、人才培养模式改革等。

微观型教育决策是指基层教育行政部门或某所学校对某一具体问题的具体决策。如对学校的规模、发展方向,校办工厂的产品、成本、价格、供销渠道等目标的选择等。

宏观型教育决策通常是一种战略或战役决策,是一种中长期的教育决策,微观型教育决策则是一种战术或业务决策,具有短期性。两者的界限也是相对的,就国家与地方而言,国家一级决策是宏观决策,地方一级决策则是微观决策;而就地方与基层单位而言,前者的决策则是宏观的,后者的决策是微观的。

(四)高层教育决策、中层教育决策和基层教育决策

依据教育领导者职位的高低和决策层次的不同,可划分为高层教育决策、中层教育决策和基层教育决策。

高层教育决策是由上层教育领导者所做的涉及全局性、方向目标之类的重大决策。

中层教育决策是由中层教育管理人员所做的局部性决策,是介乎高层与基层之间的决策。

基层教育决策是由基层教育管理人员所做的执行性决策。

三种决策时有交叉,但因决策的层次不同,具有不同的职能、作用和比重,其复杂程度、定量化程度及肯定化程度都有一定区别,如表9-1所示。

表9-1 不同层次决策差异表

决策种类	高层决策	中层决策	基层决策
性质差别	非程序化多 程序化少	程序化多 非程序化少	基本程序化
层次差别	战略性的多	业务性的多	执行性的多
决策的复杂程度	复杂	比较复杂	比较简单
决策的定量化程度	大部分无定量化 具有风险性	大部分定量化 小部分无定量化	全部定量化
肯定程度	不完全肯定	肯定	很肯定

（五）静态教育决策和动态教育决策

依据决策包含的选择数量的多寡，可分为静态教育决策和动态教育决策。

静态教育决策指仅含一次选择的决策，如某中等职业学校要在两个企业间选择一家作为毕业班实习单位。

动态教育决策指包含两个或两个以上选择的决策即为动态决策，且每一次选择都会成为下一次选择的起点，由此构成一个相互镶嵌的选择序列。如：某校决定开设特色选修课培养学生综合素质，就需要做出配置教室、购买乐器等设备的一系列决策。

（六）个体教育决策与群体教育决策

依据决策主体的不同，可以将教育领导决策分为个体决策和群体决策。

个体教育决策指教育决策的整个过程由特定的某一个人制定完成。如某校长独自制定的决策。

群体教育决策又称集体教育决策，是指由两个或两个以上的人共同参与制定完成的决策。如学校领导班子共同完成的决策。

（七）管理严密型教育决策和参与型教育决策

依据决策程序的不同，可以将教育决策分为管理严密型决策和参与型决策。

管理严密型教育决策是一种自上而下的决策。指传统教育管理中遵循下级汇报、上级决策程序进行的决策。除了最常规、最琐碎的决策外，几乎所有的决策都由教育领导者做出，决策权始终在领导者手中。

参与型教育决策是一种充分授权的决策，指把决策权交给那些可能受决策影响的人或让他们参与到决策当中。现在越来越多的组织喜欢使用参与型决策方式，优点是可以让最熟悉工作的一线人员做出最优的决策，并增强下级执行力和责任心，提高积极性和归属感。尽管现代学校的科学管理理念提倡教师参与决策，但实际上基层教职员工真正行使决策权利的机会并不多。

三、教育领导决策的任务

教育领导决策任务和决策内容、决策程序是紧密交织在一起的，具体包括政策解读、规划制定、资源调配、人事管理等，且通过校长负责制来实现。

（一）根本任务——教育政策解读

教育领导决策的目的是实现一定时期的教育目标和完成特定的教育任务，因此，实现教育目标是一切教育决策最根本的任务[1]。具体到中小学校，即学校对国家教育政策的具体解读。

教育政策是政府等有关部门在一定时期为实现一定教育目的而制定的教育事务的行动准则[2]，是中小学校解决教育问题的行动指南。在2017年1月6日，由中组部、教育部联合颁布的《中小学校领导人员管理暂行办法》中规定，有"教育教学和管理活动中贯彻执行党的教育方针不力、偏离社会主义办学方向"情形的人员不得作为校长的考察对象，这充分佐证了中小学校长应该具备完成"政策解读"这一根本任务的决策能力。

---

[1] 褚宏启,张新平.教育管理学教程[M].北京:北京师范大学出版社,2013:273.
[2] 吴志宏,陈韶峰,汤林春.教育政策与教育法规[M].上海:华东师范大学出版社,2003:4.

但也应该看到,受到区域经济和社会发展不平衡等因素的影响,尤其在我国社会和教育体制正处在转型期的当下,即使是同样的教育问题,在不同城市、地区,甚至同一城市的不同区域都会呈现出不同的问题表征和影响程度。这就要求教育领导者,尤其是中小学校长要根据实际情况进行精准解读,从而进行更为科学的学校决策,在操作和执行的过程中呈现出适宜的模式,即政策解读不可搞一刀切,要因时、因地制宜。

(二) 主要任务——学校规划制定

作为整个社会的一个子系统,教育的发展离不开社会经济发展所提供的条件,也需要满足社会发展提出的要求,这不仅要求中小学校校长要认真贯彻国家教育方针和政策,还需要适应区域社会经济发展的特殊背景,进行学校自身发展定位和办学目标的思考,并制定学校的发展规划,这是教育领导决策的主要任务。

学校规划的制定是以发现和明确教育决策问题为开端的。教育问题即学校应有状况与实际状况之间的差距,既可以是消极地解决一次教育事故,也可以是积极地把握一次学校发展机会。校长要按照义务教育入学政策要求,全面调查分析区域环境、居民情况、生源状况等这些直接或间接影响学校办学和发展的因素和条件,准确发现并确认教育问题,并抓住问题的关键,这是提高决策工作的效率,并确保决策方案质量的首要环节。若问题不清、原因不明,决策的方向则难以确定,要避免教育领导决策的"暗箱操作""问题不明决心大"的弊端。

学校规划作为学校发展的战略决策内容,主要强调两个问题,一是"应该做什么?",即确定学校的发展目标和学校发展的使命与任务、服务半径和服务人群等,其中学校发展目标的确定是重中之重;二是"怎么样去管理",即学校内部各系统间如何分配资源以及选择何种成长方向等,实现办学效益的最优化。如学校办学目标确定、学校特色创建、学校教育科研方向等都是学校规划决策的重要内容。

学校所制定的发展目标直接影响到学校管理中各项后续工作,并关系到最终的管理绩效,通常采用"目标描述是结果而非过程或形式;目标有明确完成的时间界限;目标有明确完成形式;目标尽可能地可以用数据阐释而非模棱两可"等4项指标来确定,这样可以最大限度地保证规划制定决策的科学性。以学校发展师资队伍建设为例,A学校提出的目标是开展"名师提升工程";B学校提出的目标则是"在3年内培养出3名由区教育局认定的区教学名师"。通过两校的比较不难发现:B校所提出的目标更为符合合理目标的基本特征。

此外,我国中小学校发展规划的制定也会受到校长任职年限的影响。目前,我国中小学校领导一般实行任期制,和中小学学制学段相衔接,校长、副校长每个任期一般为3~6年,无特殊情况或需要,校领导在同一岗位连续任职一般不超过12年。因此,学校的规划制定既要考虑学校发展的长期性,又要兼顾任期的阶段性。既要保证学校办学历史经验的不中断,不出现"人存政举、人亡政息"或"好校长=好学校"之类家长制决策智慧的情况,又要保证不会让学校缺乏发展的活力,出现"不求有功、但求无过"的无为决策情况。

(三) 其他任务——学校相关职能决策

作为主要决策者,中小学校长所做的决策是为了学校的正常运行和更好地发展,这不仅是一个个人行为,也是一个组织行为。除了政策解读和规划制定,还需要结合学校大量的具体事务的决策来实现国家政策和学校规划,如经费等资源调配决策、选人用人等人员决策、教学决策、安全决策等。

经费等资源调配决策主要是通过统筹安排和协调学校内部的各种人、财、物等职能活动来应对学校发展的社会竞争,实现人才培养竞争优势的决策内容。主要包括全校的经费预算、具体部门开支、教学设备购置、校舍修缮等校园建设等,可以获得学校内部发展的协同效应。选人用人等人员决策主要包括学校干部的选择和配备、教师的任用和考核、后勤人员的工作安排等。用人是教育领导决策的一项重要内容,其真正的内涵就是校长对下属的"授权",即校长发现人才并授权与他负责具体的管理任务。这可以帮助校长从繁琐的事务性工作中解脱出来,专心于影响学校发展的战略性和策略性决策工作,还有利于激发被授权教师的工作热情和发挥其工作才干,既有效提高了作为领导者的校长作用,又提高了学校的管理效率。教学决策主要包括学校教学改革问题、教学评价问题、校本课程设置和学生考试问题。安全决策则主要包括校园纪律、教学设备安全、校园安全保卫、食堂和宿舍等后勤管理等内容。如四川省绵阳市安县桑枣中学校长叶志平从2005年开始组织全校师生进行紧急疏散演习,在2008年的5·12大地震中,全校2200名师生无一伤亡。除以上主要决策内容外,还包括学校突发事件处理、学校与社区关系、家长问题等其他的决策内容。这些决策内容作为校长的职能决策为学校发展的战略决策和实际达成预期战略发展目标搭建起一座"桥梁"。

学校的职能决策这一任务更多地和学校的具体管理事务相关。因而决策质量的好坏和教育领导者决策对科学化、民主化、法治化等决策原则的坚持程度、与国家现行决策体制的要求以及校长的个人决策能力等影响因素有关。作为一项重要的经常性职能,中小学校长的大量工作都是围绕决策开展的。如按照一定的学校发展目标计划做决定,对学校管理中的具体问题拍板定案,引导学校其他管理者、教师和学生实现学校发展目标等,这些内容和决策的科学化、民主化、法治化都是分不开的。科学化是根本,民主化是核心,法治化是前提保障。决策的科学化总是和决策正确的结果紧密相连,这和决策信息支持系统的完善、决策咨询系统的专业性、对科学决策的原则和过程的遵循及校长的身心素质等因素息息相关。决策的民主化的核心问题实际上就是集体决策问题,这也是当前社会转型时期人的身心发展的必然要求。决策要确保代表和满足绝大多数人的利益和需要,这和中小学校长的平等意识、校长对建议的采集和接纳意识、教职工代表大会等管理系统职权完善、教师的参与性决策的发展等因素息息相关。决策的法治化即依法决策。依法决策的学理在于决策是利益的分配或调整,而国家教育政策毫无争议是这种利益调整或分配的依据,所以依法决策和国家政策、决策主体合法化息息相关。如《中小学校领导人员管理暂行办法》中对"落实'三重一大'决策制度"的要求就是中小学校长在决策过程中必须遵守的。这些影响教育领导决策的因素在本章第三节有更为详细的论述。

【专栏9-1】

吉林省磐石市烟筒山镇中心小学"三重一大"事项集体决策制度节选

决策内容

一、重大事项决策

1. 贯彻党和国家的方针、政策,上级部门重要会议、重要文件精神的实施方案,向上级请示、报告的重要事项。

2. 学校发展规划制定与调整,涉及学校全局的重大改革方案和措施,学校学年和学期工作计划、总结。

3. 学校内部机构调整与学校重要的规章制度的制定、修订和废除。
4. 有关评选先进班组、优秀工作者等评优推优工作。
5. 学校党政班子自身建设和干部队伍建设及有关教职工聘用、解聘、奖励和处分。
6. 学校收费、招生计划与工作，学生评优推荐名单确定工作。
7. 学校绩效考核。
8. 其他有关学校的重要工作以及急、难、特工作。

二、重要项目安排

1. 学校对外重要合作和交流项目。
2. 应当集体研究决定的其他项目。

三、重要干部的任免与奖惩

1. 学校中层干部、年级组长、教研组长等人事安排。
2. 学校校级、中层后备干部的推荐、选拔、考核和使用。
3. 学校年度考核小组、职称评聘小组、招生工作小组成员的任免。
4. 学校干部担任区教育系统各类代表的推荐。
5. 其他重要岗位干部的推荐、选拔、任免和调动。

四、大额度资金的使用

1. 学校年度财务、预决算及大额度资金的使用。
2. 学校人员收入分配方案、奖励经费的制订和调整。
4. 未列入预算、大额度的特殊支出。
5. 校务班子认为应当集体决策的其他大额度资金的使用。

(资料来源：小学"三重一大"事项集体决策制度[EB]. http://doc.orz520.com/ a/doc/2013/1218/2117578.html.2013-12-18.)

四、中小学的校长负责制

教育领导决策的任务是通过教育领导决策系统完成的，目前，我国教育行政机关的决策系统是党委(党组)领导下的首长负责制，高校是党委领导下的校长负责制，中小学校则主要实行校长负责制。

现行的中小学校的校长负责制，是《中共中央关于教育体制改革的决定》于1985年5月27日颁布实施的，界定为"学校工作由校长全面负责"。时至今日，关于校长负责制的概念，目前国内有两种观点。一种是单一性概念，以华中师范大学萧宗六教授为代表，认为学校工作由校长统一领导和全面负责，这是一种从校长工作职能上的界定；另一种是结构性概念，以曲阜师范大学李保强教授和华东师范大学范国睿教授为代表，认为校长负责制的要素包括"校长全面负责、党组织的政治作用、教代会的民主参与管理、校务委员会的咨询审议作用。"不管是哪一种观点，校长负责制显然不是脱离集体领导原则独立存在的，因此，从结构上理解更能充分把握其内涵。即校长负责制是一个完整的领导体制，它包括校长全面负责、党委(党支部)政治护航、教职工民主管理监督三个密切联系的有机部分。

（一）校长全面负责

校长全面负责首先明确校长是学校最高负责人，是法人代表，是决策者又是指挥者。具体表现在校长受上级教育行政机关委托,被赋予决策权、指挥权、人事权和财务权,有责任健全学校领导机构核心机制,并全权代表学校负责处理学校的日常教学科研活动,全面完善学校的管理。《中华人民共和国教育法》第三十一条明确规定,"学校的教学及其他行政管理,由校长负责。"校长既有义务代表学校向上级领导机关负责,又有权利代表学校对社会负责,联系社会各界办好学校。校长负责制的目的在于建立强有力的行政指挥系统,统一决策,提高工作效率。

(二) 党委(党支部)政治护航

党委(党支部)政治护航即要明确学校党委(党支部)的政治核心作用。这在 2003 年人事部、教育部联合印发的《关于深化中小学人事制度改革的实施意见》中做了明确说明:"实行校长负责制的中小学,校长全面负责学校工作,并充分发挥基层党组织的政治核心作用"。党委(党支部)书记要做校长的参谋和后盾,为校长排忧解难,为学校事业发展保驾护航。党支部要大力支持行政领导的工作,并保证他们履行职责,保证校长正确贯彻执行党和国家的教育方针和政策,坚持社会主义办学方向,积极实施素质教育,依法行使管理职责等,并及时督促提醒行政领导的思想、工作作风。校长也要主动做到:大事与书记商量,小事与书记通气,提醒不反感,掌权不独断,用权不单干。校长和书记相互尊重、相互支持,才能保证学校的发展不走偏。

(三) 教职工民主管理监督

教职工民主管理监督同样在《中华人民共和国教育法》中的第三十一条做了规定,即"学校及其他教育机构应当按照国家有关规定,通过以教师为主体的教职工代表大会等组织形式,保障教职工参与民主管理和监督。"教职工对学校的组织管理政策和事业发展的各方面具有知情权、参与权和监督权。要做到这一点,需保证三个条件,即教职工要切实有参与民主管理的权力;要有诸如校务委员会、教职工代表大会、教职工全体大会等形式的教职工民主管理机构;要有相关制度明确保障教职工参加民主管理。这样才能保证广大教职工主人翁精神和参与学校管理的积极性,这也是中小学教育领导体制改革适应分权化、科学化、民主化发展趋势的必然。

总之,作为我国法定现行的学校管理体制,校长负责制是实现教育领导决策的决策主体的合法表述。但也有学者认为目前的校长负责制更近似于"校长责任制"的同义词[①],并没有切实明确地解决"为谁负责、负什么责和如何负责"的问题。尤其随着中小学校办学自主权限的日益增大和自主更新能力的不断增强,对校长职能的规定无法始终适用于校长承担具体责任内容的不断变化,所以在制度上对校长负责制进行更多的探讨和研究是十分必要的。

第二节 教育领导决策理论

现代决策理论中存在着诸多理论模式和决策方法,尽管不完美,但均有其合理之处。研究这些理论和方法,对探讨教育领导决策心理的规律性具有重要参考价值。

---

① 陈桂生.学校实话[M].上海:华东师范大学出版社,2009:8.

一、标准化决策理论

标准化决策理论是建立在古典经济学理论中的理性假设基础上的决策模型,所谓的理性假设,就是在具体的限定条件下做出稳定的、价值最大化的选择。标准化决策是一种定量的领导决策技术理论,是借助数理运算和统计、运筹及电子信息技术等科学手段,用数值大小表示决策影响因素,以期求出各种方案损益值,供教育领导决策参考使用的方法理论,是对一系列理性期望效用理论的统称。

(一) 决策树

决策树(Decision Tree)是20世纪50年代开始应用于管理的一种定量决策方法,是依据概率论原理,将所要决策的问题以树形图表达,通过分析计算解决问题的不同方案的损益值与期望值,得到最优方案的决策方法。

决策树由决策点、方案枝、自然状态点、概率枝和结果点组成,并从左到右形成一个侧卧的树形网状图,如图9-1所示。

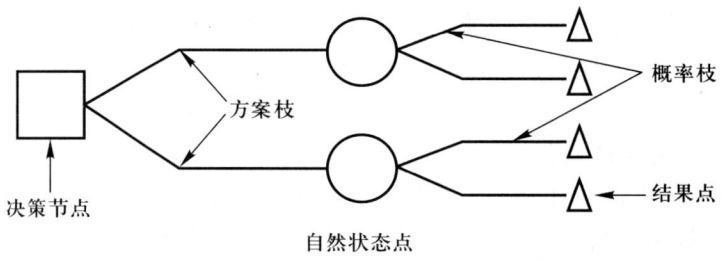

图 9-1　决策树结构图

决策树法基本步骤为:
(1) 根据已知条件画出决策图形。
(2) 逐枝计算各方案损益期望值,即损益值与其概率乘积之和,写在自然状态点上。
(3) 比较各方案损益期望值,选出最优方案。即保留最优方案枝,并在舍弃的方案枝上打上剪枝号(‖)。

例如:某高中在阳光体育活动中需要扩大操场面积,通过了解将学生、教师和家长的需求分为高需求(0.3)、中需求(0.5)和低需求(0.2)。改造方案1是用水泥建造,需资金30万元;改造方案2是用塑胶操场,需资金45万元。据推算,5年后两种方案在三种不同需求状态下的预期使用收益如表9-2所示。请决定哪个方案好?[①]

表 9-2　两种方案预期收益值表

	高需求	中需求	低需求
水泥操场	10	8	4
塑胶操场	16	12	2

根据2种方案画出决策树,如图9-2所示。

---

① 褚宏启,张新平.教育管理学教程[M].北京:北京师范大学出版社,2013:292.

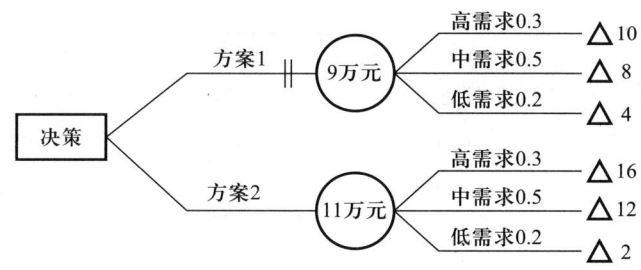

图 9-2 决策树示意图

计算各方案损益期望值,并标在方案点上。

方案 1:(10×0.3+8×0.5+4×0.2)×5-30=9(万元)

方案 2:(16×0.3+12×0.5+2×0.2)×5-45=11(万元)

比较两个方案的预期效益,塑胶操场为最优方案,故在决策树上用剪枝号剪去水泥操场方案。

决策树的主要优点为能够计算到达一种情形的最优路径,对于教育决策问题的细节提供了详细的图解说明。但也有一定的局限性,如使用范围有限,无法适用不能用数量表示的决策;树形图有过于简化环境的倾向,如有多级决策树又可能过于复杂,不容易与其他人交流;对各种方案的出现概率的确定有时主观性较大,可能导致决策失误等。

(二) 矩阵汇总

矩阵汇总法(Decision Matrix)是把要考虑的所有决策因素进行汇总,并赋予一定的权重,通过计算得出总分,方便决策者做出选择的一种方法。

例如:某小学要对教师进行评优工作,现有甲、乙、丙、丁4名教师进入终评范围,教师评价和学生评价的分数如表 9-3 所示,其中教师评价权重比例为 0.4,学生评价权重比例为 0.6,如何评定一、二、三等奖?[1]

表 9-3 教师评定分数和学生评定分数表

	甲	乙	丙	丁
教师评价	92	90	86	93
学生评价	88	86	94	89

分别计算教师评价和学生评价分数的加权值,加总后可得出甲、乙、丙、丁的最后总分数,如表 9-4 所示。按总分大小排序可得:丙为一等奖,丁为二等奖,甲为三等奖。

表 9-4 4位教师评价矩阵汇总表

	教师评价分数	教师评价分数加权值(分数×0.4)	学生评价分数	学生评价分数加权值(分数×0.6)	总分
甲	92	36.8	88	52.8	89.6
乙	90	36	86	51.6	87.6

---

[1] 褚宏启,张新平.教育管理学教程[M].北京:北京师范大学出版社,2013:292.

续表

	教师评价分数	教师评价分数加权值（分数×0.4）	学生评价分数	学生评价分数加权值（分数×0.6）	总分
丙	86	34.4	94	56.4	90.8
丁	93	37.2	89	53.4	90.6

（三）期望效用模型

比较著名的是约翰·冯·诺伊曼和奥斯卡摩根斯坦在1944年提出的最大期望效用理论模型和萨维奇在1951年提出的主观效用期望理论模型。

最大期望效用理论模型的提出标志着现代决策理论的诞生，是以预期理论、圣彼得堡悖论和边际效用递减率为理论基础的。该理论的最显著特点有三：一是为决策者提供一套明确的基本假设或者公理系统，用严密的数学方式来讨论个体对效用的去场合化的偏好问题；二是决策者在个体决策时追求效用最大化；三是结果发生的概率是客观存在的[①]，其期望效用函数的形式为：

$$EU = \sum P_i \mu(x_i)$$

其中 $\mu(x_i)$ 为事件 x_i 的效用函数，P_i 为事件，x_i 为发生的客观概率。

主观期望效用理论是一种高度理想化的关于人在不确定条件下的行为抽象理论，认为决策者对结果的偏好存在于自己主观世界本身，与存在于客观世界的自然对概率的安排无关。基于这一理论假设，萨维奇认为人们做出决策的期望是依据主观概率，于是用主观概率代替了最大期望效用理论的客观概率，其期望效用函数的形式为：

$$SEU = \sum \rho(E_i) \mu(x_i)$$

其中 $\mu(x_i)$ 为事件 x_i 的效用函数，$\rho(E_i)$ 是主观概率度量。

当决策者面对少数几个方案时的简单问题，且搜索和评估备选方案成本很低时，标准决策模型用以解释教育领导者的决策行为是科学规范的。但人的认知能力和计算能力毕竟有限，这就决定了人的理性的有限性，偏好不明确和不稳定成为必然，加之决策者在现实情境中不可能得到所有与决策相关的信息，如想买价格、性能、质量性价比最高的那一款教学设备，但搜索所有满足要求的设备信息所耗费的时间和精力是难以预料的。因此，标准化决策理论在现实中的应用受到各种限制，从而催生了其他决策模型。

二、描述性决策理论

描述性决策理论是在西蒙的有限理性假设基础上衍生出来的决策模型和方法，也被称为行为决策理论。它包含决策四分图、前景理论和齐当别模型，其中前景理论和齐当别模型是最典型的代表。此外，群体决策的一些决策方法模型也多为描述性决策理论，在第四节中予以介绍，此处不予论述。

（一）有限理性决策假设的心理学解读

为克服古典理性假设决策模型的弊端，美国著名心理学家、诺贝尔经济学奖金获得者赫伯特·西蒙在《理性选择的行为模型》中首次提出有限理性概念，并提出了有限理性决策模

---

① 朱新秤.教育管理心理学[M].北京：中国人民大学出版社，2008：384.

型,这种模式的目的是寻找一个令人满意的而不是最好的决策。因此也被称为西蒙最满意模型。

有限理性理论认为人的理性是处于完全理性和完全非理性之间的一种有限理性,如教育行政部门在制定决策时的理性是有限的,受目标冲突、知识不完备等因素影响,有可能导致公共利益偏离的情况。决策假设的基本观点有:

(1) 决策总是在对事物的真实特性不完全理解的基础上进行的。

(2) 不必寻找影响决策的所有可能因素,只要抓住与目标和问题最密切的主要因素。

(3) 不必追求解决决策问题的最优解,只要找到令决策者满意的解决方案。

(4) 根据所获得的信息,决策者尽量理性地处理决策过程的各个阶段的决策行为。从心理学角度来看,有限理性的内涵主要体现在两个方面:一是人的认知能力是有限的。即每个个体都是一个独立有限的由感知觉、注意、记忆、思维等组成的信息加工系统,这个系统受感觉有限性、知觉选择性、记忆有限性、遗忘必然性等因素的影响,存在着认知有限性和误用的情况。二是人是理性的。理性分为程序理性和结果理性。在不确定环境中,对未来确定认知和预测是不可能的,只能依靠某一特定的理性程序减少不确定性。

【专栏 9-2】

传统决策理论和有限理性决策模式比较

西蒙的有限理性决策理论重点在合理决策上,认为人们应该按照最大效用期望值和完全理性的原则进行抉择。传统理论则强调在决策时人们面前已有了可供选择的全部方案,决策者只要进行经济分析,选择最大利润的方案即可。两者比较如下:

传统、有限理论决策模式比较

传统决策	有限理性决策
目标的制定先于可供选择变通方案的提出	目标的制定经常先于可供选择变通方案的提出
好的决策是以最佳手段达成终极目标的决策(对决策持乐观态度)	好的决策是以满意手段达成最终目标的决策在所建立解决问题标准的条件之内(对决策持满意态度)
从事综合性的分析对所有的变通方案和所有的结果都加以考虑	对于发生问题者加以研究,一直到合理的变通方案被辨识出为止
极依赖导引做决定的理论	极依赖导引做决定的理论与经验

(资料来源:Wayne K. Hoy & Cecil G. Miskel(1987).Educational Administration:TeoryRezearch and Practiae(3rd ed).New York:Random House.)

(二) 决策问题四分图

一般认为决策的有效性取决于决策质量和认可水平。可用公式表示为:ED=Q*A。其中 ED(effective decisions)代表决策有效性,Q(quality)代表决策本身客观质量,A(acceptance)代表执行决策的人对决策的认可程度。

在实际工作中,决策质量和认可程度却充满矛盾,为此,美国心理学家迈尔(R·F·Maier)设计了"决策问题四分图"。它是以质量和认可作为两个维度,确定不同决策问题的位置,并列举了四种典型决策问题,只有实行具有针对性决策方法,才会提高有效性(见图9-3)。

（1）Q/A 类问题。指与群体成员利益无直接关系,却与组织损益密切相关的问题。这类问题请领导者与专家进行决策,会保证达到一定的质量标准。

（2）A/Q 类问题。指与群体成员的需要密切相关,却与组织损益无重大关系的问题。通过参与制度决策最有效,可以保证达到高认可水平。

（3）O/AQ 类问题。指与群体成员利益及组织损益均不密切相关的问题。可用随机方法来决策。

（4）AQ/O 类问题。指与群体成员利益及组织损益均密切相关的问题。传统决策方式是领导者或专家先进行决策,再通过强制性政策或奖励制度迫使被领导者被动认可;现代决策方式则更主张用参与决策的方法处理。

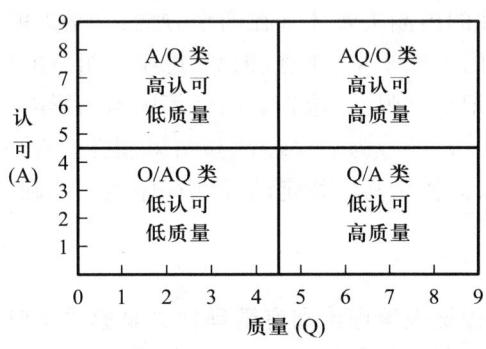

图 9-3 决策问题四分图

(三) 前景理论

前景理论又称为预期理论,是卡尼曼和阿莫斯·特沃斯基在修正最大主观期望效用理论的基础上提出的。前景理论是风险决策的描述性范式决策模型,是通过对人们在风险情形下对风险预期的研究来预测人们行为倾向的理论。

前景理论假设风险决策过程分为编辑和评价两个过程。在编辑阶段,决策者凭借"框架""参照点"等采集处理信息;在评价阶段决策者则依赖"价值函数"和主观概率的"权重函数"选择最大期望效用值做出判断。由于决策者对信息预处理的方式不同,评价后的决策结果必然不一致。而人们对收益和损失多少的关注往往不是财富,而是输赢。因此,大多数人在面临获得时是风险规避的,而面临损失时则是风险偏爱的,并且人们对损失比对获得更敏感。国内著名策略顾问刘加福曾将这一理论生动精辟地归结为:确定效应、反射效应、损失规避、迷恋小概率事件和参照依赖[1]。

前景理论在 2002 年获得诺贝尔经济学奖,应用价值很大,但在我国的理论和应用研究还很不足,仅有的应用主要集中在金融市场。知识经济背景下的教育发展正面临着诸多挑战和风险,对前景理论的研究和应用值得探索。

(四) 齐当别模型

齐当别模型是建立在有限理性和生态理性假设基础上的风险决策模型,由我国学者李纾提出[2]。该模型将决策行为描述为搜寻一个具有主观优势备择方案的过程,即指导人们

---

[1] 孙惟微(刘加福笔名).赌客信条:你不可不知的行为经济学[M].北京:电子工业出版社,2010.
[2] 朱新秤.教育管理心理学[M].北京:中国人民大学出版社,2008:386.

决策的不是最大化的某种期望值,而是在选项(包含最好和最好可能结果两个维度)间的优势性关系。因此,为了利用弱优势原则达成决策,人们必须在某一维度上将差别较小的两个可能结果人为"齐同"掉,而在另一维度上将"辨别"差别较大的两个可能结果作为决策的最后依据。可见,差别是否明显影响该模型的决策时间,且该模型更适用于备选项已知的决策问题。以齐当别模型帮助进行"直博"还是"出国"的决策为例①:

(1) 对于决策者 1 来说:备选行动方案:A.直博;B.出国;影响结果的不确定因素:个人能力和机遇;A、B 行动方案可能得到的最好结果和最坏结果(见表 9-5):

表 9-5　A、B 行动方案可能得到的结果

	A(国内读书)	B(国外读书)	U(比较结果)
最好结果(best)	博士毕业后搞科研或到高校执教	成功出国,投入另一种生活	U(A) < U(B)
最坏结果(worst)	过一种我不想要的生活	出国失败,努力徒劳,备受打击,面临考博或就业	U(A) > U(B)

比较结果时如果两个不等号一致,那就可以根据好坏维度上差别的大小进行齐同,但如果不等号不一致,则要从决策者主观效用上重点分析 A 和 B 区别的过程:

即使出国失败,得到了 B 的最坏结果,还可以通过考博来得到 A 的最好结果(或最坏结果),细想起来,A 和 B 的最坏结果的效用差别不过是"一年多的时间和辛劳"加上一点点"精神创伤"和"金钱损失",所以 B 最好结果的效用值要远大于 A 最好结果的效用值,即 $U(A)best \ll U(B)best$。

齐同的过程:$U(A)worst > U(B)worst$。

最终选择行动方案 B,准备出国。

(2) 继续深入探讨一个问题:"决策者 1 会不会后悔?"

决策者 1 会不会后悔取决于四个结果的效用是否改变。假设决策者 1 在这学期的学习中遇到挫折,可能会降低 $U(B)best$ 的值,或者在准备出国时遇到国内诱惑,可能会提高 $U(A)best$ 值,或者还有其他可能,那么他很有可能改选方案 A。

(3) 进一步探讨:"换一个人,会如何决策?"

并不是所有人都觉得出国好,决策者 2 的大多数亲人和朋友都劝他直博,他对四个结果的效用可能与决策者 1 不同,区别和齐同的过程也不同:

区别的过程:$U(A)best < U(B)best$;

齐同的过程:$U(A)worst \gg U(B)worst$;

所以,决策者 2 最终选择行动方案 A——直博。

描述性决策理论是在批判决策研究理性模型的基础上发展起来的。人们在决策过程中对复杂环境做出经济学和概率推断的精确分析是不现实的,对直觉、感悟和经验的依赖是决策不可避免的。因此,描述性范式的决策理论在对人类真实决策进行写实性描述上迈出了珍贵的一大步。但和标准化决策理论相比,它又缺乏严格的理论和数学推导,即使描述越来越好,也只能说明个体会怎样做,却无法说明个体该怎样做,因而重又陷入对人类理性苛求

---

① 朱新秤.教育管理心理学[M].北京:中国人民大学出版社,2008:386.

的泥潭。这正如一枚硬币的两面,其实质都是坚持效用理论的正确性。而在生态理性上发展起来的一些进化性决策理论,正在打开决策研究的一个新视角,在未来的几十年可能会对目前的两大决策理论给予有益的补充。

综上,传统的理性决策与经济学、统计学以及某些工程技术成分相联系而形成的标准化决策模式于20世纪50年代以前盛行。20世纪50年代以后,进入到以西蒙的有限理性决策为理论基础的描述性决策大发展阶段。两种决策理论的比较,如表9-6所示。

表9-6 标准化决策理论和描述性决策理论的比较①

要素	标准化决策理论	描述性决策理论
基础	以理性原则为基础	以认知过程为基础
目的	建立一个最优化决策的一般模型	理解真实人在一定范围内的决策
应用目标	与完美行为作为对照,通过显示决策缺陷,帮助人们达到最优化的境界	通过对决策者的培训,或者通过帮助决策者改善决策环境使之更有利,达到帮助决策者提高决策水平的目标
主导方法	数学模型与计算测量主观效用	过程跟踪知识的提取与表达
学科根源	经济学、统计学	心理学、社会学、政治学
研究者角色	机器人、工程师	教练

第三节 影响教育领导决策的因素

决策是教育领导者一项最基本的职责,而影响教育领导者决策的因素有很多,心理素质起到了主导作用。决策理论创始人西蒙和马奇的"决策人"模式就曾指出"应把学习、记忆、习惯等心理学因素作为其决策行动的基础。"②从狭义上理解,教育决策是一个选择和确定策略的动态过程,在这一过程中,需要运用教育领导者的感知觉、记忆、思维等认知能力,涉及教育领导者的情绪和个性特点。教育领导者在决策时的心理是一个完整统一的过程。通常把教育领导者在教育决策中的心理现象、个性心理特征及其心理活动过程称作教育领导决策心理。而这些心理特质构成了影响决策的心理因素,并产生特定的心理作用,形成了决策的心理效应。

一、教育领导者的心理因素

教育领导者的不同心理因素在不同决策阶段起到不同的作用。从领导者行为角度分析,领导者的感知心理是领导者辨识决策信息的基础;领导者的思维是领导者判定选择方案,做出决策的关键;领导者的情绪和个性特点是制定决策的重要影响因素。这些心理因素在教育领导行为中共同起着保证作用,对制定正确的决策具有十分重要的影响,是教育领导者心理过程中最重要的心理活动,是领导行为成功的关键。

(一)认知品质与决策

心理学上的认知过程包括感知觉、记忆、思维、想象等心理过程,这些过程是教育领导者

---

① 儒索(美),安宝生,徐联仓.决策行为分析[M].北京:北京师范大学出版社,1998.
② 阎生武.影响领导决策的心理素质分析[J].机械管理开发,2005(4):86.

进行决策的基础,而良好的观察力、注意力、记忆力、思维力、想象力等认知品质则是教育领导者了解、获取信息和正确决策的重要基础。

观察力是一种特殊的、发展水平较高的知觉能力。良好的观察力具有敏锐、全面、准确、深刻的品质,具备这样品质的教育领导者才更善于捕捉和获取成为决策依据的最有效信息,为决策的正确性、科学性、宜时性奠定基础。

注意力不属于任何一个认知过程,却对人的认识活动起组织作用。注意力的品质体现在其广度、分配和稳定性上。能够眼观六路、耳听八方的教育领导者对信息的获得更具敏锐性,而在感知、记忆、思维各环节都始终保持高度注意力的领导是决策准确的有力保障。

记忆力是人脑积累经验的功能表现。教育领导者决策的速度和质量依赖于记忆的准确和持久,良好记忆品质能为决策提供可供选择和借鉴的各种方法、途径、经验和教训。

思维是在感知基础上对信息进行分析、综合、推理和判断的心理过程。教育领导决策就是思维的设计和结果过程,思维能力即是对决策信息所进行的间接和概括反映的能力。成功的教育领导者和决策中具备的辩证性思维、创造性思维、系统性思维和开放性思维的优秀思维品质是分不开的,而非理性思维也会成为决策失败的重要原因。一些顽固型的教育领导在决策过程中就更多地反映出具有思维偏见的特征,且思想保守,不愿接受新鲜事物,甚至否定他人,或付出行为使他人被迫接受自己的想法,一意孤行的结果就是更容易导致决策的偏差越来越大。

(二) 情绪情感与决策

情绪情感是个体对自己思想和行为以及对周围事物的态度体验。情绪情感对领导行为的影响是毋庸置疑的,它对教育领导决策也存在着增力或减力的作用。

很多研究已经说明了情绪情感对决策的影响。如卢姆斯、萨格登和贝尔提出的"后悔理论"表明,如果教育领导者意识到选择的结果还没有被选择的好,就会产生后悔情绪,这说明预期情绪在决策中的作用。

巴纳德也认为,领导者必须具备高尚的道德感、理智的态度、高度的责任感,必须具备积极的心境、理智的激情、应激的坦然自若,才能保证决策的科学。

勒温斯坦更是提出了风险即情绪模型,很具有代表性,表明了教育领导决策过程中不仅存在预期情绪,还有即时情绪,这些情绪直接影响了决策行为和认知的评估。

(三) 意志与决策

意志是个体自觉确定目标并克服困难实现预定目标的心理过程,其品质主要包括自觉性、坚定性、果断性、自制力等。这些品质特性是教育领导决策所表现出的动力特性,主要取决于领导者决策行为价值关系变化的动力特性。良好意志品质是领导决策必须具备的,是直接决定决策成败的主要因素之一。

具有良好自觉性意志品质的领导者会在决策时正确对待别人意见,让自己对决策的目的与意义有正确而深刻的理解,以便做出准确决策;具有坚定性意志品质的领导者会在决策挫折的情境中具有更强的耐受力,保持坚持不懈的努力和行动;具有果断性品质的教育领导者在决策行为中表现得善于审时度势,有能力及时采取有充分根据的决策,绝不拖泥带水,绝不回避风险,绝不犹豫不决;具有自制力品质的领导者有着良好的自我控制、自我调整能力,能凭理智支配控制自己的感情和行为,并保持心理平衡,这种控制可以规避决策中不理智行为的风险。凯瑟琳·佛贺思、乔纳森·勒瓦夫、马克·海特曼、安德烈亚斯·赫尔曼、希娜·亚格尔以及鲍迈斯特分别进行的实验都证明了意志力的自我损耗对决策的影响。正如鲍迈斯特所说:"即使是最聪明的人,在休息不够和葡萄糖水平低下时,也无法做出好选择。……最好的决策者,是那些知道什么时候不能相信自己的人。"因而,能做出好决策的领导者是那些自我控制能力最强的人,是那些合理安排自己生活以保存意志力的人。

总之,具备良好意志心理品质的教育领导者通常思想高度集中,思维能力和反应能力都极为敏锐,对信息的吸收和消化,对经验的综合和利用,对未来的推算和预测,都能在较短的时间内完成,尤其在关键和危机时刻,能迎难而上适时"当机立断"。以快制胜是意志品质好的教育领导者决策的显著态度。意志力品质不佳的教育领导者,在决策行为中表现得头脑简单、轻率表态。草率是意志力薄弱的表现,草率型教育领导者在决策时则懒于思考,分不清主次,不能明辨是非,常轻举妄动、忙于应付。

(四) 能力与决策

能力是指个体顺利完成某一活动所必需的心理条件。能力是直接影响教育领导者决策效率,并使决策顺利完成的个性心理特征。作为领导能力的一个重要组成部分,决策能力由认知能力、不断优化的科学素养、创新能力、民主作风、决断魄力、组织群体决策能力等六个因素组成。

认知能力要求教育领导者要善于观察,能发现问题,尤其是人的问题;能透过现象把握本质,抓住主要矛盾,分清轻重缓急,权衡利弊得失,提出正确意见;能判断事物因果关系和发展规律,并预判发展趋势;视野开阔,具有远见卓识。

不断优化的科学素养则要求教育领导者注重优化自身学习方式,接受科学的基本训练,具有广博的科学知识和科学思维方法。领导者应具有的基本科学素养包括:善于运用辩证唯物主义的认识论和方法论来从事领导工作,做到实事求是;学习和掌握教育科学、心理学和现代管理学的基本知识;密切掌握国内外政治、经济、科学技术、教育、文化等的新发展和新动向;了解历史,特别是近现代世界史和中国的历史。

创新能力要求教育领导者对新鲜事物敏感,充满好奇心,富有想象力;善于用发散思维思考,开拓思路;善于提出新设想、新方案,用意义深远的新目标鼓励下属去完成任务;要打破定势和习惯框架,同思想僵化、因循守旧、无所作为决裂。

民主作风要求教育领导者善于真心倾听不同声音,不能搞真主意假商量,煞有介事地做样子;善于接纳各种合理意见,广开言路,集思广益,在众说纷纭中获得自己所需的内容;敢于采取正确意见,同时要善于从反对意见中汲取营养。同决策的方法和程序相比,正确合理性是决策的最重要准绳;决策失误后,领导者应主动承担该有的责任。

决断魄力要求教育领导者在无法从容商讨时能凭直觉当机立断,应急应变;在认准目标后,敢想敢干,执行坚决,不惜承担风险,不怕遭受挫折。

组织群体决策能力要求教育领导者有自知之明,有自我检视、自我调空、自我约束的能力;善于组织民主讨论,倾听接纳各方面意见,切忌一言堂;熟悉组织成员的各方面情况,尊重成员,有公仆意识和服务能力;信息渠道多样,掌握资料信息快速敏感;善于人际交往,为人处事公平公正,无歧视和偏见。

(五) 人格与决策

人格是构成个体思想、情感和行为的特有模式,具有稳定和统一的心理品质。主要包括气质、性格、认知风格、自我调控等方面。领导者的人格特征造就了其决策风格。

气质是人的心理过程的速度、强度和倾向性等的特征,是与生俱来的相对稳定的心理特征。根据希波克拉特的"体液说",气质类型可分为胆汁质、多血质、黏液质和抑郁质。四种气质类型的教育领导者决策风格各异,但并无好坏之分,只是影响领导者的活动效率、情感和决策行动。所以,教育领导者有必要充分认识自己和他人的气质特点,这对科学决策具有重要意义。

性格是一个人对现实的稳定的态度和与之相适应的惯常行为方式的心理特征,是个性心理特征的核心内容,是在后天社会生活实践中逐渐形成的,并通过态度、情绪、意志和智力四项基本特征表现出来。良好的性格是教育领导者必备的心理素质,影响着好的决策风格的形成。

决策风格是指长期决策过程中形成的比较稳定的决策倾向。其形成的重要原因之一是教育领导者的个性特征。不同的决策风格对决策效果具有重大的影响,主要表现在"对决策制定的方式与步骤的偏好、对行动的迫切性的反应和对待风险的态度与处理办法"三个方面上的差异。以决策中表现出来的个性心理特征为依据,通常将教育领导的决策风格分为冒险型、谨慎型和防御型。

冒险型风格的教育领导者通常很有魄力,对行动方案的正面后果特别敏感,因而最善于在两种难分上下的行动方案中做决策,但也存在因为忽略方案的负面后果而造成巨大损失的风险,因此,往往在生活和事业上大起大落。谨慎型风格的教育领导者的主要特征是使损失的危险降到最小,因而决策时一般比较稳健,习惯"三思而后行",稳扎稳打,步步为营。这种类型的领导适合于具有重大损失可能的高度冒险性的领导岗位,因其决策谨慎安全、思考周密,能慎重权衡各种方案的利弊得失,因此失误较少。但弱点是无法及时抓住一些千载难逢的发展良机。防御型教育领导者既力求把损失降到最小,又力求不坐失良机,因此即便在帮助决策的信息不太充分时也往往可以做出最佳选择。倘若决策正确,则可以得到收益,一旦决策错误,也能把损失降到最小。

三种风格各有利弊,不能把每种风格的区别绝对化,更不能相互对立,只有把决策风格和任务本身的情境需要统一起来,才能做出正确的决策。如果教育领导决策合理科学,执行起来就会顺利,效率也会提高,如果决策失误,必然会出现执行问题,影响效率。但毋庸置疑,一个令人尊敬的教育领导,决策必须是独具一格的,正如托马斯·曼所说:"在自己的路上找到决策的思想是一件最有意义的事。"

二、教育领导决策程序的心理要求

尽管教育领导决策的问题有大小、难易之分,也不可能用一个通用的决策模式,但基本科学的决策程序是存在的。教育领导决策的基本程序主要包括问题的识别、方案择优和实施反馈三个阶段,由于各阶段任务的不同,这三个阶段也会有不同的心理需求。

(一)问题识别阶段的心理要求

问题识别阶段主要任务是发现问题、提出决策目标和确定价值准则。

发现问题就是找出决策目标和现有条件间的差距,这就需要教育领导者采用调查研究等方式真正弄清弄懂决策情境和问题,形成综合准确的认知经验,做到心中有数。

提出目标是在发现问题基础上,根据教育组织职责和社会需求,对客观条件的变化发展趋势做出教育预测。过高或过低都是不符合成员的心理需求的,需要教育领导者对已有的各种因素及客观规律进行概括和总结,借助思维的过程超前把握并做出心理预期,还要注意做到保持群体成员的主观追求与客观需要的趋向一致性。

在确定价值准则时,则要以正确的价值观念思考问题,这样才能在错综复杂的决策因素中保持理性,对目标的可行性、合理性做出中肯的价值论证。

(二)方案择优阶段的心理要求

方案择优阶段的主要任务是拟订各种可能方案、分析评估各种方案和做出优化选择。

拟订方案就是寻求解决问题、达成决策目标方法的过程。对教育领导者的心理要求是提高处理信息的技能,善于挖掘有价值的构想和创见,不先入为主,不闭门造车。

分析评估和优选方案是决策过程中联系最为紧密的两个过程。对教育领导者的心理需求是全面的,要具有高度的责任感,要保持积极的情绪和调节能力,要有坚忍的意志品质,要提高理性判断的能动性,理智运用决策权力。

(三)实施反馈阶段的心理要求

实施反馈这一阶段的主要任务是实施方案,追踪方案实施的情况,并进行反馈调节。

实施方案阶段需要教育领导者考虑到群体成员的心理需求,即群体成员有了解方案目标、意义及利益关系的知情权的心理需要。群体成员可能存在不愿意实施方案的畏难情绪,也可能对方案实施有参与的心理需求等,教育领导者要做好宣传、动员、释疑和激励工作,让群体成员以积极主持的态度和主动自觉的行为实施决策方案。

追踪反馈调节方案阶段,需要教育领导者坚定信念,并不断鼓舞群体成员的工作热情。既要和干扰目标实现的不良心理及行为做斗争,又不能对需要变动或校正的决策内容拒不修改,固执己见。坚持对的,修正错的,才能够以成功的决策获得成员的认可和支持。

三、教育领导决策的心理误区

对教育领导决策程序的各阶段心理要求已清晰可见,因各阶段领导决策的任务和心理要求的不同,影响的心理效应与心理作用也不相同。

(一)问题识别决策阶段的心理误区

在问题识别决策阶段,大部分心理误区的产生都是由于教育领导者自身对客观事物的认知不准确造成的,即在收集信息的主观认识中可能会出现一些习惯化、固定化的知觉模式,如首因效应、近因效应、晕轮效应。还有一些误区则源于信息分析、处理不当形成,如心理定式效应、框架效应和心理账户,等等。

1. 首因效应、近因效应和晕轮效应

首因效应是指教育领导者在心理上对某人或某事产生的第一印象对以后知觉的情感因素定势。近因效应则指某人或某事近期表现在教育领导者头脑中占据的知觉优势改变了以往知觉。这两种心理效用都是对人或事的片面了解和主观臆断,容易使决策信息失真。晕轮效应指某人或某事由于其突出的特征给教育领导者留下的深刻印象而忽视了其他心理和行为品质。积极肯定和消极肯定的"晕轮"都会干扰对信息的评价,教育领导者要尽量以客观的眼光审视决策信息,避免以偏概全。

2. 心理定式效应

心理定式效应指决策者对某人或某事根据一贯处理方法或习惯性的处理措施而造成的影响,是一种心理上的"定向趋势"。心理定式效应对决策者的影响包含积极和消极两个方面。教育领导者会因自身的权威性对信息以经验或惯例来处理,很容易产生决策偏差或决策误导。但有时原有的经验又可以帮助教育领导者正确迅速地做出判断。所以,对于教育领导者,尤其是高层决策者来说,因为要决策的问题更为复杂,尤其应防范心理定式的负面影响。

3. 框架效应

框架效应是指一个问题的两种不同表征但逻辑意义上相似说法却导致不同决策判断。作为决策第一步,教育领导者的决策框架决定着决策的方向。康纳尔大学儒索教授的"智能框架"理论研究认为,决策者在判断和选择过程中存在框架盲点、框架错位和框架固化等常见决策陷阱,而多数情况下这些框架效应的决策陷阱不是由计算错误造成的,而是类似于知觉错觉的缘故。因此,无论是专家还是新手,无论是冲动还是深思的决策,都会表现出某种程度的框架效应,教育领导者也无法回避。从多种角度看问题,重大问题尽量群体决策,一个问题、一个框架等措施,可以尽量减少框架效应造成的损失。

【专栏 9-3】

儒索"智能框架"理论中的决策框架陷阱

20 世纪 70 年代,康纳尔大学儒索教授提出的"智能框架"理论认为,决策者在判断和选择过程中存在框架盲点、框架错位和框架固化等常见决策框架陷阱。

框架盲点指决策者在决策时因选取角度不同,如视觉盲点一样看不到问题的关键而盲目相信决策的准确性。如有些家长、教师或教育领导者认为升学率是评价中小学校办学质量好坏的唯一指标。

框架错位指由于弄不清问题解决的关键而导致对决策方案和对于不熟悉事物的解决不能协调一致的现象。如高校后勤社会化改革推行没有想到更多地依靠社会力量,而是等待政府加大经费投入,这就是市场经济框架与计划经济框架发生错位。

框架固化指习惯用过去成功的固定决策模式解决已随情境变化的新问题时的思维僵化现象。如有些中小学校在全国推行素质教育和创业创新教育下,仍抱着应试教育的题海战术或考试分数、技巧不放,把学生禁锢在书本和教室里。

(改编自:丁志强.教育管理心理学[M].沈阳:辽宁大学出版社,2000:305.)

4. 心理账户

心理账户指人们在心里有意或无意地把财富划归到有不同记账方式和心理运算规则的不同账户进行管理的现象,是芝加哥大学查德·塞勒教授在 1980 年基于前景理论提出的经济学定律。卡尼曼和特沃斯基将心理记账方式分为最小账户、主体性账户和综合性账户三类,不同账户间不能互相替代挪用,即专款专用。因此,从经济学的角度看,心理账户对个人理财是个不错的帮手,然而把它和决策联系起来,则存在一定的风险。因为心理账户的记账方式并不是依据经济学和数学运算中的理性经济法则,而是以非预期的方式影响决策。决策前,人们一般会根据"心理账户"来决定事情的重要性,进而决定取舍。而决策者的情感情绪、成就动机、价值权衡、才智品德、心理偏好等心理和行为都是影响心理账户的重要因素,这些非理性状态下做出的决策往往有失偏颇。如一些校长在决定进行校园基础建设时,宁可选择高额利息贷款,也不愿意用学校的存款。

(二)方案择优决策阶段的心理误区

这一阶段的主要任务涉及的是方案的设计与选定,主要产生的心理误区有群体参与式决策效应、无风险决策、决策的权力心理效应和不确定型决策的心理效应。

1. 无风险决策

每一位领导者都希望自己的决策是完美并获得最大收益的,因此无风险决策是每一位领导者都追求的理想决策结果,但这和决策现实并不相符,势必让领导者陷入误区。由于存在不可控制的随机因素,任何领导者在进行决策时,都无法保证一个决策方案只有一个最好的结果。除信息不充分、不可预知因素发生、决策机制不健全等客观因素外,决策者的能力不足、受情绪或成见影响导致判断失误等主观因素也是大量存在的,而领导者的个性、气质也是领导者对不同方案进行最终选择的重要影响因素。随着决策机制的发展与完善,客观因素在决策风险中的比重越来越小,主观因素却越来越重要。因此,高效的决策真正需要的是理智的风险决策,要理智地冒险而并不是铤而走险。

2. 决策的权力心理效应

决策的权力心理效应是指领导者因行使自己的决策权力不当而产生的消极心理效应。行使合法权力进行决策是领导者最基本也是最重要的职责,领导权力的合法性保证了决策具有权威性,并使决策目标的实现成为可能。这是权力给决策带来的积极影响。但行使权力不当所造成的消极心理效应也是现实存在的。如权力专断对群体成员造成的参与决策的失望、压抑与失落;权力强迫则加剧了干群矛盾和冲突,为决策目标的实现制造了障碍;而权力带给领导者的自我膨胀和骄傲自满等情绪的滋生则是最危险的,极大加剧了决策偏离组织目标和失误的风险。因此,明确决策目标、避免道德或偏见因素、避免绝对性原则、注意人际关系等方式,可以帮助教育领导者减少权力效应的影响。

3. 不确定型决策的心理效应

不确定型决策与风险决策相似,区别在于因随机因素产生的几种后果的概率是不可预知的。由于不确定型决策的风险系数可大到不可预知的地步,所以领导者在方案选择时的矛盾冲突就更趋复杂,心理作用也就更为突出,存在悲观、乐观、平衡、侥幸四种典型心理。以悲观心态来选择决策方案的领导者认为决策的负面效应要大于正面效应,因而会首先在应付最坏情况下的几种方案中选择一个更好的,这样的决策必然导致低效益。以乐观心理来选择决策方案的领导者侧重于分析决策成功的可能性与效益大小,两者可能性均较大时就会确定决策,这样的决策将带来高效益,但决策的风险也是最大的。以侥幸心理类来选择决策方案的领导通常采用观望、见风使舵的方式,对任一方案都不肯定也不否定,考虑到效益大就实行,若决策受阻,会选择下一个方案继续观望并等待机遇,这是领导者无能的表现。平衡心理对决策者来说是一种较理智的心理,它要求决策者将所有可能出现的机会均等看待,反复考虑得失利弊,效益与风险兼顾。平衡心理要求决策者寻找效益与风险的平衡点,力求高效益、低风险。

(三)实施反馈阶段的心理误区

进入这一阶段,需要对决策方法和决策运行效果进行评估监督,以便纠正偏离的决策。在这一阶段易出现的心理误区主要有过度自信、沉没成本效应和追踪应变效应等。

1. 过度自信

过度自信指领导者独断性意志品质在决策时产生的心理和行为偏差。有自信是利于决策的好心理品质,但过度自信的领导者则会让自己的决策走向独断性,陷入这一误区的领导者会坚持己见,即使环境发生变化,仍会坚持自己的最初意愿不肯更改,甚至一概拒绝他人意见或建议,盲目行动,这是缺乏自觉性和意志薄弱的典型表现。要克服过度自信带来的决策失误,可以考虑结合群体决策或教师参与决策的方式。

2. 沉没成本效应

"沉没成本"是经济学和商业决策制定过程中的概念,指那些已经付出且不可收回的成本,如时间、资金、精力等。沉没成本效应的最原始含义是"如果人们已为某种商品或劳务支付过成本,那么会增加该商品或劳务的使用频率。"这一含义强调了成本对后续决策行为的影响,沉没成本效应在学校决策中也是广泛存在的,如各重点中小学设立分校、大学城不断追加扩建等。究其原因,尚无定论,布鲁克纳(Brockner)认为由于人们存在自我申辩的倾向,即决策者因不愿承认先前决策失误而希望与先前的选择保持一致;美国俄亥俄州立大学教授霍尔·亚科斯(Hal Arkes)和英国利物浦大学的卡特琳·布拉默(catehrine Blumer)则认为沉没成本效应反映出的是一种"避免浪费的愿望",也有研究者认为是由于人们会产生尽快弥补损失的强烈动机,这种动机会导致决策的风险寻求。但无论沉没成本效应是由什么样的动机和心理过程所驱使,这是一种非理性的决策现象是毋庸置疑的,并会因这种对原决策的评估反馈而影响到新决策的制定。因此,学习相关知识,可以帮助领导者更加理性地对待沉没成本。

3. 追踪应变效应

追踪应变效应指领导者评估方案执行的方法时产生的维护原决策的心理和行为偏差。追踪和应变的前提是认同原决策不完善或错误,但接受这一前提对一些领导者来说是一件有难度的事情。领导者可能因自尊心或情感因素的驱动极力维护原决策,甚至掩盖决策的真实情况,制造假象,从而陷入自我迷惑的心理失衡或矛盾状态,使得实施反馈的作用无法发挥。原决策被认定有误可能会激发原决策反对者失衡的心理而采用极端否定的方式来宣泄偏见与压抑的心理,这种担心可能也是领导者维护原决策的原因。采用第三方评估反馈、注意保密、加强对原决策的讲解说服,对弱化追踪应变效应有一定的效果。

任何一种决策,都是在一定环境下,按照一定程序(流程),由单个人或多个人集体做出的,而教育领导者就是教育决策过程中最关键的因素。但教育领导决策并不像数学运算那样单纯直接,因为决策不仅是一个客观过程,还涉及大量的个人情感以及价值判断等主观因素,不可避免会出现多种多样的问题。正确、全面、系统地认识心理误区,尽量有意识地避开这些误区,会增加获得满意决策结果的可能,对正确决策具有重要的作用。

第四节 教育领导集体决策

在现代的教育组织中,正越来越多地用到集体决策,并且越重要的决策越是倾向于采用集体决策,如由领导班子、学术委员会、教授委员会、校务委员会、评审小组等做出的决策。在诸多集体决策的决策主体中,教育领导集体是教育事业发展的重要领导主体,对教育组织的"集体领导"或"群体决策"机制是具有典型中国特色的核心特征。

一、教育领导集体决策的概念

(一)教育领导集体

教育领导集体俗称领导班子,是指由教育组织内主要领导者和组织内其他不同领导岗位上任职的若干领导者,经由组织程序产生并组成的行使组织管理职能的群体型领导主体。

中国特色的"集体领导制"最重要的特征就是"集体"二字。就权力组织而言,是由"领导集体"掌握教育行政权力;就权力机制而言,是对教育事务进行"集体领导"。因此,"教育领导集体"的"集体领导"机制是中国特色的核心特征。在我国各级各类教育组织中的领导都是按"集体领导"原则进行的,是民主集中制原则在教育领域的具体体现。

教育领导集体是教育组织的领导核心,它不是指具体的某个人,而是若干人组成的群体型领导主体,因此也被俗称为领导班子。领导班子也不是各岗位的领导个体简单松散的拼凑叠加,而是为了达到教育组织目标进行的科学有序的排列组合,是具有高度组织性和能动性的有机整体。具有功能多样、结构复杂和一定规模性的特点。领导班子是各级各类教育组织制定决策和实施决策的核心和"战斗司令部"。目前,我国教育行政机关是党委(党组)领导下的首长负责制,高校是党委领导下的校长负责制,中小学校则主要实行校长负责制。

教育领导集体是教育组织的领导核心,它的出现是教育领导活动适应生产高度社会化、科学技术复杂化以及中国基本国情和文化背景的必然要求。对教育领导集体心理结构的研究,可以深入了解集体领导的基本属性和重要功能,并通过优化教育领导集体心理结构,提高集体领导的适应力,增强领导力。

(二) 教育领导集体决策

教育领导集体决策又称为教育领导群体决策,是指由教育领导班子共同参与制定完成的决策。

教育领导集体决策是教育群体决策中最主要的一种类型,和教育领导个体决策相比,教育领导集体决策可以避免由个人主观认识偏差所造成的失败决策,领导集体中的每一位领导可以在相互的沟通讨论中产生更多的解决方案,从而降低了错误决策的风险。但缺点是比较耗费时间和精力,容易产生责任不清,并且领导班子成员在决策时可能存在群体压力干扰,或因为决策问题复杂而造成最小共同基础上的妥协,此时的决策则不向个体决策那样有利和积极。而教育领导个体决策的优点就是花费较少的时间和精力,且领导者思路不易受外界影响,但同时也增加了错误决策的风险。具体采用哪种决策则需视具体问题而定,通常较重大的决策建议采用集体决策方法,如中小学校决策体制中的"三重一大"决策制度就是领导集体决策的运用。教育领导的个体决策和集体决策的比较情况如表9-7所示。

表9-7 教育领导集体决策与个人决策的比较

决策因素	教育领导个体决策	教育领导集体决策
科学性	较差	较好
速度	快	慢
创造性	较高,但质量可能较低	较低,但质量可能较高
认同度	若认同度低会影响决策实施的效果	较高,容易调动起成员的能动性
风险性	受个人气质、经历、文化背景等诸多因素影响	若群体多数成员富于冒险性,则趋于更大的冒险;若反之,较保守,则更趋于保守

(三) 教育领导集体决策规则

由于教育领导集体决策会涉及许多教育组织成员甚至是整个集体的利益,且班子成员间的认识不一样、信念不一致、情感不相容、意志行动不协调等情况的客观存在,不可避免地会妨碍领导集体的团结合作与领导效能的发挥,所以如何达成决策的最终一致性是许多学者关心的问题,一般会采用以下规则来制定决策:

(1) 多数决定原则。即采纳班子中大部分成员所持的意见。
(2) 真理决定原则。即越来越多的集体成员认识到决策的正确性。
(3) 2/3 多数原则。即得到 2/3 或以上成员支持的决策将被采纳。
(4) 首先转换原则。领导集体会倾向于采纳班子成员观点第一次发生转变时的决策。

以上的决策规则可以说明 80% 的组织决策。当决策任务反应的仅是一种偏好时,主要采用多数决定原则;而在有一个正确答案的智力型决策任务上,主要采用真理决定原则①。

(四) 教育领导集体决策技术

作为教育集体决策的一个典型代表,群体决策的技术对教育领导集体决策都是适用的,并且对这些技术的掌握,有利于教育领导集体更好地通过参与式群体决策获取更好的决策参考信息。常用的群体决策技术如下:

1. 头脑风暴法

头脑风暴法又称作专家会议决策法或头脑激荡法,是指通过一定数量专家或群体成员的创造性思维来对决策对象未来的发展趋势及其状况做出集体判断的方法,可分为直接头脑风暴法和质疑头脑风暴法。

直接头脑风暴法又称作畅谈会议法和智力激励法。由美国心理学家亚力克斯·奥斯本于 1939 年首创。即群体成员在决策会议中可以无所顾忌地各抒己见,无需考虑这种看法是否符合群体主流方向。

质疑头脑风暴法是指同时召开由两组专家或同质群体成员分别在两个会场进行的集体讨论会议,一组按直接头脑风暴法提出设想,另一组则对第一组会议的各种设想进行质疑,从而形成一个更科学、更可行的预测方案的方法,即对头脑风暴法的设想或方案的现实可行性进行评估的一个专门程序。

头脑风暴法一般以 5~10 人为宜,并大致经历准备、热身、明确问题、重新表述问题、畅谈、筛选等阶段。要保证该法最大效果,最重要的是要无条件地接纳别人的意见,不批评、不指责、不嘲笑,并且在严格限定的问题讨论范围下追求发言数量和鼓励即兴发言,并鼓励对所有发言进行讨论并依发言进行相应的改进。这样既能解决问题,又能强化成员情感和群体凝聚力。

2. 名义群体技术

名义群体技术是在结合头脑风暴法原则上形成的一种集体决策新形式,即与会者要通过提出意见、对意见进行评价并进行投票等程序进行选择。

名义群体技术需遵循的基本步骤是②:

(1) 观点悄然产生。大约需要 5~10 分钟,群体成员在会议房间中默默将需要讨论问题的解决方法写在表格里,全程不能相互讨论,也不能抄袭。

---

① 刘永芳.管理心理学简明教程[M].北京:清华大学出版社,2015:136-137.
② [美]伦恩伯格·奥斯坦.孙志军,金平,曹淑江等译.教育管理学理论与实践[M].北京:中国轻工业出版社,2003:154.

（2）转圈记录观点。领导者以此记录成员的所有观点，得到所有观点清单。

（3）讨论观点。群体成员依次对每一条观点展开讨论，表明是否支持以及需修正之处。

（4）初步表决。参与者独立在卡片上写下自认为最佳的方案排序，并进行保密表决。票数排在第一位的方案就是初选的解决方案。

（5）补充讨论。确认表决方式经过分析、检查是否可以做一个更加准确的决策。

（6）最终表决。与初步表决形式相同，最终确认结果，决策全程结束。

名义群体技术在提供解决方案的数量和质量上均优于头脑风暴法，但耗时相对较长，且不能消除地位和差异对群体造成的影响。

3. 德尔菲技术

德尔菲技术取意古希腊一所收集各地聪明人意见的神殿的名字，是20世纪50年代美国著名咨询机构兰德公司与道格拉斯公司合作设计出的一种决策技术。即主要采用单独函询方式采集相关专家的意见，经过整理反馈给专家，然后再次采集、整理、反馈等多次循环后得到最终一致性较高、科学性较强意见的决策技术。

德尔菲技术的基本操作步骤是[1]：① 拟定决策提供；② 选择参与者范围，通常是该领域有名望的人或专家，10~15人为宜，大范围且程度深的决策可选择100人以上；③ 独立决策，通常采用发邮件或是单独谈话方式对参与者进行书面意见收集；④ 整理收集资料；⑤ 如有需要，修改决策意见并多次循环反馈；⑥ 得出决策结果。

德尔菲技术和头脑风暴法及名义群体技术的最大的区别就在于决策群体是一个"隐形群体"，即参与意见决策的群体不需要集中在某一特定场所面对面地讨论，而是通过发邮件的形式并经过一定筛选程序产生结果。这为忙碌的专家们提供了便利，不受时间、空间限制，且不受他人意见干扰，因而被广泛应用在商业、政府、军队和学校等。如某省在实行中小学校弹性放学时间政策之前，可以对学生、教师、家长、教育专家等团体使用该技术进行决策。但德尔菲技术在实施中也存在一定的缺陷，如反复收集材料，耗时较长；专家意见通常坚定不易改变，决策受到参与者的主观影响较大等。

二、教育领导集体决策的心理学意义

从管理心理学角度看，教育领导集体的领导行为就是领导集体内各领导成员间发生心理共鸣后，共同对被领导者施加心理影响、激励组织成员工作积极性，为实现共同组织目标而共同努力的集体领导过程。

领导集体和集体领导既有联系又有区别。领导集体是指领导组织的构成，而集体领导则是指领导集体的活动形式。集体领导的优点在于把领导集体所有成员的优良心理品质结合起来发挥领导的功能。它的心理学意义包括：

（一）有利于形成集体智能，克服个人的认识偏见

教育集体领导的实行，可以将每一位领导成员的聪明才智都汇集起来，有利于集中领导班子的群体智慧。在教育领导集体中，每一位领导成员都可以就某一项决策内容从不同角度发表思考分析的意见，分析问题，这样就可以集中群体智慧，从而得出比较合乎实际的结论或决策方案，也可以避免或克服个人认识上的片面性、情绪上的偏激性、意志上的草率性

---

[1] 褚宏启，张新平.教育管理学教程[M].北京：北京师范大学出版社，2013：288-289.

和行动上的盲目性。领导集体在认识和处理问题时,由于集中了领导成员的正确意见,因而就可以避免或减少失误,提高领导工作的效能。

(二)有利于发挥特长,调动领导成员的积极性

教育集体领导的实行,在领导成员对具体管理工作分工负责的情况下,能够激发每个领导成员发挥自己的特长和才能,充分调动其积极性。

(三)有利于各司其职,增强领导成员的责任感

在决策时,每个领导成员都参与讨论和做出决定,因而都负有责任,这样就会增强每个领导成员的责任感和义务感,避免事事请示或相互依赖的心理,提高心理相容水平。

(四)有利于资源共享,提高资源掌握水平

在领导活动过程中,领导成员之间通过密切交往可以促进彼此间的信息沟通。由于阅历和实践经验存在差异,成员们对同一事物的认识出发角度是不同的,背景的差异也会导致对于各种情况的掌握程度不同,因此需要资源共享、信息沟通、长善救失,从而提高领导成员的资源掌握水平。

(五)有利于增强团队精神,发挥集群约定功能

较科学的领导团队是由擅长不同领域的管理人才共同组成的,呈现出梯形的年龄结构、合理的知识背景、优化的智能结构、协调的气质结构和精于配套的工作结构。科学化的团队更易于在认知上达成一致,对事物形成统一态度、看法等,有利于成员之间彼此了解,提高工作效率,从而增强团队精神,更好地发挥集群约定功能。

(六)有利于建构和谐人际关系,促进组织目标达成

领导行为是人际关系的具体表现,是通过建构和谐的人际关系得以实现的。领导集体内成员之间的和谐关系与融洽的心理氛围是领导效能的重要影响因素。成员之间若形成不良的人际关系,会导致内部关系恶化,间接影响到领导效能。成员之间良好的人际关系也会加强彼此在心理上的交流与联系。如果成员之间在心理联系上是脱节的,领导集体发生作用便无从谈起,组织目标也无法达成。

三、教育领导集体决策的心理误区

美国知名行为科学家爱·沙因指出:不能实现真正平等与民主的群体决策,还不如领导者个人决策。教育领导集体决策是中小学校教育管理中经常使用的决策方式,但假群体之名而行个人专断之实,出现失误和问题责任均摊,或者领导集体成员之间的一些心理因素的影响,都会造成群体决策的不公平、不合理,妨碍决策质量提高。

(一)群体参与式决策的心理误区

1. 群体参与式决策解读

教育组织群体参与式决策是指教育组织成员的思想和感情都投入到一种鼓励个人为组织目标做出贡献、分担责任的团队环境中的决策形式,主要包括教师参与决策和社会决策主体(家长、社区成员、企业等相关人员)参与决策两种。

作为一种决策手段,群体参与式决策是处理重大定性决策问题的有力工具。作为一种有效的激励手段,群体参与式决策已经成为中小学校实施民主管理的一种日益重要的具体管理制度和运作模式,并成为教育领导集体决策和传统校长负责制的有益补充。尤其在涉及多重目标、动态时间和不确定状态的复杂问题的决策时,群体参与式决策的作用凸显,为此得到越来越多教育领导者的认同和重视。

毋庸置疑,在教育决策的科学化、民主化、依法化、规范化发展背景下,在教师专业化发展和校本管理改革的教育形势下,群体参与式决策已成为一种必然,对学校发展的好处也是显而易见的。如能够让学校领导集体获取更多的决策信息和备选方案;能够提高教师的自主管理意识和责任感;能够增加决策方案的可接受度,有利于方案的贯彻落实;能够提高教师对学校的认同感及对职业的满意度;能够改善学校领导和教职工的关系,使学校的组织气氛更加和谐等。

2. 群体参与式决策的心理误区

随着对群体参与式决策形式的大力提倡,教师对中小学决策的参与度普遍提高。有调查表明,在上海某区26所中学里,有92%的领导和70%的教师认为,他们所在学校的教师参与或部分参与学校管理决策的情况是比较好的[1]。但在更广泛范围的中小学校教育管理实践中,群体参与式决策的优势并没有得到真正的发挥,存在如下一些不良的倾向。

(1)容易忽视成员自我保护心理,形成明显的形式化。如将参与决策的教师或家长和其他相关社会成员仅当作表决机器或"走过场",而不考虑决策方式对参与者真正意见获取的影响。有些教师在召开座谈会征求意见时,会考虑到他人在场而采取委婉的表达甚至隐瞒真实想法,而在书面无记名形式且纯粹是打勾征求意见时,则会毫无保留地表达自己的真实意见。忽视教师的这种正常的自我保护心理,必然会导致教育领导群体决策功能失衡。

(2)容易滋生小集团意识,因人而决策。如学校的行政管理者通常拥有自己的"势力范围",且在这些势力范围内拥有相应程度的权力、自治、决策权限、合法性,加之中国"自己人"文化的影响,在群体决策,尤其是遇到需要做判断的简单问题时,如评优、评选推荐人选时,可能会为护卫其权利领域而不愿让局外人过多参与决策。

(3)决策失误后逃避责任,产生冒险性偏移心理。冒险性偏移指参与过群体讨论后,个体更容易采用高风险方案,是群体决策极端化倾向的一种情况。这种心理产生可能受到群体成员彼此熟悉程度或是群体冒险性文化等原因的影响,但最被认可的一种说法是因为群体决策分散了责任,所以会更冒险。

(4)群体成员决策态度的差异会影响决策公平。群体成员不同的知识水平、认知能力、实践经验必然会产生不同的决策态度。以教师为例,大部分教师并不一定想参与学校的每一项决策,他们只对关系自身利益和专业发展的决策内容更敏感,如教学任务的分派、业务工作的评价、职称的评聘等;有些教师因不愿承担决策失败的责任,或者对决策内容的不熟悉,在参与决策时只是表达自己的愿望,而不做决定,这使得决策出现长期的"议而不决",最终很可能"流产";还有一部分教师的参与意识极其淡薄,他们或抱有"事不关己,高高挂起"的心态,或存有"说了也白说"的消极心理,也或者担心"吃力不讨好"。教师的这些不同心理状态必然会衍生出不同的决策态度,从而影响群体决策的效果。

(5)独裁或家长式作风依然存在。在我国大多数中小学校,学校的决策权部分集中在上级教育行政部门,部分集中在校长和以校长为首的学校领导班子手中,时间一长,与校长负责制相对应的集权式决策体制就容易产生独裁或家长式作风。有调查表明,94%的教师

---

[1] 戴永忠.中学老师参与学校决策的管理研究[D].华东师范大学硕士论文,2004:45.

认为学校的决策权主要掌握在校长和以校长为首的领导班子手里①。也有研究表明,中小学校长和教师对校长决策所采用的主要参考依据的认识上存在较大分歧,有62.4%的教师认为,校长决策会根据上级权威指示和自己的经验,而较少考虑教师提出的意见;而校长却认为自己决策的参考信息61.2%来自教师的反映,上级行政主管的意见只占22.4%②。

以上这些不良倾向限制了群体参与性决策应有功能的发挥,需要教育领导者对此有清醒的认识。

(二)教育领导集体决策的心理误区

1. 群体盲思

群体盲思(Collective blindness)又称集体盲思、群体思维,指在集体决策过程中,由于成员倾向追求自己观点与集体思想一致,而使集体缺乏以不同角度思考和现实评价各种可能行动方案的倾向性思维方式。美国心理学家艾尔芬·詹尼斯在1972年最早将这一概念用于决策的研究。

群体盲思的表现方式在教育领导集体决策中同样会呈现。如:对已做出的决策倾向集体合理化,而不是根据现实情境变化进行客观的重新审视和评价;集体对做出决策的正义性深信不疑而忽视道德的挑战;以冷嘲热讽的方式对那些质疑集体决策的人予以反击和施加压力,而不是以证据来反驳,从而使多数人屈从与集体保持一致;对那些反对集体决策的人和群体存在偏见而不屑争论;对集体决策有疑虑时总是倾向认为自己没有权力质疑多数人的决定或智慧而保持沉默;有些成员还会采用扣留、隐藏不利于集体决策的信息或资料,或限制成员提出不同的意见的方式来保护决策的合法性和影响力,于是就产生集体意见是一致的集体统一错觉,甚至使很多荒谬的决策合理化。可见,受到群体盲思影响的教育领导集体,可能不会也不愿意发现或听取那些有争议、有创意的想法或观点,这必然会增加领导班子做出不合理集体决策的风险。

2. 从众效应

从众效应(Bandwagon effect)也称乐队花车效应,指人们在真实的或臆想的集体压力下有意或无意的在认知和行为上以多数人或权威人物的意见或行为作为准则,做出判断、形成印象,进而行为上努力与之趋向一致的心理变化过程。包括思想和行为上的从众,即俗称的"随大溜"。

从众是一种普遍的社会心理现象,其本身并无好坏之分,在教育领导集体决策中的作用取决于在什么问题及场合上产生从众,并表现为积极的从众正效应和消极的从众负效应。在教育领导集体决策中,班子成员与集体主流方向达成一致,可以互相激励情绪,有利于建立良好的决策氛围并使个体达到心理平衡,有利于有效规避风险和取得进步,此时的从众效应表现为积极正效应。但不顾是非曲直的盲从多数,没有必要的独立思考,则会缺少对决策科学性、风险性的考虑,会因过分追求意见一致性而忽视决策的质量或认同度,从而增加了错误决策的可能,则表现出从众效应的消极负效应。教育领导者组织集体决策时应防止从众负效应出现,尽量为决策参与者提供足够多和准确的信息,并尽量保证提供独立建议的机制,避免在表面一致的情况下,强行通过不正确的决策。

---

① 李国书.论我国公立中小学校决策中的教师参与[D].华南师范大学硕士论文,2002;34.
② 樊丹丹.中小学校长决策过程研究[D].华东师范大学硕士论文,2006;18,25.

3. 乐队效应

乐队效应(Band effect)是指集体成员的意见被集体内的个别人(如校长、书记、专家)所左右的心理现象,就像一个乐队演奏乐曲是以指挥的指挥棒为标准一样。

在中小学校,教育领导集体决策受校长负责制的影响,在决策过程发表意见时会自觉或不自觉地以校长的意见为导向;有时又会受到党组织对学校工作政治领导的影响,受到书记类似的影响,而这种影响在领导集体决策参考全校教职工或专家决策意见时也会出现。如在校内公开选拔竞聘教导主任,需要群体成员投票,大多数群体成员会不自觉投给校长看重或有预期的人。这同传统的官僚制和科层管理模式给教师留下的刻板印象有关,使得不少教师认为管理是少数领导者的事,与己无关。显然,乐队效应在维护教育领导权威和推行教育改革政令上是有一定积极作用的,但表面民主、实质独裁决策局面的出现也是一种必然,这样,集体决策就成为空谈,这是应该避免的消极作用。因此,明智的教育领导者,在集体决策时通常不会先谈自己的看法,在参考意见时,也不会先让有权威的高级人员或专家发表意见,而会让一线教职员工在分析问题时进行开诚布公的、没有疑虑的、深入的讨论,再由专家进行发言,自己最后阐述看法,形成更为科学的集体决策。

4. 黄灯效应

黄灯效应(Yellow light effect)是指在集体决策过程中人们的拖延现象,因为这种心理效应和公共交通管理中的"红灯停,绿灯行,黄灯亮了等一等"中的等相仿。

交通管理中等待的"黄灯时间"就是教育领导集体决策行与不行的判断等待时间,而这一时间的任何决策选择都需要付出成本;选择"不等"付出的是违规成本,选择"等"付出的是机会成本。所以黄灯效应往往出现在领导集体风险决策时,这和人们规避责任的心理需要密切相关。在集体决策的结果风险性较大,或决策情况进退维谷时,教育领导集体决策成员为不承担失败的风险和责任,可能会找借口拖延。这种情况会导致机遇的错失,从而造成难以挽回的损失。如国家推行高考制度改革,一些省份会把握机遇,率先行动,而另一些省份则处在观望状态,长此以往,教育发展的差距将会越拉越大。而且很多的教育改革决策都会遭遇"下面赞扬声、中间争议声、上面不吱声"这样的尴尬情况,说明领导集体决策中的黄灯效应还是普遍存在的。

5. 坏情感效应

坏情感效应(Bad emotional effect),指集体成员在决策讨论过程中因自己意见被批评、反驳、质疑或出现对立观点后出现的心理不快的情感反应,并造成为了面子坚持己见、盲目决策的心理现象。

教育领导集体决策就是需要集思广益,为合理决策进行争论则不可避免,且这种争论通常是对事不对人,形成批判性的讨论氛围对打破群体思维或从众效应的消极影响是有益的。但人们通常都更坚信自己是正确的,并希望自己的观点被认同和接纳,这会给成员带来更积极更愉悦的心理体验。而无条件地接纳他人的观点则显得更有难度,成员会更倾向于急于表达,于是"互不相让"就成为集体决策中最常见的一种特殊现象。尤其在不团结、不和谐的组织氛围下,最常见的就是强权的校长或势强的校领导会各持己见。观点不被接纳的集体成员会产生不同程度的心理不快与反感的心理,因而可能会出现沉默或者失去冷静客观的不合理争执,这种争执已经脱离了合理决策,更多的是为了维护自己的面子,产生消极影响则是必然的结果。制定讨论规则和提高集体成员情绪调控能力对缓解这种对立有一定的作用。

6. 群体偏移效应

群体偏移效应(Group migration effect)又称为群体极化(Group polarization),指集体成员在决策讨论中,成员已存在倾向性的意见会得到更多的支持而加强,从而使一种观点或态度从原来的群体平均水平加强到具有支配性地位的心理现象。群体思维也是群体偏移的一种表现。

群体偏移会带来群体决策极端化的倾向,一种是冒险性偏移,一种是谨慎偏移。冒险性偏移在群体参与决策中已做介绍,这里不再赘述。谨慎偏移是指参与过集体讨论后,会加强集体成员的初始平均倾向,即更容易采用保守方案。群体决策极端化的倾向随处可见,在教育领导集体决策上也不例外。如对学生的诚信品质高度重视的校领导,在对如何处理考试作弊学生的集体讨论中,往往会加大对学生的处罚力度,而不主张以偏见对待学生的校领导,则会更加倾向采用批评教育等较轻的处罚。研究者对这种决策极端化现象提出了自己的解释,主要有群体决策规则(如少数服从多数)、社会比较观点、信息影响论观点、社会同一性理论四种。根据布朗的社会同一性理论,教育领导集体决策时,所在的领导集体会自然成为集体成员单独决策的参照群体,集体的价值观会加强个人的感觉,最终决策是趋向冒险,还是谨慎,则视集体的价值而定,但多数情况会更冒险。

由上可见,群体偏移效应对教育领导集体决策具有双重意义,它能够促进群体意见和行动一致,增强集体团结和内聚力,这是积极的一面;但它也可能促使错误的决策更趋向极端。并且,似乎群体偏移更容易在一个具有强烈集体意识的群体内产生,因而是比较团结和谐的领导班子更应该尤其注意控制的一种效应。

四、教育领导集体决策的有效促进

(一)有效的教育领导集体决策的特征

在教育管理实践中,教育领导集体决策在各种因素的影响下,并不是每一次决策都是成功的,有效的教育领导集体决策至少应具备以下特征:

(1)决策的合理性。即采用合理的决策程序,对教育问题解决做出的合理选择。决策程序的合理性是关键,所以决策方法和决策步骤的合理设计非常重要。

(2)决策的正确性。即决策是有效应付决策内容的准确选择。和决策目标的明确具体、掌握信息的充分程度,备选方案的多少、对备选方案综合分析及评估的客观全面等因素相关。

(3)决策的开放性。即决策集体不受个人特定的见解(有时可能是偏见)所支配,做出最优的选择。决策的开放性受集体成员多元的价值观和思想开放程度的影响。

(4)决策的及时性。即能够迅速做出正确决策。这与领导者期望问题解决的急迫程度、正确程度及创新程度有关,并与集体成员的知识、能力、参与程度及对集体的影响程度有关。

(二)教育领导集体决策的促进

教育领导集体决策的优势在于通过集思广益弥补单一领导者决策的不足。但会有一些因素妨碍这种优势的产生,了解这些因素并加以控制可有效促进教育领导集体决策的效率。

1. 领导集体成员的决策偏差及促进

首先,领导集体每一位成员的个人决策偏差都可能会阻碍组织做出有效的决策,如果每一位成员能认识到这些偏差的存在,领导集体的决策效率和质量就能得到提高。因此,领导集体的每一位成员都应具备管理学的相关知识,增强决策的理性分析,结合经验的直觉判断做出符合组织目标的有效决策。

其次,领导集体成员在集体决策中常犯的一些错误会阻碍组织做出有效决策。这些常犯的错误包括:① 对迅速找到解决方案过分追求,而忽视了决策是否适宜、有效;② 对第一个想到的解决方案过于执着,无法客观深刻地评估后果;③ 对新观点过于敏感和信赖,不考虑决策情境,总是迅速改变主意采取决策中出现的新观点;④ 回避手头的任务。领导集体的每一位成员如果能够认识并避免这些错误,领导集体在解决教育组织创造性问题时的犯错率就会下降。对领导者管理能力的培训可以提高决策技能,从而改进组织决策。

最后,领导集体成员的认知因素、气质类型、个人价值观、道德准则等因素也会影响集体决策。

2. 领导集体所处的组织限制及促进

领导集体所处的学校、上级教育行政机构等组织自身的一些限制也会影响到领导集体的决策。主要包括以下五项:

(1) 时间限制。如果上级部门下达的行政命令紧迫,领导集体需要在极短的时间内完成决策,就可能会减少信息的搜索和对各种可能性的考虑。

(2) 组织正式规则限制。上级部门或领导集体自身会设立各种规章制度来激励和保证个体取得较高的业绩水平,但这也同时限制了领导集体的选择权。

(3) "保面子"的压力。即领导集体可能做出使他们显得面子好看的决策。

(4) 过去决策的限制。即领导集体当前的决策内容通常会将先前制定的相关决策作为前提条件,这对当前决策的创新、有效性会存在限制。

(5) 领导集体的决策会受到组织对本人绩效评估标准和奖励体系的影响。

由于组织自身的限制更多的是客观因素,需要国家教育政策的宏观调控,所以领导集体可以通过提升自身的决策能力和优化心理状态来尽量改进这些限制对集体决策的影响。

3. 领导集体人际关系因素及促进

在一个领导集体中,由于受到不同组织任务的制约,领导集体中各成员总是相互影响。领导集体成员间的成见、偏见或相互干扰的人际因素会影响到决策的效果,调整这些因素可以促进集体决策质量的提升,主要则可以通过加强领导集体的团结来完成。

团结,是一种由不同的多种情感聚集而成的集体精神。对领导集体中的奋斗目标确立及实现都有着重大影响。一个好的领导集体,必定是一个凝聚力和向心力很强的组织团体,领导集体成员的认识异同、信念向悖、情感聚散、意志强弱等心理因素都会影响领导集体的团结。可以通过以下措施来加强领导集体的团结,进而形成和谐的人际关系,更好地发挥教育领导集体决策的效能。

首先,端正集体成员对待职、权、责的态度。领导者的职、权、责不统一,无论是有职无权、有权无职、有职无责、有责无职、有责无权还是有权无责都是不利于集体决策的。例如,若有领导者把权力看成个人谋私的手段,在集体中就会计较、专权、争权、侵权、越权、滥用职权等,最终都将引起领导集体决策的意见分歧、不满对立。因此,每一位领导对职、权、责的统一采取正确的态度,会更好地促进班子的团结和决策的有效性。

其次,端正集体成员对批评与自我批评的态度。通过批评和自我批评达到团结的目的,这是处理人际关系行之有效的方法,也是增强领导集体团结的有效途径。领导集体成员在集体讨论中能经常检讨工作,并在检讨中推广民主作风,不惧怕批评和自我批评,实行"知无不言,言无不尽""言者无罪,闻者足戒""有则改之,无则加勉",能让集体成员随时保持清醒的头脑和不断进步,并形成更为和谐民主的集体氛围,一旦集体在提高认识、统一思想的基础上达到新的团结,集体决策的效能必然会得到提升。

最后,要加强领导集体的意见沟通。意见沟通对促进团结,正确决策,协调行动,保证组织活力具有至关重要的作用。如果领导集体缺乏沟通,甚至产生沟通障碍,就不能正确对待不同意见,对不同的声音不重视或敷衍了事等,也会产生一些不必要的误会或不团结的因素。可以通过定期不定期班子会议、建立更多的信息沟通渠道来预防和消除这些障碍因素。

总之,增强教育领导集体的团结,最主要的就是使领导集体的每个成员都有一个团结的愿望。这种愿望越强烈,就越能自觉地处理好领导者之间的关系。在此基础上,就会形成认识和信念一致、情感和谐、意志行动协调的团结的教育领导集体,这将有利于集体决策效能的提升。

4. 其他因素及促进

(1) 领导集体成员的年龄限制。根据韦伯的研究,一般年龄较低的组织使用群体决策效果好;随着年龄增长,群体决策与优秀选择的差距加大;目前国家对中小学校长的任职条件和资格的要求不包含年龄的限制,因而领导集体的年龄构成各不相同,但决策时充分考虑班子成员的年龄特征无疑会改进决策质量。

(2) 领导集体决策的程序及促进。领导集体决策的程序通常包括问题诊断、备择方案和选择决策三个阶段。但在实际决策过程中,这一程序会受到很多社会或心理因素的影响而变得不那么规范和理性。除通过领导集体成员的自我心理优化外,群体决策研究提出了常用的六种方法予以改进,同样适用于领导集体决策。

① 无反应决策法。集体成员在决策过程中提出多种建议,但不作任何讨论。在最终采纳其中一项方案时,不加评价就自然放弃了其他建议。

② 权威决策法。通常由集体负责人(大部分为校长或校长授权委托的其他班子成员)为集体做出迅速的选择和决策,决策效果则更多取决于集体其他成员对决策的接受程度。

③ 少数人决策法。集体中少数领导控制决策过程,然后征求其他成员的意见。

④ 多数人决策法。通过征集集体中多数人的建议来做出选择和决策。

⑤ 共同意见决策法。力图取得集体大多数人的支持和一致意见来做出决策。对重要的决策,这种方法可提高决策的合法性和可接受性。

⑥ 一致意见决策法。指集体所有成员完全同意所要选择的方案和行动计划。这是一种理想状态,通常难以达成,集体就会转向多数人决策或共同意见决策。

(3) 领导集体决策的智库咨询系统和信息系统的利用和促进。在领导集体这个决策中心系统之外,还有辅助决策的智库咨询系统和信息系统。一些专家、同行、教职员工、家长、社会成员都是领导集体可以咨询并帮助决策的人员,但在参与式的集体决策中,要注意避免地位低的参与者受到地位高的参与者的排挤而产生的观点屈服,因为有时候他们的观点才是正确的。信息系统中的一些信息化决策工具也可以帮助管理者改进决策。其中一种协助群体进行决策的系统叫群体决策支持系统(Group Decision Support Systems,GDSS),它利用便捷的网络通信技术在多位决策者之间沟通信息,并提供良好的协商与综合决策环境,以支持需要集体做出决定的重要决策。一些研究表明这种群体决策支持系统可以提供防止群体思维的有效方法。当然协助领导者个人决策的资讯系统——决策支持系统(Decision Support Systems,DSS),也可以通过协助领导者规划与解决各种行动方案来改进领导者个体的决策能力,从而进一步改进集体决策效能。

此外,影响领导集体决策的一个重要因素还包括集体决策的心理误区,主要包括群体盲思、从众效应、乐队效应、黄灯效应、坏情感效应、群体偏移效应等,因前文对它们的威胁和预防已做了详细介绍,就不再行重复。

总之,教育领导集体决策是集体成员相互作用的产物,因而决策会受到成员行为特别是任务和情绪交互行为的影响,在实践中可以通过德尔菲法、头脑风暴法等群体决策技术来消除个体行为的消极影响。同时,领导集体的结构、规范、团结氛围等因素也会对决策产生影响,在实践中可以采用训练成员、避免心理误区、去除组织自身限制、改进决策程序、利用智库咨询系统和信息系统的方法来提高决策的效能。

本 章 小 结

1. 教育领导决策即教育决策,是教育领导者为实现教育组织目标,在运用科学方法的基础上,从若干备选方案中选择优化(满意)方案的过程。

2. 教育领导应遵循"方向性原则、信息原则、系统性原则、可行原则、选优原则、民主原则"等进行科学决策。

3. 教育领导决策依据不同划分标准,可分为不同类型。依据要解决教育问题的不同性质,可分为程序型教育决策和非程序型教育决策;依据教育决策环境控制因素和不确定程度,可分为确定型、非确定型和风险型决策;依据决策的范围或对象,可分为宏观型教育决策和微观型教育决策;依据教育决策者职位的高低和决策层次的不同,可分为高层、中层和基层决策;依据决策包含的选择数量的多寡,可分为静态教育决策和动态教育决策;依据决策主体的不同,可分为个体决策和群体决策;依据决策程序不同,可分为管理严密型决策和参与型决策。

4. 教育领导决策的任务包含根本任务、主要任务和其他任务。其中,教育政策解读是根本任务、学校规划制定是主要任务、学校相关职能决策是其他任务。

5. 中小学校的校长负责制是一个完整的领导体制,它包括校长全面负责、党委(党支部)政治护航、教职工民主管理监督三个密切相关的有机部分。

6. 教育领导决策理论包括标准化决策理论和描述性决策理论。标准化决策理论具体包括决策树、矩阵汇总、期望效用模型;描述性决策理论包含决策四分图、前景理论和齐当别模型。

7. 影响教育领导决策的心理因素包括教育领导者的心理因素、教育领导决策程序的心理要求和教育领导决策的心理误区三个方面。

8. 教育领导者决策的心理因素包括认知品质、情绪情感、意志、能力和人格。

9. 决策风格是指长期决策过程中形成的比较稳定的决策倾向。教育领导者主要决策风格有冒险型、谨慎型和防御型。

10. 教育领导决策的心理误区包括问题识别决策阶段的心理误区、方案择优决策阶段的心理误区和实施反馈阶段的心理误区。

11. 问题识别决策阶段的心理误区包括首因效应、近因效应、晕轮效应、心理定式效应、框架效应和心理账户等。

12. 方案择优决策阶段的心理误区包括群体参与式决策效应、无风险决策、决策的权力心理效应和不确定型决策心理效应等。

13. 实施反馈阶段的心理误区有过度自信、成本沉没效应和追踪应变效应等。

14. 教育领导集体俗称领导班子,是指由教育组织内主要领导者和组织内其他不同领导岗位上任职的若干领导者,经由组织程序产生并组成的行使组织管理职能的群体型领导主体。

15. 教育领导集体决策又称为教育领导群体决策,是指由教育领导班子共同参与制定完成的决策。

16. 教育领导集体决策通常采用多数决定原则、真理决定原则、2/3多数原则和首先转换原则来达成决策的最终一致性。

17. 教育领导集体决策常用的技术包括头脑风暴法、名义群体技术、德尔菲技术。

18. 促进教育领导集体决策的措施有:改进领导集体成员的决策偏差;去除领导集体所处组织自身的限制因素;通过促进团结改善领导集体的人际关系;通过改善年龄结构、改进决策程序、利用智库咨询系统和信息系统、避免领导集体心理误区等方式加以改进。

练习与思考

1. 教育领导决策的含义是什么?如何理解教育领导决策的内涵?
2. 教育领导科学决策应遵循的原则有哪些?
3. 教育领导决策的任务有哪些?
4. 用决策树法求解实际教育领导决策案例。
5. 比较标准化决策理论模型和描述性决策理论。
6. 结合实际,分析教育领导决策的心理误区有哪些。
7. 简述教育领导个体决策和集体决策的优缺点。
8. 简述教育组织群体参与式决策的心理误区。
9. 简述教育领导集体决策的心理误区。
10. 简述有效的领导集体决策的特征,并分析改进教育领导集体决策的措施。

推荐阅读

詹姆斯·马奇,赫伯特·西蒙著.邵冲译.组织[M].机械工业出版社,2008.

第十章 教育组织的结构及其特征

【本章导读】

教育组织的结构影响着教育组织的工作效果和效率,只有清楚地认识和合理构建教育组织的结构才能使教育组织更好地发挥作用,才能更好地完成教育组织的目标。在本章中,将讨论三个问题:

1. 教育组织结构的含义及特征。
2. 教育组织的文化。
3. 教育组织的氛围。

【关键概念】

组织;组织结构;教育组织;组织文化;教育组织形象;环境;社会心理环境;教育组织社会心理环境

【学习目标】

1. 了解组织、组织结构、学校组织的含义;教育组织的特征;教育组织结构及其特点。

2. 了解组织文化、教育组织文化的含义;教育文化的层次和内容。理解心理定式法、心理强化法、从众心理法、认同心理法、模仿心理激发法、消除挫折心理。掌握教育组织形象的含义及校园文化建设方法。

3. 了解教育组织社会心理环境的内涵、功能和类型。理解价值观、组织目标、行为规范、人际关系、传统作风、领导方式、自然环境等教育组织内部的社会心理环境;政治经济形势、社会生活方式、社会文化、自然环境、大众传播系统等教育组织外部的社会心理环境。掌握教育组织内外部环境的心理效应。

【建议学时】

4学时

第一节　教育组织结构的概念和特征

一、教育组织结构的概念

（一）组织的一般概念

在管理心理学的研究范围内，对于组织的内涵说法不一，不同派别各抒己见，并没有统一的概念，对已有研究梳理之后发现，基本可以分为两种观点，即传统的组织观点和现代的组织观点。

传统的组织观点认为，组织就是一群人为达到共同的目标，互相之间实现不同层次的分工、合作，将职能分化，运用不同层次的权力与责任，从而有计划地协调人们的活动。这种观点侧重组织的最一般特征，为领导者、管理者的领导与管理提供依据，使其更有效地进行组织的管理。但是，这种传统的组织观点侧重于研究组织的活动而不是人，认为组织中的人际交往并不那么重要，人与人之间只是单纯的工作协同关系，组织的存在与人员的关系不大，即使将组织中所有的成员换掉，组织还是依然存在。这种观点将组织与外界环境隔离开，使组织成为一个闭塞的系统，不利于组织的发展，因此，不能全面地解释处于复杂多变环境中的组织系统。

现代的组织观点从系统论的角度出发，将组织视为由若干个系统组成，组织是一个开放的社会技术系统，也是开放的动态系统。组织与周围的环境是相互作用的，组织的发展受外界环境变化的影响，通过不断适应外界变化的环境，从而获得自身的生存、变化和发展。它们和周围环境相互作用，不断与外界进行资源和信息的交换，它不仅包括结构与技术方面，而且也包括心理、社会与管理方面，这就是社会心理系统。行为科学家认为，组织只有创造良好环境和运用各种技术满足组织成员的需要，才能调动组织成员的积极性，有效地实现组织目标。它与传统观点不同之处在于更加重视人的因素。它认为组织是多个成员组成的集合体，要了解组织行为，必须首先了解其成员的行为、需要和情绪等心理活动。

（二）组织结构的概念

组织结构是依法建立的国家正式的组织机构。它是为了实现组织目标而用来联结组织中的技术、任务和人员分工及协作的手段，它是组织中各部分、各部门及各层次直接相互关联的一种模式，是实现组织目标的前提条件，它不像机械系统的结构或生物组织那样具体，而是体现在组织的实际活动过程中。

组织结构对于组织目标的实现具有至关重要的作用。组织结构直接决定了组织中的管理、指挥和沟通，它不但影响各种资源的利用和工作效率，而且也影响组织成员的行为和心理反应。因此，组织结构的选择不仅要考虑生产或工作本身过程的特点，而且还要重视其对组织成员心理方面的作用。因此，合理的组织结构能够有效地完成组织的任务，实现组织的目标。

（三）教育组织的概念

教育组织是按照社会的要求，有目的、有计划、有组织地向受教育者实施德育、智育、体育、美育等全面发展的正式教育实体。学校组织是教育组织的一种，是按照社会的要求，有目的、有计划、有组织地向学生实施德育、智育、体育、美育等并使其全面发展的教学机构。

从传统的组织观念出发,教育组织内部是一个封闭的系统,与外部环境之间不存在相互间的关系。学校作为典型的教育组织,其内部的发展与教学系统、教育系统、后勤部门等系统有关,这些系统之间是相对独立的,但不是绝对独立,相互之间彼此作用与影响,构成一个完整有序的整体。要把受教育者培养成为社会所需要的人才,就需要全体教职员工协调一致,共同努力才能完成任务。从这种意义上来看,是符合传统组织观念的。

从现代的组织观念出发,学校组织是开放的社会技术系统。学校组织的运行受到外部环境的影响,并随外部环境的变化而不断调整。因此,学校组织要研究社会人口结构、民族结构、社会的政治经济和文化背景、社会对人才的需要等方面才能获得自身的存在与发展。

从心理学的角度出发,学校组织又是一个社会心理系统,要有效地实现教育目标,就要重视组织成员的心理,只有心理因素良好调动才能使组织成员状态积极。因此,学校组织要研究其成员的个体心理、小组或各层级间的群体心理、领导心理、组织心理,以及各种人际心理的相互影响等。

二、教育组织结构的特征

(一) 教育组织的特征

对于教育组织来说,其主要的特征即要有明确的教育目标。任何教育组织都要有明确的目标,这种目标是在党和国家教育总目标指导下确立的组织培养目标,明确组织层次与组织工作或任务的分工。教育组织包括各级各类教育行政机关和各级各类学校。纵向上,由中央到地方有全国、省、市、区、县和大学、中学、小学、幼儿园等不同层次的各级教育组织;横向上,有普通教育、职业教育、师范教育、农民教育、在职教育、业余教育、特殊教育、社会教育、家庭教育、终身教育、远程教育等各类教育组织。各级各类的教育组织都有明确的分工、社会责任,有一定的权力和权威。社会赋予教育组织一定的权力,各个教育组织通过合理运用权力实现自己的组织职能,同时借助其他影响形成权威;教育组织有特定的法规和制度。要协调教育组织成员的活动,实现教育目标,需通过必要的法规制度调解组织成员的行为。

学校是一种教育组织,是一个进行精神生产、培养未来人才的组织,这是学校组织的基本特点。学校组织还具有各类组织所共有的特点:① 共同的目标;② 明确的分工;③ 一定的权威;④ 角色任务的层级性与无人称性;⑤ 讲究效率、纪律、协调等。

(二) 教育组织结构

教育组织结构是根据各级各类教育行政机关和各级各类学校的不同地位和作用组成的整体,可分为教育行政机构和学校机构两种。

1. 教育行政机构

中央教育行政机关统管全国教育事业,它是国家对教育事业的领导机关,在我国是教育部,实行部、司局、处室三级领导体制。其职责范围是贯彻党和国家的教育方针政策,研究教育理论,总结实践经验,制定普通教育、职业教育、高等教育及成人教育等方面的政策、法规和学制等重要制度,掌握教育事业发展情况,制定教育事业的长远规划和年度计划,并负责督促检查和组织实施,在宏观上管理和指导各级各类教育。教育行政机构在省、市、县三级分设教育厅(局),主管地方教育事业,贯彻执行党和国家的教育方针、政策、法规和规章制度,并根据中央指示精神结合本地区的实际情况,拟定执行计划和具体实施办法,提出适合本地区情况的补充规定。地方各级教育行政机构受同级政府领导并受上级教育行政部门的领导或业务指导,有关教育工作的方针、政策法令、法规制度等均受中央教育行政部门的统一领导。

2. 学校组织机构

学校的组织机构是根据各级各类学校工作的需要设置的。学校的工作任务不同,规模范围不同,组织机构也不同,一般采用直线职能制与矩阵式的居多,但总的来说,学校的组织机构可分为以下三个层次。

(1) 决策层的组织。主要是以校长为首的领导班子和教职工代表大会(或教职工大会),其任务是根据国家方针、政策和学校的培养目标,对学校的重大问题进行决策,并检查了解议决事项的执行情况。

(2) 管理层的组织。根据管理任务的需要而设置的中层结构。一般分为:教育管理机构,例如系(科)、教导处、思想教育处(组)、体育卫生处(组)等;行政管理机构,例如校长办公室、教务处、行政处(科)、人事处(科)、保卫处(科)、总务处等。各管理组织机构设领导人主持领导所属组织成员完成所承担的任务。

(3) 执行层的组织。学校的基层组织是根据各管理层的任务设置的,这些组织是隶属于管理层的结构。其中,教育管理结构下属的基层组织,主要是各科教研室(组)、教学班(年级组)及教学辅助机构,例如实验室、图书馆、资料室等。行政管理机构也根据需要设置基层组织,例如会计室、维修组、医务室、伙食科、警卫室(传达室)等。各基层组织设负责人组织所属成员完成各项具体工作。

此外,还有监督反馈组织,如高校的监察部和党委的纪检部门,中、小学无此机构,是由党团组织和工会来完成此项任务。以上各个组织,根据其所承担的工作任务安排在相应的位置,构成学校的组织系统。各级教育行政机关和学校组织系统构成一个整体结构,这就是我国的教育组织体系。

(三) 教育组织结构的特点

以上述教育组织结构来看,其特点可以归纳为三个方面,即权力结构、角色结构和信息沟通结构。

1. 权力结构及其特点

权力结构是指组织中各种正式权力纵横的各层级和各职位上的分配关系,表明领导班子在决策、执行、监督、协调等方面权力影响的方向和范围。

教育组织使用权力的对象是教育者和受教育者。学校作为教育结构的典型代表,其权力结构是指教育组织中各种正式权力在纵横的各层级和各职位上的分配关系,表明领导班子在决策、执行、监督、协调等方面权力影响的方向和范围。教育组织使用权力的目的,是要调动教育者的积极性,把受教育者培养成合格的人才。学校的权力结构与其他的组织,例如军事组织、行政组织等比较,具有以下特点:

(1) 学校的权力范围是教师和学生。学校中教师和学生是主体。教师是教育者,学生是受教育者,而教育组织的目的是能充分调动教师的积极性。

(2) 学校权力结构较其他组织不明显。其他组织中权力结构的划分与权力的结合是明显的,但学校里组织中所建立的学科教研组或年级组,显然并不与权力的重新分配直接结合在一起。

(3) 学校权力结构层次分明、权力等级距离短。学校组织的权力结构一般只有校、处、室、年级组等,具有层次不同、管理幅度(即管理的面)不宽、权力等级链的距离不长、地位相差不大及平行互动等特点。学校组织的这种特点,有利于克服行政组织通常存在的等级森严和缺乏灵活性等弱点。

2. 角色结构及其特点

角色,最早起源于舞台,指戏剧舞台上扮演的人物。20 世纪 20 年代,由美国社会心理学家米德(G·Meed)首先引入社会心理学理论中,称为社会角色。社会角色就是指人的社会身份,表明了人在群体生活和各种社会关系中的地位,反映了群体和社会对他的期望和要求。角色结构主要体现在以下几方面:

(1)角色期待。领导者除了有自身的权力、义务和行为,还有教职工对他的期望、他对教职工承担的责任以及彼此之间的活动。因此,学校的领导者不仅应该有着职权范围内的角色,还应考虑到教职工对自己的角色期待,包括"理想角色""主观角色""实际角色"等。

(2)角色组重叠。整个学校的组织结构,是由相互关联、彼此重叠的角色组织系统组成的。每个人都在组织中有一个"职位"(角色),他在执行这一"组织角色"时,要同一些相关的组织人员有联系,包括上下级以及同事等的联系,就构成了角色组。每个相关的人便是角色组成员,而执行组织角色的人,就是这个角色的"中心人物"。"中心人物"既要按他的职位角色活动,更要按该角色组不同成员的各种角度的角色期待活动。一位学校的"一把手"居学校职权结构的顶峰,但是他在具体活动中,或仅是某一角色组的"中心人物",或仅是某一角色组的一个成员,有时还是以在职权结构上地位较低的人为中心人物的角色组的成员。如果把自己固定在"最高职位""最高权力"这一点上,就不能充分发挥其有效的作用。其他人也是如此。

(3)角色变换。"角色组"问题已经包含了每个人的角色变换,但角色变换有更宽的范围。每个学校成员,特别是校领导和教师,活动内容极为多样,范围绝不限于学校,因此角色变换极为频繁。如果对情境判断不当,不能恰当变换角色,就会发生行为失调,从而不能保持活动合理有效地进行。

角色的多重性(或重叠性)是学校角色结构的基本特点。校长是领导者、管理者,同时也是一个教师、教育者。对学生而言,教师也是一个领导者、管理者,是学生效仿的榜样。心理学研究表明,教师是家长的代理人,是心理治疗工作者,是人际关系的艺术家,是学生的朋友与知己,是纪律的监督与执行者。学校内的一般职工,对于学生而言也起教育作用。可见,学校对组织成员的角色要求,不仅在业务能力方面,而且包括思想品德方面,都比一般组织对其成员的要求高得多、严格得多。学校领导者与教师都应具有根据学校工作需要进行角色变换的适应能力。

(4)角色规范。在组织的日常活动中,每个组织内的成员都在自觉或者不自觉地遵守着某种角色所提出的要求或规范,使自己的行为符合自身角色的要求。因此,角色规范是组织群体中每个人应该遵守的行为准则与规范。它是在长期的社会生活中形成的,并在个体的实践活动中表现出来,角色规范与个体在一定社会体系中所处的位置紧密相关,并成为调节行为的重要控制器。虽然角色的形式是潜在的,但是它的作用却是外显的,只要个体生活在现实社会中,就永远不能摆脱角色规范的约束和调节。

(5)角色行为。每一个角色都包含着一系列的行为,这些行为受到角色者个人和社会因素等多方面的影响。角色行为是一种特定的行为方式,不仅受到外部因素的影响,同时还受到角色本身的影响。不同的角色其行为有着不同方面的差异,同时还受到自我意识方面的影响,不同人对于角色行为会做出不同的意识评价,但角色行为有着完整性。虽然每个人担任的角色不同,且每种角色要求的行为也不同,但由于这些行为均来自于同一个人,因此人的各种角色行为之间具有内在的联系,表现出完整性和统一性。例如,一个做事踏实的人,无论是在工作、学习还是家庭生活中都会体现出这一特点。

3. 信息沟通结构及其特点

信息沟通结构是教育组织的"神经系统",它有力地发挥着纽带和桥梁的作用。整个教育组织的有效运转,都是借助于信息及时畅快的流动而实现的。教育组织的信息沟通结构必须与权力结构、角色结构一致,特别是管理信息,这些结构的一致性特别重要,否则就会出现上面"头头多"和下面"没人管"的管理混乱,"使下级尽可能只有一个上级"就是这个道理。信息沟通结构还必须有更为广大的灵活而畅通的"网络"结构。这对于教育组织的领导者获得反馈信息特别重要。如果只按权力结构关系发指示、听汇报,而别无渠道,就必然会导致领导管理的失误。此外,教育组织的信息沟通结构还必须与该组织外的社会信息沟通网络接通,这也是信息沟通结构的另一个重要方面。

教育组织的信息沟通主要有以下几个特点:

(1) 教育组织的信息包括知识的信息、人的信息(思想与行为)、道德教育方面的信息等。其中精神层面的信息占主导地位,物质方面的信息次之。单纯追求教育组织信息的数量化有时是很困难的,简单化容易带来片面性。例如,简单以考试分数的统计来反映各个学校的教学质量,以好人好事的次数来反映思想教育工作的好坏,都有很大的片面性。

(2) 信息结构具有复杂性。教育组织的信息结构是非常复杂的。特别是规模庞大和层次高深的教育组织,其信息结构更加复杂。以大学教育组织为例,有学校领导班子内部的信息沟通,领导者与教职工之间的信息沟通,师生之间的信息沟通,校领导与学生之间的信息沟通,学生之间的信息沟通,教师之间的信息沟通,以及党内外人士之间的信息沟通,校内与校外的信息沟通等,形成了一个多层次、多方位、错综复杂、纵横交错的沟通网络。由此可知,教育组织中的信息结构是极其复杂的。教育组织的领导者要了解某一方面的信息,不能仅从一个层次、一个渠道、一种对象中去调查,而要从多种层次、多种渠道、各种对象中去沟通信息,这样才能获得丰富、准确、全面的信息,从而有效地搞好管理工作。

(3) 有的教育组织信息沟通联络距离较短,中转站较少,这种沟通结构的特点,有利于形成上下级之间密切的联系和沟通,增强组织间的合作精神。例如,在中小学这种规模较小、层次较少的学校教育组织中,就显现出了这种信息沟通结构的特点。

(四) 教育组织心理原则

为了使组织能够良好地运行,组织间各方面的关系融洽,在教育组织的管理中应该遵循以下心理原则:

1. 目标原则

目标认同是指教育组织的目标能够被组织中的所有成员认同并接受,最终内化为自己的目标。

教育组织是为了完成教育目标而建构起来的,要实现教育目标,必须有全体组织成员的共同努力,而目标的认同是组织良好运行和实现目标的基础。全体成员认同的目标具有整合动机、指引方向、激励士气的强大心理作用。管理人员必须采取有效措施,使组织的目标

为组织成员所了解、赞同并为之实现而努力奋斗。为此,在确立目标时,要考虑以下六个因素:

(1) 目标制定具体。管理者对于制定目标的根据,完成目标的意义、要求、可能性、阶段、时限以及有利与不利条件应全面地揭示出来,并向组织成员阐述清楚,使他们把对组织目标的拥护建立在全面了解目标的坚实基础上。

(2) 目标难易程度适中。既要有一定高度,以给人激励和挑战意识,又不能过于困难,无法完成。要让组织成员意识到组织的目标通过努力是可以实现的,以提高他们的期望值。

(3) 要注意目标的可接纳性。即要使个人目标与组织目标尽量一致,使各单位的群体目标与整个组织的目标尽量一致,以提高目标的效价,使目标指引着个人和群体,个人和群体联系着目标,并把自己的努力与实现组织目标高度统一起来,以此造成强烈的目标意识和高昂的工作热情。

(4) 让组织成员参与到目标的制定过程中来,这样,更能加深他们对目标的理解,以帮助他们更好地完成目标。

(5) 对目标完成程度随时进行反馈,使工作不偏离目标轨道,并根据有关信息校正方向,自觉地完成目标。

(6) 通过竞争的方式鼓励组织成员不断向目标靠近,帮助其完成目标。

2. 合理授权原则

合理授权是指教育管理者将组织的部分任务、权力委托给下级管理人员,做到职权合理,使各个工作系统和职能部门形成最优化的组织机构。这样,能充分挖掘人的潜能,提高组织成员的士气,增强教育组织的活力。授权在一定意义上是管理工作的一种基本活动。然而,对一些管理失败事例的研究常常发现,授权不当或失误是在一系列原因中非常重要的原因,而授权不当的许多原因在于管理人员对于授权所持的态度。

严格地说,授权不同于分权。分权是上级将原来自己的部分权力随同工作责任下放移交给下级。而授权则不是移交权力和放弃责任,也不会使领导者失去原来的权力,它是指领导者在委托下级代办某项工作时赋予他们以某种权力,并承担相应责任。

一个组织提出了管理目标和职责的要点将有助于授权,了解授权的原则也就有了授权的基础,但某些个人的态度构成了实际授权的基础。首先,授权的管理人员必须乐于给他人发表意见的机会,当然,下属的决定不一定能十分契合上级所做出的决定,但是懂得如何授权是管理人员必须具备的。其次,授权者即领导必须愿意放手让下属去充分表现,这样才能有效地进行授权和对下属的管理,当一些管理者脱离原来的岗位而成为领导时,最忌讳的就是还插手原来岗位的决策,这样将会导致组织管理和授权的混乱。再次,在组织规模大而复杂,迫使人们不得不授权的情况下,管理人员必须能够允许别人犯错,并愿意信任下级。虽然犯错可能会对组织造成一定的伤害,但是人都有可能犯错,作为管理者应该定期检查下属的工作,及时发现错误,并及时进行纠正,把错误造成的损失看成人员培养的投资。此外,因为授权意味着两方有着互相信任的态度,虽然这种信任有时很难达到,但只有双方彼此信任,才能使教育组织内部良好发展。最后,愿意建立和使用广泛的控制。如果上级不能承担执行工作所带来的后果,他们就不应该授权,除非他们愿意找出取得反馈的办法,即找出保证他们自己控制的办法,使职权用在帮助实现企业或部门的目标和计划上。显然只有用目标、政策和计划作为评断下级工作的基本标准,否则控制就不能建立和实施。不愿授权和不信任下级的情况多半是由于上级的计划不够细致和担心失去控制。

3. 信息沟通原则

信息沟通是指教育管理者与被管理者之间的信息交流与沟通能够迅速、准确。上级的命令和指示等能准确到达下级；下级的反馈和意见等上级能及时了解，避免中间繁杂的环节。这样可缩短社会心理距离，加强组织的凝聚力，提高组织活动效率。目前，学校组织的管理者面对的是一个综合性的工作，包括制定目标、分配任务、激励员工、反思结果和做出决定，他们需要计划、组织、安排、指挥、合作和反思，如果没有充分的沟通，决定就不可能贯彻执行，任务就不可能完成，目标就不可能实现。

有效的沟通需要学校管理者和全体员工共同努力来克服沟通中的障碍，从而使彼此能够相互理解。虽然想要做到成功的沟通，双方都有责任，但主要还是在于学校的管理者，因为他们才是制造双向沟通氛围的人。为了克服沟通中的障碍，可以通过重复、移情、理解、反馈和倾听这五种技巧来帮助实现。

另外，领导者还要随时注意收集来自下级和群众中的各方信息。下情上传，十分重要，它是使领导者减少盲目性、避免官僚主义的条件，是帮助群众解决实际问题的认识前提，是缩短上下级距离，密切相互关系的保证。领导者倾听下级的呼声，能更好地培养和发挥他们的主人翁精神，提高自主责任感和荣誉感。

4. 心理平衡原则

心理平衡是指教育组织成员，因感到自己在组织内受到尊重和信任而产生的一种舒畅、欢乐的心理状态。在教育组织中，每一个成员由于承担的工作任务不同，加之个体在认识、情感、兴趣、能力和性格上存在着个别差异，因此，维持成员的心理平衡十分重要。在这方面，领导者应当处理好以下几个问题：

（1）要培养良好的工作意识。领导者要让大家认识到组织分配给自己的工作是共同事业的需要，工作差别只是分工不同，并无贵贱之分，各项工作都具有重要的社会价值，以解决组织成员在工作的轻重简繁、工作条件的好坏、实惠的大小等方面的斤斤计较。同时，也应当注意认真贯彻按劳分配的原则，奖勤罚懒，奖优罚劣，鼓励大家多劳多得。此外，还应当努力改善工作条件，减轻组织成员在劳动中过于繁重的身心负担。

（2）要建立良好的人际关系。领导者要善于引导组织成员互相尊重，多看他人的长处和贡献，多查自己的短处和差距，严于律己，宽以待人，体贴、关心他人。这样，才能减少相互关系中的各种摩擦，防止或者妥善地解决各种人际矛盾。

（3）领导者在处理各种问题时，要注意尊重他人、尊重下级。重视部下的心理感受，不操之过急，不期望过高，不罚不当过，不滥施权威，不感情用事，不厚此薄彼，不"算总账"。尤其在给人以严厉批评或较重的处罚时，除了弄清事实原委和责任以外，事先要有及时而充分的警示，事后要做好教育工作。如果处理失当或简单粗暴，则容易产生对抗情绪，甚至会引起人们对不良现象的同情感。因此，要使组织成员心理平衡，领导者要先平衡自己的心理。

（4）由于影响人们心理的因素十分复杂，所以在组织管理中还要遵循一个根本的原则，即在具体的组织条件下去具体地分析和解决人的心理问题。管理者应当注意：一是要了解每个组织成员的具体心理特征，针对他们的特殊心理"病症"去切实地开展心理辅导工作；二是要依据特定的社会情境，去认识和解决心理问题；三是要分析各种组织形式给组织成员心理的实际影响,以充分发挥组织的优势,认真弥补他们的不足,防止或者尽量减少组织因素对心理活动产生副作用;四是要具体分析领导者的管理意识、管理作风及其对组织成员的心理影响,防止不利因素造成消极心理;五是要注意组织结构、组织管理技术的变革及其各发展阶段给组织成员的心理影响,努力降低组织发展中的阻力。

第二节 教育组织文化

一、教育组织文化的概念

教育组织文化来源于组织文化,要研究教育组织文化就必须先清楚组织文化,包括其概念、内容及其功能等方面。

(一) 组织文化的概念

文化这个概念在不同的领域有不同的含义。在不同领域的研究中将文化理解为不同的形态,历史学者往往把文化看成是社会的遗产或是传统行为方式的结果表征,而心理学家眼中的文化则是个体心理在历史中的总映像,或是为满足个人心理动机所选择的行为模式。组织中的文化最早是在管理学界和企业界对企业管理模式的有效性进行反思的背景下出现的,它强调文化是由各种要素或文化特征构成的稳定体系,是人与社会及环境相互影响的产物。由于文化概念的多种多样,因此一直对组织文化的含义有所争议,但是严格来说,组织文化来源于对组织氛围的研究,属于管理学的研究范畴。

组织文化又叫企业文化。它是指一个组织在长期组织生存和发展过程中孕育形成的某种有特色的价值观、管理思想、传统、习惯、群体意识和行为规范的总和,它代表着该组织共同的价值标准、道德标准、基本信念和处理内外部关系的基本态度,它是将组织全体成员结合在一起,共同遵循的行为方式和标准。

无论组织文化优劣与否都是客观存在的,它的诞生从组织的形成开始,在组织成员的不断共同活动中形成组织独特的文化(包括行为方式、风俗习惯、价值观念等),这些独特的元素构成了组织文化。

不同的组织有着不同的组织文化,就如同不同个体间的差异一样,组织文化同样有着自身的特点。组织是一种看不见的架构,作为实体存在的也只有人,人构成了组织,因此,组织的主体是人。一个没有组织文化的组织就像没有灵魂的人,不会受到其他人的关注。所以,组织文化是组织竞争和生存的必然要素。

(二) 教育组织文化

教育组织是一个独特的组织形式,既属于自组织,又属于他组织,是二者的结合体。当然,教育组织的文化也必然来源于内外两方面。这主要是受我国教育组织的办学模式决定的。学校作为正规的教育组织其组织在很大程度上受政府行政部门和教育政策法规等的影响。

任何教育组织文化的形成都需要一个相对漫长的过程。对于学校,"组织文化的形成是在特定的环境条件下,由某个在职的校长根据自己的教育哲学或教育理论,通过实践,选定适合本校特色的办学理念,在培养目标、课程设置、教育方法、教学科研等方面选定一个或多个作为学校整体教育发展的突破口,推动学校全局的发展。"①

二、组织文化的层次和内容

(一)组织文化的层次

组织文化一般可分为三个层次,如图 10-1 所示。

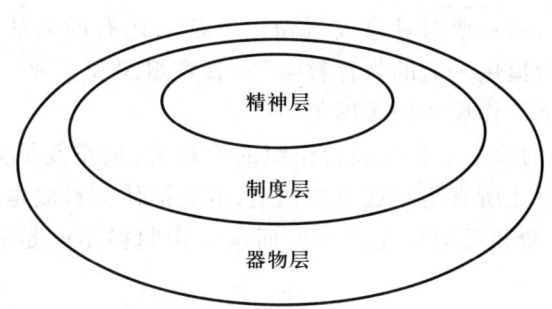

图 10-1 组织文化层次图

1. 精神层——内隐层次

精神层是组织文化的中心和主体。它包括教育组织目标、教育组织哲学、教育组织精神、教育组织道德、教育组织风气等。这五项内容中,教育组织精神最为重要,是群体价值观的主要部分。

2. 制度层——中间层次

制度是外加的行为规范,它约束教育组织成员的行为,维持组织活动的正常秩序和运转。制度包括一般制度(各组织所共有的制度,如学校的校长治校制、岗位责任制、代表会制、按劳付酬的分配制度等)和特殊制度(本教育组织特有的制度)两个方面。此外,教育组织内部的一些特殊典礼、仪式、风俗等也属于制度层范畴。

3. 器物层——外显层次

器物层是指组织文化在物质层次上的体现,是群体价值观的物质载体。它包括校容校貌、人才培养的成果、教育设备特色、教育场所建筑风格、校徽、校服、学校标志性建筑等,它们是看得见、摸得着的。

教育组织的业余文化活动及其成果,如学生阶段性成果、教师课程记录视频或记录表、学校代表参加比赛的记录,等等,也属于器物层范畴。

(二)组织文化的内容

从上述组织文化层次的构成中,可以归纳出组织文化的基本内容,它包括价值观念、组织信念、职业道德、群体意识、规章制度等方面。现分述如下:

1. 价值观念

价值观念是组织对其内外环境的整体印象即总的评价和总的看法。价值观念是组织管理的哲学思想,是组织文化最基本的内容,它是组织发展的驱动力,常表现为组织目标和组织方向,它确定了组织的发展方向,也决定了教育组织成员成长和发展的目标,使组织成员

---

① 彭虹斌.教育管理学的文化路向[M].北京:教育科学出版社,2009:206.

产生共同的价值取向和行为取向。

　　一个组织对社会要回答的第一个问题就是对社会有什么贡献。航空公司要满足人们出差或旅游的需求;医院要满足病人的需求;学校要满足培养人才的需求……这就是组织对社会的价值。教育组织的价值观是一个教育组织在经营管理过程中为使组织获得成功而形成的基本信念和行为准则。例如,有的人认为"教育组织就是为了培养人才";有的人认为"教育组织不仅要培养人才,而且要对社会发展做出贡献";还有的人认为"教育组织存在是为了满足受教育者的需要,提供一流的教育教学"。教育组织和企业一样,信奉什么样的价值观,就会产生什么样的治校作风和校园形象。

　　价值观是组织文化的核心。作为教育组织的管理者,最重要的是为教育组织建立一整套成功的价值观念,并且让所有组织成员都知道,组织把什么看成是最有价值的。即主张什么? 维护什么标准? 鼓励和反对的是什么? 而这一切归根结底是如何提高组织对社会的价值。

　　2. 组织信念

　　组织信念即组织的精神,它是组织的宗旨、观念、目标和行为的总和。组织信念是组织成员在组织活动中逐步形成的,是对组织生活和活动过程的固定看法,它体现了组织的精神面貌,也是组织文化的概括。如我国的"素质教育精神""创新能力培养精神"等。组织信念是一个组织的灵魂,是组织成员关系衔接和被信任的纽带,这种信念促使他们自觉地为组织目标而努力奋斗。

　　3. 职业道德

　　职业道德是某一种职业在从业活动中所应遵循的道德。它是由一定的社会经济关系决定的,依靠社会舆论、传统习俗和人们的内心信念来维系的,为调整人际关系和个人与社会之间关系所提倡的行为规范的总和。它通过各种形式的教育和社会舆论的力量,使人们具有是非、善恶、荣辱、正义和非正义的观念,并逐渐形成一定的习俗和传统,以指导和控制自己的行为。职业道德是教育组织之间、教职工之间公认的竞争标准,对于增强组织的凝聚力具有极大的作用。

　　4. 群体意识

　　群体意识又称团体意识,是指群体中多数成员共同具有的信仰、价值观、道德行为规范和工作态度等。一个教育组织就是一个群体、一个团队,教育组织的群体意识就是为达成教育组织目标而在经营管理活动过程中形成的一种共识。群体中的个人时刻将自己的言行与群体联系起来,把群体利益置于个人利益之上,并对自己所在的群体有一种责任感。例如,关心教育目标、成果,主人翁感,自觉维护学校荣誉,互相关心,互相帮助,互相爱护等。群体意识对个人的行为有潜移默化的改造作用,对群体行为起着强有力的制约作用,它可以决定群体行为的方向,规范群体成员的行为。

　　5. 规章制度

　　规章制度是根据管理过程的需要而确立的规则章程和法令制度。在教育组织中往往根据已发生或容易发生的事物或现象来制定。一般有三种形式:一是成文的规章制度。这是最普遍的一种形式,将所有的规则规章制度拟成文件,经过讨论批准,公布执行。二是行规。是根据行业传统,但没有写成文字的规章制度,它在管理中也起相当重要的作用。例如,教师上课后还会对个别学生进行辅导,这么做并没有文字规定。三是先例。这也是不成文的制度,在管理中人们很容易形成上次对同一问题如何处理的事例,而下次基本上要参照执行。这种思维习惯,有的时候甚至胜过成文的规章制度。

规章制度能够协调领导和组织成员之间以及组织内外的关系,可调动全体成员的积极性和创造性,其好坏直接影响组织的正常运转。

三、塑造组织文化的方法

优秀的组织文化是需要长期的培养和塑造的。组织文化的建设需要遵循组织成员一定的心理规律,顺应组织成员的价值观才能使组织的事物事半功倍。塑造组织文化的方法有以下几种:

(一) 心理定式法

心理定式指的是对某一特定活动的准备状态,它可以使我们在从事某些活动时能够相当熟练,甚至达到自动化,从而节省很多时间和精力。但是,心理定式的存在也会束缚人的思维,使我们只用常规方法去解决问题,而不求用其他"捷径"突破,因而也会给解决问题带来一些消极影响。不仅在思考和解决问题时会出现定式效应,在认识他人、与人交往的过程中也会受心理定式的影响。人的心理活动具有定式规律,前面一个比较强烈的心理活动,对于随后进行的心理活动的反应内容及反应趋势有明显的影响。在组织中要不断培养成员的共识,通过组织成员间的相互配合共同完成组织任务,在完成任务的过程中逐步形成组织的心理定式,为未来组织发展奠定基础。

(二) 心理强化法

强化是使某种心理品质变得更加牢固的手段。强化是指通过对一种行为的肯定或否定(奖励或惩罚),从而使该行为得到重复或制止的过程。使行为重复发生的强化称为正强化,阻止行为重复发生的强化称为负强化。

将强化运用到组织文化的建设上是组织文化形成的"助产术",用正强化来表扬组织成员的良好的、有利于组织发展的行为,以尽量增加该行为的发生频率;用负强化来阻止不利于组织发展的行为,使组织中一些不可见的因素或精神层面的行为得以物质化。许多企业、学校在这方面积累了宝贵的经验。

(三) 从众心理法

从众心理原指个人受到外界人群行为的影响,而在自己的知觉、判断、认识上表现出符合于公众舆论或多数人的行为方式。组织作为由多个个体构成的集体,必然受到从众心理的影响。随着组织数量的不断增加,同类组织的数量也越来越多,一些组织为了追求时髦行业,开始出现了组织间从事活动等的复制和模仿,这都是组织从众心理的严重表现。如果组织从众的现象不能得到良好的控制,就可能对组织及社会的发展造成危害。

在组织文化建设中,组织领导者应该根据组织自身的基本情况和组织成员的能力等衡量和选择适合组织自身发展的方向,并随发展过程的展开而不断做出相应调整,避免跟风现象。对于组织中存在的不正之风,不正确的舆论,则应采取措施坚决制止,防止消极从众行为的发生。

(四) 认同心理法

认同心理指个体对组织目标的认同从而产生的一种心理状态。这一心理状态因产生肯定性的情感而成为客观目标的驱动力,即个体将自己和另一个对象视为等同,引为同类,从而产生彼此密不可分的整体性感觉。初步的认同是处于认知的层次上,较深入的认同是进入情绪认同的层次,完全的认同则含有行动的成分。个体对他人、群体、组织的认同,使个体与这些对象融为一体。

组织的认同是组织良好发展的重要依据。在建设优良的组织文化时,组织主要负责人(例如学校校长)就必须取得全体成员(例如全体教师)的认同。这对于组织领导者提出了要求:办事公正、作风正派、以身作则、真诚坦率、待人热情、关心职工、善于沟通、具有民主和奉献精神。只有这样,组织成员才能信任和尊重领导者。当组织成员对组织领导者产生信任和认同感时,才能心甘情愿地在其手下工作并听从其工作上的安排,接受其价值观念,并将其作为自己的价值观念和行为准则,逐渐形成组织管理人员期望的组织文化。

此外,职工对组织的认同感也十分重要,应该在组织建设中不断培养。这就要求组织目标中包含众多的个人目标,使组织的利益与职工的个人利益密切结合,并使职工正确地、深刻地认识到这种利益上的一致性,真正地产生个人与组织利益一致、命运与共的感情。

(五)模仿心理激发法

模仿指个人受到社会刺激后而引起的一种按照别人行为的相似方式行动的倾向,它是社会生活中的一种常见的人际互动现象。模仿是组织文化建设的重要方式之一,榜样是模仿的前提,对于组织间形成或出现的良好典范应该作为自身组织发展的榜样,供组织的其他成员学习和模仿,最终形成组织文化的认同和同一。

当然,行业中先进的组织个体应该起到典型的带头作用,其他组织也应该有积极学习和借鉴的精神,以优秀组织为榜样,学习先进经验,但不随波逐流,合理模仿,积极改善。

(六)消除挫折心理

挫折心理指人们在某种动机的推动下所要达到的目标受到阻碍,因无法扫除障碍而产生的紧张状态或情绪反应。在组织的运行过程中,避免不了会产生矛盾或冲突,尤其是组织刚刚建立起来时,组织未来发展的方向和前景存在很大的不确定性,组织成员之间或上下级之间也会存在某些障碍等,在这种情况下很容易产生挫折心理,这种心理不利于组织中个人的发展和组织整体的发展,因此,如何排解成员的挫折心理也是组织文化建设中的一个重要方面。

在组织的内部应该建立起民主公正的环境,使组织成员能够畅所欲言,在受到消极情绪影响时能够有正当的"出气口",通过正确地减压来化解心中的不满,这样才能成功地避免组织成员的消极心理,避免其阻碍组织的发展。

【专栏 10-1】

远程开放教育的组织文化

组织文化代表了一个组织内部的成员所认同和接受的信念、期望、理想、价值观、态度、行为、思想方法、办事准则等。远程开放教育组织文化是指远程办学机构在长期的实践活动中所形成的,并为系统成员普遍认可和遵循的具有远程教育特色的包括价值观、信念等内涵的观念体系和行为规范。

一、远程开放教育组织文化的特征

远程开放教育的核心理念是开放性。国际远程教育组织一直坚持开放思想,直接表现为:向公众开放、开放地点、开放方法、开放思想。按照远程开放教育的核心理念,远程开放

教育组织文化的特征体现如下:

(1) 现代性。从技术的层面而言,现代性是现代远程开放教育的重要支撑。

(2) 远程性。这是从空间的角度而言的,远程教育认为只要空间隔离,即使技术上实现了近在咫尺,也是远程的。

(3) 开放性。"开放思想""以人为本""开放服务""教育公平"等思想是现代远程开放教育组织文化的核心内容。

(4) 终身性。在我国,远程开放教育的终极目标是为终身教育(终身学习)服务,所以远程开放教育组织文化具有终身性的特征。

二、远程开放教育组织的开放文化

以中国广播电视大学为例。回顾中国近40年远程教育的发展历程,研究远程教育组织的开放文化及其连续性,对中国远程开放教育的未来发展将起到重要的作用。其主要经历了三个阶段:第一阶段,补偿教育(1979—1985年)。1978年2月6日,邓小平同志亲自批准了教育部和中央广播事业局《关于筹办电视大学的请示报告》。经过一年的筹备,中央广播电视大学和28所省广播电视大学(统称中国广播电视大学)于1979年2月6日正式开学。第二阶段,控制调整(1986—1993年)。自1986年起,原国家教育委员会对广播电视大学停止自学视听生和单科学习制度,停止中央广播电视大学组织全国统一的入学考试制度,对全国广播电视大学的招生配额实行严格控制和限制。第三阶段,开放教育起飞(1994年至今)。1994年原国家教委下发了《关于广播电视大学贯彻"中国教育改革和发展纲要"的意见》,该文件确定中国广播电视大学在21世纪初的发展目标是:初步建成有中国特色的远程教育的开放大学,之后不断使远程教育开放化。

三、远程开放教育组织的多重文化

不同组织文化类型有着不同特征。远程开放教育的组织文化是多重文化的综合焦点:科层文化侧重内部组织的稳定性,依赖规则和政策;理性文化侧重平稳成长,以生源数、教学业绩和教育目标为重点,领导人看重工作;发展文化重点研究组织如何适应外部环境,成长、争取新资源、创新等;团队文化强调组织的转变和弹性。

(资料来源:杨亭亭.远程开放教育组织文化的研究[J].现代远程教育,2009(6).)

四、教育组织公共形象的塑造

组织形象是组织文化的重要组成部分,组织文化强调的是它区别于其他组织的风格和特色,而组织形象正是组织风格和特色的表现。本节从教育组织形象的含义、类型、教育组织环境和组织形象的建设等方面进行探讨。

(一) 教育组织形象的含义

组织形象(Organizational image),即社会公众对组织综合评价后所形成的总体印象。组织形象包括的内容很多,如组织精神、价值观念、行为规范、道德准则、经营作风、管理水平、人才实力、经济效益、福利待遇等,组织形象是这些要素的综合反映。组织形象最早是针对企业组织提出的,在企业文化中称为企业形象,它是社会大众(包括用户)和企业职工对企业整体的评价。在同等水平的企业之间,竞争十分激烈,每个企业的商品力量、销售力量等方面的差距一般并不大,但在市场占有率乃至盈利上却有很大的差距,其原因就是企业在消费者心目中形成的印象不同,是用户的消费心理在起作用,所以,市场竞争不仅有实力竞争的问题,还有心理竞争的问题,而后者正是企业形象的活动天地。企业形象一词是美国创造的,例如好莱坞、可口可乐、麦当劳和肯德基是构成美国生活方式和美国企业文化的一部分,但美国只把它停留在了形式上,后来被日本引进,却将它体现在行动中,通过优质的产品、优质的售后服务和有效的管理,征服了国内外大批用户和消费者。现在企业形象已经超出企业的范畴,在行政机关、军队、医院、学校也都提出了形象的问题,从而引申为组织形象。

组织形象一经形成,就会在社会公众中留下深刻的印象,在相当长的时间内起作用。例如同仁堂、全聚德,构成了中华文化的一部分,因此,树立了良好的组织形象,对社会公众和组织成员产生了巨大的影响。

教育组织形象是指一个教育组织在社会中,公众和组织内部成员对其行为和历史的整体印象。它是教育组织的宗旨、观念、目标、行为、风格的总和,体现了一个组织区别于其他组织具有自身特色的精神面貌,是组织文化的概括。在现代社会中,一个良好的组织形象是一种最重要的无形资产,例如办学质量和声誉是教育管理的第一要则,市场竞争越激烈,就越需要讲究办学质量和声誉。良好的组织声誉和形象是无价之宝,有了它,就可以获得社会的认可和群众的欢迎,失去它,已经取得的声誉也会得而复失。总之,一个组织形象的好坏决定了组织的兴衰。

(二) 校园文化建设

现代组织公共形象是指在一定文化背景下的公众对组织内在精神或外显特征感知后形成的总体印象和总体评价,是主客观的统一。组织环境和组织形象的建设在学校组织中,就是校园文化的建设。现将校园文化建设的原则、内容和方法简要介绍如下:

1. 校园文化建设的原则

校园文化建设是一项综合性系统工程。其中物质文化是基础,精神文化是灵魂,制度文化是纽带,活动文化是载体,四者协调联动和谐发展。校园文化对学校组织的声誉及组织成员的活动有巨大的影响作用,反过来,人们也可以通过其主观能动性的发挥有效地创设和改造现有的组织环境和树立良好的组织形象。学校领导者是校园文化的缔造者,学校领导者追求什么,提倡什么,反对什么,用什么样的价值标准去要求下属,用什么样的理想和信念去带好自己的队伍,建造什么样的环境,树立什么样的形象,这些都在校园文化建设中起着关键性的作用。

在营造校园文化时必须遵照以下原则:

(1) 特色性原则。特色是校园文化的生命,学校应根据自身条件扬长避短,在校园文化的特色上下功夫。这就要求学校要善于找到校园文化建设的抓手,包括校容校貌、校规、校服、校歌、校训、校旗、校史、校庆等,从而使学校真正成为师生陶冶性情,修身养德的花园、乐园和学园。

(2) 目的性原则。组织文化和组织环境的创设要有明显的目的性,即要围绕着有利于教育管理的活动和组织目标的实现精心设置教育组织的内部环境和外部环境。例如,建立什么样的校训校风,树立什么样的精神风格,教育领导者必须心中有数。

(3) 规范性原则。教育组织成员不仅生活在特定的组织中,也生活在社会中,社会大环境对组织成员的影响是多渠道、多样式的,而这些影响有的是积极的、有益健康的,有的是消极的、有害且低俗的,有的是适合时宜、合理的,有的是不合时宜、不合理的,因此教育领导者必须根据组织目标,创设标准化、规范化的组织文化和组织环境,有了健康的行为规范,就有了制约组织成员的标准,它是一种无形的力量,能够促使组织成员为了维护组织的荣誉而努力奋斗。

（4）情境性原则。组织文化和组织环境创设要注意情境,也就是说,教育领导者要把所倡导的精神行为作风变为具体的、形象的、可感的情境因素,使组织成员在愉悦的情境中受到熏染、陶冶,从而养成良好的行为习惯。

（5）参与性原则。组织文化和组织环境的建设,一方面取决于教育领导者的设计和规划,另一方面又取决于组织全体成员的参与和实践。教育文化的一个重要特征,就是它的群众性、广泛性和实践性。组织成员的共同努力,是组织文化建设的重要因素,因此,必须充分发动组织中的每个成员积极投入和参与。

（6）有效性原则。良好的组织形象和组织环境是校园文化建设的重要条件,要有效地发挥其作用,可以从两个方面考虑。一方面是硬环境及物态环境,主要是设施、设备、物品等校园环境对于学校的文化氛围起着重要作用,没有完备的硬件系统,校园文化就得不到健康的发展;另一方面是软环境,主要包括教育管理的信息、人际关系组织气氛、组织观念、价值观等。一所学校没有精神建设,就等于没有灵魂,无论是硬环境的建构还是软环境的建构,都必须遵循有效性这一原则。

（7）审美性原则。创设组织环境,要以健康高尚的审美观点为指导,无论是教育组织的物质环境还是精神环境都要符合审美要求,使组织成员在优美的环境中得到熏陶和影响。

2. 学校组织文化的发展阶段

（1）初创阶段。初创阶段指学校初创时期或者学校进行文化改革的初期,这一阶段至少需要1~2年的实践。初创阶段学校文化发展有以下几方面内容：

① 校长谨慎主导。有一种观点认为,学校文化即校长文化,学校文化经常反映了校长的价值观念和领导风格,校长的见识和品位往往奠定了学校文化的最初基调。可见,校长对于学校文化创建和建设起着核心领导作用。因此,校长需要谨慎发挥这种主导作用,以充分调研和科学诊断为基础。

② 形成并推广学校的核心价值观。校长在调研和诊断的基础上,汇集学校各层次的意见和建议,经过初步总结和反复修正提出学校的核心价值观,并将其努力传达给组织,积极向教师和学生传播。

③ 初步制定规章制度。围绕学校的核心价值观初步进行规章制度的整理和制定。这一时期,学校成员还不熟悉校长进行文化创建与变革的新想法,大多数处于观望阶段。

（2）成长阶段。学校经历了创建初期后,很快进入一个飞速成长和发展时期。这一阶段至少需要3~5年时间。成长期的学校文化发展主要有以下几方面内容：

① 校长中间领导。校长已经熟悉学校各项工作和所有成员,初步奠定了领导权威,可以指挥、帮助、指导追随者。

② 学校文化建设团队初步形成。以校长为中心的领导队伍初步稳固,目标一致。学校在此阶段会考虑和着手制定学校未来3~5年的发展规划,清晰愿景,明确学校的发展目标和培养目标。以发展规划的制定为抓手,降低决策重心,使所有教职员工广泛参与其中,就学校发展规划和各部门计划发表意见和建议,并不断宣传、修正和推广核心价值观。

③ 完善规章制度。在广泛征求意见的基础上完善学校规章制度,使其更加合理地为人的发展和学校发展服务。这一阶段,制度建设是重心,各种规范开始稳定运行,学校全体成

员在校长的领导下,全部投入到学校文化的建设中,校长成为一个充满激情的"旗手"和"教练"。

(3) 成熟阶段。经过了规范阶段,学校文化发展进入成熟阶段。这一阶段至少需要 2~4 年的时间。这一阶段学校文化发展主要有以下几方面内容:

① 校长沉静推进。学校全体成员的积极性被充分调动起来,领导的主观影响退居次席。校长转入幕后,掌握方向、提供资源和条件,重新系统思考学校文化成为重要任务,长期沉淀下来的文化定势将牵引学校发展。

② 重点建设人际文化、心理文化、行为文化。围绕学校核心价值观和发展规划的落实,人际文化、心理文化、行为文化的建设成为重点。发展规划和部门计划被分解落实在每个岗位上,责任被牢固锁定在每个教职员工的身上。领导团队行为、中层管理队伍行为、教师行为和学生行为不仅有各自的规范,更重要的是形成了学校的特色。围绕行为建设,活动和项目设计需要精益求精,体现学校个性和特色,找出学校与众不同之处,打造成卓越个性。可以充分挖掘和培育经典仪式或活动、重点项目、学校自身蕴涵的习惯礼俗,充分展示学校的理念和行为特色,最终形成真正的制度文化。

③ 学校的榜样典型已树立。在学校中,教师、学生、领导、教辅人员的榜样和典型被树立了起来,他们对外诠释学校的价值观,对内代表学校文化的标准。学校文化的先进性凝聚在榜样和典型的身上,可以深入地推进学习文化,奖惩制度注入人性因素。

④ 学校开始进行物质文化建设。在核心价值观和办学思路明确的基础上,着手进行视觉识别系统设计、听觉识别系统设计,以物化载体表达和丰满学校的精神与文化。在成熟阶段,学校文化有充分的层次感,从精神文化、制度文化到行为文化和物质文化的体系已经形成。学校文化行成后,学校成员共同浇灌、培植,吸纳新成分,形成开放型、发展型文化体系。

(4) 凝练阶段。如果说学校文化发展的前三个阶段是向前看的阶段,那么凝练阶段就是前进中向后看的回顾阶段。学校文化形成稳定特征后,可以进一步凝练和提升。在凝练阶段,学校文化发展体现如下特征:

① 校长领导方式多样化。校长会根据情境变化选择领导方式,成熟的校长可以驾轻就熟地穿越时空进行云端管理了。他的领导可以是走动的管理,也可以是沉静的思考,更可能是激情的推进和有效的指导。校长时而在台前,时而在幕后或走在中间进行领导。

② 学校文化体系逻辑化。在成熟阶段,学校文化建设需要有意识地体系化和逻辑化,提炼和总结出学校文化的"面",即学校文化的逻辑体系。在此阶段,可以采用叙事研究的方式进行。在学校文化经历了数年的发展和沉积之后,校长应该带领全校人员共同思考:我们都做了什么?在学校发展史中,关键人物有哪些?明星教师和学生是谁?学校经历了哪些关键事件?在此基础上,可以精炼概括出学校精神。

③ 学校文化差异化。提炼出学校文化的"面"之后,还要重新思考学校文化的"点",即学校文化中与其他学校不同的个性点或特色项目。这些点或是制度,或是仪式,或是活动。要让这些"点"放出光芒,传诵和营销学校文化精神。

学校文化发展的四阶段构成了一个文化周期,这个周期一般会经历数年时间。一个周期完成后,学校文化发展进入下一个周期,周而复始。几个周期会构成一个学校文化发展的时代谱系,这种时代谱系是社会结构及其意识形态在学校中的清晰反映。

3. 教育组织文化和组织环境建设的内容

教育组织文化和组织环境的建设,包括以下两方面内容:

(1) 常规建设。从大量的反复出现的活动规律中,规范出相对稳定的活动准则,从而使管理活动有序地进行,例如组织目标价值观、组织信念、组织环境和行为规范等。组织文化建设中要通过健全制度进行管理活动,要有规范人们行为的各项规章制度、奖励惩罚制度等,同时要将学校中经常举行的典礼仪式等固定下来,例如开学典礼、学位授予仪式等。组织环境建设的主要内容包括教育活动的场所要整洁、卫生,对环境的绿化和美化能给人以清新舒适之感,有条件的学校应搞一些有意义的纪念建筑物,走廊里也可以悬挂一些著名科学家和英雄模范的画像,以激励人们继承传统,奋发向上。

(2) 团队精神建设。所谓团队精神,就是团队成员共同认可的一种集体意识,显现团队所有成员的工作心理状态和士气,是团队成员共同价值观和理想信念的体现,是凝聚团队、推动团队发展的精神力量。精神建设是校园文化建设的高层次,它在组织建设和发展中有着重要的主导作用。任何形式的教育组织,例如学校,都应该有其发展的主题,因为主题的确定是校园文化的灵魂和发展的核心,对整个学校的建设都有着主导性的作用。

在组织管理中,领导者要认真贯彻落实党的各项政策,多做得人心、暖人心、挽人心的工作,把好事办实、实事办好,人与人之间要相互关心、互相爱护、互相帮助,要形成相互尊重、团结共事、和谐一致的人际关系。优良的传统作风是经过长期的培育逐渐形成的,它对组织成员的行为起着持久的影响作用,要采取多种形式,通过各方面树立健康的、独具特色的组织传统和作风。

4. 校园文化建设的设计

(1) 明确组织目标。校园文化的建设离不开明确的组织目标,并围绕组织目标开展总体的规划,且所有的子目标都需要围绕组织总体的目标。因此,组织目标决定着组织文化的发展方向。

(2) 精确设计方案。有了总体规划和具体标准以后,需要对组织的预期模型进行谨慎、精确的设计与构想。组织环境和组织形象是一个由多方面因素构成的复合体,构成组织环境和组织形象并非单一因素,而是有着诸多因素。在设计时要多方面考虑对组织管理活动起影响作用的环境因素,要把物质环境、精神环境等进行有效综合,以形成系统的影响。

(3) 设计实施与调整。要把组织形象和组织环境建设的各项内容层层分解,具体落实在过程中,在实施的过程中需要对设施的实际情况不断进行了解与检查,并与事先的设计方案进行对比,把握进度并检查是否达标或需要改动,以使设计成果达到最优化。

5. 良好校园文化建设的途径

校园文化属于社会风气的一部分,具有鲜明的社会历史性和时代特征。它是由认识、情感、理想、行为等构成的复杂心理环境,具有相对的稳定性和传统性。领导者的作风、教师的教风和学生的学风是它的具体表现形式,而校容、校貌、校纪、校训则是它的体现。

校园文化的建设应该做到:

(1) 领导率先示范,树立远大理想目标,培养良好作风。领导者对建设校园文化的影响是举足轻重的,身教重于言教,只有以身作则,率先示范,才能在组织内树立起一种良好的风气。

(2) 舆论宣传。随着信息设备和媒体的发展,舆论越来越成为影响人们的思想和行为的主要渠道,因此,在学校的内部应该合理利用积极的舆论宣传,对好人好事进行表彰,树立正确的校园价值观,避免不良行为的出现。

(3)榜样作用。好的风气总是由少数人带头,然后由更多的人来效仿。因此,这些少数人十分关键。首先是各级管理者,包括主要领导干部,然后是各级骨干及积极分子,这些骨干力量可形成一个坚强的核心,带头身体力行。组织倡导的行为并做出成效,自然会影响、感染和带动更多的组织成员共同行动,形成良好的风气。

(4)开展思想工作,促进少数人从众,培养集体意识,形成集体主义观念。良好的行为一旦形成风气就会对少数与此不一致的成员产生压力。这种压力可以是有形的,例如受到上级同事的批评;而更多的情况是无形的,人们违背多数人的行为,总会感受到人际气氛上的压力,迫使他们从众,但从众不是自发产生的,其中必有矛盾和冲突,这时恰当的、细致的思想工作可以消除一些人的心理矛盾,促使少数人自觉地改变个人的不良行为,积极地从众。培养热爱集体、先公后私、大公无私、公而忘私等集体意识和集体主义观念,是奠定良好校园文化的心理基础。在此基础上,形成师生的集体荣誉感和归属感及责任感。

(5)正确运用定势和强化的心理规律。人与人之间的第一次交往,或人与某种事物的第一次接触,容易产生强烈的印象,起到"先入为主"的作用,影响着以后的心理活动,这就是"心理定式"。良好的心理定式,对于树立领导和教师的威信,形成良好的校风等,都是很有帮助的。此外,可以开展竞赛巩固已形成的校风。但是需要明确的是,竞赛一方面可以增强动机,推动学生活动,对提高效率与成绩起积极的作用。另一方面,如果常常失败,会使人们产生挫折感、失败感和自卑感;经常成功,会使人骄傲自满,妨碍进步与上进。因而,提倡"友谊第一,比赛第二""胜勿骄,败勿馁",以解放思想,树立良好的竞赛道德和风气。总之,学校的竞赛,在正确引导下可以提高学习效率,增进友谊,增强团结合作,树立良好风气,发展良好的心理品质,对巩固已树立的良好校风有重要意义。

(6)开发校园文化资源,创设有利的情境。在建构校园文化的过程中,学校领导者要有意识地寻找资源创造形象,要有自己的特色。校园文化的形成需要一个有组织、有计划的宣传教育活动,以进行经常的、深入细致的思想教育工作,使正气深入人心,蔚然成风,形成舆论,例如学校历任校长的传奇故事、优秀教师的事迹介绍、学校教学与科研成果、参加国内外各项竞赛的成绩、在大众传播媒介发表的文章等。

除此之外,发挥学校领导和教师的榜样作用也十分重要。模仿是人们普遍的心理特点,也是一个学习的过程。当人们对社会上某种行为有一种新奇而敏锐的感觉时,就会竞相模仿,从而形成一种社会风尚和社会风气。因此,模仿对于一种社会风气(包括校风)的形成有重要意义。所以,在学校中领导者和教师的榜样作用,对于形成校风有突出作用。"教育者必先受教育""身教重于言行",所以领导者和教师的以身作则是良好校风形成的一个十分重要的因素。

第三节 教育组织的氛围

一、教育组织社会心理环境概述

(一)教育组织社会心理环境的内涵

1. 环境

环境是指主体周围的客观环境,是生活中与主体发生联系的主体之外的客观世界,其中不包括与主体无关的外部世界。人的生活环境包括自然环境和社会环境。自然环境是指物理环境,包括动物、植物、土地、山脉、河流、阳光、空气等。社会环境是基于人而存在的,是被人的力量改造的外部环境。

2. 社会心理环境

自古至今每一社会形态中都存在着社会心理这一精神现象,它是与人类社会的发展相伴随、相始终的,只不过不同的社会形态与国家民族中社会心理的表现形式存在着差异。从我们所接受的正规教育中可以知道,在社会历史观方面,是马克思与恩格斯的唯物史观,将唯心主义从其最后的避难所中驱逐出去,还原了历史的真实面目。这一理论彻底清除了法国大革命时期的资产阶级历史学家的一贯做法,即将社会历史看成是少数英雄人物的个人表演,而广大人民群众只是他们舞台上的道具,或者是听其意志召唤的傀儡。在马克思、恩格斯的关于社会存在决定社会意识的理论中,一切社会的观念、理论、概念、体系……甚至个人脑海中闪过的片刻想法都根源于现实社会的物质存在。但是,在马克思主义的理论框架中,关于对后者如何在前者的土壤中得以长成,如何被前者"决定",以及社会意识与社会存在之间的机理关系的阐释,仍然表现出尚欠"丰满"的缺憾。虽然马克思在诸如《路易·波拿巴的雾月十八日》以及他在文章中对社会各阶级的心理进行了深入的剖析,以求向人们澄清历史与现实之间必然的内在联系,但却还是未能从整体上给予意志、情感、观念等以更多的重要性。但是不可否认的是,从理论上为研究社会心理标明方向的功劳应该归于马克思和恩格斯两位导师。①

3. 教育组织的社会心理环境

教育组织的社会心理环境是指在教育管理活动中对教育组织成员起影响作用的内部和外部的自然环境、社会环境的总和,也就是指对教育组织成员产生影响作用的社会生活环境。自然环境和社会环境是人的心理产生的基础和源泉,是客观的实在,它们反映在人们的头脑中,以主观的形式表现为心理环境。自然环境分为天然的自然环境,例如阳光、空气、山川、河流等;人化的自然环境,例如农作物、工业或科技的产物,以及食物、房屋、公路、铁路,等等。社会环境可分为政治环境、经济环境、文化教育环境、学校环境和家庭环境等。上述各种环境的影响,都能形成一定的心理环境。需要明确的是,社会环境和教育的影响决定着人们心理发展的方向和内容。因此,任何社会、任何时代无不利用环境的种种条件,使用各种方法,对人们施加心理影响,使得每个人成为符合社会需求的成员。

客观环境是心理产生与发展的基础。心理的产生与发展,是人脑对客观环境能动地、积极地反映的结果。环境的不断改变和心理的积极发展,以及两者之间互相作用的发挥,只有在实践中才能实现。在教育组织里,可以利用环境的积极因素(良好的政治经济形势和先进的社会思潮及优良的传统、风尚、社会风气等)控制它们的消极因素(社会逆流、不良的生活作风、不正之风和不良习惯),掌握和利用师生心理发展的规律以及心理和环境相互作用的原理,有意义地、有目的地改造环境,创造良好情境。

教育组织社会心理环境的研究对于教育工作是十分重要的,通过对各种环境因素的调节和控制来实现组织的目标。社会的政治、经济、文化等都会对人的心理产生巨大的影响,管理者需要通过合理地利用环境中的积极因素来控制消极因素对人的影响。心理学不只是

---

① 周宏.论德育的社会心理环境[D].复旦大学,2009.

要研究社会环境是怎样的,还要研究社会环境是怎样反映到人的头脑里来的。因为,同样的社会环境在不同人的观念中是不一样的。所以,对人的心理和行为起直接影响和调节作用的,是这种在心理上引起一定反映的"环境",也就是我们所说的教育心理环境。

(二)教育组织社会心理环境的功能

教育组织作为一种独特的组织,其社会心理环境的功能受到组织文化的影响,优秀的组织文化能够最大限度地调动成员的积极性,共同完成组织的既定目标。良好的积极的教育组织心理环境,有利于激发调动组织成员的主动性、积极性和创造性,提高教育组织的管理效能。消极的不良的教育组织心理环境,会压抑、挫伤组织成员的积极性,甚至导致组织的内耗,阻碍教育管理活动的开展,严重的还会使组织涣散、瓦解。因此,良好的教育组织心理环境,对教育管理活动的开展和教育目标的实现具有十分重要的作用。教育组织心理环境作为组织文化的一个重要组成部分,具有导向、约束、凝聚和激励等功能。

1. 导向功能

组织的各部门和组织每一个成员既有相同的目标,也存在不同的目标。组织文化就是统一整个组织和全体成员的行动方向,把组织成员的行为动机引导到组织目标上来。组织文化就是引导成员统一行动的关键,是一种号召力。使组织的成员了解并认可组织的目标,也就使成员能够认识到自身工作的意义,并从主观上接受组织的目标使其内化为自身的目标。因此,在制定组织目标时,应该融进组织成员的事业心和成就欲,包含较多的个人目标,同时要高屋建瓴,鼓舞人心。

教育组织心理环境作为组织成员进行教育活动的特定环境,是经过教育领导者、管理者围绕教育总目标净化、改造并高度整合的环境,在这样的环境下引导组织成员的个体目标与组织目标靠拢并形成总体一致。

2. 约束功能

通过建立共同的价值体系,形成统一的思想和行为,对组织中每一个成员的思想和行为起到约束作用。和规章制度不同,组织文化是对于组织成员道德层面的软性约束,这种约束也同样是以群体的价值观念作为基础。当组织的成员在心理层面上形成一定的共识之后,只要组织提供外部的诱导信号,就会得到组织成员的积极反应,并能达到预期的效果或产生预期的行为,从而使组织成员的行为趋于和谐一致,并符合组织目标的需要。教育组织心理环境中的精神环境作为一种特定的组织氛围,可通过各种行为规范、舆论、价值观念等方面约束组织成员的行为,随时指引组织成员的行为发展,发扬好的,阻止坏的。

3. 凝聚功能

组织每个成员作为独立的个体存在,不论性格情感或是人生理想、价值追求,都呈现出多元的特点。组织文化的形成具有巨大的凝聚力,使组织成员有了共同的价值取向,这共同的价值观把组织成员和组织的目标紧密联系在了一起,使成员对问题的认识趋于一致,并使他们自觉调整个体价值追求和观念。组织文化能够激发组织成员对组织目标、准则的认同感和作为组织一员的归属感,形成强烈的向心力,从而将个体目标整合为组织总目标。在民主的领导方式下,在和谐、融洽的人际关系环境中,每个组织成员可以最大限度地施展内在潜力和创造力,组织也将释放出更大的整体效应。教育组织心理环境作为一种客观存在的组织氛围,通过组织的心理环境将组织的成员联合并凝聚在一起,形成一个共同的组织。

4. 激励功能

组织文化重点关注的是人的因素,强调以组织成员的共同价值观为标准。因此,组织文化的激励作用主要表现在对情感的管理和对民主参与的管理,以及价值目标中的自我激励。良好组织文化的创建能为组织成员提供奋斗的目标和发展的动力,组织成员觉得自己在这样一种文化中的工作是有价值的。良好的教育组织心理环境是组织成员的一种内在精神追求,其建设需要一段很长的时间。良好的心理环境能够对组织成员起到积极的作用,激发其工作的主动性和积极性。

(三) 教育组织社会心理环境的类型

1. 按教育组织社会心理环境的形态,可分为自然环境和社会环境

自然环境包括教育组织所处的地理位置、气候条件、社区条件、自然景色等;社会环境指对教育组织起影响作用的政治、经济形势、法律、政策、市场情况、社会生活方式、社会规范、文化观念等。

2. 按教育组织社会心理环境的层次,可分为宏观环境和微观环境

宏观环境指的是国家的政治、经济、文化等三大系统。政治环境包括社会制度、法律、国家安定团结的局面等。经济环境包括国家的经济形势、经济政策、市场的情况等。文化环境包括社会规范、文化观念等。这三大系统对组织的影响是全面的。微观环境是指直接作用于教育组织的周围情境,包括教育组织的物质条件、领导方式、人际关系、精神面貌等。

3. 按教育组织社会心理环境的性质,可分为物质环境和精神环境

物质环境是外显的物质条件,例如场地、建筑物、设备器材、图书、经费和服务条件等;精神环境是内隐的心理条件,例如,组织目标、价值观念、行为规范、领导方式以及组织的传统作风等。

4. 按教育组织社会心理环境的范围,可分为内部环境和外部环境

教育组织的内部环境是指组织成员所处的工作环境,例如工作条件、人际关系、群体意识、组织文化等;外部环境是指教育组织所处的外部自然环境和社会环境,例如教育组织在社会中的地位、形象、联系和影响等。

二、教育组织内部社会心理环境

教育组织内部的社会心理环境是相对于外部环境而言的。它是教育组织内影响作用于教育管理活动的自然环境和社会环境的总和,也就是在教育组织内对组织成员心理和行为有影响的全部客观因素。一般包括以下几个方面:

(一) 价值观

价值观在教育管理活动中处于十分重要的地位,是教育管理活动的灵魂。教育管理是一种有目的、有意识的活动,它离不开价值观的指导。一个组织的领导者追求什么、提倡什么、反对什么、用什么样的价值观标准去要求部下,用什么样的理想和信念去建设队伍,将会对教育组织文化的形成发挥关键性的作用。

(二) 组织目标

组织目标是教育组织预期达到的目的或最终预期达到的结果。它是组织发展的指挥棒,只有组织成员接受了组织的目标才能自觉地遵守组织的纪律并为之努力。组织目标的明确性、正确性和吸引力,对组织成员会产生重要的影响作用。一个组织的目标明确、方向

正确、个人目标与组织目标相一致,对组织成员有强大的吸引力,就会形成积极向上的组织环境。教育领导者在制定组织目标时应该详细衡量和考虑各方面的因素,组织的目标既应该是具有一定难度的,又要是组织成员通过努力可以实现的,切不可好高骛远。

(三) 行为规范

行为规范也是教育组织环境的重要内容。它是影响组织成员的无形力量,会迫使组织成员顺从或改变自己的态度。教育组织有很多行为规范,例如成文的或不成文的规章制度、工作制度、常规、守则等。只要这些规范为多数人所接受,并成为多数人的行为标准时,就具有组织环境的意义。一个组织具有了共同遵循的行为规范,就可制约组织成员的言行举止,使其同心协力为维护组织荣誉、实现组织目标而努力奋斗。

(四) 人际关系

人际关系的好坏对心理环境好坏有着重要的影响。人际关系的好坏代表着组织成员之间的关系,教育组织成员的人际关系也同样如此。组织成员之间人际关系和谐,就会形成积极的、健康的组织环境,从而有利于教育管理活动的有效开展。如果教育组织内部人际关系不协调,不仅影响教育事业的发展,而且也不利于人才的培养与成长。

(五) 传统作风

传统作风是一种隐形的心理环境,它潜移默化地影响着人们的言行举止和思维方式。在教育组织中是不可忽视、不可代替的教育力量。良好的传统作风是教育组织成员经过长时期的培育形成的。优良的组织作风能够对组织成员起到巨大的影响,好的作风能够带领组织成员朝着良好的方向发展。

(六) 领导方式

领导方式是教育领导者在工作中稳定的活动方式,它包括领导者的行为、工作方法、领导风格和对下属的态度。领导方式也是教育组织环境的重要组成部分之一。一般而言,民主式的领导方式,可满足组织成员心理上的自主需要,减少由于地位差异而造成的心理距离,领导者与被领导者之间容易形成互相关心、互相支持、人际关系和谐的心理气氛,能协调一致地去实现组织的共同目标。而放任式或专制式的领导方式,会导致组织中人际关系紧张,情感不和谐,使组织成员处处感到压抑,还容易出现松散紊乱、彼此之间推卸责任或被动执行、满腹牢骚的心理气氛。领导者与被领导者之间保持着相当的心理距离,不利于实现组织目标。

(七) 自然环境

教育组织的自然环境是指组织所处的地理位置、气候条件、房屋建筑、道路布局与校园景色等,也包括教育组织的设备器材、采光照明、取暖通风等工作条件。整洁美观、安静舒适、设备齐全的环境对组织成员会产生积极的影响。而地处偏僻、信息闭塞、空气污染、噪音干扰、光线不足、设备落后等环境条件不仅会影响组织成员的工作情绪,而且有害于组织成员的身心健康。

三、教育组织外部社会心理环境

组织是一个开放的系统,除了受到组织内部各个因素的影响之外,还受到组织外部环境的影响。影响教育组织外部社会心理环境的因素,主要包括以下几个方面:

(一）政治经济形势

政治影响经济的发展方向，政治指导和调节着社会生活的各个领域。政治的主要作用就是为经济建设、文化建设和社会进步提供科学的决策和高效的管理。经济是上层建筑的基础，是教育组织赖以生存和发展的根本条件，它为组织发展提供物质基础，对组织成员的心理行为和物质需求的变化有着深刻的影响，要正确认识经济基础与上层建筑的辩证关系。对教育组织而言，政治经济影响着教育培养目标的确定、教育计划的实施等方面。正是因为这种社会制约性的存在，才会使不同社会制度下的教育组织在心理环境上存在着明显差异。国家的各项政治方针、政策也制约着教育组织的发展，对教育组织成员的理想和信念具有指引和影响作用。因此，政治经济形势是"大环境"，而教育组织内部则是"小环境"，应该把"大环境"和"小环境"协调起来，形成内外一致的组织环境，把组织成员的思想和行为，纳入到组织的共同目标上来。

(二）社会生活方式

社会生活方式是指社会生活活动的基本特点，它一方面受社会生产关系所决定，另一方面又受稳定的个人价值体系所决定。教育组织成员的生活方式各不相同，良好的生活方式给人以积极向上的生活意志，可以丰富人的生活，健全人的性格；不好的生活方式使人意志消沉、生活堕落、道德水准下降。所以，社会生活方式对良好心理环境的形成是有重大影响的，我们要从分析具体的生活方式特点出发，有效地进行思想政治工作，努力促进教育为社会主义经济建设和社会发展服务。

(三）社会文化

社会文化是通过社会成员共同遵守的社会规范和行为规范表现出来的文化，它能调节和协调人与人之间的社会关系，对社会成员起约束作用。教育组织周围的社会文化背景，对组织成员的心理面貌有着直接的影响，教育组织周围的社会风尚好，则能促进教育组织事业的发展。

社会文化的内容是极其广泛的，社会历史所创造的政治经济观点、法律思想、道德、哲学、艺术、教育、宗教、民俗等社会意识形态和社会传统习惯等都可包括在内，从某种意义上来讲，可以说是无所不包。这些社会形态能体现人们的态度、目标和价值观体系，制约着人们的思想行为、思维模式和知识技能。社会文化可形成人们的理想和信念，不同的社会文化背景，人们的理想信念和追求不同。在教育管理中，教育领导者要营造良好的社会文化环境，克服和抵制各种腐朽的不良的思想文化的侵蚀。

(四）自然环境

组织外部的自然环境和人为的自然环境也是直接影响人们心理和行为的重要条件。社会的人口生态状况、交通设施、地理环境、环境污染也都会对教育组织活动和人们的身心状态产生影响，因此教育领导者应该善于利用和改造组织周围的环境以帮助组织发展以及组织目标的实现。

(五）大众传播系统

大众传播系统包括网络、书报、杂志、广播、影视，等等。由于现代科学技术的发展，计算机、打印机、电话、传真等通信工具的结合，使大众传播媒体的作用越来越广泛。尤其是互联网不断发展的今天，信息的传递已变得十分容易和迅速。大众传播包括积极和消极两种，因此组织的管理者要尽量善用积极的信息，规避消极信息对组织成员的影响。

四、教育组织内外环境的心理效应

（一）教育组织内部环境的心理效应

1. 教育组织集体规范的心理效应

教育教学的章程、规则、守则和学校的传统、校风等行为规范，以及教育工作的价值标准，都潜移默化地影响着师生的行为及个性的发展。

集体规范受意识支配，是社会制度对个人行为发挥决定作用的媒介，是社会环境影响个人态度行为的媒介。它直接制约着个人的行为，使人们按社会规范而行动，从而使个人的动机与行为"社会化"（符合社会的需求）。因而，研究规范对于研究社会环境如何影响人的行为，人如何在改造社会环境中发展自己的心理都有重要意义。

2. 人际关系的心理效应

学校是教育组织的典型，学校的领导、教职员工、学生通过交往而形成人际关系，这种人际关系的心理效应具有以下特征：

（1）道德规范性强。"为人师表"是由教师的"社会角色"所决定的，因而领导与教师、教师与学生之间都能按照团体的规范自觉地协调双方的关系。

（2）民主平等要求强烈。由于教师有强烈的自尊心和荣誉感，因而要求领导尊重他们的人格和成就，以民主平等的态度对待他们。青少年时期是学生身心迅速发育的阶段，学生独立的要求和自尊心逐步增强，从而要求教师信任他们、尊重他们、平等待人。教师如果处事不公平，对某些学生偏爱，那么就容易引起受冷漠或强迫的学生的反感、厌恶，直至对抗。

（3）向心倾向。集体荣誉感和成就感会产生向心倾向。例如成为先进单位或重点学校是师生员工的共同愿望，在这种目标一致、愿望相同的条件下，相互之间即使有些冲突，为了实现共同目标与愿望，也能自觉协调或缓解，相互融洽和协作。

（4）同化倾向。在学校集体中或班集体中，由于有了共同的目标、统一的规范与要求，加之教师与领导之间、教师与学生之间交往频繁，目标与规范可随时渗透给师生，因而人际关系易于融洽。教师是学生的榜样，学生模仿教师，因而师生较易同化。

（5）稳定倾向。学校内部有"三个稳定"：一是师生关系在小学可以稳定五至六年，在中学也可稳定三至六年，是一个较长的稳定阶段；二是教育教学秩序基本稳定，能够在学生心理中形成稳定的倾向；三是教职员工的情绪较为平静和稳定。因此，领导与教师之间、教师之间、教师与学生之间，很少发生剧烈冲突和对抗性矛盾，关系较亲密和融洽。

（6）学校校容校貌的心理效应。良好的校容校貌是一种自然美，它是感性形式并直接引起人的美感。优美的学校自然环境，也是良好的心理环境，可以唤起师生对生活美的联想而获得美的享受，使他们个性的发展更加完美。

学校优美的自然环境包括：校园的壮丽和美化；建筑、场地、设施的庄严、美丽、实用、布局协调；环境的整洁、雅静。学校自然环境优美能够引起人的美感，使人获得美的享受，为人的个性完善发挥作用。良好的校容校貌，能净化和陶冶师生员工的性情，使他们丰富情感、心情和谐、舒畅。因此，应当美化校园，保持室内外的整洁卫生。

（二）教育组织外部环境的心理效应

1. 社会文化模式的心理效应

社会生产力和社会生产关系及与其适应的社会意识形态，例如文化水平、时代特点和民

俗等,是教育组织外部环境的主要方面。

政治与经济制度,是社会成员心理产生的决定因素,占统治地位的阶级的意识形态决定着教育组织成员的心理方向和基本规范及准则。

社会主义社会意识,包括社会财富共有、各尽所能、按劳取酬、民主平等、遵纪守法、舍己为人、助人为乐……集体主义观念和道德观念,以及为"振兴中华"、为社会主义建设献身的价值观,等等,对教育组织成员心理的产生与发展起着支配作用。所以,教育组织所处的地域,例如工业区、农牧区、林业区、城镇区及少数民族聚居地区的文化背景和风俗习惯的不同,也对教育组织成员发生不同的心理影响。民族风俗有两种独特的心理功能:一种是控制的能力。因为民俗与社会心理和民族情感总是交织在一起的,并且依靠习惯势力和传统力量及信仰,强有力地支配者人们的认识和行为方式;另一种是教化的功能。

2. 家庭文化教育的心理效应

家庭成员,尤其是父母对子女个性发展的影响大于他人(包括学校教师),这是因为父母是子女的第一任教师,孩子有三分之二的时间在家庭里接受教育。因而,父母的品质、情感与态度、作风及行为,能够潜移默化地影响学生的心理发展。父母的教育观念与教育方式对子女们的影响尤为重要。

通常文化教育程度较高的父母,比较善于用民主的方式教育孩子,能够充分理解孩子的兴趣爱好与要求,经常给他们提供足够的信息与帮助,并引导孩子自己去实现理想、确立目标、制定计划、选择自己的道路、决定自己的行为。这样的父母十分关心和关注孩子的进步,但又严格要求他们。在这样家庭熏陶下的孩子,进取心和创造性及独立活动能力很强,他们都重视友谊,很会关心、体贴、帮助别人,与他人关系协调,形成家庭间和谐、欢畅的心理气氛。

缺少文化教养的父母及家庭其他成员,由于缺乏对孩子的需要、兴趣和心情的理解,往往以专制的方式对待孩子,常常用命令、指责、惩罚的方式强迫孩子服从。其结果,不是造成孩子奴隶式的驯服行为和唯唯诺诺的屈从心理,便是形成孩子抗拒和厌恶的心理,报复、粗野,甚至残忍的态度与行为。

溺爱或放任的态度,也会给孩子带来不良影响。父母用盲目的"爱",无限制地满足孩子的任何要求,甚至不合理的要求;或者由于过分"爱护"变得百依百顺等,会使孩子养成骄横、放任、放纵、粗暴、狂妄,直至虚伪、欺骗的态度与行为。

本 章 小 结

1. 教育组织结构构成了教育组织的基本形式,其结构的性质和特点决定了未来组织发展的基本条件,通过组织结构及其特征、教育组织文化、教育组织的氛围三个方面体现。

2. 教育组织是按照社会的要求,有目的、有计划、有组织地向受教育者实施德育、智育、体育、美育等全面发展的正式教育实体。对于教育组织来说,其主要的特征即要有明确的教育目标。任何教育组织都要有明确的目标,这种目标是在党和国家教育总目标指导下确立的组织培养目标;明确组织层次与组织工作或任务的分工。

3. 组织文化的形成是在特定的环境条件下,由某个在职的校长根据自己的教育哲学或教育理论,通过实践,选定适合本校特色的办学理念,在培养目标、课程设置、教育方法、教学科研等方面选定一个或多个作为学校整体教育发展的突破口,推动学校全局的发展。教育组织文化的建立影响着教育组织的未来发展。

4. 教育组织的氛围决定了教育组织发展的基本格调,受到教育组织内部和外部两方面社会心理环境的影响,只有协调好内外部两方面的影响,并合理利用有效的影响,规避无效和有损组织形象的影响,才能塑造优良的教育组织氛围,形成良好的教育组织心理效应。

练习与思考

1. 什么是学校组织结构？其特点有哪些？
2. 什么是教育组织文化？它的层次和内容包括哪些？
3. 如何塑造组织文化？
4. 你认为教育组织的形象重要吗？该如何塑造良好的教育组织公共形象？
5. 简述教育组织社会心理环境的内容。
6. 分别论述教育组织内部和外部社会心理环境的内容及其心理效应。

推 荐 阅 读

1. 约翰·P.科特著,胡林林译.科特论变革[M].中国人民大学出版社,2005.
2. 金·S.卡梅隆等著,谢晓龙译.组织文化诊断与变革[M].中国人民大学出版社,2006.
3. D.赫尔雷格尔等著,俞文钊等译.组织行为学(第九版)[M].华东师范大学出版社,2001.
4. 大卫·D.迪布瓦著,杨传华译.胜任力:组织成功的核心源动力[M].上海教育出版社,2005.

第十一章 教育组织的变革和发展

【本章导读】

　　教育组织是一个相对稳定的组织,但也需要随社会经济等方面的发展而不断变化发展,因此,教育组织的变革与教育组织的发展息息相关。本章主要讨论三个问题:
　　1. 教育组织变革的内涵与背景。
　　2. 教育组织变革的模式与流程。
　　3. 教育组织变革的有效管理。

【关键概念】

　　教育组织变革;教育组织发展

【学习目标】

　　1. 了解教育组织变革的含义,教育组织变革的背景;理解教育组织变革的意义。
　　2. 了解教育组织变革的模式;掌握教育组织变革的流程。
　　3. 了解教育组织发展的含义;掌握教育组织发展的特点和基础,教育组织发展的内容和方法。了解教育组织变革的阻力;掌握克服教育组织变革阻力的对策。

【建议学时】

　　3学时

第一节　教育组织变革的内涵与背景

一、教育组织变革的内涵

（一）教育组织变革的概念

　　教育组织的变革是指在保持原有教育组织的基础上改变组织领导体制,或者改变组织目标,或者改变组织结构和管理方式等。它是教育组织为了适应客观环境的变化和发展,实现自身组织内部的动态平衡,从而达到组织发展目的的基本手段。① 教育组织的发展随着社会、政治、经济、文化等方面的发展需求而不断变化的,在变化的过程中需要组织自身有变革的意识,包括自我更新的意识与能力,并保持时刻的警惕性。

组织的变革包括很多方面,工作任务、技术、结构和人员是组织变革的四个变量,这四个变量是互相联系的。在组织的变革过程中,任何一个变量的变化都会使整个组织发生变化。如果组织所从事的工作任务或内容发生变化,几乎不可避免地要伴随着技术和工作方法的改变,而任务和技术的改变通常需要组织结构的改变(包括权力结构、沟通结构、组织成员角色结构),这些改变又会导致组织成员的改变。例如,教师在教育组织的变化过程中也需要随教育组织的变化而变化(包括学习新知识、新技能),使其能够更好地融入变革后的教育组织中去。在变革的过程中如果只是对于组织管理中的客观因素进行改变(包括教育管理方法、教育评价方法),而并不对教育整个组织系统进行全方位的改变,那么整个改变和变革的过程都可能是表面的和失败的。

此外,教育组织并不是绝对独立的个体,而是在社会大环境下形成的一个相对独立的组织。因此,其变革必然受到多方面的影响(包括内部因素和外部因素),不仅应该考虑社会和受教育者对教育的需求,还会受到文化、环境等各方面因素的影响与制约。

总而言之,一旦组织环境发生改变,组织自身也会受到影响进而产生变革,这种变革可能是多方面的,包括工作任务、结构、技术、组织人员,等等。

(二)教育组织变革特性

教育组织的变革有其自身的特性,受到多种因素的影响,包括教育组织自身的特点及教育组织内外环境因素,具体特征如下:

1. 广泛性

教育组织的变革涉及范围广,比其他任何组织的影响面都大。例如,招生制度的改革,应考虑到素质教育的变革,中小学生就近入学、网上录取的方案,等等,几乎涉及社会的各行各业。

2. 长期性

教育组织的变革与其他组织不同的是周期长、见效慢,而且每一项重大的变革都需要先行试点,再行推广,最后才能定案。

3. 复杂性

教育组织的变革受教育组织内外环境的影响。外部因素有社会的政治、经济、科技、文化,国家的政治体制、方针政策,社会发展趋势、教育投资等多方面的影响;内部受教育领导者的教育观念、领导风格、管理水平、教育组织文化等因素的影响,这些内外因素的影响都显示出教育组织变革与发展的复杂性。例如,专业设置、课程改革、义务教育的实施等,沿海、内地、边疆、城市、农村、少数民族地区等,各级各类学校的培养目标、师资培训等都有差异,这些都是相当复杂的问题。

4. 评估难

教育组织的变革旨在增进教育组织的效能,适应社会对人才培养的要求。但是,各级各类学校教育效能的评价标准差异很大,即使是同类学校组织,由于所处地区、地理环境与文

---

① 宋海军.试论教育组织变革的阻力及其控制策略[J].高等教育研究,1992.

化背景等因素的不同,也不能以同一标准去评估。同时由于教育组织的培养对象是受教育者,其成果不像其他一般企业组织的产品那样具体可见,它具有抽象和隐性的特征,而且与教育组织的所有成员以及当时实施的教育政策有关。这些特征都使得教育组织变革的评估存在一定困难。

二、教育组织变革的背景

教育组织的变革需要一定力量的推动,而推动变革的正是存在变革必要的原因,变革的原因也是变革的动力。在教育组织变革的过程中,既包括组织外部环境变化所带来的动力,也包括组织内部环境变化所带来的动力。

(一) 教育组织外部动力

教育系统是一个封闭的组织,因此,教育组织外部环境的改变会牵动教育组织的变革,其中包括政治、经济、文化、社会、国家教育政策等方面的因素。当教育组织外部环境发生变化时,教育组织为了适应外部环境的发展而必须不断地做出调整,使自身与外界的变化相互协调,并能合理利用外部变化使自身达到最优。因此,外部环境的变化无疑是组织变革的巨大动力。主要包括以下两个方面:

1. 全球化

随着国门的不断开放和全球化程度的不断提高,教育的发展方向也需要不断地做出调整。例如,在国际化程度不断提升的今天,越来越多的人重视外语能力的提高,所以教育组织尤其是学前教育以及初等教育阶段对外语课程的开设也经历了从无到有的过程。但随着外语学习热潮的不断推进,人们开始意识到传统文化被忽略的现象十分严重,因而开始了新一轮的教育变革,在对中考、高考实行的变革中,加强了语文学科的占比,表明更加重视传统文化的学习导向。

2. 市场化

任何物质和事物都需要市场,没有市场的教育是无法长期存在的,且注定会被淘汰。对于教育组织来说,其生存发展需要考虑教育市场的需求和变化,以及受教育者的需求。例如,对于学校来说,其课程的设置应围绕社会对人才需求的发展要求来制定和开展,考虑学生未来发展可能需要的知识和技能来设置合理的课程。对于较高层次的教育组织来说,还必须考虑家长或学生的主观意愿。例如,对于高等教育来说,其专业的设置必须考虑一段时间内学生的学习意愿以及家长对于未来孩子从事职业的期望。因此,脱离市场的教育是无意义的教育。

(二) 教育组织内部动力

组织自身内部的环境也是组织变革的重要动力因素,是与组织变革极其密切的动力因素。影响组织变革的内在因素包括组织内成员方面的因素(成员对变革的态度、成员的价值观)、组织结构、组织管理方式等。由于组织外部环境的变化对组织内部成员有所影响,因此,内部的变化必然会通过组织成员的态度和价值观等方面表现出来。组织管理部门想要保障组织活动的顺利进行,就需要对组织的工作和活动做出有效的预测和规划,对组织成员进行有效的教育和思想培训,对教育组织成员活动有效指挥等。此外,在管理的过程中,教育主管部门和教育领导者也应该有带动作用,其领导风格和模式对教育组织的影响也具有十分重要的意义。

(三) 教育组织变革的预兆

教育组织的变革不是随意的,而是有预兆的,当教育组织面临着决策失误、沟通存在问题、组织内部决策实施效果不佳以及组织内部缺乏新思想、新观点时,教育组织的变革的开展就十分必要了。

教育组织的决策具有指导教育组织发展壮大的重要作用,当决策出现失误时,教育组织的发展则会受到关键性打击,这时如果决策失误总在发生,教育组织的变革则势在必行。

教育组织的沟通是教育组织活动顺利进行的良好保障,如果教育组织成员之间以及上下级之间无法进行良好的沟通,则会极大地影响教育组织活动的开展。

当教育组织内部的决策在实施的过程中出现效果不佳的情况时,说明教育组织的内部出现了问题,组织真正的功能无法发挥。

如果教育组织内部缺乏新思想、新观念,只是一味地因循守旧,则组织的发展空间会十分有限,无法发挥教育组织更广泛的作用。当上述情况出现时,就是教育组织进行变革的时期,此时教育组织的变革十分必要。

第二节 教育组织变革的模式与流程

一、教育组织变革的模式

美国管理心理学家李维特(Rivet)在其所著的《管理心理学》一书中提出了组织变革的模式(见图11-1)。他认为,组织变革是工作(任务)、科技、结构和人员四个变量的相互作用。李维特组织变革模式在教育领域中也同样适用。

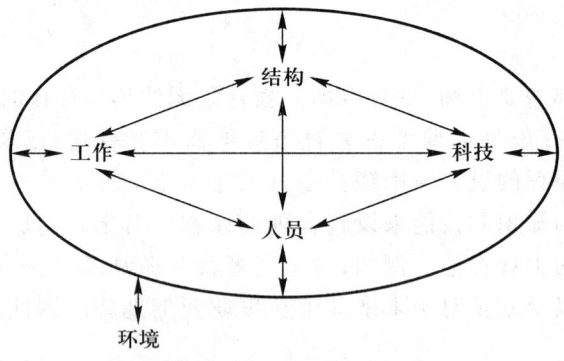

图 11-1 李维特组织变革模式

(一) 人员变革模式

在教育组织中,人员的变革是组织变革中的重要因素,人员的变革决定着组织开展教育活动的成功与否,教育组织人员的思想、态度、价值观、对教育组织的认同度等都会影响教育组织的变革。如果教育组织缺乏活力、缺乏行动力、组织内部成员关系存在危机,那么都是人的素质、能力等方面存在问题。只有不断提高组织成员的思想素质、能力水平,优化成员的工作方式、工作作风等,才能保证组织不断发展并具有活力,使组织所从事的任务或工作能够高效进行。因此,教育组织成员即教育工作者必须具有良好的公民素质和组织成员的基本素质,拥有正确的人生观、价值观、教育观,掌握充分的知识与技能。

(二) 组织结构变革模式

组织不是一个完全独立的个体,而是一个与外界互相沟通交流并相互作用的相对独立的个体,因此,为了适应环境的不断变化,组织的自身也需要不断变化,而组织结构的变化是组织变革的重要模式。组织结构的变革包括重新划分与合并新的部门,调整管理层次和管理幅度,任免负责人,明确责任和权力等。当然,组织结构的变革不仅是为了顺应外部环境的变化,还包括内部环境对组织变革的需求。当一个组织的结构阻碍内部的信息沟通和工作效率时,或者政策措施、报酬制度等压抑了职工的积极性,使不满情绪增长而降低工作效率时,就应该考虑进行组织结构变革。在教育组织中,组织结构的变革主要是在原有结构(包括政治结构、人员结构、管理结构等)基础上对管理层次、管理结构等方面进行调整,以及调整管理层次与管理幅度,增设、合并或减少部门,改变各部门之间的联系方式,重新分权和授权等。

(三) 技术变革模式

在教育组织中,技术是改革和发展的重要动力,是实施变革的关键因素。现如今,互联网技术不断发展,科技不断进步,技术的更新发展则显得更加关键。因此,引进先进技术、采用先进技术手段、提高计算机自动化等等方式的更新都是组织变革中需要考虑的问题。教育组织的技术变革,包括教育内容及教育方法和手段的改革,以及与之有关的硬件条件的改进。

尤其当前大数据时代的到来和互联网的迅速发展,使教育组织的技术变革的道路变得更加宽广。但是,要把计算机技术与多媒体和网络化形式应用到教育管理和教育教学工作中去,必须在教育教学内容、方法和技术手段等方面进行变革,从根本上改变原始的书本教育和灌输教育模式。

(四) 系统变革模式

教育组织的变革,不是简单的有形结构的变化,而是包括思想观念、行为方式在内的变革;既是职、责、权等关系的改变,又是人际关系的调整,它触及人们心理深层的变化。组织是一个工作、技术、结构和人员相互依存相互作用的系统,按照李维特的理论来讲,这个变幻无常的组织牵一发而动全身。无论是对人员进行改革,还是对结构或技术进行改革,都不是孤立的,都会影响到其他方面。因此,必须以系统的观点来考虑整个组织的变革,在变革某一个因素时,必须注意到对其他因素的影响,并考虑相应的措施。同时,还要考虑组织系统与外部环境之间的平衡。只有这样,才能提高组织的整体效率,促进组织的发展。例如,精减人员就涉及在职人员的工作量、分配制度的变动等问题。

组织变革模式的四个变量是相互依存、相互作用的,其中任何一个变量的改变都必然会引起其他变量的改变。如果组织所从事的工作内容或任务发生变化,几乎不可避免地要伴随着技术和工作方法的变化,而任务和技术的改变通常需要组织结构(包括权威形态、沟通形态与组织成员角色)的改变,这些技术与组织结构的改变,又会导致组织成员的改变。例如,工人必须学习新的知识,培养新的技能,以期履行其被修正的新的角色职能和适应新的要求。

由此可见,工作、技术、结构和人员是相互影响的,组织变革可以通过改变其中的任一变量,或改变几个综合变量来进行。但在改变上述任何一个变量时,都必须妥善考虑到它与其他变量的依存关系。

必须指出，任何组织都不是孤立存在的，它只是环境系统的一小部分而已。因此，所有组织都会受到社会环境的影响，它必须接受政府的宏观调控和限制，要考虑消费者的市场需求，还要受到文化的束缚及其他竞争者的挑战。总之，在组织变革过程中，只要外在的环境发生变化，组织也必然会随之发生变迁。

此外，组织不但要适应外部环境的变化，而且还需要主动地调节和控制环境，使之在最大程度上有利于组织目标的实现，而不是消极等待和适应，要主动地创造新的环境。随时感受到时代的脉搏，不断接受新事物，使思想更加活跃，勇于探索和创新，使教育组织充满勃勃生机，适应环境变化。一个组织究竟要变革什么？如何变革？需要根据不同的组织状况和不同的变革要求来确定。

二、教育组织变革的流程

对于组织变革程序应该包括哪些，很多学者都有不同的见解。洛尔施西（J. W. Lorsch）认为，组织变革程序应包括四个方面：一是创造一个需要变革的认识；二是分析诊断环境；三是沟通变革所影响的人员；四是监视变革调整组织。勒温（Lewin）和美国组织心理学家薛恩（Schein）都提出了解冻、变革、再冻结三个阶段。凯利（J. Kelly）提出诊断、执行和评估三个步骤，每个步骤又包含具体的几个方面，例如诊断包含确定问题、诊断、列出可行方案等；执行包含发展决策准则、选取解答方式、计划变革、采取行动等；评估包含评估效果和反馈等。

这些学者之间的看法虽不一致，但在内容上又有相似之处。归纳起来，教育组织的变革程序包括确定问题、问题诊断、实施变革和变革成果评估四个步骤。

（一）确定问题

任何事物的改革都需要先对问题进行诊断与确定，就像医生看诊需要先确定病情才能对症下药一样，教育组织的变革最初就是问题的确定。

教育组织的变革应该首先找到问题所在，同时分析问题是长期的还是暂时的，尤其是在组织出现办事效率低、成果不显著的时候，更应该分析出现实的问题。在确定问题的阶段，还需要对正在发生的环境变化做出正确的评估，也应该注意整个教育组织以及社会等外部环境的变化，判断这些因素是否会影响教育组织问题的产生，才能在之后的环节中良好地解决组织的问题。

（二）问题诊断

通过第一步骤找出问题后，应当根据问题来分析和诊断问题。诊断过程包括判断组织是否能适应环境变化、找出产生问题的原因，并拟定解决问题的方案。这种诊断可以确定组织是否能应付环境的变化及组织当前存在的问题。为了进一步诊断出组织存在的问题，还可以运用一些成熟的心理学方法，如满意度调查、工作态度调查、领导行为的评价和诊断等。这些调查研究不仅可以起到诊断作用，还是确定问题的必要手段。

（三）实施变革

在确定了问题和诊断问题的基础上，就应该研究如何实施变革。变革的实施不是一件容易的事情，变革的过程会受到多方面的影响。首先，阻力来自于组织的抗拒。例如，组织原本结构以及组织内部各个部门之间的争端、各组织部门之间的利益权衡与博弈等；还可能受到组织上级领导的阻力,由于变革会打破原组织的一系列事物,包括原有的规章制度、结构、管理方式,原本熟悉的工作环境、工作氛围,还可能影响领导者的权利与利益;此外,还会遇到组织内部成员的不配合,组织成员对于原有组织的熟悉而不愿意配合组织的变革以及组织的变革将会给组织成员带来新的未知的工作挑战。因此,为了实行变革,首先要进行宣传教育,提高对变革的认识,使全体成员都能积极参与到变革中来。

在提高认识,消除阻力的同时,就要依据对组织的诊断结果,研究和制定切实可行的变革方案。而为了更好地实施组织变革,应该尽可能地让组织成员参与到变革方案的设计中来,让组织成员感受和体验变革方案的制订和预演过程,使其从主观上接受组织的变革。此外,还应该在方案确定后或方案的一个阶段确定后多进行小范围的实施和试用,在确定其对组织有利后,再进行大面积的推广和实施。

(四)变革成果评估

实施变革的最重要目的就是变革成果对组织有利,因此,变革成果的评估十分重要,也是评价组织变革成功与否的关键。对变革成果的检验需要长期进行,并不断总结过程中产生的有利和不利因素,及时消除消极因素,使未来的变革避免此类失误。由于评价的机构和人员以及标准的不同,评估的结果也不尽相同,但评估的结果都应该以为组织发展良好为目标。大体而言,教育组织变革是否成功,在于教育组织是否增进组织效能、营造组织文化、提高组织成员的工作满足感及提高组织应变能力等。为了获得反馈信息和对变革效果进行评估,在评估时,要注意调查研究,对外要进行定期的社会调查、社会心理调查和民意测验;对内需要进行态度、士气、满意度调查和工作绩效的评价,以保证评估的信度。由此可见,在组织变革中,社会调查方法和心理调查方法以及其他软科学的研究是不可缺少的工具。

第三节 教育组织变革的有效管理

一、教育组织发展概念

组织发展(Organization Development)简称OD,是在研究组织怎样适应形势发展和生产任务扩大的要求下,从组织结构、技术、人员等方面进行有计划、有系统的变革,以达到组织的最优化、最佳化,使组织成为一个拥有活力的生机盎然的组织,是实现组织变革的手段、方法和技术。教育组织发展是运用管理心理学的理论和技术,通过改变组织成员的态度和行为模式,来增加组织的有效性和活力的变革过程。组织变革与组织发展有着一定的关系,组织的变革可能带动组织的发展,而发展有可能带来组织新一轮的变革,因此,二者从某种程度上也是相互作用与制约的关系。组织发展与传统的组织改革还存在一定差异,它更强调正式工作群体的作用,包括组织全面的发展和群体之间的相互关系以及整个组织系统。所以,一个组织的发展是需要长期的去努力解决各方面的问题,并寻求解决问题的方法,不断更新组织的过程。

就我国当前的经济、政治、教育环境等方面的状况来说,我们必须要了解一个教育组织发展应有的需求和需要的发展方向,而这整个过程也不是一个人能够完成的,需要多个成员甚至所有成员的共同努力。因此,教育组织发展更重要的是组织内人际关系的协调和完善,从而使成员的个性得到发展。

教育组织发展的实质即是强调组织在变化条件下，如何通过技术和人力资源的充分利用和激发，来增进、活跃和更新组织，以达到提高组织效率的最终目的。

二、教育组织发展的特点和基础

教育组织发展是提高教育工作者积极性和自觉性的手段，也是增进组织效率的有效途径。与传统组织变革比较，它的主要特征和心理学基础体现在以下几个方面：

（一）教育组织发展是一个以有计划的再教育手段实现组织变革的策略

教育组织发展的心理学基础之一是以群体规范为基础。通过有计划的再教育活动，可以使人们改变或抛弃不适应新形式发展的旧规范，建立新规范。建立这个规范不仅需要知识信息，还包括态度、价值观、技能、人际关系和组织心理气氛等方面，以扫清组织变革的障碍，适应新发展的技术、市场和变化的社会环境，从而使组织不断向前发展。

组织发展不仅要解决目前组织中存在的问题，还需要通过学习和再教育，确立新规范，培养组织成员的管理能力以及获得解决将来可能出现的新问题的能力。

（二）教育组织发展是组织各部分相互联系、相互依存、相互作用的动态系统

教育组织发展的另一个心理学基础或特征是系统论。从系统论的观点来看，教育组织各部分之间是相互联系、相互依存、相互作用的。相互联系是指组织中的各种事件和各个部分并非孤立的，而是相互联系的，因此，不但要考察事件本身，还要考察它们之间的联系；相互依存是指组织的错综复杂性，变革组织中的一部分还会涉及另外一部分，因此，必须以多因素方式来分析问题，才能对现实做出准确的描述和诊断；相互作用是指一个部门或一个方面所进行的变革必然要作用和影响其他部门或其他方面，因此，应该预测其所引起的多种效应。例如，某一所学校实行新的奖惩制度，必然会对其他学校产生一定的冲击或影响。所以，必须从整个教育组织系统出发进行组织发展，既要考虑各部分的工作，又要从整个系统考虑协调各部分活动，并协调组织与外部的关系。

（三）教育组织发展要有明确的目标和实施计划

教育组织发展十分强调目标与计划在组织中的作用，各个层次和部门要根据组织的总目标设立子目标。组织发展的重要任务就是通过一系列的学习活动来训练组织成员设立目标及达成目标的能力。心理学研究表明，明确、具体且适度的目标是能促进最大限度地利用各种教育资源、激发组织成员积极性的手段。教育组织制定具体的指标和切实可行的实施计划，可使组织成员有明确的方向，能按照预定目标和计划所确立的工作程序和所需掌握的知识技能等方面去努力，从而增强教育工作者的责任感、义务感，更好地利用教育资源，挖掘人的潜力。

三、教育组织发展的内容和方法

组织的发展不只是"换汤不换药"的外部改革与发展，更重要的是组织自身的变化。因此，在组织的发展过程中需要考虑组织技术与结构方面的变化和组织内部个体与组织群体的思想和行为变化。而这两种发展方式的共同着眼点，都是通过改变组织成员的行为活动来达到提高组织效益的目的。这正是教育管理心理学的研究领域。

（一）组织成员更新变化

自我超越是组织成员不断更新自我、发展提高的必经之路。自我超越是组织成员的精

神基础。能自我超越的人,能够不断地实现他们内心深处最想实现的愿望,全心投入,不断创新和超越,这才是真正的终身学习行为。教育组织是以个体成员的学习意愿和能力作为基础的,而现实生活中,往往不是组织中的每个人都具有自我超越的精神追求的,教育组织的管理也没有鼓励组织成员进行全身心的工作和学习。

发展离不开更新,更新是改革的下层含义。教育组织应该以什么样的方式来进行变革,当然要更新教育的观念和教育的方式。例如,我国当前实施的素质教育,必须要改变教育者的观念,提高教育者的思想和素质,积极引导学生学会学习、学会生活、学会做人。否则,仅从形式上贯彻素质教育,骨子里仍是应试教育,把考试改为验收,抱着"只抓智育""片面追求升学率"的错误思想,是搞不好教育改革的。教育变革与发展的关键在教师,要加强教师队伍的建设,全面提高教师的整体素质。

(二)组织机制的变化

合理的管理是组织良好发展的保障,如果没有良好的管理机制则组织的发展也不会顺利。教育组织作为担负国家未来兴衰命运的组织结构,其教育资源的优化配置对于组织的发展至关重要。在优化教育管理机制的过程中,首先要理顺教育的领导和管理体制,优化配置教育资源,以物质资源的优化重组,带动人力资源的合理配置。目前,我国教育资源面临着经费不足的问题,同时还存在着资源浪费现象。因此,为提高教育工作绩效,克服人浮于事的弊端,要落实校长责任制,赋予校长实施"办学自主、管理自主、用人自主、分配自主"的制度。精简机构,减员增效,压缩教育组织内部党政管理干部和工勤人员,实行定编、定岗、定员和全员聘任制度;打破传统的分配制度,建立健全效率优先、多劳多得、奖勤罚懒的分配制度,将工资的实际收入与工作责任、业绩、劳动态度联系起来,形成激励机制,这些都是组织机制方面的变革。此外,在教育组织发展的过程中,应该不断优化组织机制,例如对于人员的管理、对教育资源的管理等。

(三)教育组织技术的变化

随着科技的不断发展,计算机与多媒体技术开始广泛地运用到各个领域。因此,在教育组织的发展过程中也必须不断地更新和接纳新技术手段,改变传统的教师灌输、学生接受的教室内教学模式,将投影等多媒体设备引入教学中,利用计算机、多媒体 APP、模拟实验等教学手段进行教学,在学生课程选择和成绩公布等方面应用互联网全程快速达成等,这些技术上的变化都是教育组织发展的动力。由于技术行为直接影响教育质量,是教育组织功能的本质表现,因此,教育组织技术方面的变革是教育组织变革与发展的重要环节或方面。

(四)工作任务的变化

对于教育组织来说,课程是其培养人才的重要举措。在计划经济下,全国统一大纲、统一教材、统一高考,像生产铸件一样铸造每一个人,使学生的培养成了模式化,缺乏个性和创造性。改革传统育人模式下的课程结构,创造新的育人模式,培养会生存、会合作、会学习的公民是主攻目标;让学生走进社会、了解社会、走进生活、体验生活、学以致用、自我教育;构建新的课程体系,为人才的健康成长创造良好的条件。除此以外,企业组织发展的一些方法也可以借鉴。现简要介绍如下:

1. 丰富工作任务

工作任务逐渐丰富能够不断激发组织成员的积极性,以避免对重复的工作产生厌倦、排斥的心理。工作内容丰富化来源于赫兹伯格(Herzberg)的双因素理论。赫兹伯格认为,工作本身的意义是激发工人积极性的根本因素。如果让工人有更多的机会参与工作的计划和设计,参与有关的组织工作与控制工作,自主管理,使工作具有挑战性,这样,就会增加工人的责任感、胜任感和成就感,为他们提供了充分发挥才能和潜力的机会。其结果会增加职工的满意感,激发职工的工作热情,从而提高生产效率。

教育工作者工作内容的丰富化就是在一定程度上扩大教育工作者的工作范围,从而使其工作更具有吸引力,使组织成员充满积极性,组织工作任务完成更加顺利。

在教育组织中,工作任务丰富就是扩大教育工作者的工作内涵,不仅是不断地给组织成员分配新任务,还应该让他们参与制定教育计划、设计教育途径、创新教育手段等,即让教育工作者参与管理,这样,就能使教育工作者的工作更加丰富多彩,同时增加了他们的工作积极性和成就感,从而提高组织效率,使组织更加适应环境。此外,教师除担任教学任务外,可鼓励他们编制或开发多媒体教学网络系统(教材、备课、授课系统),还可让他们担任班主任、辅导员、负责团队工作等。这样,不仅能减少因工作单调而产生的消极情绪,而且能激发他们的责任感,从中发现自己的价值,并能改善上下级之间的关系,从而增强组织的活力。此外,也可以采取轮换工作的方法,如教师的随班轮换(大循环和小循环)。

2. 建立组织发展的共同愿景

没有共同愿景就没有组织。所谓共同愿景,最简单的表述就是"我们想要共同创造什么"。组织的共同愿景具有如下作用:

(1) 推动和激励人。当人们日常工作能和更大的集体目标联系起来时,他们更可能认为工作是有意义的。承诺和意义将有助于人们保持改革中克服困难所需要的努力和力量。

(2) 激发人的创造性。只有当人们致力于实现某种他们深深关切的事情时,才可能产生创造性学习。

(3) 形成组织发展的方向。共同的目标能使一个组织从这种反应性定向转为前提性方向,集中于创造新的未来。

组织共同愿景的形成一般经历以下过程:① 组织领导者自己先有目标。领导者若自己没有目标则很难领导同仁共同发展出愿景来。② 组织成员充分讨论后,形成共同愿景。

3. 工作时间弹性制

在教育组织中,大多数工作时间都是固定的,无论组织内成员是否有工作任务,都需要恪守工作时间,而这样的规定很显然是对人力、物力等各方面的浪费。

实践证明,弹性工作时间制可以减少旷工率,提高生产力,减少加班费,减少交通拥挤,调剂组织成员私人生活步调,减少工作怠惰,增强人们的自主权、责任感和工作满足感。而且,执行弹性工作制会使人们增强时间观念,能更有效地利用时间,从而提高其工作效率与工作质量。但这种方法并不适合所有工作,它只能适用于那些不需要和其他部门或组织外部打交道的工作。例如在学校中,教师备课的工作可以由教师自行安排、弹性设计,学校只需考核教学效果是否达到标准即可,这样不仅可以使教师有更多自由的时间,还可以提升教师的工作动力。

四、教育组织变革的阻力

变革会受到多方因素的影响,会受到来自多方面的阻力,在教育组织的变革中也存在着各种各样的阻力。

（一）职业定位

由于之前的组织结构、组织管理方式等已经被组织内的成员所熟悉和习惯,因此,产生职业定位和对职业的依赖,使成员更想要安于现状,而不希望有其他变化。实际上,一旦变革就会出现人们不熟悉的事物,包括工作环境、工作方式等,这在一定程度上会增加组织成员的心理和思想负担,使人们的情绪受到消极因素的影响而不利于组织任务的完成。

（二）风险责任

变革是对未知领域的探知,因此具有一定的风险,虽然有时候人们对于目前组织状况的某些方面存在不满,希望发生改变,但是也需要有变革的勇气和承担风险的责任,如果一旦变革失败需要承担的后果可能是巨大的。因此,人们都害怕承担变革的风险,而且变革越深入,人们需要承担的风险责任就越大,心理阻力也就越大。

（三）组织成员个人因素

组织的变革会使原本熟悉的工作环境产生变化,使组织成员产生消极心理;在变革出现后,组织成员身边会产生很多和之前不同的不确定的因素,容易使成员产生焦虑,心理出现压力;曲解往往产生于对变革信息的传递、接收以及对信息理解的角度和程度的不同,一个人一旦确立了自己对待事物的态度模式以后,就必然会在自己既定的态度模式内;基于利益得失形成的阻力利益,也是决定人们对变革持何种态度的关键,变革意味着权利的再分配,在分配上打破原来的制度,在权力和利益上进行重新调整,这样就会使每个人的利益发生变化,给组织成员个人造成心理压力和紧张,以至于他们对变革产生反感情绪,阻碍改革的进程。

而且,组织变革也往往会涉及组织结构和人事安排方面的变动,使一些人感到变革会影响他们在组织中原有的权力和地位。此外,当组织变革时,职工的工作单位或部门可能发生变动,这种变动一方面使一部分人留恋原单位或部门较为融洽的人际关系,另一方面又担心他们不能适应新的人际关系,由此也会产生对组织变革的抵触情绪。

（四）社会因素

组织作为相对独立的个体,变革需要与社会发展相适应,因此会受到社会的阻力因素。社会环境的变化不仅只是对组织内部变革具有积极作用,还会产生一定的阻力。例如,社会环境中舆论的消极作用等都会对教育组织的变革产生阻碍作用。

（五）组织自身因素

当组织进行变革时,如果改革的意义尚未被团体成员所认同,或团体的目标与变革的目标不相一致,团体规范就会对其成员形成一种压力,使他们采取一致行动抵制变革的实施。此外,组织结构、组织人际关系以及组织的日常管理活动都可能产生对变革不同方面的阻力,影响组织的变革方向和变革速度。

五、克服变革阻力的对策

从上面的论述不难看出,教育组织的变革会受到多方面的阻力,因此,在变革的过程中只有合理地克服阻力才能更好地实施和实现组织的变革。

（一）扩大群体认识,获取变革认同

在变革的过程中,需要得到组织成员的支持才能使变革更加顺利地进行。因此,首先要扩大组织成员的认识范围,使他们意识到变革的意义和必要性,然后进一步对于变革产生认

同的心态,从情感上接受变革的事实。但是,在这个过程中不能仅仅强调变革的有利方面而忽视可能出现的不良结果,应该将利弊讲清楚,让组织成员认识到变革的必要性(即利大于弊)以及可能出现的不良后果,才能使成员转变思想,充满对变革的信心。总之,要使组织变革成功,必须通过以下途径来消除或减弱对变革的抵制:

(1) 造成必须变革的气氛。
(2) 让群众参与变革计划的制定与实施。
(3) 领导层特别是最高领导层有变革的决心和一致的行动。
(4) 使群众明白改革是减少而不是增加他们的负担。
(5) 改革方案要体现多数人的意愿,并能为他们带来利益。
(6) 改革方案的实施不损伤参与者的自主权与安全感,减少其对变革的恐惧。
(7) 在改革的过程中,始终掌握参与者的思想动向,有针对性地进行正面教育,消除误解。
(8) 积极而谨慎地处理变革造成的人事变动,对人的处理要一视同仁,各得其所。

(二) 加强信息沟通,避免强制的做法

变革之所以遭到抵制,一个重要原因是组织的大多数成员被排除在变革的活动之外。实践证明,通过不断地向组织成员提供有关变革内容、规模和成效、可靠信息的做法,有利于避免组织成员对变革的曲解,减少抵制行为的发生。许多人的暂时抵制和反对,并非表明他们对变革怀有敌意,而是源于对未知事物的担忧以及对变革前景的忧虑。所以,这样做既可以减少抵制,加深理解;又可以使组织成员感受到一种信任感、责任感和主人翁感,从而积极地投入变革。

(三) 提高领导者的自身素质,完善领导行为方式

领导者作风正派、大公无私、秉公办事,具有较高的群众威信,他们的言行就易于对广大教职员工产生影响力和积极的心理效应,提出的变革主张也易于为教职员工所接受。反之,领导者拉帮结派、搞不正之风,甚至以权谋私,则会引起广大教职员工的反感,加大心理差距,领导层所提出的变革措施也就很难产生积极的反应,甚至会引起抵触。

(四) 提高教职员工的参与程度,发挥他们主人翁的积极性

心理学研究表明,参与管理对变革活动有多方面的作用,它既可以吸取参与者的智慧,又可以增强其心理满足感,减少思想阻力。因此,应广泛地提高教职员工对教育组织变革的参与程度,例如大家一起选择和拟订变革方案;共同分享信息资料,能及时获得关于变革的进展情况、取得的成绩和存在的问题方面的信息;加强意见交流和信息沟通,对出现的问题尽量采取民主协商的方式解决;等等,这将有助于降低阻力,推动变革前进。因此,在组织所进行的变革中,若能吸引和鼓励组织成员积极参与,就能使之产生一种自主感与安全感,从而可避免抵制心理的产生。

【专栏 11-1】

大众化与高等教育组织变革

大众化是 20 世纪后半个世纪以来国际高等教育发展的主要趋势。我国提出发展大众高等教育政策的时间并不晚,与美欧一些国家几乎是同步的。1949 年《中国人民政治协商会议共同纲领》首次提出了发展"大众的文化教育"的政策。1999 年,由于全球化、东南亚金

融危机、拉动国内消费需求等多种因素的综合作用,我国政府决定加快高等教育发展步伐,大幅度地扩大高校招生规模,由此揭开了高等教育大众化的序幕。

一、适应大众化的高等教育组织变革模式

在已经实现大众化的国家,高等教育发展有一个共同特征,即组织变革与大众化相辅相成。我国高等教育大众化的组织变革表现出多样性的特征,既有宏观层面高等教育组织系统的调整,又有微观层面高校内部组织机制的转化,其中比较典型的有五种模式。

首先是高等学校之间的合并。合并使我国出现了一批巨型大学,如由原吉林大学、吉林工业大学、白求恩医科大学、长春科技大学、长春邮电学院(2000年6月合并)和中国人民解放军军需大学(2004年并入)组建而成的新吉林大学,全日制在校学生达到6.3万人。其次是举办全日制民办高校。经批准,一批条件设施较好的民办高校取得了举办全日制高等教育的权利,享有与公立高校同等的办学地位。第三,创办独立学院。因其依附于本科高校,所以独立学院一经成立就获得了举办本科教育的资格,且受到考生及其家长的信任。第四,发展公办高等职业院校。1999年1月,教育部等部委印发《实行按新的管理模式和运行机制举办高等职业教育的实施意见》,在政府政策的强力推动下,公办高等职业院校快速增加。第五,探索建立新的高校内部组织管理体系,例如现在大学一般都设置了学术委员会、学位委员会、教师职称评审委员会等组织。

二、组织变革与高等教育功能拓展

组织变革不是目的而是一种手段,是实现高等教育目的的手段。组织变革所带来的是高等教育的多样化和复杂化,这些特性表征了高等教育功能的承继与发展。组织变革不但改变了高等教育与社会的关系,密切了高等教育与大众的联系,打通了高等教育与社会资源的沟通渠道,而且带来了高等教育组织之间关系的新变化,尤其表现在高等教育组织之间竞争关系的建立以及日益激烈的竞争态势上。高校内部的组织变革正在改善学校管理,扭转学校组织特性,加强教师参与学校管理的权利,扩大学科专业的办学自主权,使学校更多地遵循教育规律办学。长期以来我国高校形成的行政化组织管理特性使教师在学校处于边缘化的地位,使学科专业完全按照政府和学校行政人员的指令办学,因此学校如同政府机关,等级森严,行政管理部门掌控着学校资源和全部办学权力。学术既缺乏自主,也少有自由。现在,这种状况正在改变,高校组织变革越来越重视学术的价值,越来越尊重教师的权利,学校因此更富有生机与活力,学术生产的水平和质量也在不断得到提高。

(资料来源:别敦荣.大众化与高等教育组织变革[J].清华大学教育研究.2006(2).36).

本 章 小 结

1. 教育组织的变革不是随意进行的,其变革具有一定的预兆(包括组织决策失误、沟通存在问题、组织内部决策实施效果不佳、组织内部缺乏新思想、新观点)和特征(包括广泛性、长期性、复杂性、评估难),需要一定动力(包括内部动力和外部动力)的支撑,只有具备相应的必备的条件,教育组织的变革才能顺利开展。

2. 教育组织变革是指在保持原有教育组织的基础上改变组织的领导体制,或者是改变组织目标,或者是改变组织结构和管理方式,等等。它是教育组织为了适应客观环境的变化和发展,实现自身组织内部的动态平衡,从而达到组织发展目的的基本手段。

3. 教育组织的变革具有一定的模式(包括人员变革模式、组织结构变革模式、技术变革模式、系统变革模式)和程序(包括确定问题、问题诊断、实施变革、变革成果评估)。只有合理地掌握这些模式和程序,才能实现良好的变革。

4. 教育组织的发展从某种程度上说是教育组织变革的产物,教育组织的发展具有一定的特点,需要通过一系列的内容和方法(包括组织成员更新变化、组织机制的变化、教学技术的变化、工作任务方面的变化)不断实现教育组织的合理发展。在变革的过程中会受到多方面的阻力(包括职业定位、风险责任、组织成员个人因素、社会因素、组织自身因素),只有通过适当的策略(包括扩大群体认识,获取变革认同;加强信息沟通,避免强制的做法;提高领导者的自身素质,完善领导行为方式;提高教职员工的参与程度,发挥他们主人翁的积极性)才能合理地克服变革中的阻力,顺利完成变革。

练习与思考

1. 什么是组织变革?教育组织变革有何特征?教育组织变革的原因和症候有哪些?
2. 教育组织变革的内容有哪些?有何阻力?如何消除变革的阻力?
3. 试论述教育组织变革的模式和程序。
4. 什么是教育组织发展?其特点或心理基础有哪些?
5. 试论述教育组织发展的内容和方法。

推荐阅读

1. 朱新秤.教育管理心理学[M].中国人民大学出版社,2008.
2. 孙喜林,赵艳辉.管理心理学[M].东北财经大学出版社,2014.

参考文献

[1] H A Simon. Administrative behavior(4th ed.).New York:The Free Press,1997

[2] Moser C A.Survey methods in social investigation. London Heinemann,1965

[3] R M Stogdill. Leadership, Membership, and Orgnization. Psycholalogical Bulletin,1950

[4] Sternberg R J.(2003a)WICS:A model for leadership in organizations. Academy of Management. Learning

[5] 彼得·德鲁克.沈国华,译.个人的管理[M].上海:上海财经大学出版社,2003

[6] 车文博.西方心理学史[M].杭州:浙江教育出版社,1998

[7] 车文博.高等学校管理心理学[M].北京:北京师范大学出版社,1995

[8] 陈孝彬,高洪源.教育管理学(第三版)[M].北京:北京师范大学出版社,2008

[9] 陈桂生.学校实话[M].上海:华东师范大学出版社,2009

[10] 程正方.管理心理学[M].北京:高等教育出版社,2011

[11] 陈迎雪,陈小华.团队建设与管理[M].成都:电子科技大学出版社,2015

[12] 褚宏启,张新平.教育管理学教程[M].北京:北京师范大学出版社,2013

[13] 丁志强.教育管理心理学[M].沈阳:辽宁大学出版社,2000

[14] E.马克·汉森.冯大鸣,译.教育管理与组织行为(第5版)[M].上海:上海教育出版社,2005

[15] Fred C Lunenburg, Allan C Ornstein.朱志勇,郑磊,译.教育管理学概念与实践(第五版)[M].北京:中国轻工业出版社,2013

[16] 范逢春.管理心理学[M].成都:四川大学出版社,2009

[17] 郭瞻予.教师心理健康与自我调适[M].西安:陕西师范大学出版社,2005

[18] 郭本禹,姜飞月.自我效能理论及其应用[M].上海:上海教育出版社,2008

[19] 郭德俊,李燕平.动机心理学理论与实践[M].北京:人民教育出版社,2006

[20] 胡月星.现代领导心理学[M].太原:山西经济出版社,2005

[21] 华东师范大学教育系.马克思恩格斯论教育[M].北京:人民教育出版社,1987

[22] 韦恩·K.霍伊,米斯克尔塞西尔·G.范国睿,主译.教育管理学:理论·研究·实践(第7版)[M].北京:教育科学出版社,2007

[23] 姜文义.教育管理心理学[M].大连:辽宁师范大学出版社,1999

[24] 江苏省陶行知教育思想研究会,南京晓庄师范陶行知研究会.陶行知文集[M].南京:江苏人民出版社,1981

[25] 詹姆斯·库泽斯,巴里·波斯纳.李丽林,杨振东,译.领导力(第3版)[M].北京:

电子工业出版社,2004

[26] 乐国安,管健.社会心理学(第2版)[M].北京:中国人民大学出版社,2013

[27] Fred C Lunenburg, Allan C Ornstein.孙志军,等译.教育管理学理论与实践[M].北京:中国轻工业出版社,2003

[28] 李永鑫,李艺敏.学校管理心理学[M].上海:上海社会科学院出版社,2007

[29] 李强,李昌,唐素萍.管理心理学[M].北京:北京工业大学出版社,2002

[30] 刘永芳.管理心理学[M].北京:清华大学出版社,2016

[31] 刘永芳.管理心理学简明教程[M].北京:清华大学出版社,2015

[32] Michael A Hogg, Dominic Abrams.高明华,译.社会认同过程[M].北京:中国人民大学出版社,2011

[33] 孟繁华.学校发展论[M].北京:教育科学出版社,2011

[34] 彼得·诺思豪斯.吴荣先,等译.领导学:理论与实践(第二版)[M].南京:江苏教育出版社,2002

[35] 潘承烈,虞祖尧,等.中国古代管理思想之今用[M].北京:中国人民大学出版社,2003

[36] 彭聃龄.普通心理学(第四版)[M].北京:北京师范大学出版社,2012

[37] 彭虹斌.教育管理学的文化路向[M].北京:教育科学出版社,2009

[38] J Edward Russo,安宝生,徐联仓.决策行为分析[M].北京:北京师范大学出版社,1998

[39] 斯蒂芬·P·罗宾斯.孙健敏,李原,译.组织行为学(第7版)[M].北京:中国人民大学出版社,1997

[40] 卡罗琳·J·斯奈德,阿克-霍切瓦尔,克丽丝滕·M·斯奈德.郑旭东,丁煜,李曙华,译.生活在混沌边缘——引领学校步入全球化时代(第2版)[M].北京:教育科学出版社,2011

[41] 孙绵涛.教育组织行为学[M].福州:福建教育出版社,2012

[42] 孙惟微.赌客信条:你不可不知的行为经济学[M].北京:电子工业出版社,2010

[43] 宋虎平.行动研究[M].北京:教育科学出版社,2003

[44] 舒志定.教育领导研究(第1辑)[M].上海:上海教育出版社,2009

[45] 威廉·威尔斯曼.袁振国,主译.教育研究方法导论[M].北京:教育科学出版社,1997

[46] 吴晓义.管理心理学[M].广州:中山大学出版社,2015

[47] 吴志宏,冯大鸣,周嘉方.新编教育管理学[M].上海:华东师范大学出版社,2000

[48] 吴志宏,陈韶峰,汤林春.教育政策与教育法规[M].上海:华东师范大学出版社,2003

[49] 王铁军.校长学[M].南京:江苏教育出版社,1993

[50] 萧宗六.学校管理学(第3版)[M].北京:人民教育出版社,2001

[51] 熊川武,江铃.学校管理心理学[M].上海:华东师范大学出版社,2011

[52] 燕良轼.高等教育心理学[M].长沙:湖南师范大学出版社,2015

[53] 颜世富.管理心理学[M].北京:北京大学出版社,2016

[54] 杨光富.国外领导人才培训模式比较研究.[M].北京:光明日报出版社,2010
[55] 杨颖秀.教育决策的科学化民主化研究[M].长春:东北师范大学出版社,2001
[56] 姚利民.高校教师心理与管理研究[M].长沙:湖南大学出版社,2013
[57] 于琛,宋凤宁,宋书文.教育组织行为学[M].北京:北京师范大学出版社,2009
[58] 俞文钊.现代领导心理学[M].上海:上海教育出版社,2004
[59] 俞文钊.管理的革命——创建学习型组织的理论与方法[M].上海:上海教育出版社,2003
[60] 赵国祥.管理心理学——理论、实务、案例、实训.大连:东北财经大学出版社,2012
[61] 詹姆斯·马奇,赫伯特·西蒙.邵冲,译.组织[M].北京:机械工业出版社,2008
[62] 张伯源.变态心理学[M].北京:北京大学出版社,2005
[63] 张东娇,程凤春,等.学校管理学[M].北京:北京师范大学出版社,2014
[64] 张俊伟.极简管理:中国式管理操作系统[M].北京:机械工业出版社,2013
[65] 张积家.普通心理学[M].北京:中国人民大学出版社,2015
[66] 张新平.教育管理学导论[M].上海:上海教育出版社,2006
[67] 张新平.教育组织范式论[M].南京:江苏教育出版社,2001
[68] 章志光,金盛华.社会心理学[M].北京:人民教育出版社,2008
[69] 郑淑杰,孙静,王丽.教师心理健康[M].北京:北京大学出版社,2014
[70] 朱新秤.教育管理心理学[M].北京:中国人民大学出版社,2008
[71] 朱永新.管理心理学[M].北京:高等教育出版社,2014
[72] 陈文伟.浅论学校管理中校长角色[J].江苏教师,2012(6)
[73] 华炜.中小学校长决策的民主化和科学化[J].教学与管理,2001(13)
[74] 黄德平.西方校本管理与我国学校管理体制的比较[J].外国中小学教育,2003(8)
[75] 胡中峰,王红.斯腾伯格的WICS教育领导力模型述评[J].中小学管理,2015(9)
[76] 赖恒静,邹小英,陈丹杰.重庆市高校教师职业压力与心理健康状况调查[J].中国健康教育,2010(7)
[77] 潘苏东,白芸.作为"质的研究"方法之一的个案研究法的发展[J].全球教育展望,2002(8)
[78] 孙绵涛.关于教育管理人性观的探讨[J].教育研究与实验,2005(4)
[79] 苏令.校长角色的定位及其服务功能[J].教育理论与实践,2003(1)
[80] 宋海军.试论教育组织变革的阻力及其控制策略[J].高等教育研究,1992
[81] 伍新春,曾玲娟,秦宪刚等.中小学教师职业倦怠的现状及相关因素研究[J].心理与行为研究,2003(4)
[82] 王延宁.浅论校长承担的三种角色——领导者、管理者、教育者[J].西北成人教育学院学报,2010(1)
[83] 俞国良,罗晓路.教师教学效能感及其相关因素研究[J].北京师范大学学报:人文社会科学版,2000(1)
[84] 肖声馥.论学校领导者心理品质[J].湖南师范大学社会科学学报,1988(6)
[85] 徐富明,安连义,孙文旗.教师研究的新视角:教师的自我效能感[J].泰山学院学报,2003(25)

[86] 姚凯.自我效能感研究综述——组织行为学发展的新趋势[J].管理学报,2008(5)
[87] 阎生武.影响领导决策的心理素质分析[J].机械管理开发,2005(4)
[88] 杨秀玉,杨秀梅.教师职业倦怠解析[J].外国教育研究,2002(2)
[89] 陈雅玲.学习型学校建设中的教师团队研究[D].首都师范大学教育硕士学位论文,2005
[90] 戴永忠.中学老师参与学校决策的管理研究[D].华东师范大学硕士论文,2004
[91] 樊丹丹.中小学校长决策过程研究[D].华东师范大学硕士论文,2006
[92] 李国书.论我国公立中小学校决策中的教师参与[D].华南师范大学硕士论文,2002
[93] 苏令.校长服务论——校长角色定位和服务能力研究[D].南京师范大学硕士学位论文,2004
[94] 张思浜.我国行政领导决策体制性障碍及其对策研究[D].苏州大学,2004
[95] 周宏.论德育的社会心理环境[D].复旦大学,2009
[96] 赵晓毅,刘家顺.论管理学研究方法体系的形成与发展[A].科技管理研究报,2011(2)

后 记

经全国高等教育自学考试指导委员会同意,由教育类专业委员会负责高等教育自学考试教育类专业教材的审定工作。

《教育管理心理学》自学考试教材由沈阳师范大学郭瞻予教授主编。

参加本教材审稿讨论会并提出修改意见的有北京师范大学蔡永红教授、徐建平副教授、李永瑞副教授和首都师范大学田汉族教授。

他们付出了辛勤劳动,在此一并深表谢意。

全国高等教育自学考试指导委员会
教育类专业委员会
2018 年 1 月